高等学校应用型特色会计系列教材

会计综合实习

Comprehensive
Accounting Practice

主 编 张 虹 朱 靖
副主编 陈艳秋 唐小英 林 茂 李思怡

经济管理出版社
ECONOMY & MANAGEMENT PUBLISHING HOUSE

图书在版编目（CIP）数据

会计综合实习/王虹等编著 . —北京：经济管理出版社，2019. 2
ISBN 978 - 7 - 5096 - 6408 - 7

Ⅰ. ①会… Ⅱ. ①王… Ⅲ. ①会计学—教材 Ⅳ. ①F230

中国版本图书馆 CIP 数据核字(2019)第 031572 号

组稿编辑：杨国强
责任编辑：杨国强　夏梦以
责任印制：黄章平
责任校对：陈　颖　赵天宇

出版发行：经济管理出版社
　　　　　（北京市海淀区北蜂窝 8 号中雅大厦 A 座 11 层　100038）
网　　　址：www. E - mp. com. cn
电　　　话：(010) 51915602
印　　　刷：三河市延风印装有限公司
经　　　销：新华书店
开　　　本：880mm × 1230mm/16
印　　　张：37. 75
字　　　数：895 千字
版　　　次：2019 年 3 月第 1 版　　2019 年 3 月第 1 次印刷
书　　　号：ISBN 978 - 7 - 5096 - 6408 - 7
定　　　价：78. 00 元

前　言

会计综合实习是会计学专业实践性环节教学的重要内容。由于会计资料涉及企业的商业机密，使学生到企业实习面临很多实际困难；即使学生能够到部分单位实习，所接触到的实际业务通常也只是一鳞半爪，很难全面掌握整个会计业务流程。

为了提高学生的动手能力以及分析问题、解决问题的能力，我们编写了《会计综合实习》教材，本书包括会计核算、会计电算化、财务管理与分析实验、审计综合实习以及会计创新实习五部分，将财会审等主要内容综合在一起实习。本书提供了仿真性较强的会计原始凭证、记账凭证、账簿、报表等资料，将会计核算、会计电算化、财务管理与分析、审计实习有机结合，不但有利于学生掌握会计核算工作的全过程，而且通过相关数据进行分析、对比，了解其变化趋势，使学生学到实用的会计操作技能与本领。

本书特点：

1. 内容新颖

本书以 2000 年实施的《中华人民共和国会计法》、2001 年国务院颁布的《企业财务会计报告条例》、2006 年中华人民共和国财政部颁布的《企业会计准则》为依据，结合 2014 ~ 2018 年财政部新增及修订的会计准则及税法对增值税的最新规定内容编写。其内容涉及企业日常发生的主要经济业务。主要包括审单判断经济业务，填制原始凭证；填制记账凭证及编制科目汇总表；根据记账凭证登记日记账和明细分类账；根据科目汇总表登记总账；期末结账并编制试算平衡表；编制资产负债表、利润表、现金流量表及其附表和纳税申报表；撰写分析报告，分析本年度获利能力、营运能力、偿债能力及现金流量的变动情况；审计过程中的案例分析。

2. 启发性强

本书详细地介绍了实习操作规程，系统地介绍了会计凭证的填制，会计账簿的开设、登记、结账；会计报表填制要求；会计电算化操作程序；财务管理与分析以及审计的基本理论和方法。对于一些难度较大、容易混淆的业务，增加了必要的提示。

3. 仿真度高

本书采用审单分析业务的办法，提供仿真的原始凭证。实习者必须通过审核单据，分析经济业务，进而进行会计处理，从而改变了只看题目不审单证的做法；本书还提供了企业上年度报表及有关资料，具有较强的可操作性。

本书适应会计学专业人才培养方案的要求，在改革实践性教学环节的指导思想下，由主编构思设计编写而成。在本书出版之前，已作为校内教材给多届会计学专业学生毕业综合实习使用，效果很好，而且得到了教育部评估专家的高度赞扬。由于本书理论联系实际，2012 年 6 月被评为成都理工大学本科教学成果一等奖。本书由张虹教授、朱靖副教授担任主编，陈艳秋副教授、唐小英讲师、林茂讲师、李思怡讲师担任副主编。其中，张虹教授负责本书第一篇会计业务核算的组织编写工作，李思怡老师参与修订与校对；朱靖副教授负责本书第二篇会计电算化的组织编写工作；陈艳秋副教授负责本书第三篇财务管理与分析的组织编写工作；唐小英老师负责本书第四篇审计的组织编写工作；张虹教授负责本书第五篇会计创新实习的组织编写工作，林茂老师参与修订与校对；会计系林祥友老师、王勇老师、严雪老师、张莉老师、胡蓉老师、唐玲娜老师、漆望月老师、侯淇哲老师参与了相关部分内容的编写和指导实习工作。

　　本书经历了实习、修改、再实习、再修改的历时 14 年的编写过程。在编写过程中得到了四川省会计学专业综合改革试点项目［川教函 2013（882）］、成都理工大学教学创新团队培育计划［JXTD201402］、成都理工大学《基础会计学》在线开放课程建设项目（2018）、成都理工大学 2018～2020 年高等教育人才培养质量和教学改革项目［融合创新方法的环境资源会计课程建设 JG183017、教学质量国家标准下会计学专业双创融合实践教学模式研究 JG183062］的大力支持，得到了成都理工大学发展规划处、教务处、教学指导委员会、计划财务处和商学院等相关部门与领导的支持、关心和帮助，在此一并表示衷心的感谢！

　　本书在这次印刷之前，主编、副主编根据 2014 年、2016 年与 2017 年财政部修订并新增的《企业会计准则——基本准则》《企业会计准则第 2 号——长期股权投资》《企业会计准则第 9 号——职工薪酬》《企业会计准则第 14 号——收入》《企业会计准则第 16 号——政府补助》《企业会计准则第 30 号——财务报表列报》《企业会计准则第 39 号——公允价值计量》等具体准则，2017 年财政部印发的《一般企业财务报表格式》以及 2016 年财政部颁布的《营业税改征增值税试点实施办法》与《增值税会计处理规定》、2017 年国务院修订的《中华人民共和国增值税暂行条例》、2018 年财政部与税务总局颁布的《关于调整增值税税率的通知》等相关政策变化，结合兄弟院校对本书提出的宝贵意见以及学生的使用情况，经过多次讨论，对会计核算实务等实习资料进行了调整与修改。

　　本书虽经多次修改，但随着财税政策的变化以及作者水平有限，可能仍然存在一些不足之处，恳请读者批评指正。

成都理工大学商学院会计系

2018 年 12 月

目 录

第一篇 会计核算实务实习

第一部分 会计核算实务实习的操作规程和要求

一、实习目的

加强会计学专业的实践性环节教学，达到提高学生动手能力、分析能力和解决问题能力的目的，同时解决学生外出实习的困难。

二、实习要求和内容

本实习以锦城酒业股份有限公司 2019 年 12 月发生的经济业务为资料，并提供 2019 年 11 月份的会计报表资料。实习的要求和内容如下：

（1）开设各种账户，登记资产负债类账户期初数和损益类账户累计发生额。

（2）审核单据，分析经济业务，根据需要填写原始凭证。

（3）根据原始凭证填写记账凭证。

（4）根据原始凭证和记账凭证登记现金日记账和银行存款日记账（三栏式及多栏式汇总表）。

（5）根据原始凭证和记账凭证登记明细分类账。

（6）根据记账凭证每 10 天编制科目汇总表。

（7）根据科目汇总表分三句登记总分类账。

（8）期末编制试算平衡表。

（9）编制利润表。

（10）编制资产负债表和现金流量表。

（11）编制银行存款余额调节表。

三、实习操作规程

（一）会计凭证的填制

会计凭证是记录经济业务发生和完成的书面证明，是记账的重要依据。会计凭证分为原始凭证和记账凭证两种。

1. 原始凭证

原始凭证是证明经济业务发生，明确经济责任，并用作记账的原始依据的一种书面凭证。原始凭证的内容必须具备凭证名称、填制日期、填制凭证单位名称、有关责任人的签名或盖章。在本模拟实习中，所有外来原始凭证均视同已盖单位公章及责任人员签名、接受凭证单位名称、经济业务内容摘要与金额，涉及实物的原始凭证还应具备实物名称、计量单位、数量和单价等。原始凭证的填制日期为经济业务发生日。

原始凭证除套写的可用圆珠笔填写外，均应使用墨水笔填写，字体要端正、清晰，不得涂改、刮擦挖补或用药水、涂改液等消除字迹。大小写金额必须相等，而且金额不能更改。其他个别地方确需更改的，由填制人更改并在更改处盖章。

具体填写要求是：

（1）小写金额采用阿拉伯数字。收入与支出凭证的小写金额，应当一个一个地写，不得连笔写。前面应写币种符号（如￥），符号与数字之间不留空位，后面可不写"元"字。除表示单价外，一律写到角分位；无角分的写"00"，或者可用"—"表示；有角无分，分位应当写"0"，不得以"—"代替。金额空白行应划对角线注销。

（2）大写金额一律用正楷或行书体写，如零、壹、贰、叁、肆、伍、陆、柒、捌、玖、拾、佰、仟、万、亿等，不得任意自造简化字。大写金额数字前应写明币种名称。大写金额写到元或角为止的，后面写上"整"字或"正"字，写到分位的，可不写"整"字或"正"字。大写金额中间有一个零或连续几个零，可只写一个"零"；若元位为零，则可将"零"字省去。对于大写金额已印有固定位数的发票、收据等单据，填写大写金额时，金额前数位应写"币"。凡空白和零的位数，应逐一填写"零"，不得用"另""×""0"等字符代替；前后连续两个以上为零的位数，也可在行中央划双横连线注销。

2. 记账凭证

记账凭证是登记会计账簿、进行分类核算的依据。应根据审核无误的原始凭证（即附件），采取复式记账法及时编制，不得漏编、重编。记账凭证的内容主要有：填写日期，凭证编号，摘要，总账和明细科目，记账方向，金额，附件张数，制证、复核、记账、会计主管等有关责任人的签名和盖章。

记账凭证可根据每张或同类业务的原始凭证汇总（摘要和所涉及的总账及记账方向均应一致）编制。不同类的经济业务不能合编在一张记账凭证上。记账凭证的填制日期为制证当日日期，期末结账的日期为期末最后一天。记账凭证按月顺序编号，不得重号、跳号。日期与编号顺序应当一致。每张凭证编一个号，复杂的会计事项，须编制两张以上记账凭证的，可采用分数编号法，在编号后面用"分数"来分区，"分母"表示总张数，"分子"表示每张凭证属于本凭证编号的第几张。凭证摘要应简明扼要地反映经济业务概况。各级会计科目必须写明全称。记账凭证的书写要求与原始凭证相同。

记账凭证填写错误时，在记账以前发现的，应重新填写、审核；如已记账的，则应用红字更正法。记账凭证除结账和更正错误外，都必须附有原始凭证。

（二）会计凭证的装订

月末会计凭证全部登账后，一般按科目汇总期装订一本。装订时应折叠整齐，按编号连续叠放，将科目汇总表放在第一页，用棉绳连同封面左侧或左上角，再用纱纸或回折封面贴住装订线，在封口处加盖装订人印章，避免被不留迹地拆装。然后，在封面填列单位名称、凭证起止日期、编号、凭证张数等内容。

（三）会计账簿的设置与登记

会计账簿是以会计凭证为依据，由具有专门格式和相互联系的账页组成，用来分门别类地连续地登记各项经济业务的簿册，是编制会计报表的重要依据。

1. 会计账簿的设置

按会计账簿的外表形式分类，可分为订本式、活页式和卡片式。银行存款日记账、现金日记账和总分类账必须采用订本式账簿；明细账则可选用活页式或卡片式账簿。

按会计账簿和账页格式分类，可分为三栏式、数量金额式、多栏式。银行存款日记账、现金日记账一般采用三栏式账页，但为了方便年末编制现金流量表，需设置多栏式现金（货币资金）收、支日记账汇总表，分类登记。总账账页采用三栏式账页；明细账则根据需要选用三栏式、数量金额式和多栏式账页。

在本会计核算实习中，有关主要账簿的设置采用如表 1 – 1 所示方法。

表 1 – 1 账簿的设置

多栏式账簿	数量金额式账簿	三栏式账簿
应交税费——应交增值税明细账 基本生产成本明细账（按生产车间设置并分别按直接材料、直接人工和制造费用分设专栏） 辅助生产成本明细账（按辅助生产车间设置并分别按直接材料、直接人工和制造费用分设专栏） 制造费用明细账（按生产车间设置并按工资及福利费、办公费、劳保及物料消耗费、折旧修理费、水电费、其他项目设置） 管理费用明细账（按工资及福利费、折旧修理及摊销费、业务招待费、劳保及物料消耗费、税金、办公费及其他费用设置） 销售费用明细账（按工资及福利费、运输装卸费、包装费、展览广告费、折旧修理费及其他费用设置） 财务费用明细账（按利息费用、银行手续费项目设置）	原材料明细账（按材料品种设置） 包装物明细账 库存商品明细账（按产品品种设置）	银行存款日记账 现金日记账 总分类账 材料采购明细账 材料成本差异明细账 主营业务收入明细账 其他业务收入明细账 其他业务成本明细账 营业外收入明细账 营业外支出明细账

对于按计划成本核算的存货，应开设"材料采购"总账及明细账；对于按实际成本核算的存货，则应开设"在途物资"总账及明细账。

为简化，本会计核算实习不设三级账户，即"原材料"下直接按品种开设材料明细账，"生产成本"直接按车间开设各车间明细账（包括基本生产和辅助生产）。

2. 会计账簿的启用

启用新的会计账簿时，应当在账簿封面上写明单位名称和账簿名称，并填写账簿扉页上的"启用表"，注明启用时间、账簿起止页数。启用总账，应按会计科目汇总表科目的顺序、账号（科目表的科目编号）登记总账目录表，按科目顺序设账，并将各个账户所在页码登记在目录中，以便查阅。

3. 会计账簿的登记

（1）年初新开设的账簿，启用时间均为 1 月 1 日；非年初新开设的账簿则按实际启用的日期填写。在本核算实习中，设启用账簿的日期为 2019 年 12 月 1 日，故应填写启用日期 12 月 1 日。启用账簿时，应在资产负债和所有者权益类各账户首页的摘要栏写上"期初余额"及在余额栏写上金额；在利润类账户首页摘要栏写上"1～11 月累计发生额"及在"借方""贷方"栏内写上 1～11 月的累计发生数。

（2）记账除套写账外，要使用蓝黑或黑墨水书写，不得用圆珠笔或铅笔代替。记账完毕，记账人应在记账凭证上签名或盖章，并划上已经记账的符号"√"。

（3）记账登记错误，不得涂改、填粗更改、刮擦挖补或用药水、涂改液等消除字迹。应采用划线更正法、红字更正法或补充更正法进行更正。

（4）各账户余额应写明方向。没有余额的账户，应当在余额方向栏内注明"平"，同时，在余额金额栏内用"0"表示。余额为负数时，可用红字表示。只登记一方金额的多栏式账（如费用账）在登记冲减数或另一方金额时也可用红字。

（5）记账应逐行连续记，若不慎发生跳行，应当在空白行摘要栏注明"此行空白"；只是金额部分有空白行的，划对角蓝线注明；整页空白只需在首行摘要栏注明"此页空白"；年终结账后，在"结转下年"的下一行摘要栏注明"以下空白"。

（6）每笔记录的日期、编号、摘要等项目，应按记账凭证（或汇总表）的日期、编号、摘要填写，不得空白或以"……"代替。本核算实习采用科目汇总表核算程序，因此，总分类账的记账依据为科目汇总表，摘要按所汇总的记账凭证上日期或编号写为：汇总××日（号）至××日等。每页及月初的第一笔记录

应注明月份，其余可不填写月份但应填日期；如编号或摘要与上笔记录完全相同，可写"同上"字样。

4. 会计账簿的结账

（1）每一账页登记完毕，应结出期初至本页末的余额及发生额，写在本页最后一行和下页首行的金额栏内，并在摘要栏内分别注明"过次页"和"承前页"。

（2）三栏式或数量金额式账簿，月末将各账户当月所有业务全部入账，结计最后一笔业务余额，在下面划单红线（结账线均通栏从行首划至行尾，下同）；需结计发生额，若当月有两笔以上记录的账户，结计并填列本月发生额、月末余额（与最后一笔业务余额必须相等），"摘要栏"注明"本月合计"，下面划单红线，需累计发生额的账户，累计并填列本年发生额，摘要栏注明"本年累计"，下面划单红线。

（3）只记一方金额的多栏式账簿，如管理费用明细账，月末如需结计累计发生额及余额，可在最后一笔业务下面划单红线后，再逐行在合计栏填列各方发生额的本月合计数、本年累计数以及月末余额，在"摘要栏"分别注明"本月合计借（或贷）方发生额""本年累计借（或贷）方发生额""月末余额"，然后在余额的下面划单红线。

（4）银行存款、现金日记账应逐日记账并结出每天的账面余额、月末结计发生额和余额。银行存款日记账还应每月定期与银行对账，并编制银行存款余额调节表。

（5）总账的账户，每月有两笔以上记录的应按月结出发生额和余额；只有一笔发生额或只有期初余额而没有发生额的则不需结出发生额，但应写上期末余额；所有账户年终应结计全年发生额和年末余额。

（6）12月末结账划双红线，表示本年度记账结束，将其余额在下一行中的相反方向记录，使其当年余额为零，并划通栏双红线，在摘要栏注明"结转下年"（余额为零的账户此行可不填）。

（四）会计报表的编制

会计报表是企业向有关方面和国家有关部门提供财务状况和经营结果的书面文件。

会计报表分为对外报表和对内报表，对外报表包括资产负债表、利润表、利润分配表、现金流量表以及各种纳税申报表等，对外报表的格式、编制要求、报送期限应当符合国家有关规定；对内报表的格式和要求由企业自行规定。

（1）会计报表应当根据登记完整、核对无误的会计账簿记录和其他有关资料编制，做到数字真实、计算准确、内容完整、编制及时。

（2）会计报表之间、会计报表各项目之间，凡有对应关系的数字，应当相互一致。例如，资产负债表中的期末未分配利润应与利润分配表中的年末未分配利润一致；利润表中的净利润应与利润分配表中的净利润一致；资产负债表中的货币资金期末余额应与现金流量表中的现金期末余额数一致。同时，还应考虑有否存在现金等价物。

（3）当企业对其子公司拥有控制权时，不仅应编制母公司个别报表，而且应编制集团企业合并报表，抵消其内部交易，以反映整个集团企业的财务状况和经营业绩。

四、会计档案的保管期限

企业和其他组织会计档案保管期限如表 1－2 所示。

表 1－2　保管期限

序号	档案名称	保管期限	备注
一	会计凭证		
1	原始凭证	30 年	
2	记账凭证	30 年	
二	会计账簿类		
4	总账	30 年	

续表

序号	档案名称	保管期限	备注
5	明细账	30 年	
6	日记账	30 年	
7	固定资产卡片		固定资产报废清理后保管 5 年
8	辅助账簿	30 年	
三	财务报告类		包括各级主管部门汇总财务报告
9	月、季财务报告	10 年	包括文字分析
10	年度财务报告（决算）	永久	包括文字分析
四	其他类		
11	会计档案移交清册	30 年	
12	会计档案保管清册	永久	
13	会计档案销毁清册	永久	
14	银行余额调节表	10 年	
15	银行对账单	10 年	

附录：

表 1-3　会计科目名称与编号

顺序号	编号	名称
		一、资产类
1	1001	库存现金
2	1002	银行存款
3	1015	其他货币资金
	101501	外埠存款
	101502	银行本票
	101503	银行汇票
	101504	信用卡
	101505	信用保证金
	101506	存出投资款
4	1101	交易性金融资产
5	1121	应收票据
6	1122	应收账款
7	1123	预付账款
8	1131	应收股利
9	1132	应收利息
10	1231	其他应收款
11	1241	坏账准备
12	1321	代理业务资产
13	1401	材料采购
14	1402	在途物资
15	1403	原材料
16	1404	材料成本差异

续表

顺序号	编号	名称
		一、资产类
17	1406	库存商品
18	1407	发出商品
19	1410	商品进销差价
20	1411	委托加工物资
21	1412	包装物及低值易耗品
	141101	包装物
	141102	低值易耗品
22	1461	存货跌价准备
23	1501	待摊费用
24	1521	持有至到期投资
25	1522	持有至到期投资减值准备
26	1523	可供出售金融资产
27	1524	长期股权投资
28	1525	长期股权投资减值准备
29	1526	投资性房地产
30	1527	投资性房地产累计折旧（摊销）
31	1528	投资性房地产减值准备
32	1531	长期应收款
33	1541	未确认融资费用
34	1601	固定资产
35	1602	累计折旧
36	1603	固定资产减值准备
37	1604	在建工程
38	1605	工程物资
	160501	专用材料
	160502	专用设备
	160503	预付大型设备款
	160504	为生产准备的工具及器具
39	1606	固定资产清理
40	1607	在建工程减值准备
41	1701	无形资产
42	1702	累计摊销
43	1703	无形资产减值准备
44	1801	长期待摊费用
45	1811	递延所得税资产
46	1901	待处理财产损溢
	190101	待处理流动资产损溢

续表

顺序号	编号	名称
		二、负债类
	190102	待处理固定资产损溢
47	2001	短期借款
48	2101	交易性金融负债
49	2201	应付票据
50	2202	应付账款
51	2205	预收账款
52	2211	应付职工薪酬
53	2221	应交税费
	222101	应交增值税
	22210101	进项税额
	21210102	已交税金
	22210103	转出未交增值税
	22210104	减免税款
	22210105	销项税额
	22210106	出口退税
	22210107	进项税额转出
	22210108	出口抵减内销产品应纳税额
	22210109	转出多交增值税
	222102	未交增值税
	222103	应交营业税
	222104	应交消费税
	2221105	应交资源税
	222106	应交所得税
	222107	应交土地增值税
	2221108	应交城市维护建设税
	222109	应交房产税
	222110	应交土地使用税
	222111	应交车船使用税
	222112	应交个人所得税
54	2231	应付股利
55	2232	应付利息
56	2241	其他应付款
57	2314	代理业务负债
58	2501	递延收益
59	2601	长期借款
60	2602	长期债券
	260201	债券面值
	260202	债券溢价

续表

顺序号	编号	名称
	二、负债类	
	260203	债券折价
	260204	应计利息
61	2801	长期应付款
62	2411	预计负债
63	2901	递延所得税负债
	三、所有者权益	
64	4001	实收资本（股本）
65	4002	资本公积
	400201	资本（或股本）溢价
	400202	接受捐赠非现金资产准备
	400203	股权投资准备
	400204	拨款转入
	400205	外币资本折算差额
	400206	其他资本公积
66	4101	盈余公积
	410101	法定盈余公积
	410102	任意盈余公积
	410104	储备基金
	410105	企业发展基金
	410106	利润归还投资
67	4103	本年利润
68	4104	利润分配
	410401	其他转入
	410402	提取法定盈余公积
	410403	提取任意盈余公积
	410404	提取储备基金
	410405	提取企业发展基金
	410406	提取职工奖励及福利基金
	410407	利润归还投资
	410408	应付优先股股利
	410409	应付普通股股利
	410410	转作资产（或股本）的普通股股利
	410411	未分配利润
	四、成本类	
69	5001	生产成本
	410101	基本生产成本
	410102	辅助生产成本
70	5101	制造费用
71	5201	劳务成本
72	5301	研发支出

续表

顺序号	编号	名称
五、损益类		
73	6001	主营业务收入
74	6011	利息收入
75	6051	其他业务收入
76	6101	公允价值变动损益
77	6111	投资收益
78	6301	营业外收入
79	6401	主营业务成本
80	6402	其他业务成本
81	6405	税金及附加
82	6411	利息支出
83	6601	销售费用
84	6602	管理费用
85	6603	财务费用
86	6701	资产减值损失
87	6711	营业外支出
88	6801	所得税费用
89	6901	以前年度损益调整

第二部分　锦城酒业股份有限公司的基本情况

一、企业的基本情况

锦城酒业股份有限公司由国有大型企业改组而成，实行独立核算，自负盈亏，具有法人资格。公司职工人数 302 人，主要生产白酒和药酒两种产品。该公司为增值税一般纳税人，增值税税率为 16%，消费税税率为：白酒 25%，药酒 25%。税务登记号为 440104100543928。开户银行为工商银行成都分行新华路办事处，基本账号为 015 - 1015 - 6829001，公司地址为成都市新华路 5 号。

该公司实行总经理负责制，下设总经理办公室、生产技术部门、人事科、财务科、供销科和企管科。其组织机构和主要部门功能如图 1 - 1 所示。

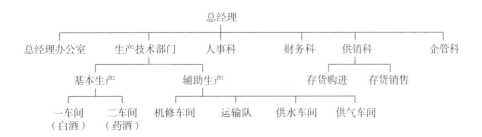

图 1 - 1　公司结构

二、业务情况

锦城酒业股份有限公司生产的两种产品——白酒和药酒，分别由基本生产的两个车间加工而成。一车间生产白酒，二车间将一车间生产的部分白酒继续加工为药酒，一部分白酒作为半成品出售，药酒为最终产品出售。辅助生产的机修车间负责对企业的固定资产进行维修工作，运输队主要对内提供运输劳务。

三、会计核算的程序和方法

（一）财务处理流程

采用科目汇总表核算程序，其账务处理程序如图1-2所示。

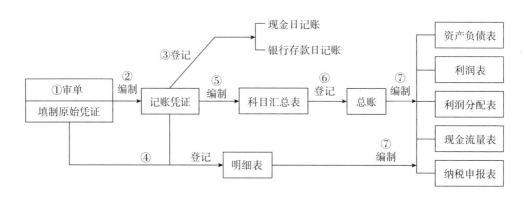

图1-2 账务处理程序

（二）存货核算方法

原材料的收发结存采用计划成本计价核算方法，材料成本差异按月份计算。库存商品、包装物、低值易耗品的收发结存采用实际成本计价的加权平均法核算。

（三）产品生产成本核算方法

（1）辅助生产车间中机修车间和运输队，其费用采用直接分配法，不设下属制造费用科目；供水车间和供气车间其费用采用交互分配法，不设下属制造费用科目。

（2）产品分两个生产车间核算，一车间生产白酒，二车间生产药酒。成本采用逐步分项结转分步法核算，各步骤的半成品成本随半成品实物的转移而转移。其核算程序是：①编制一车间生产成本计算单，计算白酒（半成品）成本，并将二车间耗用的白酒成本转到二车间药酒的成本计算单中（分项结转）。②将一车间转来的白酒（半成品）成本加上二车间耗用的费用，计算药酒产品成本。

（四）坏账损失核算方法

坏账损失采用备抵法，年末按应收账款余额的5‰比例提取。

（五）工资附加费核算方法

工资附加费采用预提办法，职工福利费据实列支，工会经费、职工教育经费分别按工资总额2%、1.5%比例计提。

（六）固定资产折旧

固定资产折旧采用分类折旧法，具体计算采用年限平均法。

（七）其他有关规定

（1）原材料购进，验收入库，采用逐笔结转法，同时结转材料成本差异。

（2）运输费增值税税率为10%。

（3）应收、应付票据均为不带息票据。

（4）企业所得税"按年计算，按月预计并按月预交、年终汇算清缴"。

（5）主营业务成本采用月末加权平均法，并于期末计算结转，但在发生销售业务时，在明细账中登记发出数量。视同买断方式委托代销的商品在每次发生销售业务时，结转成本。

（6）法定盈余公积提取率为10%，任意盈余公积提取率为5%。

（7）分红比例为本年净利润的50%。

［说明：如有小数，金额保留到小数点后2位，百分比（分配率）保留到小数点后4位。］

第三部分　会计实习资料

一、2019年11月30日资产负债表总账、明细账余额

表1-4　2019年11月30日资产负债表总账、明细账余额　　　　　　　单位：元

总账	明细账户	借方余额		贷方余额	
		总账金额	明细账金额	总账金额	明细账金额
库存现金		3 500			
银行存款		4 368 000			
其他货币资金	银行汇票存款	10 000	10 000		
应收票据	广西酒批公司	30 000	30 000		
应收账款		2 265 000			
	南方食品厂		2 000		
	杭州酒批公司		150 000		
	湖北食品公司		1 286 000		
	海南糖烟酒公司		722 000		
	红星食品厂		105 000		
坏账准备				10 997	10 997
其他应收款	王强	3 500	3 500		
原材料		337 000			
	甲材料		300 000		
	乙材料		2 000		
	丙材料		15 000		
	丁材料		20 000		
包装物及低值易耗品		343 180			
	包装物——酒瓶		336 000		
	包装物——纸箱		1 880		
	低值易耗品		5 300		
材料成本差异	原材料成本差异	16 850	16 850		
库存商品		1 169 169.49			
	白酒		1 068 169.49		
	药酒		101 000		
持有至到期投资		220 000			
	国库券——成本		200 000		

续表

总账	明细账户	借方余额		贷方余额	
		总账金额	明细账金额	总账金额	明细账金额
	国库券——利息调整		20 000		
长期股权投资	利华高科股份公司	680 000	680 000		
长期股权投资减值准备	利华高科股份公司			3 310	3 310
固定资产		7 200 000			
	房屋建筑物		2 300 000		
	机器设备		2 500 000		
	运输设备		2 400 000		
累计折旧				2 930 400	
	房屋建筑物				828 000
	机器设备				720 000
	运输设备				1 382 400
固定资产减值准备				9 000	
	房屋建筑物				3 000
	机器设备				3 000
	运输设备				3 000
投资性房地产		7 000 000			
	写字楼		6 000 000		
	商铺		1 000 000		
投资性房地产累计折旧（摊销） 折旧				2 520 000	
	写字楼				2 160 000
	商铺				360 000
在建工程	仓库扩建工程	419 477	419 477		
无形资产		105 000			
	专利权		80 000		
	商标权		25 000		
累计摊销				35 000	
	专利权				30 000
	商标权				5 000
长期待摊费用	大修费	123 629	123 629		
生产成本		212 767.48			
	基本生产成本：一车间		181 998.67		
	基本生产成本：二车间		30 768.81		
短期借款	工商银行新华路支行			800 000	800 000
应付票据				213 500	
	成都食品厂				110 000
	中原粮油总公司				103 500
应付账款				2 472 907.76	
	南京食品厂				872 300
	顺德米制品厂				689 532.76
	湖北玻璃制品厂				911 075

续表

总账	明细账户	借方余额		贷方余额	
		总账金额	明细账金额	总账金额	明细账金额
预收账款	西安酒批公司			50 000	50 000
其他应付款				10 500	
	工会经费				6 000
	职工教育经费				4 500
应付职工薪酬				223 775	
	工资				166 335
	福利费				57 440
应交税费				1 144 917	
	应交个人所得税				20 000
	应交城建税				21 284.90
	应交所得税				791 340
	未交增值税				105 454
	应交消费税				197 716
	应交教育费附加				9 122.10
应付利息				75 000	
长期借款	工商银行新华路支行			1 833 665	1 833 665
股本				8 965 718	
资本公积				810 890.71	
盈余公积				417 942.75	
	法定盈余公积				278 628.50
	任意盈余公积				139 314.25
利润分配	未分配利润			425 199.75	425 199.75
本年利润（利润总额）				1 554 350	
合计		24 507 072.97		24 507 072.97	

备注：①长期股权投资 680 000 元，为持有利华高科股份公司股票，共 136 000 股，占利华高科股份公司 40% 股权。（见补充资料）。

②表中长期股权投资减值准备、固定资产减值准备均为 2019 年 11 月计提。

③在应付职工薪酬中，应付在建工程人员工资 5 635 元，福利费 903 元。

二、2019 年 1～11 月损益类账户累计发生额

表 1-5　损益类账户 2019 年 1～11 月份累计发生额　　　　　　　　单位：元

账户	1～11 月份累计发生额	
	借方	贷方
主营业务收入	14 500 000	14 500 000
主营业务成本	7 975 000	7 975 000
税金及附加	1 740 000	1 740 000
其他业务收入	60 000	60 000
其他业务成本	22 000	22 000
管理费用	800 000	800 000
财务费用	30 000	30 000

续表

账户	1～11 月份累计发生额	
	借方	贷方
销售费用	1 600 000	1 600 000
资产减值损失	12 310	12 310
投资收益	20 000	20 000
营业外收入	10 000	10 000
营业外支出	25 000	25 000
所得税费用	791 340	791 340
合计	27 585 650	27 585 650

备注：①投资收益为国库券利息收入，营业外收入为固定资产处置利得，营业外支出为捐赠支出，其他业务收入为租金收入，其他业务成本为出租固定资产的折旧额。

②主营业务收入中，白酒 1～11 月累计发生额 8 000 000 元，药酒 1～11 月累计发生额 6 000 000 元，代销手续费收入 1～11 月累计发生额 500 000 元。

③主营业务成本中，白酒 1～11 月累计发生额 4 785 000 元，药酒 1～11 月累计发生额 3 190 000 元。

④管理费用中，工资及福利费用 1～11 月累计发生额 260 000 元，办公费及其他费用 1～11 月累计发生额 300 000 元，折旧修理及摊销费 1～11 月累计发生额 100 000 元，业务招待费 1～11 月累计发生额 100 000 元，劳保及物料消耗费 1～11 月累计发生额 40 000 元。

⑤销售费用中，工资及福利费用 1～11 月累计发生额 300 000 元，运输装卸费 1～11 月累计发生额 100 000 元，折旧修理 1～11 月累计发生额 400 000 元，展览广告费 1～11 月累计发生额 800 000 元。

⑥财务费用中，手续费 1～11 月累计发生额 4000 元，利息费用 1～11 月累计发生额为 26 000 元。

三、2019 年 11 月 30 日存货明细资料

1. 原材料、低值易耗品、包装物 2019 年 11 月 30 日明细资料

（1）原材料。

表 1-6　原材料 单位：元

品名	规格	计量单位	数量	计划单价	金额	材料成本差异
原材料						
甲材料		吨	150	2 000	300 000	
乙材料		公斤	200	10	2 000	
丙材料		公斤	300	50	15 000	
丁材料		件	200	100	20 000	
合计					337 000	16 850

（2）包装物。

表 1-7　包装物 单位：元

品名	规格	计量单位	数量	实际单价	金额
酒瓶		支	420 000	0.8	336 000
纸箱		个	1 000	1.88	1 880
合计					337 880

（3）低值易耗品。

表1-8 低值易耗品   单位：元

品名	规格	计量单位	数量	实际单价	金额
劳保用品		批			5 300
合计					5 300

2. 库存商品2019年11月30日明细资料

表1-9 明细资料   单位：元

品名	规格	计量单位	数量	实际单位成本	金额
白酒		瓶	259 633	4.11	1 068 169.49
小计			259 633		1 068 169.49
药酒		瓶	10 100	10	101 000
小计			10 100		101 000
合计					1 169 169.49

备注：白酒实际单位成本为1 068 169.49/259 633 =4.114151……取小数点后2位，故为4.11。

3. 2019年11月30日在产品成本资料

表1-10 在产品成本资料   单位：元

车间	计量单位	数量	直接材料	直接人工	制造费用	合计
一车间	吨	40	111 999.35	14 999.90	54 999.42	181 998.67
二车间	吨	3	15 717.85	6 308.78	8 742.18	30 768.81
合计	—	—	127 717.20	21 308.68	63 741.60	212 767.48

四、2019年11月30日固定资产期初及明细资料

1. 固定资产期初数据

表1-11 期初数据

	原值（元）	预计使用年限（年）	残值率（%）	已使用年限（年）	年折旧率（%）	已提折旧（元）
房屋建筑物	2 300 000	25	10	10	3.6	828 000
机器设备	2 500 000	10	4	3	9.6	720 000
运输设备	2 400 000	10	4	6	9.6	1 382 400
合计	7 200 000					2 930 400

2. 固定资产期初明细（原值）

（1）房屋建筑物。

表 1-12　房屋建筑物　　　　　　　　　　　　　　　　单位：元

基本生产车间	一车间	600 000
	二车间	500 000
机修车间		300 000
运输队		200 000
供水车间		170 000
供气车间		180 000
管理部门		250 000
供销科		100 000
合计		2 300 000

（2）机器设备。

表 1-13　机器设备

	名称	数量（台）	单价（元）	总价（元）	
基本生产车间	一车间	酿酒设备	2	500 000	1 000 000
	二车间	酿酒设备	1	700 000	700 000
机修车间		普通机床	5	50 000	250 000
		万能铣床	5	50 000	250 000
供水车间		供水设备	1	80 000	80 000
供气车间		供气设备	1	112 000	112 000
管理部门		复印机	1	10 000	10 000
		计算机	10	5 000	50 000
		打印机	1	3 000	3 000
供销科		计算机	5	5 000	25 000
		锅炉	1	20 000	20 000
合计					2 500 000

（3）运输设备。

表 1-14　运输设备

	名称	数量（辆）	单价（元）	总价（元）
运输队	桑塔纳牌小汽车	1	200 000	200 000
	解放牌卡车	20	60 000	1 200 000
	东风牌卡车	8	50 000	400 000
	依维柯箱式货车	2	200 000	400 000
管理部门	丰田牌旅行车	1	100 000	100 000
	捷达牌小汽车	1	100 000	100 000
合计				2 400 000

五、补充资料

1. 利华股份有限公司基本情况

利华高科股份有限公司成立于 2011 年，是专门从事应用软件开发的企业。锦城酒业股份有限公司于 2018 年 1 月通过股权置换对其投资 680 000 元，拥有 136 000 股，占其总股本的 40%，具有重大影响。尽管锦城酒业股份有限公司于 2019 年 12 月出售利华高科股份公司部分股权，但仍具有重大影响。

（1）2019 年 11 月，利华高科股份有限公司向锦城酒业股份有限公司购进一辆旧汽车，原值 290 000 元，已提折旧 60 000 元，售价 240 000 元。锦城酒业股份有限公司已将该项业务产生的净收益 10 000 元计入营业外收入，款项已经结算。利华高科股份有限公司购进后用于管理部门用车，并按直线法 5 年计提折旧（不考虑净残值）。

（2）2019 年 1~11 月，锦城酒业股份有限公司向利华高科股份有限公司购进其开发的管理软件光盘，售价 50 000 元，锦城酒业股份有限公司购进后计入其管理费用，利华高科股份有限公司则确认为主营业务收入 50 000 元，主营业务成本 30 000 元（不考虑增值税）。但款项尚未结算。利华高科股份有限公司年末已按 5% 计提应收账款坏账准备。

（3）利华高科股份有限公司 2019 年度利润及分配表、现金流量表及其 2019 年 12 月 31 日资产负债表如表 1-15 所示。

表 1-15　利华高科股份有限公司利润及利润分配表

2019 年　　　　　　　　　　　　　　　　　　　　　单位：元

项目	金额
一、营业收入	1 988 179
减：营业成本	1 222 468
营业税金及附加	35 398
税金及附加	180 706
管理费用	220 071
财务费用	128 202
资产减值损失	
加：公允价值变动损益	
投资收益	34 528
三、营业利润	235 862
加：营业外收入	53 285
减：营业外支出	20 629
四、利润总额	268 518
减：所得税费用	88 510
五、净利润	180 008
加：期初未分配利润	0
六、可供分配利润	180 008
减：提取法定盈余公积	18 000.8
提取任意盈余公积	9 000.4

续表

项目	金额
七、可供股东分配利润	153 006.8
减：分配股东利润	0
八、未分配利润	153 006.8

备注：分红方案尚未确定。

表 1-16　利华高科股份有限公司现金流量表
2019 年
单位：元

项目	金额
一、经营活动产生的现金流量	
销售商品、提供劳务收到的现金	1 921 851
收到的税费返还	0
收到的其他与经营活动有关的现金	0
经营活动现金流入小计	1 921 851
购买商品、接受劳务支付的现金	1 458 409
支付给职工以及为职工支付的现金	238 000
支付的各项税费	2 300
支付的其他与经营活动有关的现金	89 500
经营活动现金流出小计	1 788 209
经营活动产生的现金流量净额	133 642
二、投资活动产生的现金流量	
收回投资所收到的现金	1 246 286
取得投资收益所收到的现金	34 528
处置固定资产、无形资产和其他长期资产所收回的现金净额	0
收到的其他与投资活动有关的现金	0
现金流入小计	1 280 814
购建固定资产、无形资产和其他长期资产所支付的现金	993 294
投资所支付的现金	20 869
支付的其他与投资活动有关的现金	0
现金流出小计	1 014 163
投资活动产生的现金流量净额	266 651
三、筹资活动产生的现金流量	
吸收投资所收到的现金	0
借款所收到的现金	47 676
收到的其他与筹资活动有关的现金	0

项目	金额
现金流入小计	47 676
偿还债务所支付的现金	300 000
分配股利、利润或偿付利息所支付的现金	128 000
支付的其他与筹资活动有关的现金	202
现金流出小计	428 202
筹资活动产生的现金流量净额	− 380 526
四、汇率变动对现金的影响	0
五、现金及现金等价物净增加额	19 767

表 1 – 17　利华高科股份有限公司资产负债表

2019 年 12 月 31 日　　　　　　　　　　　　　　　　　　　单位：元

资产	年初数	年末数	负债及所有者权益	年初数	年末数
流动资产：			流动负债：		
货币资金	24 050	43 817	短期借款	23 502	71 178
交易性金融资产	10 367	21 236	应付账款	256 866	235 308
应收账款	440 331	506 659	其他流动负债	483	2 738
存货	223 545	290 770	流动负债合计	280 851	309 224
其他流动资产	42 227	101 668	长期负债	1 586 047	1 257 674
流动资产合计	740 520	964 150	负债合计	1 866 898	1 566 898
长期股权投资	2 136 288	890 002	其中：下年到期的债务	235 000	612 400
固定资产原值	783 476	1 150 943	股本	340 000	340 000
减：累计折旧	122 150	212 780	资本公积	1 360 000	1 360 000
固定资产净值	661 326	938 163	盈余公积	0	27 001.2
无形资产	28 764	654 591	未分配利润	0	153 006.8
其他资产	0	0	股东权益总额	1 700 000	1 880 008
资产总额	3 566 898	3 446 906	负债及股东权益总额	3 566 898	3 446 906

备注：应收账款年初账面价值为 464 032.63 元，坏账准备余额为 23 701.63 元。应收账款期末账面余额为 683 623 元，坏账准备余额为 176 964 元。

2. 科宏有限责任公司基本情况

科宏有限责任公司成立于 2019 年 1 月，从事食用酒精的生产。同年 12 月锦城酒业股份有限公司与科宏有限责任公司签订协议，由锦城酒业股份有限公司对其投资 50 万元，占其股本的 10%，经营期限 10 年，但没有取得控制权。

科宏有限责任公司 2019 年净利润 367 880 元，但分红方案尚未公布。

六、2019 年 12 月份锦城酒业股份有限公司发生的经济业务的原始凭证

要求：

（1）根据原始凭证分析所发生的经济业务，若为自制原始凭证，还应根据资料填制原始凭证。

（2）根据分析结果编制记账凭证。

（3）进行账务处理。

（4）编制有关报表。

12 月 1 日

1

中国工商银行信汇凭证（收账通知或取款收据）

第 14950

委托日期：2019 年 11 月 29 日　　　　　　　　　　　　应解汇款编号　0352

<table>
<tr><td rowspan="3">汇款人</td><td>全称</td><td colspan="3">湖北食品公司</td><td rowspan="3">收款人</td><td>全称</td><td colspan="2">锦城酒业股份有限公司</td></tr>
<tr><td>账号或住址</td><td colspan="3">034 - 2025 - 7816952</td><td>账号或住址</td><td colspan="2">015 - 1015 - 6829001
成都市新华东路 5 号</td></tr>
<tr><td>汇出地点</td><td>湖北省武汉市</td><td>汇出行名称</td><td>工行武汉支行</td><td>汇入地点</td><td>四川省成都市</td><td>汇入行名称</td><td>工行新华路办</td></tr>
<tr><td rowspan="2">金额</td><td>人民币
（大写）</td><td colspan="4">壹佰贰拾捌万陆仟元整</td><td colspan="3">千 百 十 万 千 百 十 元 角 分
￥ 1 2 8 6 0 0 0 0 0 0</td></tr>
<tr><td colspan="4">汇款用途：偿还前欠货款</td><td colspan="3">留行待取预留
收款人印签</td></tr>
<tr><td colspan="2">上列款项已代进账，如有错误，请持此联来行面洽。

汇入行盖章
2019 年 11 月 29 日</td><td colspan="3">上列款项已照收无误

收款人盖章
2019 年 12 月 1 日</td><td colspan="3">科目（借）…………
对方科目（贷）…………
汇入行解汇日期　年　月　日
复核出纳
记账</td></tr>
</table>

此联为结收款人的收账通知或收款收据

使用增值税专用发票时，应注意：

　　增值税专用发票分为一式 4 联，第一联为销货方发票存根，第二联为购货方记账凭证，第三联为购货方扣税凭证，第四联为销货方记账凭证。作为购货方取得的第二、第三联发票，只有第二联为记账依据（原始凭证），第三联应另外存放，留待期末交与税务部门进行扣税依据。（至于销货方，作为记账依据的原始凭证则是第四联，第一联为发票存根备查。）

2 - 1

四川省增值税专用发票

No. 26528122

开票日期：2019 年 12 月 1 日　　　　　　　　发票联

<table>
<tr><td rowspan="2">购货单位</td><td>名称</td><td colspan="5">锦城酒业股份有限公司</td><td>税务登记号</td><td colspan="12">4 4 0 1 0 4 1 0 0 5 4 3 9 2 8</td></tr>
<tr><td>地址电话</td><td colspan="5">成都新华路 5 号</td><td>开户银行及账号</td><td colspan="12">工行新华路办 015 - 1015 - 6829001</td></tr>
<tr><td rowspan="2">货物或应税劳务名称</td><td rowspan="2">规格型号</td><td rowspan="2">计量单位</td><td rowspan="2">数量</td><td rowspan="2">单价</td><td colspan="9">金额</td><td>税率</td><td colspan="9">税额</td></tr>
<tr><td>十</td><td>万</td><td>千</td><td>百</td><td>十</td><td>元</td><td>角</td><td>分</td><td></td><td>（%）</td><td>十</td><td>万</td><td>千</td><td>百</td><td>十</td><td>元</td><td>角</td><td>分</td><td></td></tr>
<tr><td>桑塔纳汽车</td><td></td><td>辆</td><td>1</td><td></td><td></td><td>1</td><td>2</td><td>8</td><td>0</td><td>0</td><td>0</td><td>0</td><td>0</td><td>16</td><td></td><td></td><td>2</td><td>0</td><td>4</td><td>8</td><td>0</td><td>0</td><td>0</td></tr>
<tr><td>合计</td><td></td><td></td><td></td><td></td><td></td><td>1</td><td>2</td><td>8</td><td>0</td><td>0</td><td>0</td><td>0</td><td>0</td><td>16</td><td></td><td></td><td>2</td><td>0</td><td>4</td><td>8</td><td>0</td><td>0</td><td>0</td></tr>
<tr><td>价税合计</td><td colspan="14">壹拾肆万捌仟肆佰捌拾元零角零分</td><td colspan="10">￥148 480</td></tr>
<tr><td>备注</td><td colspan="24"></td></tr>
<tr><td rowspan="2">销货单位</td><td>名称</td><td colspan="5">飞驰汽车厂</td><td>税务登记号</td><td colspan="12">4 4 0 1 0 8 2 3 8 9 1 2 4 7 2</td></tr>
<tr><td>地址电话</td><td colspan="5">成都东坡路 2 号</td><td>开户银行及账号</td><td colspan="12">工行东坡路办 015 - 1083 - 7248020</td></tr>
</table>

第二联：发票联购货方记账凭证

销货单位（章）：　　　　收款人：　　　　　　复核：　　　　　　开票人：

2－2

四川省增值税专用发票

No. 26528122

开票日期：2019 年 12 月 1 日　　　　　　　　抵扣联

购货单位	名称	锦城酒业股份有限公司		税务登记号	4	4	0	1	0	4	1	0	0	5	4	3	9	2	8
	地址电话	成都新华路 5 号		开户银行及账号	工行新华路办 015 - 1015 - 6829001														

货物或应税劳务名称	规格型号	计量单位	数量	单价	金额								税率	税额							
					十	万	千	百	十	元	角	分	（%）	十	万	千	百	十	元	角	分
桑塔纳汽车		辆	1		1	2	8	0	0	0	0	0	16		2	0	4	8	0	0	0
合计					1	2	8	0	0	0	0	0	16		2	0	4	8	0	0	0
价税合计	壹拾肆万捌仟肆佰捌拾元零角零分											￥148 480									
备注																					

销货单位	名称	飞驰汽车厂		税务登记号	4	4	0	1	0	8	2	3	8	9	1	2	4	7	2
	地址电话	成都东坡路 2 号		开户银行及账号	工行东坡路办 015 - 1083 - 7248020														

销货单位（章）：　　　　收款人：　　　　　　复核：　　　　　　开票人：

第三联：抵扣联购货方扣税凭证

2－3

中国工商银行转账支票存根（川） No. 038800001 科目： 对方科目： 出票日期：　年　月　日 收款人： 金额： 用途： 单位主管：　会计	中国工商银行转账支票（川）成都　No. 038800001 出票日期（大写）　年　月　日　付款行名称：新华路办 收款人：　出票人账号：015 - 1015 - 6829001

本支票付款期十天	人民币（大写）	百	十	万	千	百	十	元	角	分
	用途									
	上列款项请从 我账户内支付 出票人（签章）				科目（借） 对方科目（贷）					
复核　　记账										

使用支票时，应注意：

（1）签发支票，属自制原始凭证，应自行填写。

（2）支票分为左右两部分，左边部分为支票存根，用作出票人（付款人）入账依据，即原始凭证（附件）；右边部分交付给收款人到银行办理结算。

（3）支票编号必须连续，右边部分的签发日期应大写，如贰零零贰年，不能用阿拉伯数字。

提示：购进自用小汽车，其进项税额应构成其原值，而不能作为进项税额抵扣。

3 – 1

四川省医疗卫生单位
门诊票据

姓名	李华	2019 年 12 月 1 日
费用项目		金额（元）
西药费		200
中药费		
检查费		200
治疗费		100
合计		500

收费员：　　　　　　　　单位：四川大学附属医院

注：应由李华负担自费药费部分为 20%，单位报销药费总额的 80% 以现金支付（公司在 11 月已计提该福利费）。

4

中国工商银行转账支票存根（川）	中国工商银行转账支票（川）成都　No. 038800002
No. 038800002	出票日期（大写）　年　月　日　付款行名称：新华路办
科目：	收款人：　　出票人账号：015 – 1015 – 6829001
对方科目：	
出票日期：　年　月　日	
收款人：	
金额：	
用途：	
单位主管：　　会计	

本支票付款期十天	人民币（大写）	百	十	万	千	百	十	元	角	分

用途

上列款项请从　　　　　　　　　　　　　科目（借）

我账户内支付　　　　　　　　　　　　　对方科目（贷）

出票人（签章）

复核　　记账

注：2019 年 12 月 1 日，锦城酒业股份有限公司向平安证券公司存入 800 800 元，用于日后委托其购买股票。

5 – 1

四川省增值税专用发票

No. 08521254

开票日期：2019 年 12 月 1 日   发票联

购货单位	名称	锦城酒业股份有限公司		税务登记号		4	4	0	1	0	4	1	0	0	5	4	3	9	2	8
	地址电话	成都新华路 5 号		开户银行及账号		工行新华路办 015 – 1015 – 6829001														

货物或应税劳务名称	规格型号	计量单位	数量	单价	金额								税率（%）	税额						
					十	万	千	百	十	元	角	分		十	万	千	百	十	元	角	分
甲材料		吨	10	2 100		2	1	0	0	0	0	0	16			3	3	6	0	0	0
合计					¥	2	1	0	0	0	0	0	16		¥	3	3	6	0	0	0
价税合计	贰万肆仟叁佰陆拾元零角零分													¥ 24 360							
备注																					

销货单位	名称	眉山米制品厂		税务登记号		4	4	0	1	0	8	0	0	2	3	1	5	6	7	3
	地址电话	四川眉山永红路 1 号		开户银行及账号		工行永红办 018 – 1026 – 4592126														

销货单位（章）：   收款人：   复核：   开票人：

第二联 ∴ 发票联购货方记账凭证

5 – 2

四川省增值税专用发票

No. 08521254

开票日期：2019 年 12 月 1 日   抵扣联

购货单位	名称	锦城酒业股份有限公司		税务登记号		4	4	0	1	0	4	1	0	0	5	4	3	9	2	8
	地址电话	成都新华路 5 号		开户银行及账号		工行新华路办 015 – 1015 – 6829001														

货物或应税劳务名称	规格型号	计量单位	数量	单价	金额								税率（%）	税额						
					十	万	千	百	十	元	角	分		十	万	千	百	十	元	角	分
甲材料		吨	10	2 100		2	1	0	0	0	0	0	16			3	3	6	0	0	0
合计					¥	2	1	0	0	0	0	0	16		¥	3	3	6	0	0	0
价税合计	贰万肆仟叁佰陆拾元零角零分													¥ 24 360							
备注																					

销货单位	名称	眉山米制品厂		税务登记号		4	4	0	1	0	8	0	0	2	3	1	5	6	7	3
	地址电话	四川眉山永红路 1 号		开户银行及账号		工行永红办 018 – 1026 – 4592126														

销货单位（章）：   收款人：   复核：   开票人：

第三联 ∴ 抵扣联购货方扣税凭证

5－3

中国工商银行信汇凭证（回单）1

委托日期：2019 年 12 月 1 日　第 205 号

汇款人	全称	锦城酒业股份有限公司		收款人	全称	眉山米制品厂										
	账号或住址	015 - 1015 - 6829001			账号或住址	018 - 1026 - 4592126　眉山永红路 1 号										
	汇出地点	四川省成都市	汇出行名称　工行新华路办		汇入地点	四川省眉山市	汇入行名称　工行永红办									
金额	人民币（大写）	贰万肆仟叁佰陆拾元零角零分				千	百	十	万	千	百	十	元	角	分
								￥	2	4	3	6	0	0	0

汇款用途：购料

汇出行盖章

上列款项已根据委托办理，如需查询，请持此回单来行面洽。

单位主管　会计　出纳　记账

年 月 日

此联为汇出行给汇款人的回单

6－1

差旅费报销单

单位名称：锦城酒业股份有限公司　　　　　　　　　　　　　填报日期：2019 年 12 月 1 日

姓名			李蓉		出差地点	昆明市	出差日期		2019 年 11 月 26 日至 2019 年 11 月 30 日					
事由					参加行业管理人员培训费									
日期			起讫地点		车船或飞机		在途补助			住勤补助			杂（宿）费	备注
年	月	日	起	讫	类别	金额	行程时间	标准	金额	日数	标准	金额		
	11	26	成都	昆明		487.5				5	80	400.00	636.00	
	11	30	昆明	成都		487.5								以现金付讫
以上单据共 3 张　总计金额人民币（大写）贰仟零壹拾壹元整										经领人（章）		李蓉		
预支差旅费：人民币零元														

主管审核　　　　　　　　　　　　　　　　　　　　　　　　　填报人：李蓉

6 - 2

云南省增值税普通发票

No. 07725703

开票日期：2019 年 11 月 30 日　　　　　　　　　　　发票联

购货单位	名称	锦城酒业股份有限公司	税务登记号	4	4	0	1	0	4	1	0	0	5	4	3	9	2	8
	地址电话	成都新华路 5 号	开户银行及账号	工行新华路办 015 - 1015 - 6829001														

货物或应税劳务名称	规格型号	计量单位	数量	单价	金额								税率（%）	税额						
					十	万	千	百	十	元	角	分		十	万	千	百	十	元	角	分
*住宿服务*住宿费							6	0	0	0	0	6					3	6	0	0
合计						¥	6	0	0	0	6				¥	3	6	0	0
价税合计	陆佰叁拾陆元零角零分														¥636				
备注	1 人共 4 晚																		
销货单位	名称	春城宾馆	税务登记号	5	4	0	1	6	8	0	0	9	3	2	4	6	9	3
	地址电话	云南省昆明市西山区兴体路 128 号	开户银行及账号	建行云大支行 351 - 1024 - 4682139														

销货单位（章）：　　　　收款人：　　　　复核：　　　　开票人：

6 - 3

火车票

昆明南站 —G2883→ 成都东站

2019 年 11 月 26 日　08：51 开　　　01 车 06B

¥487.5 元　网二等座

限乘当日当次车

510103 × × × × × × × × × × × × 李蓉

6 - 4

火车票

成都东站 —G2886→ 昆明南站

2018 年 11 月 30 日　08：081 开　　　04 车 08D

¥487.5 元　网二等座

限乘当日当次车

510103 × × × × × × × × × × × × 李蓉

7 - 1

<h1 style="text-align:center">融资租赁协议</h1>

租人单位：锦城酒业股份有限公司

租出单位：东方租赁公司

租赁项目：蒸馏设备

租赁期开始日：租赁物运抵公司生产车间之日（即 2019 年 12 月 1 日）

租赁方式及租赁时间：采取融资租赁方式，起止时间为 2019 年 12 月 1 日至 2022 年 11 月 30 日。

租赁费：300 000 元

租赁费支付方式：租赁费 3 年内付清，分别于 2020 年 11 月 30 日，2021 年 11 月 30 日和 2022 年 11 月 30 日支付一次租金。在合同约定的收款日期，发生相关的增值税纳税义务。

租赁合同规定的年利率为 8%。

租人单位：锦城酒业股份有限公司 （章）　　　　　租出单位：东方租赁公司 （章）

协议时间：2019 年 11 月 23 日　　　　　　　　　　协议时间：2019 年 11 月 23 日

7 - 2

<h1 style="text-align:center">固定资产融资租赁移交使用单</h1>

租人单位：锦城酒业股份有限公司

租出单位：东方租赁公司　　　　　　　2019 年 12 月 1 日　　　　　　　编号：002

名称	规格型号	单位	数量	设备价款	预计使用年限	备注
蒸馏设备		台	1	300 000	5	生产车间一车间
合计			1	300 000		
附属设备						

租入单位主管：王伟光　租入单位（公章）　租出单位主管：李海明　租出单位（公章）　制单：王华辉

备注：①该项设备占锦城酒业股份有限公司总资产 10% 以下，其公允价值为 260 000 元。

<h2 style="text-align:center">12 月 2 日</h2>

8 - 1

<h1 style="text-align:center">四川省增值税专用发票</h1>

No. 08528123

开票日期：2019 年 12 月 2 日　　　　　　　发票联

购货单位	名称	锦城酒业股份有限公司	税务登记号	4 4 0 1 0 4 1 0 0 5 4 3 9 2 8
	地址电话	成都新华路 5 号	开户银行及账号	工行新华路办 015 - 1015 - 6829001

货物或应税劳务名称	规格型号	计量单位	数量	单价	金额 十 万 千 百 十 元 角 分	税率（%）	税额 十 万 千 百 十 元 角 分
甲材料		吨	100	2 100	2 1 0 0 0 0 0 0	16	3 3 6 0 0 0 0
合计					2 1 0 0 0 0 0 0	16	3 3 6 0 0 0 0
价税合计	贰拾肆万叁仟陆佰零拾零元零角零分						￥243 600
备注							

销货单位	名称	眉山米制品厂	税务登记号	4 4 0 1 0 8 0 0 2 3 1 5 6 7 3
	地址电话	四川眉山永红路 1 号	开户银行及账号	工行永红办 018 - 1026 - 4592126

销货单位（章）：　　　　　收款人：　　　　　复核：　　　　　开票人：

8－2

四川省增值税专用发票

No. 08528123

开票日期：2019 年 12 月 2 日　　　　　　　　抵扣联

购货单位	名称	锦城酒业股份有限公司		税务登记号		4	4	0	1	0	4	1	0	0	5	4	3	9	2	8
	地址电话	成都新华路 5 号		开户银行及账号		工行新华路办 015－1015－6829001														

货物或应税劳务名称	规格型号	计量单位	数量	单价	金额									税率(%)	税额							
					十	万	千	百	十	元	角	分		十	万	千	百	十	元	角	分
甲材料		吨	100	2 100		2	1	0	0	0	0	0	16			3	3	6	0	0	0
合计						2	1	0	0	0	0	0	16			3	3	6	0	0	0
价税合计	贰拾肆万叁仟陆佰零拾零元零角零分													￥243 600							
备注																					

销货单位	名称	眉山米制品厂		税务登记号		4	4	0	1	0	8	0	0	2	3	1	5	6	7	3
	地址电话	四川眉山永红路 1 号		开户银行及账号		工行永红办 018－1026－4592126														

销货单位（章）：　　　　　收款人：　　　　　复核：　　　　　开票人：

第三联：抵扣联购货方扣税凭证

8－3

四川省增值税专用发票

No. 01522323

开票日期：2019 年 12 月 2 日　　　　　　　　发票联

购货单位	名称	锦城酒业股份有限公司		税务登记号		4	4	0	1	0	4	1	0	0	5	4	3	9	2	8
	地址电话	成都新华路 5 号		开户银行及账号		工行新华路办 015－1015－6829001														

货物或应税劳务名称	规格型号	计量单位	数量	单价	金额									税率(%)	税额							
					十	万	千	百	十	元	角	分		十	万	千	百	十	元	角	分
运输费							4	3	8	0	0	0	10				4	3	8	0	0
合计						￥	4	3	8	0	0	0	10		￥		4	3	8	0	0
价税合计	肆仟捌佰壹拾捌元零角零分													￥4 818							
备注																					

销货单位	名称	顺丰运输公司		税务登记号		4	6	0	2	0	6	0	5	2	6	0	4	8	6	3
	地址电话	四川眉山永新路 1 号		开户银行及账号		工行永新办 018－1435－4594158														

销货单位（章）：　　　　　收款人：　　　　　复核：　　　　　开票人：

第二联：发票联购货方记账凭证

8－4

四川省增值税专用发票

No. 01522323

开票日期：2019 年 12 月 2 日　　　　　　　　　抵扣联

购货单位	名称	锦城酒业股份有限公司		税务登记号	4	4	0	1	0	4	1	0	0	5	4	3	9	2	8
	地址电话	成都新华路 5 号		开户银行及账号	\multicolumn{15}{c} 工行新华路办 015 - 1015 - 6829001

货物或应税劳务名称	规格型号	计量单位	数量	单价	金额							税率（%）	税额						
					十	万	千	百	十	元	角	分	十	万	千	百	十	元	角	分
运输费							4	3	8	0	0	0	10				4	3	8	0	0
合计					¥		4	3	8	0	0	0	10	¥			4	3	8	0	0

价税合计	肆仟捌佰壹拾捌元零角零分	¥4 818
备注		

销货单位	名称	顺丰运输公司		税务登记号	4	6	0	2	0	6	0	5	2	6	0	4	8	6	3
	地址电话	四川眉山永新路 1 号		开户银行及账号	\multicolumn{15}{c} 工行永新办 018 - 1435 - 4594158

销货单位（章）：　　　　　收款人：　　　　　复核：　　　　　开票人：

第三联：抵扣联购货方扣税凭证

8－5

中国工商银行信汇凭证（回单）1

委托日期：2019 年 12 月 2 日　　第 210 号

汇款人	全称	锦城酒业股份有限公司	收款人	全称	德阳食品厂									
	账号或住址	015 - 1015 - 6829001		账号或住址	021 - 2032 - 3476531 大庆路 3 号									
	汇入地点	四川省成都市	汇出行名称	工行新华路办	汇入地点	四川省德阳市	汇入行名称	工行大庆办						
金额	人民币（大写）	\multicolumn{3}{c} 贰拾肆万捌仟四佰壹拾捌元零角零分		千	百	十	万	千	百	十	元	角	分
						¥	2	4	8	4	1	8	0	0

汇款用途：购料

上列款项已根据委托办理，如需查询，请持此回单来行面洽。　　　　汇出行盖章

单位主管　会计　出纳　记账　　　　　　　　　　　　　　　　年　月　日

此联为汇出行给汇款人的回单

8 - 6

锦城酒业股份有限公司材料入库验收单

验收日期：2019 年 12 月 14 日

类别	商品名称		编号	
发票编号			来源	

品名	规格	单位	数量		实际价格				计划价		材料成本差异
			来料数	实际数	单价	总价	运杂费	合计	单价	总价	

供销主管　　　　　验收保管　　　　　采购　　　　　制单

材料入库验收单属自制原始凭证，应自行填写，并同时结转成本差异，下同。

9 - 1

供销科销售通知单

2019 年 12 月 2 日

产品名称	计量单位	数量	单位售价（元）	增值税率	代垫运费（元）
白酒	瓶	50 000	10	16%	3 000

备注：购货单位：湖北食品公司　　　　　地址：湖北省武汉市湖东路 15 号

　　　税务登记号：560103001248754

　　　开户银行及账号：工行湖东办 034 - 2025 - 7816952

　　　结算方式：托收承付

9 - 2

四川省增值税专用发票

No. 00528124

开票日期：　年　月　日　　　　　　记账联

购货单位	名称					税务登记号																			
	地址电话					开户银行及账号																			

货物或应税劳务名称	规格型号	计量单位	数量	单价	金额								税率（%）	税额							
					十	万	千	百	十	元	角	分		十	万	千	百	十	元	角	分
合计																					
价税合计	佰　拾　万　仟　佰　拾　元　角　分																				
备注																					
销货单位	名称					税务登记号																			
	地址电话					开户银行及账号																			

销货单位（章）：　　　　收款人：　　　　复核：　　　　开票人：

第四联：记账联销货方记账凭证

9－3

邮划 托收承付凭证（回单）

委托日期：2019 年 12 月 2 日 　　　　　　　　　　　　　　　　　委托号码：第 4 号

汇款人	全称	湖北食品厂	收款人	全称	锦城酒业股份有限公司										
	账号或住址	034－2025－7816952		账号或住址	015－1015－682901										
	开户银行	工行湖东办		开户银行	工商银行成都分行新华路办事处	行号									

金额	人民币 （大写）伍拾捌万叁仟零拾捌元整			千	百	十	万	千	百	十	元	角	分
					￥	5	8	3	8	0	0	0	0

款项内容	货款及运费	委托收款凭据名称	销售发票、支票等	附寄单证张数	3
备注：					
			款项收妥日期		
			2019 年 12 月 14 日	收款人开户银行（盖章）　月　日	

单位主管　　　　　会计　　　　　复核　　　　　记账

提示：已办理托收事项，但货款未收。

此联为汇出行给汇款人的回单

9－4

四川省增值税专用发票

No. 01522323

开票日期：2019 年 12 月 2 日　　　　　　　　发票联

购货单位	名称	湖北食品公司	税务登记号	5	6	0	1	0	3	0	0	1	2	4	8	7	5	4
	地址电话	湖北省武汉市湖东路 15 号	开户银行及账号	工行湖东办 034－2025－7816952														

货物或应税劳务名称	规格型号	计量单位	数量	单价	金额								税率（%）	税额							
					十	万	千	百	十	元	角	分		十	万	千	百	十	元	角	分
运输费						2	8	0	0	0	0	0	10				2	8	0	0	0
合计						￥	2	8	0	0	0	0	10			￥	2	8	0	0	0
价税合计	叁仟零捌拾元整											￥ 3 080.0									
备注																					

销货单位	名称	成都铁路（集团）公司	税务登记号	4	6	0	2	0	6	0	5	2	6	0	4	8	6	3
	地址电话	成都二仙桥路 3 段	开户银行及账号	工行沙河办 015－1016－7549083														

销货单位（章）：　　　　　收款人：　　　　　复核：　　　　　开票人：

第二联：发票联购货方记账凭证

9－5

四川省增值税专用发票

No. 01522323

开票日期：2019 年 12 月 2 日　　　　　　　　抵扣联

第三联：抵扣联购货方扣税凭证

购货单位	名称	湖北食品公司				税务登记号	5	6	0	1	0	3	0	0	1	2	4	8	7	5	4
	地址电话	湖北省武汉市湖东路 15 号				开户银行及账号	工行湖东办 034 - 2025 - 7816952														

货物或应税劳务名称	规格型号	计量单位	数量	单价	金额								税率（%）	税额							
					十	万	千	百	十	元	角	分		十	万	千	百	十	元	角	分
运输费						2	8	0	0	0	0		10			2	8	0	0	0	0
合计					￥	2	8	0	0	0	0		10	￥		2	8	0	0	0	0
价税合计	叁仟零捌拾元整															￥ 3 080.0					
备注																					

销货单位	名称	成都铁路（集团）公司				税务登记号	4	6	0	2	0	6	0	5	2	6	0	4	8	6	3
	地址电话	成都二仙桥路 3 段				开户银行及账号	工行沙河办 015 - 1016 - 7549083														

销货单位（章）：　　　　　收款人：　　　　　复核：　　　　　开票人：

9－6

中国工商银行转账支票存根（川）	中国工商银行转账支票（川）成都　No. 038800003
No. 038800003	出票日期（大写）　年　月　日　付款行名称：新华路办
科目：	收款人：　出票人账号：015 - 1015 - 6829001
对方科目：	
出票日期：　年　月　日	
收款人：	
金额：	
用途：	
单位主管：　会计	

（支票右侧）

本支票付款期十天

人民币（大写）	百	十	万	千	百	十	元	角	分

用途

上列款项请从　　　　　　　　科目（借）

我账户内支付　　　　　　　　对方科目（贷）

出票人（签章）

复核　　记账

以托收承付结算方式销售产品，需填写增值税专用发票、托收承付凭证。因代垫运费需开出发票，应填写支票。

10－1

股票交割单

客户：锦城酒业股份有限公司　　　　　2019 年 12 月 2 日　　　　　发行单位：××股份公司

金融资产名称	资金账号	成交序号	委托号	买卖	开平	成交价格	手数	手续费
股票	52200984	85	103	买入	开仓	800 000	1	800
人民币（大写）	捌拾万捌佰元整							￥ 800 800.00
备注：								

盖章：平安证券公司　　　　　复核：　　　　　经办：

10 - 2

锦城酒业股份有限公司金融资产收入单

发行单位：××股份公司　　　　　　　2019 年 12 月 2 日

金融名称	资金账号	成交序号	结算金额		已计利息或已宣告股利
			手续费	成本额	
股票	52200984	85	800	800 000	

人民币（大写）	捌拾万零捌佰元整	¥ 800 800.00

备注：经公司决定，该股票计入"交易性金融资产"

经办：　　　　　　　保管：　　　　　　　制单：

11

锦城酒业股份有限公司材料入库验收单

验收日期：2019 年 12 月 2 日

类别		商品名称		编号	
发票编号				来源	

品名	规格	单位	数量		实际价格				计划价		材料成本差异
			来料数	实际数	单价	总价	运杂费	合计	单价	总价	

供销主管　　　　　　验收保管　　　　　　采购　　　　　　制单

备注：1 日购入甲材料验收入库。

12 - 1

四川省增值税普通发票

No. 01724709

开票日期：2019 年 12 月 2 日　　　　　　发票联

购货单位	名称	锦城酒业股份有限公司				税务登记号	4	4	0	1	0	4	1	0	0	5	4	3	9	2	8
	地址电话	成都新华路 5 号				开户银行及账号	工行新华路办 015 - 1015 - 6829001														

货物或应税劳务名称	规格型号	计量单位	数量	单价	金额								税率（%）	税额							
					十万	千	百	十	元	角	分		十万	千	百	十	元	角	分	
*广告服务*广告费						1	9	0	0	0	0	6			1	1	1	0	0	
合计						¥1	9	0	0	0	0	6		¥	1	1	4	0	0	

价税合计	贰仟零佰壹拾肆元零角零分	¥ 2 014

备注	

销货单位	名称	卓越广告				税务登记号	4	4	0	3	1	5	2	0	8	4	3	2	9	2	6
	地址电话	成都草市街 18 号				开户银行及账号	建行草市街支行 024 - 3567 - 8899345														

销货单位（章）：　　　　　收款人：　　　　　复核：　　　　　开票人：

12 – 2

| 中国工商银行现金支票存根（川）

No.038800004

科目：

对方科目：

出票日期：　年　月　日

收款人：

金额：

用途：

单位主管：　　会计 | 中国工商银行现金支票（川）成都　No. 038800004
出票日期（大写）　年　月　日　付款行名称：新华路办
收款人：　　出票人账号：015 – 1015 – 6829001 |

中国工商银行现金支票（川）成都　No. 038800004
出票日期（大写）　年　月　日　付款行名称：新华路办
收款人：　　出票人账号：015 – 1015 – 6829001

本支票付款期十天	人民币（大写）	百	十	万	千	百	十	元	角	分

用途
上列款项请从　　　　　　　　　　　　科目（借）
我账户内支付　　　　　　　　　　　对方科目（贷）
出票人（签章）
复核　　记账

13 – 1

差旅费报销单

单位名称：锦城酒业股份有限公司　　　　　　　　　　　　　　填报日期：2019 年 12 月 3 日

姓名	王强		出差地点	广州市	出差日期	自 2019 年 11 月 26 日至 2019 年 12 月 2 日				
事由				参加会议						

日期	起讫地点		车船或飞机		在途补助			住勤补助			杂（宿）费	备注
年月日	起	讫	类别	金额	行程时间	标准	金额	日数	标准	金额		
11 26	成都	广州		400				7	80	560.00	1 272.00	
12 2	广州	成都		700								退回现金268元
以上单据共 6 张　　总计金额人民币（大写）叁仟贰佰叁拾贰元零角零分										经领人（章）	王强
预支差旅费人民币 3500 元，缴回现款人民币 268 元											

主管审核　　　　　　　　　　　　　　　　　　　　　　　　　　　填报人：王强

13 – 2

广东省增值税普通发票

No. 32184

开票日期：2019 年 12 月 2 日　　　　　　　　发票联

购货单位	名称	锦城酒业股份有限公司		税务登记号	4	4	0	1	0	4	1	0	0	5	4	3	9	2	8
	地址电话	成都新华路 5 号		开户银行及账号	工行新华路办 015 – 1015 – 6829001														

货物或应税劳务名称	规格型号	计量单位	数量	单价	金额 十	万	千	百	十	元	角	分	税率（%）	税额 十	万	千	百	十	元	角	分
*住宿服务*住宿费							1	2	0	0	0	0	6					7	2	0	0
合计							¥ 1	2	0	0	0	0	6				¥	7	2	0	0
价税合计	壹仟贰佰柒拾贰元整																¥ 1 272				
备注				11 月 26 日入住，12 月 2 日退房																	

销货单位	名称	五羊宾馆		税务登记号	4	0	1	6	8	0	0	9	3	2	4	6	0	3
	地址电话	广东省广州市西山路 56 号		开户银行及账号	建行													

销货单位（章）：　　　　收款人：　　　　复核：　　　　开票人：

13 – 3

南方航空印刷有限公司	填开单位：南方航空公司			额票及行李票旅客票		始发地/目的地		出票日期和地点 2019.11.25 营业员
	签注：					定座记录编号		
	旅客姓名：王强 不得转让			旅游编号		换开凭证		
					连续客票			
	不作为运输使用	承运人	航班号	座位等组	日期	离港日期	定座情况	票价级别/客票类别	免费行李额
	自成都	X_2	302	Y	26/11	1425	OK	B100%	20kg
	自广州	交运行李			件数			重量	
	票价 ¥700	票价计算							
	实付等值货币		须遵照旅客乘机联前面的须知条款						
	税款	H4 – 1 – 03029498				付款方式			
	总数	以上空白处不标注或盖章				原出票凭证号　地点　日期　营业员号			

13－4

南方航空印刷有限公司	填开单位：南方航空公司				额票及行李票旅客票	始发地/目的地	出票日期和地点 2019.12.1 营业员
						定座记录编号	
	签注：				旅游编号	换开凭证	
	旅客姓名：王强不得转让				连续客票		
	不作为运输使用	承运人	航班号	座位等组	日期	离港日期	定座情况	票价级别/客票类别	免费行李额
	自成都	X_3	305	Y	02/12	1130	OK	X_6	20kg
	自广州	交运行李		件数		重量	
	票价￥700	票价计算					
	实付等值货币	须遵照旅客乘机联前面的须知条款					
	税款	774 1005619195			付款方式		
	总数	以上空白处不标注或盖章			原出票凭证号　地点　日期　营业员号		

13－5

收款收据

（内部使用凭证）

今收到	
交来	
人民币（大写）	仟　佰　拾　元　角　分　| 　Y
其中：	现金：　　　　　　　　　　单据：
收款单位（签章）	收款人（签章）　　　　　年　月　日

记账：

缴款人（签章）

提示：职工出差预支差旅费，原借支单已作原始凭证入账。报销时退回现金，应开出收款收据，并注明收到的现金数量及报销凭单金额。

14 - 1

四川省增值税普通发票

No. 246993

开票日期：2019 年 12 月 3 日　　　　　　　　发票联

购货单位	名称	锦城酒业股份有限公司	税务登记号	4	4	0	1	0	4	1	0	0	5	4	3	9	2	8
	地址电话	成都新华路 5 号	开户银行及账号	工行新华路办 015 - 1015 - 6829001														

货物或应税劳务名称	规格型号	计量单位	数量	单价	金额								税率 (%)	税额							
					十	万	千	百	十	元	角	分		十	万	千	百	十	元	角	分
电风扇		台	14	200			2	8	0	0	0	0	16				4	4	8	0	0
合计					¥		2	8	0	0	0	0	16	¥			4	4	8	0	0
价税合计	叁仟贰佰肆拾捌元零角零分											¥ 3 248.00								
备注																			

销货单位	名称	成都市亚方公司	税务登记号	4	4	0	1	6	8	3	4	9	3	2	5	7	8	0
	地址电话	成都建设南路 3 段	开户银行及账号	建行建设路支行														

销货单位（章）：　　　　　　收款人：　　　　　　复核：　　　　　　开票人：

14 - 2

锦城酒业股份有限公司材料入库验收单

验收日期：2019 年 12 月 2 日

类别		商品名称		编号	
发票编号				来源	

品名	规格	单位	数量		实际价格			
			来料数	实际数	单价	总价	运杂费	合计

供销主管　　　　验收保管　　　　采购　　　　制单

备注：款项尚未支付

15 - 1

中国工商银行现金支票存根（川） No. 038800005 科目： 对方科目： 出票日期：　年　月　日 收款人： 金额： 用途： 单位主管：　会计	中国工商银行现金支票（川）成都　No. 038800005 出票日期（大写）　年　月　日　付款行名称：新华路办 收款人：　出票人账号：015 - 1015 - 6829001

本支票付款期十天	人民币（大写）	百	十	万	千	百	十	元	角	分
	用途 上列款项请从 我账户内支付 出票人（签章） 复核　记账							科目（借） 对方科目（贷）		

备注：12 月 3 日，从银行提取现金 3000 元。

16 –1

四川省增值税专用发票

No. 26598310

开票日期：2019 年 12 月 3 日　　　　　　　　　发票联

购货单位	名称	锦城酒业股份有限公司	税务登记号	4	4	0	1	0	4	1	0	0	5	4	3	9	2	8
	地址电话	成都新华路 5 号	开户银行及账号					工行新华路办 015 – 1015 – 6829001										

货物或应税劳务名称	规格型号	计量单位	数量	单价	金额									税率（%）	税额							
					十	万	千	百	十	元	角	分		十	万	千	百	十	元	角	分
车库		个	1		1	0	0	0	0	0	0	0	16		1	6	0	0	0	0	0
合计					1	0	0	0	0	0	0	0	16		1	6	0	0	0	0	0

价税合计	壹拾壹万陆仟零佰零拾零元零角零分	￥116 000
备注		

销货单位	名称	峻峰建筑有限公司	税务登记号	4	4	0	1	0	9	9	3	8	9	1	2	4	7	2
	地址电话	成都市西安北路 2 号	开户银行及账号					工行西安北路办 015 – 1066 – 6948026										

销货单位（章）：　　　　　　收款人：　　　　　　复核：　　　　　　开票人：

第二联：发票联购货方记账凭证

16 –2

四川省增值税专用发票

No. 26598310

开票日期：2019 年 12 月 3 日　　　　　　　　　发票联

购货单位	名称	锦城酒业股份有限公司	税务登记号	4	4	0	1	0	4	1	0	0	5	4	3	9	2	8
	地址电话	成都新华路 5 号	开户银行及账号					工行新华路办 015 – 1015 – 6829001										

货物或应税劳务名称	规格型号	计量单位	数量	单价	金额									税率（%）	税额							
					十	万	千	百	十	元	角	分		十	万	千	百	十	元	角	分
车库		个	1		1	0	0	0	0	0	0	0	16		1	6	0	0	0	0	0
合计					1	0	0	0	0	0	0	0	16		1	6	0	0	0	0	0

价税合计	壹拾壹万陆仟零佰零拾零元零角零分	￥116 000
备注		

销货单位	名称	峻峰建筑有限公司	税务登记号	4	4	0	1	0	9	9	3	8	9	1	2	4	7	2
	地址电话	成都市西安北路 2 号	开户银行及账号					工行西安北路办 015 – 1066 – 6948026										

销货单位（章）：　　　　　　收款人：　　　　　　复核：　　　　　　开票人：

第三联：抵扣联购货方扣税凭证

16 – 3

中国工商银行转账支票存根（川） No. 038800006 科目： 对方科目： 出票日期：　年　月　日 收款人： 金额： 用途： 单位主管：　会计	中国工商银行转账支票（川）成都　No. 038800006 出票日期（大写）　年　月　日　付款行名称：新华路办 收款人：　出票人账号：015 – 1015 – 6829001

中国工商银行转账支票（川）成都　No. 038800006
出票日期（大写）　年　月　日　付款行名称：新华路办
收款人：　出票人账号：015 – 1015 – 6829001

		百	十	万	千	百	十	元	角	分
本支票付款期十天	人民币（大写）									

用途
上列款项请从　　　　　　　　　　　　科目（借）
我账户内支付　　　　　　　　　　对方科目（贷）
出票人（签章）
复核　　记账

16 – 4

产权证复印件（简化形式）

车库所有权人	锦城酒业股份有限公司
权证号	权 000009
车库坐落	一环路东一段 12 号
车库状况	一层，建筑面积 100 平方米

16 – 5

国有土地使用权证复印件（简化形式）

土地使用权人	锦城酒业股份有限公司
用途	商用
使用权面积	98 平方米
地址	一环路东一段 12 号
终止日期	2088 年 12 月 1 日

备注：公司购买该车库目的是为了出租，对应后面的 20 – 1。

17 – 1

供销科销售通知单

2019 年 12 月 2 日					
产品名称	计量单位	数量	单位售价（元）	增值税率	其他
药酒	瓶	50 000	20	16%	

备注：购货单位：贵州糖酒烟批发公司　地址：贵阳市城区路 60 号
　　　税务登记号：330103100624358
　　　开户银行及账号：工行城区路办 062 – 1308 – 7921030
　　　结算方式：银行汇票

17 - 2

四川省增值税专用发票

记账联　　　　　　　　　　　　　　　　No. 00528125

开票日期：　年　月　日

购货单位	名称				税务登记号											
	地址电话				开户银行及账号											

货物或应税劳务名称	规格型号	计量单位	数量	单价	金额								税率(%)	税额							
					十	万	千	百	十	元	角	分		十	万	千	百	十	元	角	分
合计																					
价税合计	佰 拾 万 仟 佰 拾 元 角 分														￥						
备注																					

销货单位	名称				税务登记号			
	地址电话				开户银行及账号			

销货单位（章）：　　　　　收款人：　　　　　复核：　　　　　开票人：

17 - 3

付款期 壹个月

中国工商银行 汇票号码

银行汇票 第051号

签发日期：贰零壹玖年壹拾贰月零叁日
　　　　　（大写）

兑付地点：成都　兑付行：新华路办

收款人：锦城酒业股份有限公司　账号或住址：015 - 1015 - 6829001

人民币
汇款金额壹万壹仟陆佰元整
　　（大写）

人民币 实际结算金额 （大写）	千	百	十	万	千	百	十	元	角	分
			￥	1	1	6	0	0	0	0

账号或住址：

汇款人：贵州糖烟酒批发公司

签发人：

汇款用途：付货款

签发行（盖章）

062 - 1308 - 7921030	科目（付）
	对方科目（收）
	兑付年月日
	复核　记账

兑付行兑

17 – 4

中国工商银行进账单 (收账通知) 1

2019 年 12 月 3 日 委托号码：第 107 号

<table>
<tr><td rowspan="3">汇款人</td><td>全称</td><td>贵州糖烟酒批发公司</td><td rowspan="3">收款人</td><td>全称</td><td colspan="11">锦城酒业股份有限公司</td></tr>
<tr><td>账号或住址</td><td>062 – 1308 – 7921030</td><td>账号或住址</td><td colspan="11">015 – 1015 – 6829001</td></tr>
<tr><td>开户银行</td><td>中国工商银行</td><td>开户银行</td><td colspan="11">工商银行成都分行新华路办事处</td></tr>
<tr><td colspan="3" rowspan="2">人民币
（大写）壹万壹仟陆佰元整</td><td colspan="2"></td><td>千</td><td>百</td><td>十</td><td>万</td><td>千</td><td>百</td><td>十</td><td>元</td><td>角</td><td>分</td></tr>
<tr><td colspan="2"></td><td></td><td>¥</td><td>1</td><td>1</td><td>6</td><td>0</td><td>0</td><td>0</td><td>0</td><td>0</td></tr>
<tr><td colspan="2">票据种类</td><td colspan="2">银行汇票</td><td colspan="11"></td></tr>
<tr><td colspan="3"></td><td colspan="12">收款人开户银行（盖章）</td></tr>
</table>

12 月 4 日

18 – 1

四川省增值税普通发票

No. 428081

开票日期：2019 年 12 月 4 日   发票联

<table>
<tr><td rowspan="2">购货单位</td><td>名称</td><td colspan="2">锦城酒业股份有限公司</td><td>税务登记号</td><td>4</td><td>4</td><td>0</td><td>1</td><td>0</td><td>4</td><td>1</td><td>0</td><td>0</td><td>5</td><td>4</td><td>3</td><td>9</td><td>2</td><td>8</td></tr>
<tr><td>地址电话</td><td colspan="2">成都新华路 5 号</td><td>开户银行及账号</td><td colspan="16">工行新华路办 015 – 1015 – 6829001</td></tr>
<tr><td colspan="2" rowspan="2">货物或应税劳务名称</td><td rowspan="2">规格型号</td><td rowspan="2">计量单位</td><td rowspan="2">数量</td><td rowspan="2">单价</td><td colspan="9">金额</td><td>税率</td><td colspan="8">税额</td></tr>
<tr><td>十</td><td>万</td><td>千</td><td>百</td><td>十</td><td>元</td><td>角</td><td>分</td><td></td><td>（%）</td><td>十</td><td>万</td><td>千</td><td>百</td><td>十</td><td>元</td><td>角</td><td>分</td></tr>
<tr><td colspan="2">办公用品</td><td></td><td>批</td><td>10</td><td>400</td><td></td><td>4</td><td>0</td><td>0</td><td>0</td><td>0</td><td>0</td><td></td><td>16</td><td></td><td></td><td>6</td><td>4</td><td>0</td><td>0</td><td>0</td></tr>
<tr><td colspan="2"></td><td></td><td></td><td></td><td></td><td></td><td></td><td></td><td></td><td></td><td></td><td></td><td></td><td></td><td></td><td></td><td></td><td></td><td></td><td></td><td></td></tr>
<tr><td colspan="2"></td><td></td><td></td><td></td><td></td><td></td><td></td><td></td><td></td><td></td><td></td><td></td><td></td><td></td><td></td><td></td><td></td><td></td><td></td><td></td><td></td></tr>
<tr><td colspan="2">合计</td><td></td><td></td><td></td><td></td><td>¥</td><td>4</td><td>0</td><td>0</td><td>0</td><td>0</td><td>0</td><td></td><td>16</td><td></td><td></td><td>¥</td><td>6</td><td>4</td><td>0</td><td>0</td><td>0</td></tr>
<tr><td colspan="2">价税合计</td><td colspan="5">肆仟陆佰肆拾元零角零分</td><td colspan="15">¥ 4 640.00</td></tr>
<tr><td colspan="2">备注</td><td colspan="20"></td></tr>
<tr><td rowspan="2">销货单位</td><td>名称</td><td colspan="2">成都市东雄商场</td><td>税务登记号</td><td>4</td><td>4</td><td>0</td><td>1</td><td>6</td><td>8</td><td>8</td><td>8</td><td>9</td><td>3</td><td>2</td><td>5</td><td>6</td><td>8</td><td>0</td></tr>
<tr><td>地址电话</td><td colspan="2">成都建设南路 5 段</td><td>开户银行及账号</td><td colspan="16">建行建设路支行</td></tr>
</table>

销货单位（章）：   收款人：   复核：   开票人：

18 – 2

中国工商银行现金支票存根（川） No. 038800007 科目： 对方科目： 出票日期：　年 月 日 收款人： 金额： 用途： 单位主管：　会计	中国工商银行现金支票（川）成都　No. 038800007

中国工商银行现金支票（川）成都　No. 038800007

出票日期（大写）　年 月 日　付款行名称：新华路办

收款人：　　出票人账号：015 – 1015 – 6829001

本支票付款期十天	人民币（大写）	百	十	万	千	百	十	元	角	分

用途

上列款项请从　　　　　　　　　　　　　科目（借）

我账户内支付　　　　　　　　　　　　对方科目（贷）

出票人（签章）

复核　记账

18 – 3

办公用品分配表

2019 年 12 月 4 日

部门	金额（元）	签收
一车间 二车间 管理部门	1 000 800 2 840	
合计	4 640	

19 – 1

中国工商银行信汇凭证 （回单） 1

委托日期：2019 年 12 月 4 日　　　　　　　　　　　　　　　委托号码：第 4 号

汇款人	全称	锦城酒业股份有限公司	收款人	全称	南京食品厂											
	账号或住址	015 – 1015 – 6829001		账号或住址	022 – 1693 – 1819242											
	汇出地点	四川省成都市	汇出行名称	工行新华路办	汇入地点	江苏省南京市	汇入行名称	工行南京分行								
金额	人民币 （大写）	捌拾柒万贰仟叁佰零拾零元零角零分			千	百	十	万	千	百	十	元	角	分		
					￥	8	7	2	3	0	0	0	0		

汇款用途：偿还前欠货款

汇出行（盖章）

年 月 日

单位主管　　　会计　　　复核　　　记账

此联为汇出行给汇款人的回单

20－1

经营租赁协议

租入单位：天成股份有限公司

租出单位：锦城酒业股份有限公司

租赁项目：车库（一环路东一段12号）

租赁方式及租赁时间：采取经营租赁方式，租期为2019年12月4日至2020年6月4日。

租赁费：12 000元

租赁费支付方式：每月月初支付当月租金。2019年12月4日支付首月租金2 000元。

租入单位：天成股份有限公司（章）　　租出单位：锦城酒业股份有限公司（章）

协议时间：2019年12月4日　　　　　　协议时间：2019年12月4日

20－2

中国工商银行进账单（收账通知）1

2019年12月4日　第108号

<table>
<tr><td rowspan="3">汇款人</td><td>全称</td><td colspan="2">天成股份有限公司</td><td rowspan="3">收款人</td><td>全称</td><td colspan="10">锦城酒业股份有限公司</td></tr>
<tr><td>账号或住址</td><td colspan="2">015－1028－7326878</td><td>账号或住址</td><td colspan="10">015－15－6829001</td></tr>
<tr><td>开户银行</td><td colspan="2"></td><td>开户银行</td><td colspan="9">工商银行成都分行新华路办事处</td><td>行号</td></tr>
<tr><td colspan="2" rowspan="2">人民币
（大写）</td><td colspan="3" rowspan="2">贰仟元整</td><td>千</td><td>百</td><td>十</td><td>万</td><td>千</td><td>百</td><td>十</td><td>元</td><td>角</td><td>分</td></tr>
<tr><td></td><td></td><td></td><td></td><td>￥2</td><td>0</td><td>0</td><td>0</td><td>0</td><td>0</td></tr>
<tr><td colspan="2">款项内容</td><td>货款及运费</td><td colspan="2">委托收款凭据名称</td><td colspan="2">销售发票、支票等</td><td colspan="2">附寄单证张数</td><td colspan="6">3</td></tr>
<tr><td colspan="2">票据种类</td><td colspan="6">支票</td><td rowspan="5" colspan="8"></td></tr>
<tr><td colspan="2" rowspan="2">票据张数</td><td colspan="6" rowspan="2">1</td></tr>
<tr></tr>
<tr><td colspan="8" rowspan="2"></td></tr>
<tr></tr>
<tr><td colspan="8">单位主管　会计　复核　记账</td><td colspan="8">收款人开户银行（盖章）</td></tr>
</table>

（备注：收到支票，已送银行，凭证账单记账）

说明：锦城酒业股份有限公司采用成本计量模式对投资性房地产进行后续计量。

（竖排文字）此联是收款人开户银行交给收款人的收账通知

21 - 1

四川省增值税专用发票

No. 54962330

开票日期：2019 年 12 月 4 日　　　　　　　　发票联

购货单位	名称	锦城酒业股份有限公司		税务登记号	4	4	0	1	0	4	1	0	0	5	4	3	9	2	8
	地址电话	成都新华路5号		开户银行及账号	工行新华路办 015 - 1015 - 6829001														

货物或应税劳务名称	规格型号	计量单位	数量	单价	金额									税率（%）	税额							
					十	万	千	百	十	元	角	分		十	万	千	百	十	元	角	分
乙材料		公斤	800	9.5		7	6	0	0	0	0		16			1	2	1	6	0	0
合计					¥	7	6	0	0	0	0		16	¥		1	2	1	6	0	0

价税合计	捌仟捌佰壹拾陆元零角零分	¥ 8 816
备注		

销货单位	名称	南京食品厂		税务登记号	4	2	1	0	0	0	1	5	0	3	8	4	2	1	0
	地址电话	南京市中山路20号		开户银行及账号	022 - 1693 - 1819242														

销货单位（章）：　　　　　　收款人：　　　　　　　　复核：　　　　　　　　开票人：

第二联：发票联购货方记账凭证

21 - 2

四川省增值税专用发票

No. 54962330

开票日期：2019 年 12 月 4 日　　　　　　　　抵扣联

购货单位	名称	锦城酒业股份有限公司		税务登记号	4	4	0	1	0	4	1	0	0	5	4	3	9	2	8
	地址电话	成都新华路5号		开户银行及账号	工行新华路办 015 - 1015 - 6829001														

货物或应税劳务名称	规格型号	计量单位	数量	单价	金额									税率（%）	税额							
					十	万	千	百	十	元	角	分		十	万	千	百	十	元	角	分
乙材料		公斤	800	9.5		7	6	0	0	0	0		16			1	2	1	6	0	0
合计					¥	7	6	0	0	0	0		16	¥		1	2	1	6	0	0

价税合计	捌仟捌佰壹拾陆元零角零分	¥ 8 816
备注		

销货单位	名称	南京食品厂		税务登记号	4	2	1	0	0	0	1	5	0	3	8	4	2	1	0
	地址电话	南京市中山路20号		开户银行及账号	022 - 1693 - 1819242														

销货单位（章）：　　　　　　收款人：　　　　　　　　复核：　　　　　　　　开票人：

第三联：抵扣联购货方扣税凭证

21－3

中国工商银行信汇凭证（回单）1

委托日期：2019 年 12 月 4 日　第 138 号

汇款人	全称	锦城酒业股份有限公司		收款人	全称	南京食品厂									
	账号或住址	015 – 1015 – 6829001			账号或住址	022 – 1693 – 1819242									
	汇出地点	四川省成都市	汇出行名称　工行新华路办		汇入地点	江苏省南京市	汇出行名称　工行中出路办								
金额	人民币（大写）	捌仟捌佰壹拾陆元零角零分				千	百	十	万	千	百	十	元	角	分
									¥ 8	8	1	6	0	0

汇款用途：

汇出行（盖章）

单位主管　会计　复核　记账

年　月　日

此联为汇出行给汇款人的回单

22－1

借款单

* * * * * * * * * * *

借款单位及姓名	供销科张小伟	
借款理由	参加会议	
借款数（大写）	肆仟元整	￥4 000 元
本单位负责人意见	同意	
会计主管人员意见	同意	收款人：李红　2019 年 12 月 4 日

记账：　出纳：

备注：张小伟预支差旅费，以现金支付。

12 月 5 日

23 – 1

上海市增值税专用发票

No. 26528124

开票日期：2019 年 12 月 5 日　　　　　　　　发票联

购货单位	名称	锦城酒业股份有限公司		税务登记号		4	4	0	1	0	4	1	0	0	5	4	3	9	2	8
	地址电话	成都新华路 5 号		开户银行及账号		工行新华路办 015 – 1015 – 6829001														

货物或应税劳务名称	规格型号	计量单位	数量	单价	金额									税率 (%)	税额							
					十	万	千	百	十	元	角	分		十	万	千	百	十	元	角	分
建筑材料		批			1	2	0	0	0	0	0	0	16		1	9	2	0	0	0	0
合计					1	2	0	0	0	0	0	0	16		1	9	2	0	0	0	0
价税合计	壹拾叁万玖仟贰佰零拾零元零角零分												￥139 200								
备注																					

销货单位	名称	上海建材厂		税务登记号		3	4	0	5	9	2	4	6	3	1	8	6	2	0	1
	地址电话	浦西路 20 号		开户银行及账号		工行浦西路办 012 – 1538 – 4952821														

销货单位（章）：　　　　　收款人：　　　　　复核：　　　　　开票人：

23 – 2

上海市增值税专用发票

No. 26528124

开票日期：2019 年 12 月 5 日　　　　　　　　抵扣联

购货单位	名称	锦城酒业股份有限公司		税务登记号		4	4	0	1	0	4	1	0	0	5	4	3	9	2	8
	地址电话	成都新华路 5 号		开户银行及账号		工行新华路办 015 – 1015 – 6829001														

货物或应税劳务名称	规格型号	计量单位	数量	单价	金额									税率 (%)	税额							
					十	万	千	百	十	元	角	分		十	万	千	百	十	元	角	分
建筑材料		批			1	2	0	0	0	0	0	0	16		1	9	2	0	0	0	0
合计					1	2	0	0	0	0	0	0	16		1	9	2	0	0	0	0
价税合计	壹拾叁万玖仟贰佰零拾零元零角零分												￥139 200								
备注																					

销货单位	名称	上海建材厂		税务登记号		3	4	0	5	9	2	4	6	3	1	8	6	2	0	1
	地址电话	浦西路 20 号		开户银行及账号		工行浦西路办 012 – 1538 – 4952821														

销货单位（章）：　　　　　收款人：　　　　　复核：　　　　　开票人：

23-3

中国工商银行信汇凭证（回单）1

委托日期：2019 年 12 月 5 日　　　　　　　　　委托号码：第 140 号

汇款人	全称	锦城酒业股份有限公司		收款人	全称	上海建材厂											
	账号或住址	015 - 1015 - 6829001			账号或住址	012 - 1538 - 4952821											
	汇出地点	四川省成都市	汇出行名称		汇入地点	上海市	汇入行名称										
			工行新华路办				工行浦西路办										

			千	百	十	万	千	百	十	元	角	分
金额	人民币（大写）	壹拾叁万玖仟元整			¥	1	3	9	2	0	0	0	0

汇款用途：货款

上列款项已根据委托办理，如需查询，请持此回单来行面洽。

单位主管　　　　会计　　　　复核　　　　记账　　　　汇出行（盖章）　2019 年 12 月 5 日

备注：材料购进后即交仓库扩建工程使用。

此联为汇出行给汇款人的回单

24-1

有价证券交易凭证

客户：锦城酒业股份有限公司　　　　2019 年 12 月 5 日　　　　发行单位：万科股份公司

证券名称	数量	面值		结算金额		手续费	结算金额
		单位面值	合计	单价	金额		
3 年期债券	40	1 000 元	40 000	1 030 元	41 200	300	41 500
票面利率	3%	期限	2 年				
人民币（大写）	肆万壹仟伍佰元整						¥ 41 500
备注	发行日为 2019 年 12 月 5 日，到期一次还本付息						

盖章：平安证券公司　　　　　　　　　复核：　　　　　　　　　经办：

第二联　客户收记账

24-2

锦城酒业股份有限公司有价证券收入单

发行单位：万科股份公司　　　　　2019 年 12 月 5 日

证券名称及性质	数量	面值		结算金额			利息	已计利息或已宣告股利
		单价	面额	单价	手续费	成本额		
3 年期债券	40	1 000 元	40 000	1 030 元	300	41 500	5%	
备注	到期一次还本付息							
人民币（大写）	肆万壹仟伍佰元整							¥ 41 500
备注								

经办：　　　　　　　　　保管：　　　　　　　　　制单：

第二联　会计记账

24 - 3

中国工商银行转账支票存根（川）	中国工商银行转账支票（川）成都　No. 038800009
No. 038800009	出票日期（大写）　年　月　日　付款行名称：新华路办
科目：	收款人：　出票人账号：015 - 1015 - 6829001
对方科目：	
出票日期：　年　月　日	
收款人：	
金额：	
用途：	
单位主管：　　　会计	复核　　记账

	百	十	万	千	百	十	元	角	分
人民币（大写）									

本支票付款期十天

用途

上列款项请从　　　　　　　　　　　科目（借）
我账户内支付　　　　　　　　对方科目（贷）
出票人（签章）

备注：对于万科股份公司发行的三年期债券拟持有至到期。

25 - 1

中国工商银行成都分行新华路支行
贷款到期通知书

2019 年 12 月 5 日

借款人（单位）名称	锦城酒业股份有限公司	
借款金额	捌拾万元整	￥800 000
借款期限	2011 年 12 月 5 日 ~ 2019 年 12 月 5 日	偿还方式：扣划
借款利息	10%	

备注：借款利息另行计算。

26 - 1

四川省增值税普通发票

No. 428091

开票期日：2019 年 12 月 5 日　　　　　　　发票联

购货单位	名称	锦城酒业股份有限公司		税务登记号	4	4	0	1	0	4	1	0	0	5	4	3	9	2	8
	地址电话	成都新华路 5 号		开户银行及账号				工行新华路办 015 - 1015 - 6829001												

货物或应税劳务名称	规格型号	计量单位	数量	单价	金额									税率（%）	税额								
					十	万	千	百	十	元	角	分		十	万	千	百	十	元	角	分	
保洁用品		批	10	450		4	5	0	0	0	0		16				7	2	0	0	0	
合计					￥	4	5	0	0	0	0		16			￥	7	2	0	0	0	
价税合计	伍仟贰佰贰拾元零角零分														￥5 220.00							
备注																						
销货单位	名称	成都市东雄商场		税务登记号	4	4	0	1	6	8	8	8	9	3	2	5	6	8	0
	地址电话	成都建设南路 5 段		开户银行及账号				建行建设路支行												

销货单位（章）：　　　　　　收款人：　　　　　　复核：　　　　　　开票人：

第二联：发票联购货方记账凭证

26 - 2

中国工商银行转账支票存根（川） No. 038800010 科目： 对方科目： 出票日期：　年　月　日 收款人： 金额： 用途： 单位主管：　会计	中国工商银行转账支票（川）成都　No. 038800010 出票日期（大写）　年　月　日　付款行名称：新华路办 收款人：　出票人账号：015 - 1015 - 6829001

中国工商银行转账支票（川）成都　No. 038800010
出票日期（大写）　年　月　日　付款行名称：新华路办
收款人：　出票人账号：015 - 1015 - 6829001

本支票付款期十天	人民币（大写）	百	十	万	千	百	十	元	角	分
	用途									
	上列款项请从					科目（借）				
	我账户内支付					对方科目（贷）				
	出票人（签章）									
	复核　　记账									

26 - 3

保洁用品分配表

2019 年 12 月 5 日

部门	金额（元）	签收
一车间	1 000	
二车间	600	
管理部门	1 720	
销售部门	1 900	
合计	5 220	

备注：保洁用品买入后直接分配。

27

锦城酒业股份有限公司材料入库验收单

类别	原料及主要材料	验收日期：2019 年 12 月 5 日	编号	
发票编号			来源	

品名	规格	单位	数量		实际价格				计划价		材料成本差异
			来料数	实际数	单价	总价	运杂费	合计	单价	总价	
合计											

供销主管　　　　　　验收保管　　　　　　采购　　　　　　制单

备注：4 日购入的乙材料验收入库。

28 – 1

中国工商银行电汇凭证 1

委托日期：2019 年 12 月 5 日　第 286 号

汇款人	全称	锦城酒业股份有限公司			收款人	全称	工行广州分行长宁路办										
	账号或住址	015 – 1015 – 6829001				账号或住址	154 – 2355 – 7766690										
	汇出地点	四川省成都市	汇出行名称	工行新华路办		汇入地点	广东省广州市	汇入行名称		工行广州分行							

金额	人民币（大写）	壹拾万元整	千	百	十	万	千	百	十	元	角	分
				￥	1	0	0	0	0	0	0	0

汇款用途：开立采购存款账户

上列款项已根据委托办理。如需查询，请持此回单来行面洽。

汇出行盖章

单位主管　会计　复核　记账

年　月　日

此联为汇出行给汇款人的回单

---

12 月 6 日

29 – 1

贴现凭证（收账通知）4

委托日期：2019 年 12 月 6 日　　　　委托号码：第 2 号

贴现汇票	种类	银行承兑汇票	号码		持票人	全称	锦城酒业股份有限公司									
	出票日	2019 年 10 月 6 日				账号	015 – 1015 – 6829001									
	到期日	2020 年 2 月 6 日				开户银行	工行新华路办									

汇票金额	名称	广西酒批公司		账号	023 – 2050 – 17842560	开户银行	工行梧州行							
	人民币（大写）叁万元整						千	百	十	万	千	百	十	元	角	分

汇票金额							千	百	十	万	千	百	十	元	角	分
人民币（大写）叁万元整										￥	3	0	0	0	0	0	0

月贴现率	7.2‰	贴现利息	千	百	十	万	千	百	十	元	角	分	实现贴现金额	千	百	十	万	千	百	十	元	角	分
							￥	4	3	2	0	0					￥	2	9	5	6	8	0	0

贴现款已入你单位账户。

银行（章）
年　月　日

备注：

30 - 1

供销科销售通知单

<table>
<tr><td colspan="6" align="center">2019 年 12 月 6 日</td></tr>
<tr>
<td>产品名称</td>
<td>计量单位</td>
<td>数量</td>
<td>单位售价（元）</td>
<td>增值税率</td>
<td>其他</td>
</tr>
<tr>
<td>白酒</td>
<td>瓶</td>
<td>40 000</td>
<td>10</td>
<td>16%</td>
<td></td>
</tr>
<tr>
<td>药酒</td>
<td>瓶</td>
<td>5 000</td>
<td>20</td>
<td>16%</td>
<td></td>
</tr>
<tr>
<td colspan="6">备注：购货单位：贵州糖酒烟批发公司　地址：贵阳市城区路 60 号
　　　　税务登记号：330103100624358
　　　　开户银行及账号：工行城区路办 062 - 1308 - 7921030
　　　　结算方式：银行汇票</td>
</tr>
</table>

30 - 2

四川省增值税专用发票

No. 00528125

开票日期：　年　月　日　　　　　　　　记账联

购货单位	名称		税务登记号																
	地址电话		开户银行及账号																

货物或应税劳务名称	规格型号	计量单位	数量	单价	金额								税率（%）	税额							
					十	万	千	百	十	元	角	分		十	万	千	百	十	元	角	分
合计																					
价税合计																					
备注	佰　拾　万　仟　佰　拾　元　角　分																		￥		

销货单位	名称		税务登记号																
	地址电话		开户银行及账号																

销货单位（章）：　　　　　收款人：　　　　　复核：　　　　　开票人：

第四联：记账联销货方记账凭证

30 - 3

<table>
<tr><td>付款期
壹个月</td><td colspan="2" align="center">中国工商银行 汇票号码
银行汇票 第051号</td></tr>
</table>

签发日期：贰零壹玖年壹拾贰月零陆日
　　　　　　　（大写）

	兑付地点：成都　兑付行：新华路办

收款人：锦城酒业股份有限公司　账号或住址：015 - 1015 - 6829001

人民币
汇款金额伍拾捌万元整
　（大写）

人民币 实际结算金额 　（大写）	千	百	十	万	千	百	十	元	角	分
		¥	5	8	0	0	0	0	0	0

账号或住址：

汇款人：贵州糖烟酒批发公司

签发人：

汇款用途：付货款

签发行（盖章）

062 - 1308 - 7921030									科目（付）
多余金额									对方科目（收）
百	十	万	千	百	十	元	角	分	兑付年月日
									复核　　记账

本汇票和解迄通知一并由汇款人自带

付汇票后此联作联行往账付出传票

兑付行兑

30 - 4

中国工商银行进账单（收账通知）1
年　月　日　委托号码：第109号

汇款人	全称		收款人	全称	
	账号			账号	
	开户银行			开户银行	

人民币 （大写）		千	百	十	万	千	百	十	元	角	分
票据种类											
票据张数											

单位主管　会计　复核　记账　　　　　　收款人开户银行盖章

此联是收款人开户银行交给收款人的收账通知

销售产品，收到银行汇票后应填写进账单，连同银行汇票送银行。银行转回的银行进账单（收账通知）为销售方企业入账依据。

31 - 1

广东省增值税专用发票

开票日期：2019 年 12 月 6 日　　　　　　　　　发票联

购货单位	名称	锦城酒业股份有限公司		税务登记号	4	4	0	1	0	4	1	0	0	5	4	3	9	2	8
	地址电话	成都新华路 5 号		开户银行及账号				工行新华路办 015 - 1015 - 6829001											

货物或应税劳务名称	规格型号	计量单位	数量	单价	金额								税率 (%)	税额						
					十	万	千	百	十	元	角	分		十	万	千	百	十	元	角	分
乙材料		公斤	8 000	10		8	0	0	0	0	0	0	16		1	2	8	0	0	0	0
合计					￥	8	0	0	0	0	0	0	16	￥	1	2	8	0	0	0	0
价税合计	玖万贰仟捌佰零拾零元零角零分																￥92 800			
备注																				
销货单位	名称	广州食品厂		税务登记号	5	2	1	0	0	3	8	5	2	1	6	3	4	7	0
	地址电话	广州市长宁路 3 号		开户银行及账号				工行长宁路办 025 - 1862 - 2348721										

销货单位（章）：　　　　　收款人：　　　　　复核：　　　　　开票人：

31 - 2

广东省增值税专用发票

开票日期：2019 年 12 月 6 日　　　　　　　　　抵扣联

购货单位	名称	锦城酒业股份有限公司		税务登记号	4	4	0	1	0	4	1	0	0	5	4	3	9	2	8
	地址电话	成都新华路 5 号		开户银行及账号				工行新华路办 015 - 1015 - 6829001											

货物或应税劳务名称	规格型号	计量单位	数量	单价	金额								税率 (%)	税额						
					十	万	千	百	十	元	角	分		十	万	千	百	十	元	角	分
乙材料		公斤	8 000	10		8	0	0	0	0	0	0	16		1	2	8	0	0	0	0
合计					￥	8	0	0	0	0	0	0	16	￥	1	2	8	0	0	0	0
价税合计	玖万贰仟捌佰零拾零元零角零分																￥92 800			
备注																				
销货单位	名称	广州食品厂		税务登记号	5	2	1	0	0	3	8	5	2	1	6	3	4	7	0
	地址电话	广州市长宁路 3 号		开户银行及账号				工行长宁路办 025 - 1862 - 2348721										

销货单位（章）：　　　　　收款人：　　　　　复核：　　　　　开票人：

31 - 3

外埠存款结算单

2019 年 12 月 6 日

外埠存款专户	广州工行长宁路办	
外埠存款金额	壹拾万元整	￥100 000
实际结算金额	玖万贰仟捌佰零拾零元零角零分	￥92 800
应退回金额	柒仟贰佰零拾零元零角零分	￥7 200

31 - 4

中国工商银行进账单 （收账通知）**1**

2019 年 12 月 6 日　　委托号码：第 110 号

汇款人	全称			收款人	全称	
	账号				账号	
	开户银行				开户银行	

人民币（大写）柒仟贰佰元整		千	百	十	万	千	百	十	元	角	分
					￥7	2	0	0	0	0	0

票据种类	采购专户退款单	
票据张数	1	

单位主管　会计　复核　记账　　　　　　收款人开户银行（盖章）

32 - 1

抗震救灾捐款收据

抗震救灾基金会捐款专用

2019 年 12 月 6 日

今收到，锦城酒业股份有限公司抗震救灾捐赠款

金额（大写）贰拾万零仟零佰零拾零元零角零分

￥200 000

会计：　　　记账：　　　出纳：张芳　　　经手人

32-2

| 中国工商银行转账支票存根（川） | 中国工商银行转账支票（川）成都　No. 038800011 |

<table>
<tr><td colspan="2">中国工商银行转账支票存根（川）</td><td colspan="2">中国工商银行转账支票（川）成都　No. 038800011
出票日期（大写）　年　月　日　付款行名称：新华路办
收款人：出票人账号：015 - 1015 - 6829001</td></tr>
</table>

中国工商银行转账支票存根（川）

No. 038800011

科目：

对方科目：

出票日期：　年　月　日

收款人：

金额：

用途：

单位主管：　会计

中国工商银行转账支票（川）成都　No. 038800011

出票日期（大写）　年　月　日　付款行名称：新华路办

收款人：出票人账号：015 - 1015 - 6829001

	人民币（大写）	百	十	万	千	百	十	元	角	分
本支票付款期十天										

用途

上列款项请从　　　　　　　　　　　　　　科目（借）

我账户内支付　　　　　　　　　　　　　对方科目（贷）

出票人（签章）

复核　　记账

33-1

支付证明单

2019 年 12 月 6 日

部门	工会
事由	组织全厂职工春游
金额：贰仟元整	￥2 000
受款人签名	领导意见：同意支付

制单　出纳　会计

备注：工会经费已提前计提，记入其他应付款。

33-2

中国工商银行现金支票存根（川）

No. 038800012

科目：

对方科目：

出票日期：　年　月　日

收款人：

金额：

用途：

单位主管：　会计

中国工商银行现金支票（川）成都　No. 038800012

出票日期（大写）　年　月　日　付款行名称：新华路办

收款人：　出票人账号：015 - 1015 - 6829001

	人民币（大写）	百	十	万	千	百	十	元	角	分
本支票付款期十天										

用途

上列款项请从　　　　　　　　　　　　　　科目（借）

我账户内支付　　　　　　　　　　　　　对方科目（贷）

出票人（签章）

复核　　记账

34－1

四川省增值税专用发票

No. 36728126

开票日期：2019 年 12 月 7 日　　　　　　　　发票联

<table>
<tr><td rowspan="2">购货
单位</td><td>名称</td><td colspan="2">锦城酒业股份有限公司</td><td>税务登记号</td><td>4</td><td>4</td><td>0</td><td>1</td><td>0</td><td>4</td><td>1</td><td>0</td><td>0</td><td>5</td><td>4</td><td>3</td><td>9</td><td>2</td><td>8</td></tr>
<tr><td>地址电话</td><td colspan="2">成都新华路 5 号</td><td>开户银行及账号</td><td colspan="16">工行新华路办 015－1015－6829001</td></tr>
<tr><td colspan="2" rowspan="2">货物或应税
劳务名称</td><td rowspan="2">规格
型号</td><td rowspan="2">计量
单位</td><td rowspan="2">数量</td><td rowspan="2">单价</td><td colspan="8">金额</td><td>税率</td><td colspan="7">税额</td></tr>
<tr><td>十</td><td>万</td><td>千</td><td>百</td><td>十</td><td>元</td><td>角</td><td>分</td><td>（%）</td><td>十</td><td>万</td><td>千</td><td>百</td><td>十</td><td>元</td><td>角</td><td>分</td></tr>
<tr><td colspan="2">电视广告设计
制作费</td><td></td><td>次</td><td>1</td><td>4 000</td><td></td><td>4</td><td>0</td><td>0</td><td>0</td><td>0</td><td>0</td><td></td><td>6</td><td></td><td></td><td>2</td><td>4</td><td>0</td><td>0</td><td>0</td></tr>
<tr><td colspan="2"></td><td></td><td></td><td></td><td></td><td></td><td></td><td></td><td></td><td></td><td></td><td></td><td></td><td></td><td></td><td></td><td></td><td></td><td></td><td></td><td></td></tr>
<tr><td colspan="2"></td><td></td><td></td><td></td><td></td><td></td><td></td><td></td><td></td><td></td><td></td><td></td><td></td><td></td><td></td><td></td><td></td><td></td><td></td><td></td><td></td><td></td></tr>
<tr><td colspan="2">合计</td><td></td><td></td><td></td><td></td><td>¥</td><td>4</td><td>0</td><td>0</td><td>0</td><td>0</td><td>0</td><td></td><td>6</td><td>¥</td><td></td><td></td><td>2</td><td>4</td><td>0</td><td>0</td><td>0</td></tr>
<tr><td colspan="2">价税合计</td><td colspan="7">肆仟贰佰肆拾零元零角零分</td><td colspan="2"></td><td colspan="9" style="text-align:right">¥ 4 240</td></tr>
<tr><td colspan="2">备注</td><td colspan="18"></td></tr>
<tr><td rowspan="2">销货
单位</td><td>名称</td><td colspan="2">信达广告设计公司</td><td>税务登记号</td><td>4</td><td>4</td><td>0</td><td>1</td><td>9</td><td>2</td><td>4</td><td>6</td><td>3</td><td>1</td><td>8</td><td>6</td><td>2</td><td>1</td><td>1</td></tr>
<tr><td>地址电话</td><td colspan="2">西浦西路 20 号</td><td>开户银行及账号</td><td colspan="16">工行西浦西路办 028－1548－4652821</td></tr>
</table>

销货单位（章）：　　　　　　收款人：　　　　　　　　复核：　　　　　　　　开票人：

第二联：发票联购货方记账凭证

34－2

四川省增值税专用发票

No. 36728126

开票日期：2019 年 12 月 7 日　　　　　　　　抵扣联

<table>
<tr><td rowspan="2">购货
单位</td><td>名称</td><td colspan="2">锦城酒业股份有限公司</td><td>税务登记号</td><td>4</td><td>4</td><td>0</td><td>1</td><td>0</td><td>4</td><td>1</td><td>0</td><td>0</td><td>5</td><td>4</td><td>3</td><td>9</td><td>2</td><td>8</td></tr>
<tr><td>地址电话</td><td colspan="2">成都新华路 5 号</td><td>开户银行及账号</td><td colspan="16">工行新华路办 015－1015－6829001</td></tr>
<tr><td colspan="2" rowspan="2">货物或应税
劳务名称</td><td rowspan="2">规格
型号</td><td rowspan="2">计量
单位</td><td rowspan="2">数量</td><td rowspan="2">单价</td><td colspan="8">金额</td><td>税率</td><td colspan="7">税额</td></tr>
<tr><td>十</td><td>万</td><td>千</td><td>百</td><td>十</td><td>元</td><td>角</td><td>分</td><td>（%）</td><td>十</td><td>万</td><td>千</td><td>百</td><td>十</td><td>元</td><td>角</td><td>分</td></tr>
<tr><td colspan="2">电视广告设计
制作费</td><td></td><td>次</td><td>1</td><td>4 000</td><td></td><td>4</td><td>0</td><td>0</td><td>0</td><td>0</td><td>0</td><td></td><td>6</td><td></td><td></td><td>2</td><td>4</td><td>0</td><td>0</td><td>0</td></tr>
<tr><td colspan="2"></td><td></td><td></td><td></td><td></td><td></td><td></td><td></td><td></td><td></td><td></td><td></td><td></td><td></td><td></td><td></td><td></td><td></td><td></td><td></td><td></td><td></td></tr>
<tr><td colspan="2"></td><td></td><td></td><td></td><td></td><td></td><td></td><td></td><td></td><td></td><td></td><td></td><td></td><td></td><td></td><td></td><td></td><td></td><td></td><td></td><td></td><td></td></tr>
<tr><td colspan="2">合计</td><td></td><td></td><td></td><td></td><td>¥</td><td>4</td><td>0</td><td>0</td><td>0</td><td>0</td><td>0</td><td></td><td>6</td><td>¥</td><td></td><td></td><td>2</td><td>4</td><td>0</td><td>0</td><td>0</td></tr>
<tr><td colspan="2">价税合计</td><td colspan="7">肆仟贰佰肆拾零元零角零分</td><td colspan="2"></td><td colspan="9" style="text-align:right">¥ 4 240</td></tr>
<tr><td colspan="2">备注</td><td colspan="18"></td></tr>
<tr><td rowspan="2">销货
单位</td><td>名称</td><td colspan="2">信达广告设计公司</td><td>税务登记号</td><td>4</td><td>4</td><td>0</td><td>1</td><td>9</td><td>2</td><td>4</td><td>6</td><td>3</td><td>1</td><td>8</td><td>6</td><td>2</td><td>1</td><td>1</td></tr>
<tr><td>地址电话</td><td colspan="2">西浦西路 20 号</td><td>开户银行及账号</td><td colspan="16">工行西浦西路办 028－1548－4652821</td></tr>
</table>

销货单位（章）：　　　　　　收款人：　　　　　　　　复核：　　　　　　　　开票人：

第三联：抵扣联购货方扣税凭证

34 - 3

中国工商银行现金支票存根（川）	中国工商银行现金支票（川）成都　No.038800013									
No. 038800013	出票日期（大写）　年　月　日　付款行名称：新华路办									
科目：	出票日期：　出票人账号：015 - 1015 - 6829001									
对方科目：	本支票付款期十天	人民币（大写）	百	十	万	千	百	十	元	角	分
出票日期：　年　月　日										
收款人：		用途								
金额：		上列款项请从			科目（借）					
用途：		我账户内支付			对方科目（贷）					
		出票人（签章）								
单位主管：　会计	复核　记账									

35 - 1

退休人员生活费发放表

2019 年 12 月 7 日　　　　　　　　　　　　　　　　　　　　　　　　　　单位：元

姓名	基本工资	生活补贴	合计	签名
王伟成	360	120	480	（略）
李忠良	299	117	416	
陈丽江	514	136	650	
张开	468	112	580	
何丽英	423	109	532	
李锐明	503	165	668	
陈明海	384	130	514	
合计	2 951	889	3 840	

35 - 2

中国工商银行现金支票存根（川）	中国工商银行现金支票（川）成都　No.038800014									
No. 038800014	出票日期（大写）　年　月　日　付款行名称：新华路办									
科目：	出票日期：　出票人账号：015 - 1015 - 6829001									
对方科目：	本支票付款期十天	人民币（大写）	百	十	万	千	百	十	元	角	分
出票日期：　年　月　日										
收款人：		用途								
金额：		上列款项请从			科目（借）					
用途：		我账户内支付			对方科目（贷）					
		出票人（签章）								
单位主管：　会计	复核　记账									

备注：①先开出支票从银行提取现金，再以现金发放退休人员生活费。

②公司未缴足社会保险费，退休人员生活费由企业直接支付。

36

成都市第二人民医院医疗费结算清单

单位名称：锦城酒业股份有限公司　2019 年 12 月 7 日

姓名	金额（元）	自费部分（元）	报销金额（元）	附件（张）
王伟成	722	72	650	4
李忠良	1 556	156	1 400	12
陈丽江	911	91	820	8
张开	2 278	228	2 050	25
何丽英	611	61	550	10
李锐明	2 222	222	2 000	17
陈明海	767	77	690	9
合计	9 067	907	8 160	85

37 - 1

供销科销售通知单

2019 年 12 月 7 日					
产品名称	计量单位	数量	单位售价（元）	增值税率	代垫运费
白酒	瓶	30 000	10	16%	
药酒	瓶	3 000	20	16%	

备注：购货单位：西安酒批公司　地址：西安市解放路 2 号

税务登记号：430105200687901

开户银行及账号：工行解放路办 028 - 3024 - 7328001

37 - 2

四川省增值税专用发票

No.00528126

开票日期：　年　月　日　　　　　记账联

| 购货单位 | 名称 | | 税务登记号 | | | | | | | | |
| 地址电话 | | 开户银行及账号 | | | | | | | | | |

第四联：记账联 销货方记账凭证

销货单位（章）：　　　　收款人：　　　　复核：　　　　开票人：

37－3

中国工商银行进账单（收账通知）1

2019 年 12 月 7 日　第 111 号

汇款人	全称	西安酒批公司			收款人	全称	锦城酒业股份有限公司							
	账号	015－1028－7326878				账号	015－1－15－6829001							
	开户银行					开户银行	工行成都新华路办							

		千	百	十	万	千	百	十	元	角	分
人民币（大写）	肆拾壹万柒仟陆佰元整		￥	4	1	7	6	0	0	0	0

票据种类	支票

收款人开户银行（盖章）

38－1

中国工商银行转账支票存根（川） No. 038800016 科目： 对方科目： 出票日期：　年　月　日 收款人： 金额： 用途： 单位主管：　会计	中国工商银行转账支票（川）成都　No. 038800016 出票日期（大写）　年　月　日　付款行名称：新华路办 出票日期：　出票人账号：015－1015－6829001

		百	十	万	千	百	十	元	角	分
人民币（大写）										

本支票付款期十天

用途
上列款项请从
我账户内支付
出票人（签章）
复核　记账

科目（借）
对方科目（贷）

38－2

有价证券交易凭证

客户：锦城酒业股份有限公司　　　　2019 年 12 月 7 日　　　　发行单位：中国人民银行

证券名称	数量	面值		结算金额		手续费	结算金额
		单位面值	合计	单价	金额		
2 年期国券	100	268 元	26 800	300 元	30 000	1 000	31 000
票面利率	3%	期限	2 年				
人民币（大写）	叁万壹仟元整						￥31 000
备注	结算金额中含已宣告但尚未发放利息 2 000 元						

盖章：平安证券公司　　　　　　复核：　　　　　　经办：

38－3

锦城酒业股份有限公司有价证券收入单

发行单位：中国人民银行　　　　　2019 年 12 月 7 日

证券名称及性质	数量	面额		结算金额			利息	已计利息或已宣告股利
		单价	面额	单价	手续费	成本额		
2 年期国券	100	268 元	26 800	280 元	1 000	29 000	3%	2 000
备注	到期一次还本付息							
人民币（大写）	叁万壹仟元整							￥31 000
备注：								

经办：　　　　　　　保管：　　　　　　　　　　　　　制单：

　　备注：对于中国人民银行发行的三年期债券拟持有至到期。

39－1

中国工商银行现金支票存根（川）	中国工商银行现金支票（川）成都　No.038800017
No.038800017	出票日期（大写）　年　月　日　付款行名称：新华路办
科目：	出票日期：　出票人账号：015－1015－6829001

中国工商银行现金支票存根（川） No.038800017 科目： 对方科目： 出票日期：　年　月　日 收款人： 金额： 用途： 单位主管：　会计	本支票付款期十天	人民币（大写）	百	十	万	千	百	十	元	角	分
		用途 上列款项请从 我账户内支付 出票人（签章） 复核　记账							科目（借） 对方科目（贷）		

　　备注：12 月 7 日，从银行提取现金 10 000 元。

12 月 8 日

40－1

工资结算汇总表

2019 年 11 月份　　　　　　　　　　　　　　　　　　　　　　　　　单位：元

车间、部门	类型	职工人数	标准工资	各项补贴	应扣工资		应付工资	代扣代缴					实发工资
					事假	病假		养老金	公积金	失业保险	个人所得税	合计	
一车间	生产车间	120	60 000	12 000	200	500	71 300	2 135	3 565	600	2 400	8 700	62 600
	管理人员	20	12 000	2 000	100		13 900	417	695	120	400	1 632	12 268
二车间	生产车间	80	40 000	8 000		300	47 700	1 431	2 385	400	1 200	5 416	42 284
	管理人员	15	9 000	1 500		200	10 300	309	515	75	300	1 199	9 101
在建工程人员		12	5 400	1 200	150		6 450	193	322	60	240	815	5 635
机修车间人员		8	4 480	800			5 280	158	264	40	160	622	4 658
运输队人员		12	6 120	1 200	300	200	6 820	204	341	60	240	845	5 975
行政管理部门		25	17 500	2 800		100	20 200	606	900	125	500	2 131	18 069
销售科人员		7	3 920	700			4 620	138	231	35	140	544	4 076
医务室人员		2	1 100	200			1 300	39	65	10		114	1 186
六个月以上长病人员		1	500	30			530	15	27	5		47	483
总计			160 020	30 430	750	1 300	188 400	5 645	9 310	1 530	5 580	22 065	166 335

　　备注：2019 年 11 月份的工资应在 12 月份发放。

40 - 2

中国工商银行转账支票存根（川）	中国工商银行转账支票（川）成都　No. 038800018
No. 038800018	出票日期（大写）　年　月　日　付款行名称：新华路办
科目：	出票日期：　出票人账号：015 - 1015 - 6829001
对方科目：	本支票付款期十天
出票日期：　年　月　日	
收款人：	
金额：	
用途：	
单位主管：　会计	

本支票付款期十天：
人民币（大写）　百 十 万 千 百 十 元 角 分
用途
上列款项请从　　　　　　科目（借）
我账户内支付　　　　　　对方科目（贷）
出票人（签章）
复核　　记账

备注：发放 2019 年 11 月份已计提的应付工资，实发工资为 166 335 元，职工工资直接以银行存款发放。

41 - 1

四川增值税普通发票

No. 34528166

开票日期：2019 年 12 月 8 日　　　　　　发票联

购货单位	名称	锦城酒业股份有限公司	税务登记号	4 4 0 1 0 4 1 0 0 5 4 3 9 2 8
	地址电话	成都新华路 5 号	开户银行及账号	工行新华路办 015 - 1015 - 6829001

货物或应税劳务、服务名称	规格型号	计量单位	数量	单价	金额 十 万 千 百 十 元 角 分	税率（%）	税额 十 万 千 百 十 元 角 分
*餐饮服务*餐饮费					7 0 0 0 0 0	3	2 1 0 0 0
合计					￥ 7 0 0 0 0 0	3	￥ 2 1 0 0 0
价税合计	柒仟贰佰壹拾元零角零分						￥ 7 210
备注							

销货单位	名称	榕树餐饮有限公司	税务登记号	4 4 0 1 0 8 1 1 8 9 2 5 7 8 6
	地址电话	成都春熙路 2 号	开户银行及账号	工行春熙路办 015 - 1183 - 74488260

销货单位（章）：　收款人：　复核：　开票人：

备注：与客户聚餐金额。

41 - 2

中国工商银行现金支票存根（川）	中国工商银行现金支票（川）成都　No. 038800046
No. 038800019	出票日期（大写）　年　月　日　付款行名称：新华路办
科目：	出票日期：　出票人账号：015 - 1015 - 6829001
对方科目：	
出票日期：　年　月　日	
收款人：	
金额：	
用途：	
单位主管：　会计	

本支票付款期十天：
人民币（大写）　百 十 万 千 百 十 元 角 分
用途
上列款项请从　　　　　　科目（借）
我账户内支付　　　　　　对方科目（贷）
出票人（签章）
复核　　记账

42 - 1

四川省行政事业单位非经营性收入发票

发票联　　　　　　　　　　　　　　　　　　　　川地（95121）

顾客名称：锦城酒业股份有限公司

地址：成都新华路 5 号　2019 年 12 月 8 日填发

项目	单位	数量	收费标准（元/人）		金额							备注
						万	仟	佰	拾	元	角	万	
学习培训费	人	1	1 250	超过拾万无效		2	5	0	0	0	0	
合计人民币	（大写）贰仟伍佰零拾零元零角零分				￥	2	5	0	0	0	0	

开票：　收款人：张丽　开票单位：成都市职业教育学院

42 - 2

报销学习培训费申请书

2019 年 12 月 8 日

申请人	李雷、张方	申请事由	参加后续教育
报销金额	贰仟伍伯元整		￥ 2 500
领导意见	同意报销		

备注：报销的学习培训费，以现金支付。

43 - 1

成都中医药大学附属医院收据

姓名	张雪	2019 年 12 月 8 日
项目		金额
西药费		—
中药费		400
检查费		200
治疗费		100
合计		700

备注：应由张雪负担自费药费部分为 20%，药费总额的 80% 以现金支付（公司在 11 月已计提该福利费）。

12 月 9 日

44 – 1

江苏省增值税专用发票

No. 54962331

开票日期：2019 年 12 月 9 日　　　　　　发票联

购货单位	名称	锦城酒业股份有限公司		税务登记号	4	4	0	1	0	4	1	0	0	5	4	3	9	2	8
	地址电话	成都新华路 5 号		开户银行及账号						015 – 1015 – 6829001									

货物或应税劳务名称	规格型号	计量单位	数量	单价	金额								税率(%)	税额						
					十	万	千	百	十	元	角	分		十	万	千	百	十	元	角	分
乙材料		公斤	800	9.5		7	6	0	0	0	0		16			1	2	1	6	0	0
丙材料		公斤	1 200	60		7	2	0	0	0	0		16			1	1	5	2	0	0
合计					¥	7	9	6	0	0	0	0		¥		1	2	7	3	6	0	0

价税合计	玖万贰仟叁佰叁拾陆元零角零分	¥92 336
备注		

销货单位	名称	南京食品厂		税务登记号	4	2	1	0	0	0	1	5	0	3	8	4	2	1	0
	地址电话	南京市中山路 20 号		开户银行及账号						022 – 1693 – 1819242									

销货单位（章）：　　　　　　收款人：　　　　　　复核：　　　　　　开票人：

第二联∷发票联购货方记账凭证

44 – 2

江苏省增值税专用发票

No. 54962331

开票日期：2019 年 12 月 9 日　　　　　　抵扣联

购货单位	名称	锦城酒业股份有限公司		税务登记号	4	4	0	1	0	4	1	0	0	5	4	3	9	2	8
	地址电话	成都新华路 5 号		开户银行及账号						015 – 1015 – 6829001									

货物或应税劳务名称	规格型号	计量单位	数量	单价	金额								税率(%)	税额						
					十	万	千	百	十	元	角	分		十	万	千	百	十	元	角	分
乙材料		公斤	800	9.5		7	6	0	0	0	0		16			1	2	1	6	0	0
丙材料		公斤	1 200	60		7	2	0	0	0	0		16			1	1	5	2	0	0
合计					¥	7	9	6	0	0	0	0		¥		1	2	7	3	6	0	0

价税合计	玖万贰仟叁佰叁拾陆元零角零分	¥92 336
备注		

销货单位	名称	南京食品厂		税务登记号	4	2	1	0	0	0	1	5	0	3	8	4	2	1	0
	地址电话	南京市中山路 20 号		开户银行及账号						022 – 1693 – 1819242									

销货单位（章）：　　　　　　收款人：　　　　　　复核：　　　　　　开票人：

第三联∷抵扣联购货方扣税凭证

44－3

中国工商银行电汇凭证（回单） 1

委托日期 2019 年 12 月 9 日第 138 号

<table>
<tr><td rowspan="3">汇款人</td><td>全称</td><td colspan="3">锦城酒业股份有限公司</td><td rowspan="3">收款人</td><td>全称</td><td colspan="3">德阳食品厂</td><td rowspan="8">此联为汇出行给汇款人的回单</td></tr>
<tr><td>账号或住址</td><td colspan="3">015－1015－6829001</td><td>账号或住址</td><td colspan="3">021－2032－3476531 大庆路 3 号</td></tr>
<tr><td>汇入地点</td><td>四川省成都市</td><td>汇出行名称</td><td>工行新华路办</td><td>汇入地点</td><td>江苏省南京市</td><td>汇出行名称</td><td>工行中山路办</td></tr>
<tr><td rowspan="2">金额</td><td>人民币</td><td colspan="5"></td><td>千 百 十 万 千 百 十 元 角 分</td><td colspan="2"></td></tr>
<tr><td>（大写）</td><td colspan="5"></td><td>￥ 6 3 8 0 0 0</td><td colspan="2"></td></tr>
<tr><td colspan="5">汇款用途：购料</td><td colspan="4"></td></tr>
<tr><td colspan="5"></td><td colspan="4">汇出行盖章</td></tr>
<tr><td colspan="5">单位主管   会计   出纳   记账</td><td colspan="4">年 月 日</td></tr>
</table>

备注：运费由南京食品厂垫付，电汇时支付所有款项。

44－4

江苏省增值税专用发票

No. 0984529

开票日期：2019 年 12 月 9 日   发票联

<table>
<tr><td rowspan="2">购货单位</td><td>名称</td><td colspan="4">锦城酒业股份有限公司</td><td>税务登记号</td><td colspan="10">4 4 0 1 0 4 1 0 0 5 4 3 9 2 8</td><td rowspan="7">第二联：发票联购货方记账凭证</td></tr>
<tr><td>地址电话</td><td colspan="4">成都新华路 5 号</td><td>开户银行及账号</td><td colspan="10">工行新华路办 015－1015－6829001</td></tr>
<tr><td colspan="2" rowspan="2">货物或应税
劳务名称</td><td rowspan="2">规格
型号</td><td rowspan="2">计量
单位</td><td rowspan="2">数量</td><td rowspan="2">单价</td><td colspan="5">金额</td><td>税率</td><td colspan="5">税额</td></tr>
<tr><td>十 万 千 百 十 元 角 分</td><td></td><td></td><td></td><td></td><td>（%）</td><td>十 万 千 百 十 元 角 分</td><td></td><td></td><td></td><td></td></tr>
<tr><td colspan="2">运输费</td><td></td><td></td><td></td><td></td><td>4 0 0 0 0</td><td></td><td></td><td></td><td>10</td><td>4 0 0 0</td><td></td><td></td><td></td><td></td></tr>
<tr><td colspan="2">合计</td><td></td><td></td><td></td><td></td><td>￥ 4 0 0 0 0</td><td></td><td></td><td>10</td><td></td><td>￥ 4 0 0 0</td><td></td><td></td><td></td><td></td></tr>
<tr><td colspan="2">价税合计</td><td colspan="8">肆仟肆佰零拾零元零角零分</td><td colspan="6">￥4 400</td></tr>
<tr><td colspan="2">备注</td><td colspan="14">南京－－－－成都</td></tr>
<tr><td rowspan="2">销货单位</td><td>名称</td><td colspan="4">南京铁路（集团）公司</td><td>税务登记号</td><td colspan="10">2 4 0 1 0 8 2 3 8 6 5 4 3 2 1</td></tr>
<tr><td>地址电话</td><td colspan="4">南京南京路 6 号</td><td>开户银行及账号</td><td colspan="10">工行南京路办 015－2084－8848020</td></tr>
</table>

销货单位（章）： 收款人： 复核： 开票人：

44－5

物资采购运杂费分配表

年 月 日

<table>
<tr><td>发货单位</td><td colspan="4"></td></tr>
<tr><td>材料名称</td><td>分配标准（公斤）</td><td>分配率</td><td>分配金额</td><td>备注</td></tr>
<tr><td>乙材料</td><td>800</td><td></td><td></td><td></td></tr>
<tr><td>丙材料</td><td>1200</td><td></td><td></td><td></td></tr>
<tr><td>合计</td><td></td><td></td><td></td><td></td></tr>
</table>

提示：运费用按所购材料重量分配。

44 - 6

锦城酒业股份有限公司材料入库验收单

类别		商品名称								编号		
发票编号					验收日期：2019 年 12 月 6 日					来源		

品名	规格	单位	数量		实际价格				计划价		材料成本差异
			来料数	实际数	单价	总价	运杂费	合计	单价	总价	
合计											

供销主管　　　　　　验收保管　　　　　　采购　　　　　　制单

45 - 1

委邮 委托收款凭证（付款通知）5

委托日期：2019 年 12 月 9 日　　　　　　　　　　委托号码：第 8 号

付款日期 2019 年 12 月 9 日

付款人	全称	锦城酒业股份有限公司	委托人	全称	成都食品厂									
	账号或住址	015 - 1015 - 6829001		账号或住址	015 - 1020 - 1456321									
	开户银行	成都市工商银行新华路办		开户银行	工行天府支行			行号						

委托金额	人民币（大写）壹拾壹万元整			千	百	十	万	千	百	十	元	角	分
				Y	1	1	0	0	0	0	0	0	0

款项内容	商业汇票到期付款	委托收款凭据名称	商业承兑汇票	附寄单证张数	1

备注：

付款人注意：

1. 根据结算办法，上列委托收款，如在付款期限内未拒付时，即视同全部同意付款，以此联代付款通知。

2. 如需提前付款或多付款时，应另写书面通知送银行办理。

3. 如全部或部分拒付，应在付款期限内另填拒绝付款理由书送银行办理。

单位主管　会计　复核　记账　　　　　　　　　　付款人开户银行（盖章）2019 年 12 月 4 日

此联为汇出行给汇款人的回单

46 - 1

信汇凭证（收账通知或取款通知）4

第 8 号

委托日期：2019 年 12 月 9 日

应解汇款编号

汇款人	全称	海南糖烟酒公司	收款人	全称	锦城酒业股份有限公司									
	账号或住址	039 - 4217 - 1152461		账号或住址	工行新华路办 015 - 1015 - 6829001									
	汇入地点	海口市滨江路15号	汇出行名称 工行海口分行		汇入地点	四川省成都市	汇入行名称 工行新华路办							

金额	人民币（大写）柒拾贰万贰仟元整		千	百	十	万	千	百	十	元	角	分
				Y	7	2	2	0	0	0	0	0

汇款用途：还欠款

留行待取预留收款人印签

上列款项已代进账，如有错误，请持此联来行面洽。	上列款项已照收无误	科目（借）对方科目（贷）汇入行解汇日期　年　月　日复核出纳记账
汇入行（盖章）　年　月　日	收款人（盖章）年　月　日	

此联是给收款人的收账通知单或收账收据

47 – 1

四川省增值税专用发票

No. 29557943

开票日期：2019 年 12 月 9 日 　　　　　　　　发票联

购货单位	名称	锦城酒业股份有限公司		税务登记号	4	4	0	1	0	4	1	0	0	5	4	3	9	2	8
	地址电话	成都新华路 5 号		开户银行及账号	工行新华路办 015 – 1015 – 6829001														

货物或应税劳务名称	规格型号	计量单位	数量	单价	金额									税率（%）	税额							
					十	万	千	百	十	元	角	分		十	万	千	百	十	元	角	分
石油制品＊92 号汽油		公升	12 500	6		7	5	0	0	0	0	0	16		1	2	0	0	0	0	0
合计					¥	7	5	0	0	0	0	0	16	¥	1	2	0	0	0	0	0
价税合计	捌万柒仟元整																	¥ 87 000			
备注																					

销货单位	名称	中国石油天然气集团公司		税务登记号	4	4	0	1	0	6	1	1	8	1	1	2	3	4	5
	地址电话	成都桃溪路 2 号		开户银行及账号	工行建设南路办 015 – 1083 – 5688025														

销货单位（章）：　　　　　　收款人：　　　　　　复核：　　　　　　开票人：

备注：购进的汽油全部由运输队领用。

第二联：发票联购货方记账凭证

四川省增值税专用发票

No. 26528122

开票日期：2019 年 12 月 1 日 　　　　　　　　抵扣联

购货单位	名称	锦城酒业股份有限公司		税务登记号	4	4	0	1	0	4	1	0	0	5	4	3	9	2	8
	地址电话	成都新华路 5 号		开户银行及账号	工行新华路办 015 – 1015 – 6829001														

货物或应税劳务名称	规格型号	计量单位	数量	单价	金额									税率（%）	税额							
					十	万	千	百	十	元	角	分		十	万	千	百	十	元	角	分
石油制品＊92 号汽油		公升	12 500	6		7	5	0	0	0	0	0	16		1	2	0	0	0	0	0
合计					¥	7	5	0	0	0	0	0	16	¥	1	2	0	0	0	0	0
价税合计	捌万柒仟元整																	¥ 87 000			
备注																					

销货单位	名称	中国石油天然气集团公司		税务登记号	4	4	0	1	0	6	1	1	8	1	1	2	3	4	5
	地址电话	成都桃溪路 2 号		开户银行及账号	工行建设南路办 015 – 1083 – 5688025														

销货单位（章）：　　　　　　收款人：　　　　　　复核：　　　　　　开票人：

第三联：抵扣联购货方扣税凭证

47 - 2

中国工商银行现金支票存根（川） No. 038800019 科目： 对方科目： 出票日期： 年 月 日 收款人： 金额： 用途： 单位主管： 会计	中国工商银行现金支票（川）成都　No. 038800019

中国工商银行现金支票（川）成都　No. 038800019

出票日期（大写）　年 月 日　付款行名称：新华路办

出票日期：　出票人账号：015 - 1015 - 6829001

本支票付款期十天	人民币（大写）	百	十	万	千	百	十	元	角	分

用途

上列款项请从　　　　　　　　　　　科目（借）

我账户内支付　　　　　　　　　　　对方科目（贷）

出票人（签章）

复核　　记账

48 - 1

供销科销售通知单

2019 年 12 月 9 日

产品名称	计量单位	数量	单位售价（元）	增值税率	代运费（元）
白酒	瓶	50 000	10	16%	

备注：购货单位：成都欣欣食品公司　地址：四川省成都市南东路15号

税务登记号：56010300568754

开户银行及账号：工行南东办 015 - 2025 - 7816952

48 - 2

四川省增值税专用发票

No. 00528124

开票日期：　年 月 日　　　　　　记账联

购货单位	名称		税务登记号											
	地址、电话		开户银行及账号											

货物或应税劳务名称	规格型号	计量单位	数量	单价	金额								税率（%）	税额							
					十	万	千	百	十	元	角	分		十	万	千	百	十	元	角	分
合计																					
价税合计	佰 拾 万 仟 佰 拾 元 角 分																				
备注																					

销货单位	名称		税务登记号	
	地址、电话		开户银行及账号	

销货单位（章）：　　　　　收款人：　　　　　复核：　　　　　开票人：

第四联：记账联销货方记账凭证

48 - 3

中国工商银行进账单（收账通知）1

年　月　日

委托号码：第 112 号

汇款人	全称		收款人	全称		千	百	十	万	千	百	十	元	角	分
	账号			账号											
	开户银行			开户银行											

人民币（大写）											

票据种类											

收款人开户银行盖章

此联是收款人开户银行交给收款人的收账通知

49 - 1

工程承包协议书

甲方：锦城酒业股份有限公司

乙方：四川省第六建筑公司

一、工程名称

　　锦城酒业股份有限公司仓库建设工程

二、承包工程范围（略）

三、承包方式

　　包工包料（主要材料除外）

四、承包工作内容（略）

五、工期

从 2019 年 12 月 9 日至 2021 年 12 月 8 日

六、质量标准

　　达到市优良等级

七、工程总造价

　　￥1 000 000.00（壹佰万元整）

八、验收

　　按技术要求细则组织验收。

九、结算方式及结算时间

　　按工程进度分期结算。

十、工程款支付

　　工程开工预付 200 000 元工程款，余款待工程完工验收后付清。

十一、甲方责任（略）

十二、乙方责任（略）

十三、本协议双方签订后即生效

甲方代表：张三　　乙方代表：李四

2019 年 12 月 9 日　　2019 年 12 月 9 日

49－2

中国工商银行转账支票存根（川） No.038800020 科目： 对方科目： 出票日期：　年　月　日 收款人： 金额： 用途： 单位主管：　会计	中国工商银行转账支票（川）成都　No.038800020 出票日期（大写）　年　月　日　付款行名称：新华路办 出票日期：　出票人账号：015－1015－6829001

中国工商银行转账支票（川）成都　No.038800020

出票日期（大写）　年　月　日　付款行名称：新华路办

出票日期：　出票人账号：015－1015－6829001

本支票付款期十天

人民币（大写）	百	十	万	千	百	十	元	角	分

用途

上列款项请从　　　　　　　　　　　　　科目（借）

我账户内支付　　　　　　　　　　　　　对方科目（贷）

出票人（签章）

复核　　记账

12 月 10 日

50－1

中 华 人 民 共 和 国
国税收缴款书（05）川国缴电 01973252 号

隶属关系：市属企业

经济类型：有限责任　　　填发日期：2019 年 12 月 10 日　　　　　　　　　　　征收机关：成都市国税局

缴款单位	代码	44010410054392	预算科目	款	消费税
	全称	锦城酒业股份有限公司		项	
	开户银行	工行成都分行新华路办		级次	中央75%，地方25%
	账号	015－1015－6829001		收款国库	

税款所属时期	2019 年 11 月 30 日	税款限缴日期	2019 年 12 月 10 日

品目名称	课税数量	计税金额或销售收入	生产率或单位税款	已缴或扣除额	实缴税额
增值税		1 500 000.00	16%	134 546	105 454

金额合计	人民币（大写）壹拾万零伍仟肆佰伍拾肆元整	￥105 454

缴款单位（人） （盖章） 经办人（章）	税务机关 （盖章） 王明 填票人（章）	上列款项已收妥并划转收款单位账户 国库（银行）（盖章）　年　月　日	备注 缴款书号码： 02893958

（逾期不缴按税法规定加收滞纳金）

50 - 2

中 华 人 民 共 和 国

国税收缴款书 （05）川国缴电 01973252 号

隶属关系：市属企业

经济类型：有限责任　填发日期：2019 年 12 月 10 日　　　　　　　　　　征收机关：成都市国税局

缴款单位	代码	440104100543928	预算科目	款	消费税
	全称	锦城酒业股份有限公司		项	
	开户银行	工行成都分行新华路办		级次	中央税
	账号	015 - 1015 - 6829001		收款国库	

| 税款所属时期 | 2019 年 11 月 30 日 | | 税款限缴日期 | | 2019 年 12 月 10 日 |

品目名称	课税数量	计税金额或销售收入	生产率或单位税款	已缴或扣除额	实缴税额
消费税		790 864	25%		197 716

| 金额合计 | 人民币（大写）壹拾玖万柒仟柒佰壹拾陆元整 | | | | ￥197 716 |

| 缴款单位（人）
（盖章）

经办人（章） | 税务机关
（盖章）

王明
填票人（章） | 上列款项已收妥并划转收款单位账户

国库（银行）（盖章）　年　月　日 | | 备注

缴款书号码：
01973252 |

（逾期不缴按税法规定加收滞纳金）

50 - 3

中 华 人 民 共 和 国

地税收缴款书 （05）川地缴电 01873156 号

隶属关系：市属企业

经济类型：有限责任　填发日期：2019 年 12 月 10 日　　　　　　　　　　征收机关：成都市地税局

缴款单位	代码	440104100543928	预算科目	款	消费税
	全称	锦城酒业股份有限公司		项	
	开户银行	工行成都分行新华路办		级次	地方税
	账号	015 - 1015 - 6829001		收款国库	

| 税款所属时期 | 2019 年 11 月 30 日 | | 税款限缴日期 | | 2019 年 12 月 10 日 |

品目名称	课税数量	计税金额或销售收入	生产率或单位税款	已缴或扣除额	实缴税额
城建税		304 070	7%		21 284.90

续表

教育费附加		304 070	3%		9 122.10
金额合计	人民币（大写）叁万零仟肆佰零拾柒元整				￥30 407

缴款单位（人） （盖章）		税务机关 （盖章）		上列款项已收妥并划转收款单位账户	备注
	经办人（章）	王明 填票人（章）		国库（银行）（盖章）　年　月　日	缴款书号码： 01893256

（逾期不缴按税法规定加收滞纳金）

50 - 4

中　华　人　民　共　和　国

地税收缴款书（05）川地缴电 02563211 号

隶属关系：市属企业

经济类型：有限责任　填发日期：2019 年 12 月 10 日　　　　　　　　　　　　征收机关：成都市地税局

缴款单位	代码	440104100543928	预算科目	款		企业所得税
	全称	锦城酒业股份有限公司		项		
	开户银行	工行成都分行新华路办		级次		地方税
	账号	015 - 1015 - 6829001		收款国库		

税款所属时期	2019 年 11 月 30 日		税款限缴日期		2019 年 12 月 10 日

品目名称	课税数量	计税金额或 销售收入	生产率或 单位税款	已缴或 扣除额	实缴税额
企业所得税		287804	25%		71 951
金额合计	人民币（大写）柒万壹仟玖佰伍拾壹元整				￥71 951

缴款单位（人） （盖章）		税务机关 （盖章）		上列款项已收妥并划转收款单位账户	备注
	经办人（章）	王明 填票人（章）		国库（银行）（盖章）　年　月　日	缴款书号码： 02563211

（逾期不缴按税法规定加收滞纳金）

50 - 5

中 华 人 民 共 和 国

地税收缴款书（05）川地缴电 01873162 号

隶属关系：市属企业

经济类型：有限责任　填发日期：2019 年 12 月 10 日　　　　　　　　　　　　征收机关：成都市地税局

缴款单位	代码	44010410054392	预算科目	款	代缴个人所得税	
	全称	锦城酒业股份有限公司		项		
	开户银行	工行成都分行新华路办		级次	地方税	
	账号	015 - 1015 - 6829001		收款国库		
税款所属时期		2019 年 11 月 30 日	税款限缴日期		2019 年 12 月 10 日	

品目名称	课税数量	计税金额或销售收入	生产率或单位税款	已缴或扣除额	实缴税额
个人所得税					20 000

金额合计	人民币（大写）贰万元整	￥20 000

缴款单位（人） （盖章） 　　　　　　经办人（章）	税务机关 （盖章） 　　　王明 　　　填票人（章）	上列款项已收妥并划转收款单位账户 国库（银行）（盖章）　年　月　日	备注 缴款书号码： 01893768

（逾期不缴按税法规定加收滞纳金）

50 - 6

中国工商银行转账支票存根（川） No. 038800021 科目： 对方科目： 出票日期：　年　月　日 收款人： 金额： 用途： 单位主管：　会计	中国工商银行转账支票（川）成都　No. 038800021 出票日期（大写）　年　月　日　付款行名称：新华路办 出票日期：　出票人账号：015 - 1015 - 6829001

本支票付款期十天	人民币（大写）	百	十	万	千	百	十	元	角	分

用途

上列款项请从　　　　　　　　　　　　　科目（借）

我账户内支付　　　　　　　　　　　　对方科目（贷）

出票人（签章）

复核　　记账

备注：为简化手续，上缴国税、地税的税费填写一张支票。

51 - 1

四川省增值税专用发票

No. 46528157

开票日期：2019 年 12 月 10 日　　　　　　发票联

购货单位	名称	锦城酒业股份有限公司	税务登记号	4 4 0 1 0 4 1 0 0 5 4 3 9 2 8
	地址电话	成都新华路 5 号	开户银行及账号	工行新华路办 015 - 1015 - 6829001

货物或应税劳务名称	规格型号	计量单位	数量	单价	金额 十 万 千 百 十 元 角 分	税率（%）	税额 十 万 千 百 十 元 角 分
药酒调制配方		份	1		1 0 0 0 0 0 0	6	6 0 0 0 0
合计					￥ 1 0 0 0 0 0	6	￥ 6 0 0 0 0
价税合计	壹万零仟陆佰零拾零元零角零分						￥ 10 600
备注							

销货单位	名称	新星公司	税务登记号	4 4 0 1 0 3 3 3 8 8 1 4 4 0 2
	地址电话	成都二环路北四段 2 号	开户银行及账号	工行槐树路办 015 - 1083 - 4548680

销货单位（章）：　　　　　收款人：　　　　　复核：　　　　　开票人：

51 - 2

中国工商银行转账支票存根（川） No. 038800022 科目： 对方科目： 出票日期：　年　月　日 收款人： 金额： 用途： 单位主管：　　会计	中国工商银行转账支票（川）成都　No. 038800022 出票日期（大写）　年　月　日　付款行名称：新华路办 出票日期：　出票人账号：015 - 1015 - 6829001

本支票付款期十天	人民币（大写）	百	十	万	千	百	十	元	角	分

用途
上列款项请从　　　　　　　　　　　科目（借）
我账户内支付　　　　　　　　　　　对方科目（贷）
出票人（签章）
复核　　记账

51 - 3

无形资产购入单

转入或购入单位：锦城酒业股份有限公司

转出或出售单位：新星公司

编号 003

名称	单位	数量	单价	金额	备注
药酒调制配方		1	10 000	10 000	
合计				10 000	

转入单位主管：李华　购入单位（公章）　　转出单位主管（公章）　　转出单位制单：王敏

52－1

锦城酒业股份有限公司代销商品收货单

类别	原料及主要材料
发票编号	

验收日期：2019 年 12 月 10 日

编号	
来源	

品名	规格	单位	数量		实际价格				计划价		材料成本差异
			来料数	实际数	单价	总价	运杂费	合计	单价	总价	

供销主管　　　　　验收保管　　　　　采购　　　　　制单

备注：12 月 6 日购入乙材料入库。

53

中国工商银行现金交款单（回单）1

年　月　日　　　　　　　　　委托号码：第 113 号

汇款人	全称		收款人	全称	
	账号			账号	
	开户银行			开户银行	

人民币（大写）		千 百 十 万 千 百 十 元 角 分

票据种类	
	收款人开户银行（盖章）

此联是收款人开户银行交给收款人的收账通知

备注：12 月 10 日，将 2000 元现金送存银行。

54 – 1

委邮 委托收款凭证 （收款通知） 4

委托日期：2019 年 11 月 20 日　　　　　　　　委托号码：第 285 号

<table>
<tr><td rowspan="3">付
款
人</td><td>全称</td><td colspan="2">杭州酒批公司</td><td rowspan="3">委
托
人</td><td>全称</td><td colspan="2">锦城酒业股份有限公司</td><td rowspan="9">此
联
为
开
户
银
行
给
收
款
人
的
回
单</td></tr>
<tr><td>账号或住址</td><td colspan="2">杭州湖中路 6 号</td><td>账号或住址</td><td colspan="2">015 – 1015 – 6829001</td></tr>
<tr><td>开户银行</td><td colspan="2">024 – 3502 – 7213670</td><td>开户银行</td><td>成都支行</td><td>行号</td></tr>
<tr><td rowspan="2">委托金额</td><td colspan="3">人民币</td><td>千</td><td>百</td><td>十</td><td>万</td><td>千</td><td>百</td><td>十</td><td>元</td><td>角</td><td>分</td></tr>
<tr><td colspan="3">（大写）壹拾伍万元整</td><td></td><td>¥ 1</td><td>5</td><td>0</td><td>0</td><td>0</td><td>0</td><td>0</td><td>0</td><td>0</td></tr>
<tr><td>款项
内容</td><td>委托银行
收取前欠款</td><td>委托收款
凭据名称</td><td>托收承付委托书</td><td></td><td>附寄单
证张数</td><td colspan="2">2</td></tr>
<tr><td>备注：</td><td></td><td></td><td>款项收妥日期</td><td></td><td></td><td></td><td></td></tr>
<tr><td></td><td></td><td></td><td>2019 年 12 月 11 日</td><td></td><td>收款人开户银行（盖章）　　月　日</td><td></td><td></td></tr>
</table>

55 – 1

锦城酒业股份有限公司第三届董事会第六次会议公告

由于本公司位于西体路 169 号的 1 层商铺租约已经到期，鉴于公司今后业务发展的需要，经董事会讨论通过将商铺出售给广成公司。

锦城酒业股份有限公司董事会

2019. 12. 10

55 – 2

售楼合同 （复印件）

卖方（姓名）（简称甲方）

地址：锦城酒业股份有限公司

买方（姓名）（简称乙方）

地址：广成公司

经甲、乙双方协商同意、本着平等互利、等价有偿、信守合同的原则，甲、乙

双方一致同意达成如下房屋买、卖合同：甲方将坐落于……

……

该房屋售价为 50 000 元/平方米，建筑面积 100 平方米，总计房价款为 5 000 000 元。于签订合同日付清……

……

……

甲、乙双方共同协商解决，本合同由甲方、乙方、中介方各执一份（注：本合同虽未公证，但一经签字，具有同等法律效应）。

甲方（签章）：＿＿＿＿＿＿＿＿　乙方（签章）：＿＿＿＿＿＿＿＿

中介方：＿＿＿＿＿＿＿＿

……

　　备注：该商铺原值 100 万元。

55 - 3

产权证（复印件）

商铺所有权人	锦城酒业股份有限公司
权证号	权 000003
商铺坐落	西体路 169 号
商铺状况	1 层、建筑面积 100 平方米

55 - 4

国有土地使用权证（复印件）

土地使用权人	锦城酒业股份有限公司
用途	商用
使用权面积	12 平方米
地址	西体路 169 号
终止日期	2079 年 12 月 1 日

55 - 5

中国工商银行进账单（收账通知）1

2019 年 12 月 11 日第 114 号

汇款人	全称	广成公司	收款人	全称	锦城酒业股份有限公司									
	账号	015 - 1028 - 7325558		账号	015 - 1 - 15 - 6829001									
	开户银行			开户银行	工行成都新华路办									
人民币（大写）						千	百	十	万	千	百	十	元	角	分
						￥									
票据种类		支票													
票据张数		1													
单位主管　会计　复核　记账			收款人开户银行（盖章）												

此联是收款人开户银行交给收款人的收账通知

55－6

四川省增值税专用发票

No. 00528200

开票日期：2019 年 12 月 11 日　　　　　　　发票联

购货单位	名称	广成公司			税务登记号	4	4	0	1	4	5	6	0	0	5	4	3	9	2	1
	地址电话	成都蜀汉路 8 号			开户银行及账号	工行蜀汉路办 015 - 1028 - 7325558														

货物或应税劳务名称	规格型号	计量单位	数量	单价	金额									税率(%)	税额						
					百	十	万	千	百	十	元	角	分		十	万	千	百	十	元	角	分
商铺					5	0	0	0	0	0	0	0	0	16	8	0	0	0	0	0	0	0
合计					5	0	0	0	0	0	0	0	0	16	8	0	0	0	0	0	0	0

价税合计	伍佰捌拾零万零仟零佰零拾零元零角零分	￥5 800 000
备注		

销货单位	名称	锦城酒业股份有限公司	税务登记号	4	4	0	1	0	4	1	0	0	5	4	3	9	2	8
	地址电话	成都新华路 5 号	开户银行及账号	工行新华路办 015 - 1015 - 6829001														

销货单位（章）：　　　　　收款人：　　　　　　复核：　　　　　　开票人：

第二联：发票联购货方记账凭证

55－7

四川省增值税专用发票

No. 00528200

开票日期：2019 年 12 月 11 日　　　　　　　抵扣联

购货单位	名称	锦城酒业股份有限公司			税务登记号	4	4	0	1	0	4	1	0	0	5	4	3	9	2	8
	地址电话	成都蜀汉路 8 号			开户银行及账号	工行新华路办 015 - 1015 - 6829001														

货物或应税劳务名称	规格型号	计量单位	数量	单价	金额									税率(%)	税额						
					百	十	万	千	百	十	元	角	分		十	万	千	百	十	元	角	分
商铺					5	0	0	0	0	0	0	0	0	16	8	0	0	0	0	0	0	0
合计					5	0	0	0	0	0	0	0	0	16	8	0	0	0	0	0	0	0

价税合计	伍佰捌拾零万零仟零佰零拾零元零角零分	￥5 800 000
备注		

销货单位	名称	锦城酒业股份有限公司	税务登记号	4	4	0	1	0	4	1	0	0	5	4	3	9	2	8
	地址电话	成都新华路 5 号	开户银行及账号	工行新华路办 015 - 1015 - 6829001														

销货单位（章）：　　　　　收款人：　　　　　　复核：　　　　　　开票人：

第二联：抵扣联购货方记账凭证

56－1

四川省增值税专用发票

No. 38428167

开票日期：2019 年 12 月 11 日　　　　　　　　　　发票联

购货单位	名称	锦城酒业股份有限公司		税务登记号		4	4	0	1	0	4	1	0	0	5	4	3	9	2	8
	地址电话	成都新华路 5 号		开户银行及账号			工行新华路办 015 - 1015 - 6829001														

货物或应税劳务名称	规格型号	计量单位	数量	单价	金额								税率(%)	税额							
					十	万	千	百	十	元	角	分		十	万	千	百	十	元	角	分
酿酒配方		份	1			2	0	0	0	0	0	0	6			1	2	0	0	0	0
合计					¥	2	0	0	0	0	0	0	6		¥	1	2	0	0	0	0

价税合计　贰万壹仟贰佰零拾零元零角零分　　　　　　　　　　　　　　　　　¥21 200

备注

销货单位	名称	创优公司		税务登记号		4	4	0	1	0	8	5	3	8	2	1	2	4	8	2
	地址电话	成都草市街 25 号		开户银行及账号			工行草市街路办 015 - 1083 - 3389020														

销货单位（章）：　　　　　收款人：　　　　　复核：　　　　　开票人：

第二联：发票联购货方记账凭证

56－2

四川省增值税专用发票

No. 38428167

开票日期：2019 年 12 月 11 日　　　　　　　　　　抵扣联

购货单位	名称	锦城酒业股份有限公司		税务登记号		4	4	0	1	0	4	1	0	0	5	4	3	9	2	8
	地址电话	成都新华路 5 号		开户银行及账号			工行新华路办 015 - 1015 - 6829001														

货物或应税劳务名称	规格型号	计量单位	数量	单价	金额								税率(%)	税额							
					十	万	千	百	十	元	角	分		十	万	千	百	十	元	角	分
酿酒配方		份	1			2	0	0	0	0	0	0	6			1	2	0	0	0	0
合计					¥	2	0	0	0	0	0	0	6		¥	1	2	0	0	0	0

价税合计　贰万壹仟贰佰零拾零元零角零分　　　　　　　　　　　　　　　　　¥21 200

备注

销货单位	名称	创优公司		税务登记号		4	4	0	1	0	8	5	3	8	2	1	2	4	8	2
	地址电话	成都草市街 25 号		开户银行及账号			工行草市街路办 015 - 1083 - 3389020														

销货单位（章）：　　　　　收款人：　　　　　复核：　　　　　开票人：

第二联：抵扣联购货方记账凭证

56 - 3

中国工商银行转账支票存根（川）	中国工商银行转账支票（川）成都　No. 038800023
No. 038800023 科目： 对方科目： 出票日期：　年　月　日 收款人： 金额： 用途： 单位主管：　会计	出票日期（大写）　年　月　日　付款行名称：新华路办 出票日期：　出票人账号：015 - 1015 - 6829001

支票付款期十天部分：

本支票付款期十天	人民币（大写）	百	十	万	千	百	十	元	角	分
	用途 上列款项请从 我账户内支付 出票人（签章）							科目（借） 对方科目（贷）		
	复核　　记账									

56 - 4

无形资产购入单

转入或购入单位：锦城酒业股份有限公司　　　　　　　　　　　转出或出售单位：创优公司　编号 004

名称	单位	数量	单价	金额	备注
酿酒配方		1	20 000		
合计				20 000	

转入单位主管：李华　购入单位（公章）　转出单位主管（公章）　　　转出单位制单：李敏

57 - 1

四川省增值税专用发票

No. 26741881

开票日期：2019 年 12 月 12 日　　　　　　　　　记账联

第二联：发票联购货方记账凭证

购货单位	名称	明华公司	税务登记号	4 4 0 1 0 8 2 3 4 5 4 3 2 2 8
	地址电话	成都新华路 5 号	开户银行及账号	工行新华路办 015 - 1028 - 7326850

货物或应税劳务名称	规格型号	计量单位	数量	单价	金额									税率（%）	税额							
					十	万	千	百	十	元	角	分		十	万	千	百	十	元	角	分
转让旧设备		台	1		3	0	0	0	0	0	0	0	16		4	8	0	0	0	0	
合计					¥ 3	0	0	0	0	0	0	0	16	¥ 4	8	0	0	0	0		
价税合计	叁万肆仟捌佰零拾零元零角零分													¥ 34 800							
备注																					

销货单位	名称	锦城酒业股份有限公司	税务登记号	4 4 0 1 0 3 3 3 8 1 4 4 0 2
	地址电话	成都新华路 5 号	开户银行及账号	工行新华路办 015 - 1015 - 6829001

销货单位（章）：　　　　收款人：　　　　　复核：　　　　　开票人：

57-2

中国工商银行进账单 （收账通知） 1

2019 年 12 月 12 日第 115 号

汇款人	全称	明华公司		收款人	全称	锦城酒业股份有限公司
	账号	015 - 1028 - 7326850			账号	015 - 1 - 15 - 6829001
	开户银行				开户银行	工行成都新华路办

人民币 （大写）			千	百	十	万	千	百	十	元	角	分

票据种类	支票	
票据张数	1	

单位主管 会计 复核 记账　　　　　　　　　　收款人开户银行（盖章）

57-3

固定资产转让清单

2019 年 12 月 12 日　　　　　　　　　　　　　　　　　　No. 0009

固定资产名称及编号	规格型号	单位	数量	预计使用年限	已使用年限	原始价值	已提折旧	备注
普通车床		台	1	10	3 年 1 个月	50 000	14 800	
固定资产转让原因	机修车间不需使用							
处理意见	使用部门		技术鉴定小组		固定资产管理部门		主管部门审批	
	申请转让		情况属实		同意转让		同意转让	

备注：需先计算 12 月折旧费用，再结转累计折旧，月折旧率为 8‰。到处置时，车床使用了三年零一个月。

57-4

内部转账单

2019 年 12 月 12 日

项目	金额	备注
转让净值	35 200	
转让收入	30 000	
转让净收益（或损失）	- 5 200	

58－1

四川省增值税专用发票

No. 08528125

开票日期：2019 年 12 月 12 日　　　　　　　　发票联

购货单位	名称	锦城酒业股份有限公司		税务登记号	4	4	0	1	0	4	1	0	0	5	4	3	9	2	8
	地址电话	成都新华路 5 号		开户银行及账号	工行新华路办 015 - 1015 - 6829001														

货物或应税劳务名称	规格型号	计量单位	数量	单价	金额								税率（%）	税额						
					十	万	千	百	十	元	角	分		十	万	千	百	十	元	角	分
乙材料		公斤	500	11		5	5	0	0	0	0		16			8	8	0	0	0
合计					￥	5	5	0	0	0	0		16	￥		8	8	0	0	0
价税合计	陆仟叁佰捌拾元零角零分																￥6 380			
备注																				

销货单位	名称	德阳食品厂		税务登记号	4	4	0	1	0	5	0	0	3	2	8	7	6	5	2
	地址电话	德阳市大庆路 3 号		开户银行及账号	工行大庆路办 021 - 2032 - 3476531														

销货单位（章）：　　　　　　收款人：　　　　　　复核：　　　　　　开票人：

58－2

四川省增值税专用发票

No. 08528125

开票日期：2019 年 12 月 12 日　　　　　　　　抵扣联

购货单位	名称	锦城酒业股份有限公司		税务登记号	4	4	0	1	0	4	1	0	0	5	4	3	9	2	8
	地址电话	成都新华路 5 号		开户银行及账号	工行新华路办 015 - 1015 - 6829001														

货物或应税劳务名称	规格型号	计量单位	数量	单价	金额								税率（%）	税额						
					十	万	千	百	十	元	角	分		十	万	千	百	十	元	角	分
乙材料		公斤	500	11		5	5	0	0	0	0		16			8	8	0	0	0
合计					￥	5	5	0	0	0	0		16	￥		8	8	0	0	0
价税合计	陆仟叁佰捌拾元零角零分																￥6 380			
备注																				

销货单位	名称	德阳食品厂		税务登记号	4	4	0	1	0	5	0	0	3	2	8	7	6	5	2
	地址电话	德阳市大庆路 3 号		开户银行及账号	工行大庆路办 021 - 2032 - 3476531														

销货单位（章）：　　　　　　收款人：　　　　　　复核：　　　　　　开票人：

58 – 3

中国工商银行信汇凭证（回单）1

委托日期：2019 年 12 月 12 日；第 216 号

<table>
<tr><td rowspan="4">汇款人</td><td>全称</td><td colspan="2">锦城酒业股份有限公司</td><td rowspan="4">收款人</td><td>全称</td><td colspan="9">德阳食品厂</td></tr>
<tr><td>账号或住址</td><td colspan="2">015 – 1015 – 6829001</td><td>账号或住址</td><td colspan="9">021 – 2032 – 3476531 大庆路 3 号</td></tr>
<tr><td>汇入地点</td><td>四川省成都市</td><td>汇出行名称　工行新华路办</td><td>汇入地点</td><td colspan="9">四川省德阳市　汇入行名称　工行大庆办</td></tr>
<tr><td rowspan="2" colspan="3"></td><td></td><td>千</td><td>百</td><td>十</td><td>万</td><td>千</td><td>百</td><td>十</td><td>元</td><td>角</td><td>分</td></tr>
<tr><td>金额</td><td>人民币
（大写）</td><td colspan="2">陆仟叁佰捌拾元零角零分</td><td></td><td></td><td></td><td></td><td>¥</td><td>6</td><td>3</td><td>8</td><td>0</td><td>0</td><td>0</td></tr>
</table>

汇款用途：购料

上列款项已根据委托办理，如需查询，请持此回单来行面洽。　　　　　汇出行盖章

单位主管　会计　出纳　记账　　　　　　　　　　　　　　　年　月　日

此联为汇出行给汇款人的回单

59 – 1

四川省增值税专用发票

No. 22348921

开票日期：2019 年 12 月 13 日　　　　　　发票联

<table>
<tr><td rowspan="2">购货单位</td><td>名称</td><td colspan="4">锦城酒业股份有限公司</td><td>税务登记号</td><td>4</td><td>4</td><td>0</td><td>1</td><td>0</td><td>4</td><td>1</td><td>0</td><td>0</td><td>5</td><td>4</td><td>3</td><td>9</td><td>2</td><td>8</td></tr>
<tr><td>地址电话</td><td colspan="4">成都新华路 5 号</td><td>开户银行及账号</td><td colspan="16">工行新华路办 015 – 1015 – 6829001</td></tr>
<tr><td rowspan="2">货物或应税
劳务名称</td><td rowspan="2">规格
型号</td><td rowspan="2">计量
单位</td><td rowspan="2">数量</td><td rowspan="2">单价</td><td colspan="8">金额</td><td rowspan="2">税率
（%）</td><td colspan="8">税额</td></tr>
<tr><td>十</td><td>万</td><td>千</td><td>百</td><td>十</td><td>元</td><td>角</td><td>分</td><td>十</td><td>万</td><td>千</td><td>百</td><td>十</td><td>元</td><td>角</td><td>分</td></tr>
<tr><td>纸箱</td><td></td><td>个</td><td>5 000</td><td>2</td><td></td><td>1</td><td>0</td><td>0</td><td>0</td><td>0</td><td>0</td><td>0</td><td>16</td><td></td><td></td><td>1</td><td>6</td><td>0</td><td>0</td><td>0</td><td>0</td></tr>
<tr><td></td><td></td><td></td><td></td><td></td><td></td><td></td><td></td><td></td><td></td><td></td><td></td><td></td><td></td><td></td><td></td><td></td><td></td><td></td><td></td><td></td><td></td></tr>
<tr><td></td><td></td><td></td><td></td><td></td><td></td><td></td><td></td><td></td><td></td><td></td><td></td><td></td><td></td><td></td><td></td><td></td><td></td><td></td><td></td><td></td><td></td></tr>
<tr><td>合计</td><td></td><td></td><td></td><td></td><td>¥</td><td>1</td><td>0</td><td>0</td><td>0</td><td>0</td><td>0</td><td>0</td><td>16</td><td></td><td>¥</td><td>1</td><td>6</td><td>0</td><td>0</td><td>0</td><td>0</td></tr>
<tr><td>价税合计</td><td colspan="13">壹万壹仟陆佰零拾零元零角零分</td><td colspan="9" style="text-align:right">¥ 11 600</td></tr>
<tr><td>备注</td><td colspan="22"></td></tr>
<tr><td rowspan="2">销货单位</td><td>名称</td><td colspan="4">人民纸箱厂</td><td>税务登记号</td><td>4</td><td>4</td><td>0</td><td>0</td><td>1</td><td>0</td><td>2</td><td>5</td><td>4</td><td>7</td><td>3</td><td>2</td><td>5</td><td>9</td><td>2</td></tr>
<tr><td>地址电话</td><td colspan="4">成都市桥路 20 号</td><td>开户银行及账号</td><td colspan="16">工行市桥路 015 – 3026 – 7782312</td></tr>
</table>

销货单位（章）：　　　　　收款人：　　　　　复核：　　　　　开票人：

第二联：发票联购货方记账凭证

59－2

四川省增值税专用发票

No. 22348921

开票日期：2019 年 12 月 13 日　　　　　　　　抵扣联

购货单位	名称	锦城酒业股份有限公司	税务登记号	4	4	0	1	0	4	1	0	0	5	4	3	9	2	8
	地址电话	成都新华路 5 号	开户银行及账号	工行新华路办 015－1015－6829001														

货物或应税劳务名称	规格型号	计量单位	数量	单价	金额								税率（％）	税额							
					十	万	千	百	十	元	角	分		十	万	千	百	十	元	角	分
纸箱		个	5 000	2		1	0	0	0	0	0	0	16			1	6	0	0	0	0
合计					￥	1	0	0	0	0	0	0	16	￥		1	6	0	0	0	0
价税合计	壹万壹仟陆佰零拾零元零角零分																	￥11 600			
备注																					

销货单位	名称	人民纸箱厂	税务登记号	4	4	0	0	1	0	2	5	4	7	3	2	5	9	2
	地址电话	成都市桥路 20 号	开户银行及账号	工行市桥路 015－3026－7782312														

销货单位（章）：　　　　　收款人：　　　　　复核：　　　　　开票人：

59－3

中国工商银行转账支票存根（川） No. 038800024 科目： 对方科目： 出票日期：　年　月　日 收款人： 金额： 用途： 单位主管：　会计	中国工商银行转账支票（川）成都　No. 038800024 出票日期（大写）　年　月　日　付款行名称：新华路办 收款人：　出票人账号：015－1015－6829001

	人民币（大写）	百	十	万	千	百	十	元	角	分
本支票付款期十天										

用途

上列款项请从　　　　　　　　　　　　　科目（借）

我账户内支付　　　　　　　　　　　　　对方科目（贷）

出票人（签章）

复核　记账

备注：应付货款共 11 600 元，其中 10 000 元以银行原已开出的银行汇票结算，余下 1 600 元开出支票支付。

60 – 1

四川省增值税专用发票

No. 22348963

开票日期：2019 年 12 月 13 日　　　　　　　　发票联

购货单位	名称	锦城酒业股份有限公司	税务登记号	4	4	0	1	0	4	1	0	0	5	4	3	9	2	8
	地址电话	成都新华路 5 号	开户银行及账号	工行新华路办 015 – 1015 – 6829001														

货物或应税劳务名称	规格型号	计量单位	数量	单价	金额								税率 (%)	税额							
					十	万	千	百	十	元	角	分		十	万	千	百	十	元	角	分
生产设备		台	1	155 000	1	5	5	0	0	0	0	0	16		2	4	8	0	0	0	0
合计					1	5	5	0	0	0	0	0	16	¥	2	4	8	0	0	0	0
价税合计	壹拾柒万玖仟捌佰元零角零分																¥ 179 800				
备注																					

销货单位	名称	成都机械厂	税务登记号	4	4	0	1	0	4	1	0	0	5	4	3	8	7	6
	地址电话	成都市建设路 4 号	开户银行及账号	工行建设路办 015 – 1015 – 6829128														

销货单位（章）：　　　收款人：　　　复核：　　　开票人：

第二联：发票联购货方记账凭证

60 – 2

四川省增值税专用发票

No. 22348963

开票日期：2019 年 12 月 13 日　　　　　　　　抵扣联

购货单位	名称	锦城酒业股份有限公司	税务登记号	4	4	0	1	0	4	1	0	0	5	4	3	9	2	8
	地址电话	成都新华路 5 号	开户银行及账号	工行新华路办 015 – 1015 – 6829001														

货物或应税劳务名称	规格型号	计量单位	数量	单价	金额								税率 (%)	税额							
					十	万	千	百	十	元	角	分		十	万	千	百	十	元	角	分
生产设备		台	1	155 000	1	5	5	0	0	0	0	0	16		2	4	8	0	0	0	0
合计					1	5	5	0	0	0	0	0	16	¥	2	4	8	0	0	0	0
价税合计	壹拾柒万玖仟捌佰元零角零分																¥ 179 800				
备注																					

销货单位	名称	成都机械厂	税务登记号	4	4	0	1	0	4	1	0	0	5	4	3	8	7	6
	地址电话	成都市建设路 4 号	开户银行及账号	工行建设路办 015 – 1015 – 6829128														

第三联：抵扣联购货方扣税凭证

60 - 3

中国工商银行转账支票存根（川）	中国工商银行转账支票（川）成都 No. 038800025
No. 038800025	出票日期（大写） 年 月 日 付款行名称：新华路办
科目：	收款人： 出票人账号：015 - 1015 - 6829001

		百	十	万	千	百	十	元	角	分
人民币（大写）										

对方科目：

出票日期：年 月 日

收款人：

金额：

用途：

单位主管： 会计

本支票付款期 十天　　用途
上列款项请从　　　　　　　　　　科目（借）
我账户内支付　　　　　　　　　对方科目（贷）
出票人（签章）
复核　记账

60 - 4

固定资产入库单
2019 年 12 月 13 日

固定资产名称	单位	数量	原始价值
生产设备	台	1	155 000
入库原因	购买		

主要领导： 保管人员：

61 - 1

中国工商银行现金支票存根（川）	中国工商银行现金支票（川）成都 No. 038800026
No. 038800026	出票日期（大写） 年 月 日 付款行名称：新华路办
科目：	收款人： 出票人账号：015 - 1015 - 6829001

		百	十	万	千	百	十	元	角	分
人民币（大写）										

对方科目：

出票日期：年 月 日

收款人：

金额：

用途：

单位主管： 会计

本支票付款期 十天　　用途
上列款项请从　　　　　　　　　　科目（借）
我账户内支付　　　　　　　　　对方科目（贷）
出票人（签章）
复核　记账

备注：从银行提取现金 5 000 元。

62 - 1

供销科销售通知单

2019 年 12 月 13 日

产品名称	计量单位	数量	单位售价（元）	增值税率	代垫运费（元）
白酒	瓶	10 000	10	16%	990
药酒	瓶	1 000	20	16%	

备注：购货单位：西安酒批公司　　　　　　地址：西安市解放路2号

税务登记号：430105200687901

开户银行及账号：工行解放路办 028 - 3024 - 7328001

62－2

四川省增值税专用发票

No.00528126

开票日期：　年　月　日　　　　　　　　记账联

购货单位	名称					税务登记号																					
	地址电话					开户银行及账号																					

货物或应税劳务名称	规格型号	计量单位	数量	单价	金额 十 万 千 百 十 元 角 分								税率(%)	税额 十 万 千 百 十 元 角 分							
合计																					
价税合计																					
备注																					

销货单位	名称		税务登记号	
	地址电话		开户银行及账号	

销货单位（章）：　　　收款人：　　　复核：　　　开票人：

第四联：记账联销货方记账凭证

62－3

四川省增值税专用发票

No.024567

开票日期：2019 年 12 月 13 日　　　　　　发票联

购货单位	名称	西安酒批公司	税务登记号	4 3 0 1 0 5 2 0 0 6 8 7 9 0 1
	地址电话	西安市解放路 2 号	开户银行及账号	工行解放路办 028－3024－7328001

货物或应税劳务名称	规格型号	计量单位	数量	单价	金额 十 万 千 百 十 元 角 分	税率(%)	税额 十 万 千 百 十 元 角 分
运输费					9 0 0 0 0	10	9 0 0 0
合计					￥ 9 0 0 0 0	10	￥ 9 0 0 0
价税合计	玖佰玖拾元零角零分						￥990
备注							

销货单位	名称	成都铁路（集团）公司	税务登记号	4 6 0 2 0 6 0 5 2 6 0 4 8 6 3
	地址电话	成都二仙桥路 3 段	开户银行及账号	工行沙河办 015－1016－7549083

销货单位（章）：　　　收款人：　　　复核：　　　开票人：

备注：该运费由锦城酒业股份有限公司代垫。

第二联：发票联购货方记账凭证

62-4

四川省增值税专用发票

No. 024567

开票日期：2019 年 12 月 13 日　　　　　　　　　抵扣联

购货单位	名称	西安酒批公司		税务登记号		4	3	0	1	0	5	2	0	0	6	8	7	9	0	1
	地址电话	西安市解放路 2 号		开户银行及账号		工行解放路办 028 - 3024 - 7328001														

货物或应税劳务名称	规格型号	计量单位	数量	单价	金额									税率 (%)	税额								
					十	万	千	百	十	元	角	分		十	万	千	百	十	元	角	分
运输费							9	0	0	0	0	0	10					9	0	0	0
合计					¥	9	0	0	0	0	0	10		¥			9	0	0	0	

价税合计	玖佰玖拾元零角零分	¥990
备注		

销货单位	名称	成都铁路（集团）公司		税务登记号		4	6	0	2	0	6	0	5	2	6	0	4	8	6	3
	地址电话	成都二仙桥路 3 段		开户银行及账号		工行沙河办 015 - 1016 - 7549083														

销货单位（章）：　　　　　收款人：　　　　　复核：　　　　　开票人：

62-5

中国工商银行转账支票存根（川） No. 038800027 科目： 对方科目： 出票日期：　年　月　日 收款人： 金额： 用途： 单位主管：　会计	中国工商银行转账支票（川）成都　No. 038800027 出票日期（大写）　年　月　日　付款行名称：新华路办 收款人：　出票人账号：015 - 1015 - 6829001

		百	十	万	千	百	十	元	角	分
本支票付款期十天	人民币（大写）									

用途

上列款项请从　　　　　　　　科目（借）

我账户内支付　　　　　　对方科目（贷）

出票人（签章）

复核　　记账

62-6

预收账款结算单

年　月　日

购货单位		
原预收金额（元）		¥
实际结算金额（元）	货款及增值税¥	代垫运费¥
应补收金额（元）		¥

12月14日

63

借款单

* * * * * * * * * * *

借款单位及姓名	供销科李红	
借款理由	联系业务	
借款数（大写）	叁仟元整	￥3 000 元
本单位负责人意见	同意	
会计主管人员意见	同意	收款人：李红 2019 年 12 月 14 日

记账： 出纳：

备注：李红预支差旅费，以现金支付。

64 – 1

供销科销售通知单

2019 年 12 月 14 日					
产品名称	计量单位	数量	单位售价（元）	增值税率	代垫运费（元）
药酒	支	2 000	15	16%	

备注：购货单位：成都食品厂　　　　　地址：成都市天府路 15 号

税务登记号：560103001248895

开户银行及账号：工行支行办 015 – 1015 – 6829011

结算方式：转账支票

64 – 2

中国工商银行进账单（收账通知）1

2019 年 12 月 14 日　委托号码：第 116 号

付款人	全称	成都食品厂	收款人	全称	锦城酒业股份有限公司
	账号	015 – 1015 – 6829011		账号	015 – 1015 – 6829001
	开户银行	工行		开户银行	工行新华路办

人民币 （大写）		千	百	十	万	千	百	十	元	角	分
票据种类	转账支票										
票据张数	1										

单位主管　会计　复核　记账　　　　　收款人开户银行（盖章）

此联是收款人开户银行交给收款人的收账通知

64 - 3

四川省增值税专用发票

No. 00528124

开票日期： 年 月 日   记账联

购货单位	名称		税务登记号										
	地址电话		开户银行及账号										

货物或应税劳务名称	规格型号	计量单位	数量	单价	金额								税率（%）	税额							
					十	万	千	百	十	元	角	分		十	万	千	百	十	元	角	分
合计																					
价税合计																					
备注																					

销货单位	名称		税务登记号	
	地址电话		开户银行及账号	

销货单位（章）：   收款人：   复核：   开票人：

65 - 1

中国工商银行转账支票存根（川） No. 038800028 科目： 对方科目： 出票日期： 年 月 日 收款人： 金额： 用途： 单位主管： 会计	中国工商银行转账支票（川） 成都 No. 038800028 出票日期（大写） 年 月 日 付款行名称：新华路办 收款人： 出票人账号：015 - 1015 - 6829001

中国工商银行转账支票（川） 成都 No. 038800028

出票日期（大写） 年 月 日 付款行名称：新华路办

收款人： 出票人账号：015 - 1015 - 6829001

本支票付款期十天	人民币（大写）	百	十	万	千	百	十	元	角	分

用途

上列款项请从   科目（借）

我账户内支付   对方科目（贷）

出票人（签章）

复核 记账

65 - 2

股票交割单

客户：锦城酒业股份有限公司   2019 年 12 月 14 日   发行单位：××股份公司

金融资产名称	资金账号	成交序号	委托号	买卖	成交单价	股数	手续费
股票	52200984	94	6	买入	9.5 元	10 000	0
人民币（大写）	玖万伍仟元整						￥95 000.00
备注	支付价款中含已宣告发放但尚未发放的现金股利2000元						

盖章： 平安证券公司   复核：   经办：

65 – 3

锦城酒业股份有限公司金融资产收入单

发行单位：××股份公司　　　　　　　　　　　2019 年 12 月 14 日

金融名称	资金账号	成交序号	结算金额		已计利息或已宣告股利（元）
			手续费	成本额（元）	
股票	52200984	94	0	93 000	2 000
人民币（大写）	玖万伍仟元整				￥95 000.00

备注：经公司决定，该股票划分为"以公允价值计量且其变动计入其他综合收益的金融资产"

经办：　　　　　　　　　保管：　　　　　　　　　制单：

第二联　会计记账

66 – 1

代销商品协议书

委托代销方：万州酒业有限公司（甲方）

受托代销方：锦城酒业股份有限公司（乙方）

　　双方协商同意，甲方委托乙方代销药酒。双方达成如下协议：

1. 甲乙双方均采用收取手续费的方法进行会计核算，代销商品手续费 5%。

2. 乙方按批发价格销售商品，每个月月末与甲方结算一次款项，代销商品手续费直接从货税款中扣除。

万州酒业有限公司　（公章）

锦城酒业股份有限公司　（公章）

2019 年 12 月 14 日

66 – 2

锦城酒业股份有限公司代销商品收货单

类别	商品名称		验收日期：2019 年 12 月 14 日		编号	
发票编号					来源	

产地	品名	规格	单位	数量	批发价（元）	接收价	接收金额（元）
万州	白酒		瓶	5 000	9.80		49 000.00

供销主管　　　　　　　验收保管：张兰　　　　　　　采购　　　　　　　制单：王旺

67 – 1

抗震救灾捐款收据

抗震救灾基金会捐款专用

2019 年 12 月 14 日

今收到，锦城酒业股份有限公司抗震救灾捐赠款

金额（大写）伍万零仟零佰零拾零元零角零分

￥50 000

会计　　　　　记账　　　　　出纳：张芳　　　　　经手人

第二联：捐款方报销用

67 - 2

中国工商银行转账支票存根（川）	中国工商银行转账支票（川） 成都 No.038800029
No.038800029	出票日期（大写） 年 月 日 付款行名称：新华路办
科目：	收款人： 出票人账号：015 - 1015 - 6829001
对方科目：	
出票日期： 年 月 日	人民币（大写）
收款人：	
金额：	用途
用途：	上列款项请从 科目（借）
	我账户内支付 对方科目（贷）
	出票人（签章）
单位主管： 会计	复核 记账

本支票付款期十天

	百	十	万	千	百	十	元	角	分

12 月 15 日

68

锦城酒业股份有限公司材料入库验收单

类别	包装物		验收日期： 年 月 日		编号	
发票编号					来源	

品名	规格	单位	数量		实际价格				计划价		材料成本差异
			来料数	实际数	单价	总价	运杂费	合计	单价	总价	
合计											

供销主管　　　　　验收保管　　　　　采购　　　　　制单

备注：向人民纸箱厂购进的纸箱已运到，验收入库。进价见第 59 笔业务。

69 - 1

供销科销售通知单

2019 年 12 月 15 日

产品名称	计量单位	数量	单位售价（元）	增值税率	代垫运费（元）
白酒	瓶	30 000	10	16%	2 200
药酒	瓶	3 000	20	16%	

备注：购货单位：西安酒批公司　　　地址：西安市解放路 2 号

　　税务登记号：430105200687901

　　开户银行及账号：工行解放路办 028 - 3024 - 7328001

　　结算方式：原已支付 30 000 元，其他款项待结算。

69－2

四川省增值税专用发票

No. 00528126

开票日期：　年　月　日　　　　　　　记账联

购货单位	名称				税务登记号																	
	地址电话				开户银行及账号																	

货物或应税劳务名称	规格型号	计量单位	数量	单价	金额							税率（%）	税额							
					十	万	千	百	十	元	角	分		十	万	千	百	十	元	角	分
合计																					
价税合计																					
备注																					

销货单位	名称				税务登记号																	
	地址电话				开户银行及账号																	

销货单位（章）：　　　　　收款人：　　　　　复核：　　　　　开票人：

第四联：记账联销货方记账凭证

69－3

四川省增值税专用发票

No. 024577

开票日期：2019 年 12 月 15 日　　　　　　　发票联

购货单位	名称	西安酒批公司			税务登记号	4	3	0	1	0	5	2	0	0	6	8	7	9	0	1
	地址电话	西安市解放路 2 号			开户银行及账号	工行解放路办 028 － 3024 － 7328001														

货物或应税劳务名称	规格型号	计量单位	数量	单价	金额							税率（%）	税额							
					十	万	千	百	十	元	角	分		十	万	千	百	十	元	角	分
运输费							2	0	0	0	0	0	10				2	0	0	0	0
合计					¥		2	0	0	0	0	0	10			¥	2	0	0	0	0
价税合计	贰仟贰佰零拾零元零角零分																¥2 200				
备注																					

销货单位	名称	成都铁路（集团）公司			税务登记号	4	6	0	2	0	6	0	5	2	6	0	4	8	6	3
	地址电话	成都二仙桥路 3 段			开户银行及账号	工行沙河办 015 － 1016 － 7549083														

销货单位（章）：　　　　　收款人：　　　　　复核：　　　　　开票人：

备注：该运费由锦城酒业股份有限公司代垫。

第二联：发票联购货方记账凭证

69－4

四川省增值税专用发票

No. 024577

开票日期：2019 年 12 月 15 日　　　　　　　　　抵扣联

<table>
<tr><td rowspan="2">购货
单位</td><td>名称</td><td colspan="3">西安酒批公司</td><td>税务登记号</td><td>4</td><td>3</td><td>0</td><td>1</td><td>0</td><td>5</td><td>2</td><td>0</td><td>0</td><td>6</td><td>8</td><td>7</td><td>9</td><td>0</td><td>1</td><td rowspan="10" style="writing-mode: vertical-rl;">第三联：抵扣联购货方扣税凭证</td></tr>
<tr><td>地址电话</td><td colspan="3">西安市解放路 2 号</td><td>开户银行及账号</td><td colspan="15">工行解放路办 028－3024－7328001</td></tr>
<tr><td rowspan="2">货物或应税
劳务名称</td><td rowspan="2">规格
型号</td><td rowspan="2">计量
单位</td><td rowspan="2">数量</td><td rowspan="2">单价</td><td colspan="8">金额</td><td>税率</td><td colspan="7">税额</td></tr>
<tr><td>十</td><td>万</td><td>千</td><td>百</td><td>十</td><td>元</td><td>角</td><td>分</td><td>（%）</td><td>十万</td><td>千</td><td>百</td><td>十</td><td>元</td><td>角</td><td>分</td></tr>
<tr><td>运输费</td><td></td><td></td><td></td><td></td><td></td><td></td><td>2</td><td>0</td><td>0</td><td>0</td><td>0</td><td>0</td><td>10</td><td></td><td></td><td>2</td><td>0</td><td>0</td><td>0</td><td>0</td></tr>
<tr><td></td><td></td><td></td><td></td><td></td><td></td><td></td><td></td><td></td><td></td><td></td><td></td><td></td><td></td><td></td><td></td><td></td><td></td><td></td><td></td><td></td></tr>
<tr><td></td><td></td><td></td><td></td><td></td><td></td><td></td><td></td><td></td><td></td><td></td><td></td><td></td><td></td><td></td><td></td><td></td><td></td><td></td><td></td><td></td></tr>
<tr><td></td><td></td><td></td><td></td><td></td><td></td><td></td><td></td><td></td><td></td><td></td><td></td><td></td><td></td><td></td><td></td><td></td><td></td><td></td><td></td><td></td></tr>
<tr><td>合计</td><td></td><td></td><td></td><td></td><td>¥</td><td>2</td><td>0</td><td>0</td><td>0</td><td>0</td><td>0</td><td>10</td><td>¥</td><td></td><td>2</td><td>0</td><td>0</td><td>0</td><td>0</td></tr>
<tr><td>价税合计</td><td colspan="6">贰仟贰佰零拾零元零角零分</td><td colspan="14">¥2 200</td></tr>
<tr><td>备注</td><td colspan="20"></td></tr>
<tr><td rowspan="2">销货
单位</td><td>名称</td><td colspan="3">成都铁路（集团）公司</td><td>税务登记号</td><td>4</td><td>6</td><td>0</td><td>2</td><td>0</td><td>6</td><td>0</td><td>5</td><td>2</td><td>6</td><td>0</td><td>4</td><td>8</td><td>6</td><td>3</td><td></td></tr>
<tr><td>地址电话</td><td colspan="3">成都二仙桥路 3 段</td><td>开户银行及账号</td><td colspan="15">工行沙河办 015－1016－7549083</td><td></td></tr>
</table>

销货单位（章）：　　　　收款人：　　　　复核：　　　　开票人：

69－5

<table>
<tr><td style="width:40%;">

中国工商银行转账支票存根（川）

No. 038800030

科目：

对方科目：

出票日期：　年　月　日

收款人：

金额：

用途：

单位主管：　　会计

</td><td>

中国工商银行转账支票（川）成都 No. 038800030

出票日期（大写）　年　月　日　付款行名称：新华路办

收款人：　出票人账号：015－1015－6829001

<table>
<tr><td rowspan="4">本支票付款期十天</td><td rowspan="2">人民币（大写）</td><td>百</td><td>十</td><td>万</td><td>千</td><td>百</td><td>十</td><td>元</td><td>角</td><td>分</td></tr>
<tr><td></td><td></td><td></td><td></td><td></td><td></td><td></td><td></td><td></td></tr>
<tr><td colspan="10">用途
上列款项请从　　　　　　　　　　　　科目（借）
我账户内支付　　　　　　　　　　　　对方科目（贷）</td></tr>
<tr><td colspan="10">出票人（签章）</td></tr>
</table>

复核　　记账

</td></tr>
</table>

备注：代垫运费 2 200 元。

69－6

预收账款结算单

年　月　日

<table>
<tr><td>购货单位</td><td colspan="2"></td></tr>
<tr><td>原预收金额（元）</td><td colspan="2">¥</td></tr>
<tr><td>实际结算金额（元）</td><td>货款及增值税¥</td><td>代垫运费¥</td></tr>
<tr><td>应补收金额（元）</td><td colspan="2">¥</td></tr>
</table>

70 - 1

四川省增值税专用发票

No. 0024881

开票日期：2019 年 12 月 15 日　　　　记账联

购货单位	名称	成都利发公司		税务登记号	4	4	0	9	8	7	8	9	1	2	3	4	5	6	7
	地址电话	成都孵化园 1 号		开户银行及账号				工行孵化园办 015 - 5028 - 3393501											

货物或应税劳务名称	规格型号	计量单位	数量	单价	金额								税率（%）	税额							
					十万	万	千	百	十	元	角	分		十万	万	千	百	十	元	角	分
转让专利权		项	1			1	5	0	0	0	0	0	6				9	0	0	0	0
合计					￥	1	5	0	0	0	0	0	6	￥			9	0	0	0	0
价税合计	壹万伍仟玖佰零拾零元零角零分																￥15 900				
备注																					

销货单位	名称	锦城酒业股份有限公司		税务登记号	4	4	0	1	0	4	1	0	0	5	4	3	9	2	8
	地址电话	成都新华路 5 号		开户银行及账号				工行新华路办 015 - 1015 - 6829001											

销货单位（章）：　　　　收款人：　　　　复核：　　　　开票人：

70 - 2

中国工商银行进账单（收账通知）1

2019 年 12 月 15 日　　第 117 号

付款人	全称	成都利发公司	收款人	全称	锦城酒业股份有限公司										
	账号	015 - 5028 - 3393501		账号	015 - 1015 - 6829001										
	开户银行			开户银行	工行成都新华路办										

人民币（大写）		千	百	十	万	千	百	十	元	角	分
票据种类	支票										
票据张数	1										
		收款人开户银行（盖章）									
单位主管　会计　复核　记账											

70 - 3

无形资产转让转出单

2019 年 12 月 15 日

受让单位：成都利发公司

转让单位：锦城酒业股份有限公司

编号：001

名称	单位	数量	单价	已摊销额	账面净值	评估确认价值	备注
E 专利	项	1	21 900	11 900	10 000	15 000	转让
合计				11 900	10 000	15 000	

转入单位主管：　　转入单位（公章）：　　转出单位主管：　　转出单位（公章）：　　制单：李莉

71 - 1

债务重组协议书

甲方：锦城酒业股份有限公司

乙方：红星食品厂

第一条　债务重组日：2019 年 12 月 15 日

第二条　截至重组日：乙方所欠甲方人民币（小写）¥：105 000 元为重组债务

（大写）：壹拾万零伍仟元

第三条　重组方式

　　1. 甲方同意乙方以产品抵偿债务。市价为：80 000 元　成本价为：70 000 元

　　2. 乙方产品应在本协议签订之日起三日内运抵甲方。

第四条　违约责任

甲方（签章）：锦城酒业股份有限公司

授权代表：张成

乙方（签章）：红星食品厂

授权代表：陈为平

71 - 2

锦城酒业股份有限公司材料入库验收单

类别	原料及主要材料
发票编号	

验收日期：2019 年 12 月 15 日

编号	
来源	

品名	规格	单位	数量		实际价格				计划价		材料成本差异
			来料数	实际数	单价	总价	运杂费	合计	单价	总价	
甲材料		吨	40	40					2 000	80 000	
合计			40	40					2 000	80 000	

验收保管　　　　　　经办　　　　　　制单

备注：①锦城酒业股份有限公司为债权计提了坏账准备 5 250 元，假设不考虑除增值税以外的其他税费。

　　　②锦城酒业股份有限公司以公允价值作为重组资产的入账价值。

　　　③公允价值与计划价值相同。

72－1

代销商品协议书

委托代销方：西安酒业有限公司（甲方）

受托代销方：蓉城酒业股份有限公司（乙方）

　　双方协商同意，甲方委托乙方代销药酒。双方达成如下协议：

1. 甲乙双方均采用视同买断的方法进行会计核算。

2. 甲方按接收价于每个月月末与乙方结算一次款项，乙方必须按批发价销售商品。

西安酒业有限公司（公章）

蓉城酒业股份有限公司（公章）

2019 年 12 月 15 日

72－2

锦城酒业股份有限公司代销商品收货单

类别	商品名称						编号	
发票编号			验收日期：2019 年 12 月 15 日				来源	

产地	品名	规格	单位	数量	批发价	接收价	接收金额
贵州	药酒		瓶	500	19.50	16.50	8 250.00

供销主管　　　　　　验收保管　　　　　　采购　　　　　　制单

73－1

供销科销售通知单

2019 年 12 月 15 日					
产品名称	计量单位	数量	单位售价（元）	增值税率	代垫运费（元）
白酒	瓶	8 000	10	16%	880
药酒	瓶	1 000	20	16%	

备注：购货单位：湖北食品公司　　　　　　地址：湖北省武汉市湖东路 15 号

　　　税务登记号：560103001248754

　　　开户银行及账号：工行湖东办 034－2025－7816952

　　　结算方式：托收承付

73 - 2

四川省增值税专用发票

No. 00528124

开票日期：年　月　日　　　　　　　　　　记账联

购货单位	名称		税务登记号															
	地址电话		开户银行及账号															

货物或应税劳务名称	规格型号	计量单位	数量	单价	金额								税率（%）	税额							
					十	万	千	百	十	元	角	分		十	万	千	百	十	元	角	分
合计																					
价税合计																					
备注																					

销货单位	名称		税务登记号															
	地址电话		开户银行及账号															

销货单位（章）：　　　　　　收款人：　　　　　　复核：　　　　　　开票人：

73 - 3

邮划 托收承付凭证（回单）1

委托日期：2019 年 12 月 15 日　　　　　　　　　　委托号码：第 6 号

付款人	全称			委托人	全称								
	账号或住址				账号或住址								
	开户银行				开户银行		行号						

委托金额	人民币（大写）		千	百	十	万	千	百	十	元	角	分

款项内容		委托收款凭据名称			附寄单证张数	
备注：		款项收妥日期　　　年　月　日			收款人开户银行（盖章）　　月　日	

单位主管　　　　　会计　　　　　复核　　　　　记账

备注：已办理托收事项，但货款未收。

73－4

四川省增值税专用发票

No. 0034533

开票日期：2019 年 12 月 15 日　　　　　　　　发票联

第二联：发票联购货方记账凭证

购货单位	名称	湖北食品公司			税务登记号	5	6	0	1	0	3	0	0	1	2	4	8	7	5	4
	地址电话	湖北省武汉市湖东路 15 号			开户银行及账号	工行湖东办 034 - 2025 - 7816952														

货物或应税劳务名称	规格型号	计量单位	数量	单价	金额									税率（%）	税额							
					十	万	千	百	十	元	角	分		十	万	千	百	十	元	角	分
运输费							8	0	0	0	0	0	10					8	0	0	0
合计						¥	8	0	0	0	0	0	10			¥		8	0	0	0

价税合计	捌佰捌拾零元零角零分	¥880
备注		

销货单位	名称	成都铁路（集团）公司		税务登记号	4	6	0	2	0	6	0	5	2	6	0	4	8	6	3
	地址电话	成都二仙桥路 3 段		开户银行及账号	工行沙河办 015 - 1016 - 7549083														

销货单位（章）：　　　　　　收款人：　　　　　　复核：　　　　　　开票人：

备注：由锦城酒业有限公司代垫运费。

73－5

中国工商银行转账支票存根（川）	中国工商银行转账支票（川）成都 No. 038800031
No. 038800031	出票日期（大写）　年　月　日　付款行名称：新华路办
科目：	收款人：　　出票人账号：015 - 1015 - 6829001
对方科目：	
出票日期：　年　月　日	
收款人：	
金额：	
用途：	
单位主管：　　会计	

本支票付款期十天

人民币（大写）	百	十	万	千	百	十	元	角	分

用途

上列款项请从　　　　　　　　　　　　　　科目（借）

我账户内支付　　　　　　　　　　　　　对方科目（贷）

出票人（签章）

复核　　记账

备注：以托收承付结算方式销售产品，需填写增值税专用发票、委托收款凭证。因代垫运费需开出发票，应填写支票。

74

中国工商银行信汇凭证（收账通知或取款收据）

第 150 号

委托日期：2019 年 11 月 29 日

应解汇款编号　0354

汇款人	全称	湖北食品公司				收款人	全称	锦城酒业股份有限公司		
	账号或住址	034 - 2025 - 7816952					账号或住址	015 - 1015 - 6829001 成都市新华东路 5 号		
	汇出地点	湖北省武汉市	汇出行名称	工行武汉支行			汇入地点	四川省成都市	汇入行名称	工行新华路办

金额	人民币（大写）	伍拾捌万叁仟元整		千	百	十	万	千	百	十	元	角	分
					￥	5	8	3	0	0	0	0	0

汇款用途：偿还前欠货款

留行待取预留
收款人印签

上列款项已代进账，如有错误，请持此联来行面洽。

汇入行盖章
2019 年 12 月 15 日

上列款项已照收无误

收款人盖章
2019 年 12 月 16 日

科目（借）…………
对方科目（贷）…………
汇入行解汇日期：　年　月　日
复核　出纳
记账

75 - 1

锦城酒业股份有限公司代销商品清单

2019 年 12 月 16 日

委托单位	万州酒业有限公司		代销商品名称		白酒	
计量单位	瓶	数量	5 000	接收价	批发价	9.8
已销售数量	2 500	销售金额	24 500.00	增值税额	3 920.00	
合计金额	28 420.00	手续费	1 225.00	应付金额	27 195.00	

备注：委托方和接受方均采用收取手续费方式进行会计处理。

75 − 2

四川省增值税专用发票

No. 00528135

开票日期：　年　月　日　　　　　　　　记账联

购货单位	名称				税务登记号																		
	地址电话				开户银行及账号																		

货物或应税劳务名称	规格型号	计量单位	数量	单价	金额									税率（%）	税额								
					十	万	千	百	十	元	角	分		十	万	千	百	十	元	角	分
合计																					
价税合计																					
备注																					

销货单位	名称				税务登记号																		
	地址电话				开户银行及账号																		

销货单位（章）：　　　　收款人：　　　　　复核：　　　　　开票人：

第四联：记账联销货方记账凭证

75 − 3

重庆市增值税专用发票

No. 26528122

开票日期：2019 年 12 月 16 日　　　　　　发票联

购货单位	名称	锦城酒业股份有限公司			税务登记号	4	4	0	1	0	4	1	0	0	5	4	3	9	2	8		
	地址电话	成都新华路 5 号			开户银行及账号				工行新华路办 015 − 1015 − 6829001												

货物或应税劳务名称	规格型号	计量单位	数量	单价	金额									税率（%）	税额								
					十	万	千	百	十	元	角	分		十	万	千	百	十	元	角	分
白酒		瓶	2 500	9.8		2	4	5	0	0	0	0	16			3	9	2	0	0	0
合计					¥	2	4	5	0	0	0	0	16	¥		3	9	2	0	0	0
价税合计	贰万捌仟肆佰贰拾元零角零分																	¥ 28 420.00			
备注																					

销货单位	名称	万州酒业有限公司			税务登记号	4	4	0	1	0	8	2	3	8	9	1	2	4	7	2		
	地址电话				开户银行及账号				工行解放路办												

销货单位（章）：　　　　收款人：　　　　　复核：　　　　　开票人：

第二联：发票联购货方记账凭证

75－4

重庆市增值税专用发票

No. 26528122

开票日期：2019 年 12 月 16 日　　　　　　　抵扣联

第三联：抵扣联购货方抵扣凭证

购货单位	名称	锦城酒业股份有限公司		税务登记号	4	4	0	1	0	4	1	0	0	5	4	3	9	2	8
	地址电话	成都新华路 5 号		开户银行及账号	工行新华路办 015－1015－6829001														

货物或应税劳务名称	规格型号	计量单位	数量	单价	金额								税率（%）	税额							
					十	万	千	百	十	元	角	分		十	万	千	百	十	元	角	分
白酒		瓶	2 500	9.8		2	4	5	0	0	0	0	16			3	9	2	0	0	0
合计					￥	2	4	5	0	0	0	0	16	￥		3	9	2	0	0	0
价税合计	贰万捌仟肆佰贰拾元零角零分												￥ 28 420.00								
备注																					

销货单位	名称	万州酒业有限公司		税务登记号	4	4	0	1	0	8	2	3	8	9	1	2	4	7	2
	地址电话			开户银行及账号	工行解放路办														

销货单位（章）：　　　　　收款人：　　　　　　复核：　　　　　　开票人：

75－5

中国工商银行信汇凭证 （回单）**1**

委托日期：2019 年 12 月 16 日　　第 210 号

此联为汇出行给汇款人的回单

汇款人	全称	锦城酒业股份有限公司		收款人	全称	万州酒业有限公司									
	账号或住址	015－1015－6829001			账号或住址										
	汇入地点	四川省成都市	汇出行名称	工行新华路办		汇入地点		汇入行名称							
金额	人民币（大写）						千	百	十	万	千	百	十	元	角	分

汇款用途：购料

上列款项已根据委托办理，如需查询，请持此回单来行面洽。　　　　　　汇出行盖章

单位主管　会计　出纳　记账　　　　　　　　　　　　　　　　　　年　月　日

75 - 6

中国工商银行进账单（收账通知）1

年月日委托号码：第 118 号

<table>
<tr><td rowspan="3">汇款人</td><td>全称</td><td></td><td rowspan="3">收款人</td><td>全称</td><td colspan="12"></td></tr>
<tr><td>账号</td><td></td><td>账号</td><td colspan="12"></td></tr>
<tr><td>开户银行</td><td></td><td>开户银行</td><td colspan="12"></td></tr>
<tr><td colspan="3">人民币
（大写）</td><td></td><td></td><td>千</td><td>百</td><td>十</td><td>万</td><td>千</td><td>百</td><td>十</td><td>元</td><td>角</td><td>分</td></tr>
<tr><td colspan="5"></td><td></td><td>¥</td><td>2</td><td>8</td><td>4</td><td>2</td><td>0</td><td>0</td><td>0</td></tr>
<tr><td>票据种类</td><td colspan="2"></td><td colspan="13" rowspan="2"></td></tr>
<tr><td>票据张数</td><td colspan="2"></td></tr>
<tr><td colspan="3">单位主管　会计　复核　记账</td><td colspan="13">收款人开户银行（盖章）</td></tr>
</table>

此联是收款人开户银行交给收款人的收账通知

备注：该商品销售给成都华鑫食品厂，开户银行：工行华鑫路办，账号：015 - 2589 - 5841002。

76 - 1

经营租赁协议

租入单位：成都大成股份有限公司

租出单位：锦城酒业股份有限公司

租赁项目：写字楼（二仙桥东路 22 号）

租赁方式及租赁时间：采取经营租赁的方式，租期为 2020 年 1 月 1 日至 2020 年 6 月 30 日。

月租赁费：1 万元

租赁费支付方式：每三个月支付一次租金，2019 年 12 月 16 日成都大成股份有限公司已预付租金 1 万元。

租入单位：成都大成股份有限公司（章）　　　　　　　　租出单位：锦城酒业股份有限公司（章）

协议时间：2019 年 12 月 16 日　　　　　　　　　　　　协议时间：2019 年 12 月 16 日

备注：该写字楼已划为投资性房地产。

76 - 2

中国工商银行进账单 （收账通知） **1**

2019 年 12 月 16 日：委托号码：第 119 号

付款人	全称	成都大成股份有限公司	收款人	全称	锦城酒业股份有限公司
	账号	015 - 1028 - 7326636		账号	015 - 15 - 6829001
	开户银行	工行成都双桥路办		开户银行	工行成都新华路办

人民币伍万元整			千	百	十	万	千	百	十	元	角	分
（大写）					￥	5	0	0	0	0	0	0

票据种类	支票
票据张数	1

单位主管　会计　复核　记账　　　　　　　　　收款人开户银行（盖章）

77 - 1

债务重组协议书

甲方：中原粮油总公司

乙方：锦城酒业股份有限公司

第一条　债务重组日：2019 年 12 月 16 日

第二条　截至重组日乙方所欠甲方人民币（小写）￥：103 500 元

（大写）壹拾万零叁仟伍佰元正

第三条　重组方式

　　1. 甲方同意乙方以 1 辆依维柯箱式货车偿还债务，该设备的历史成本为：200 000 元；累计折旧为：115 200 元，公允价值为 85000 元。

　　2. 评估费1 000 元由乙方承担。

甲方（签章）中原粮油总公司　　　　　　　乙方（签章）锦城酒业股份有限公司

授权代表（签章）李学明　　　　　　　　　授权代表（签章）张成

备注：不考虑增值税以外的其他税费，债务为欠中原粮油公司应付票据103 500 元。

77 - 2

固定资产转让清单

2019 年 12 月 16 日　　　　　　　　　　　　　　　　　　No. 0015

固定资产名称及编号	规格型号	单位	数量	预计使用年限	已使用年限	原始价值	已提折旧	公允价值
依维柯箱式货车		辆	1	10	六年零一个月	200 000	116 800	85 000
固定资产转让原因	债务重组							
处理意见	使用部门		技术鉴定小组		固定资产管理部门		主管部门审批	
	申请重组转让		情况属实		同意重组转让		同意重组转让	

备注：需先计算12 月折旧费用，再结转累计折旧，月折旧率为 8‰。到处置时，货车使用了六年零一个月。

77 - 3

中国工商银行转账支票存根（川）	中国工商银行转账支票（川）　成都 No.038800032
No.038800032	出票日期（大写）　年　月　日　付款行名称：新华路办

中国工商银行转账支票存根（川）

No.038800032

科目：

对方科目：

出票日期：　年　月　日

收款人：

金额：

用途：

单位主管：　会计

中国工商银行转账支票（川）　成都 No.038800032

出票日期（大写）　年　月　日　付款行名称：新华路办

收款人：　出票人账号：015 - 1015 - 6829001

人民币（大写）	百	十	万	千	百	十	元	角	分

本支票付款期十天

用途

上列款项请从　　　　　　　　　　　　　　科目（借）

我账户内支付　　　　　　　　　　　　　对方科目（贷）

出票人（签章）

复核　　记账

78 - 1

非货币性资产交换协议书

甲方：锦城酒业股份有限公司　乙方：东方股份有限公司

甲方以货运汽车五辆与乙方的一台设备和专利权进行交换，该项交易具有商业实质，整个交换不涉及其他相关税费。

甲方（盖章）：锦城酒业股份有限公司　　　　　　　　　　　　　　乙方（盖章）：东方股份有限公司

2019 年 12 月 16 日　　　　　　　　　　　　　　　　　　　　　2019 年 12 月 16 日

备注：需先计算12月折旧费用，再结转累计折旧，月折旧率为8‰。到处置时，货车使用了六年零一个月。

78 - 2

固定资产转让清单

2019 年 12 月 16 日

固定资产名称	单位	数量	预计使用年限	已使用年限	原始价值	已提折旧	公允价值
解放牌卡车	辆	5	10	六年零一个月	300 000	175 200	225 000
转让原因	非货币性资产交换						
处理意见	使用部门		技术鉴定小组		固定资产管理部门		主管部门审批
	申请转让		情况属实		同意转让		同意转让

备注：需先计算12月折旧费用，再结转累计折旧，月折旧率为8‰。到处置时，货车使用了六年零一个月。

78 - 3

固定资产入库清单

2019 年 12 月 16 日

固定资产名称	单位	数量	账面价值	公允价值
设备	台	1	300 000	160 000
入库原因	非货币性资产交换			

主管领导：　　　　　　　　　　　保管人员：　　　　　　　　　　　经办：

78 - 4

无形资产转让单

2019 年 12 月 16 日

受让单位：锦城酒业股份有限公司 转让单位：东方股份有限公司

名称	单位	数量	原值	累计摊销	公允价值
B 专利技术	项	1	80 000	20 000	65 000
受让原因	非货币性资产交换				

备注：汽车、设备的增值税税率为 16%，专利技术增值税税率为 6%。

79 - 1

四川省增值税普通发票

No. 430046

开票日期：2019 年 12 月 17 日　　　　　　发票联

<table>
<tr><td rowspan="2">购货单位</td><td>名称</td><td colspan="3">锦城酒业股份有限公司</td><td>税务登记号</td><td>4</td><td>4</td><td>0</td><td>1</td><td>0</td><td>4</td><td>1</td><td>0</td><td>0</td><td>5</td><td>4</td><td>3</td><td>9</td><td>2</td><td>8</td></tr>
<tr><td>地址电话</td><td colspan="3">成都新华路5号</td><td>开户银行及账号</td><td colspan="16">工行新华路办 015 - 1015 - 6829001</td></tr>
<tr><td rowspan="2">货物或应税劳务名称</td><td rowspan="2">规格型号</td><td rowspan="2">计量单位</td><td rowspan="2">数量</td><td rowspan="2">单价</td><td colspan="8">金额</td><td>税率</td><td colspan="7">税额</td></tr>
<tr><td>十</td><td>万</td><td>千</td><td>百</td><td>十</td><td>元</td><td>角</td><td>分</td><td>(%)</td><td>十</td><td>万</td><td>千</td><td>百</td><td>十</td><td>元</td><td>角</td><td>分</td></tr>
<tr><td>劳保用品</td><td></td><td>批</td><td>100</td><td>1 200</td><td>1</td><td>2</td><td>0</td><td>0</td><td>0</td><td>0</td><td>0</td><td>0</td><td>16</td><td></td><td>1</td><td>9</td><td>2</td><td>0</td><td>0</td><td>0</td><td>0</td></tr>
<tr><td></td><td></td><td></td><td></td><td></td><td></td><td></td><td></td><td></td><td></td><td></td><td></td><td></td><td></td><td></td><td></td><td></td><td></td><td></td><td></td><td></td><td></td></tr>
<tr><td>合计</td><td></td><td></td><td></td><td></td><td>1</td><td>2</td><td>0</td><td>0</td><td>0</td><td>0</td><td>0</td><td>0</td><td>16</td><td>¥</td><td>1</td><td>9</td><td>2</td><td>0</td><td>0</td><td>0</td><td>0</td></tr>
<tr><td>价税合计</td><td colspan="10">壹拾叁万玖仟贰佰零拾零元零角零分</td><td colspan="11">¥ 139 200</td></tr>
<tr><td>备注</td><td colspan="21"></td></tr>
<tr><td rowspan="2">销货单位</td><td>名称</td><td colspan="3">成都市东雄商场</td><td>税务登记号</td><td>4</td><td>4</td><td>0</td><td>1</td><td>6</td><td>8</td><td>8</td><td>8</td><td>9</td><td>3</td><td>2</td><td>5</td><td>6</td><td>8</td><td>0</td></tr>
<tr><td>地址电话</td><td colspan="3">成都建设南路5段</td><td>开户银行及账号</td><td colspan="16">建行建设路支行</td></tr>
</table>

销货单位（章）：　　　　收款人：　　　　复核：　　　　开票人：

第二联：发票联购货方记账凭证

79 - 2

<table>
<tr><td colspan="2">中国工商银行转账支票存根（川）
No. 038800033

科目：

对方科目：

出票日期：　年　月　日

收款人：

金额：

用途：

单位主管：　会计</td><td colspan="11">中国工商银行转账支票（川）成都 No. 038800033

出票日期（大写）　年　月　日　付款行名称：新华路办

收款人：　出票人账号：015 - 1015 - 6829001</td></tr>
<tr><td rowspan="7">本支票付款期十天</td><td rowspan="2">人民币（大写）</td><td>百</td><td>十</td><td>万</td><td>千</td><td>百</td><td>十</td><td>元</td><td>角</td><td>分</td></tr>
<tr><td></td><td></td><td></td><td></td><td></td><td></td><td></td><td></td><td></td></tr>
<tr><td colspan="10">用途</td></tr>
<tr><td colspan="6">上列款项请从</td><td colspan="4">科目（借）</td></tr>
<tr><td colspan="6">我账户内支付</td><td colspan="4">对方科目（贷）</td></tr>
<tr><td colspan="10">出票人（签章）</td></tr>
<tr><td colspan="10">复核　记账</td></tr>
</table>

79 - 3

劳保用品分配表

2019 年 12 月 17 日

部门	分配金额（元）
一车间	30 000
二车间	32 200
机修车间	12 000
运输队	18 000
厂部管理部门	20 000
医务室	2 000
供销科	6 200
仓库扩建工程	18 800
合 计	139 200

80 - 1

四川省增值税专用发票

No. 26528555

开票日期：2019 年 12 月 17 日　　　　　　发票联

购货单位	名称	锦城酒业股份有限公司		税务登记号	4	4	0	1	0	4	1	0	0	5	4	3	9	2	8

购货单位 地址电话 成都新华路 5 号　开户银行及账号 工行新华路办 015 - 1015 - 6829001

货物或应税劳务名称	规格型号	计量单位	数量	单价	金额 十 万 千 百 十 元 角 分	税率（%）	税额 十 万 千 百 十 元 角 分
财务软件		套	1		5 0 0 0 0 0 0	6	3 0 0 0 0 0
合 计					￥5 0 0 0 0 0 0	6	￥3 0 0 0 0 0

价税合计	伍万叁仟零佰零拾零元零角零分	￥53 000

备注	

销货单位	名称	成都创意科技有限公司	税务登记号	4	4	0	1	0	8	2	3	8	9	1	2	4	7	6

销货单位 地址电话 人民南路二段 112 号　开户银行及账号 工行人民南路办 015 - 1083 - 7248999

第二联：发票联购货方记账凭证

销货单位（章）：　　　　　收款人：　　　　　复核：　　　　　开票人：

备注：与前面的补充材料一致，确认为管理费用。

80－2

四川省增值税专用发票

No. 26528555

开票日期：2019 年 12 月 17 日　　　　　　　抵扣联

购货单位	名称	锦城酒业股份有限公司	税务登记号	4	4	0	1	0	4	1	0	0	5	4	3	9	2	8
	地址电话	成都新华路 5 号	开户银行及账号	工行新华路办 015 - 1015 - 6829001													

货物或应税劳务名称	规格型号	计量单位	数量	单价	金额								税率 (%)	税额							
					十	万	千	百	十	元	角	分		十	万	千	百	十	元	角	分
财务软件		套	1			5	0	0	0	0	0	0	6			3	0	0	0	0	0
合计					¥	5	0	0	0	0	0	0	6	¥		3	0	0	0	0	0
价税合计	伍万叁仟零佰零拾零元零角零分												¥ 53 000								

备注

销货单位	名称	成都创意科技有限公司	税务登记号	4	4	0	1	0	8	2	3	8	9	1	2	4	7	6
	地址电话	人民南路二段 112 号	开户银行及账号	工行人民南路办 015 - 1083 - 7248999													

销货单位（章）：　　　　收款人：　　　　复核：　　　　开票人：

80－3

中国工商银行转账支票存根（川） No. 038800034 科目： 对方科目： 出票日期：　年　月　日 收款人： 金额： 用途： 单位主管：　会计	中国工商银行转账支票（川）成都 No. 038800034 出票日期（大写）　年　月　日　付款行名称：新华路办 收款人：　出票人账号：015 - 1015 - 6829001

中国工商银行转账支票（川）成都 No. 038800034

出票日期（大写）　年　月　日　付款行名称：新华路办

收款人：　出票人账号：015 - 1015 - 6829001

本支票付款期十天	人民币（大写）	百	十	万	千	百	十	元	角	分

用途

上列款项请从　　　　　　　　　　　科目（借）

我账户内支付　　　　　　　　　　对方科目（贷）

出票人（签章）

复核　记账

12 月 18 日

81－1

联营合同（主要条款）

甲方：锦城酒业股份有限公司　乙方：科宏公司

为扩大科宏公司经营，经双方协商，决议由甲乙双方联营。由甲方对乙方投资伍拾万元整。甲占乙方股权 10%。经营期限 10 年。盈亏按出资比例分配。

甲方（盖章）：锦城酒业股份有限公司　　　　　　　　　　　　乙方（盖章）：科宏公司

2019 年 12 月 18 日　　　　　　　　　　　　　　　　　　　2019 年 12 月 18 日

81－2

中国工商银行转账支票存根（川）	中国工商银行转账支票（川）成都 No.038800035

中国工商银行转账支票存根（川）

No.038800035

科目：

对方科目：

出票日期：　年 月 日

收款人：

金额：

用途：

单位主管：　会计

中国工商银行转账支票（川）成都 No.038800035

出票日期（大写）　年 月 日　付款行名称：新华路办

收款人：　　出票人账号：015－1015－6829001

人民币（大写）		百	十	万	千	百	十	元	角	分

本支票付款期十天

用途

上列款项请从

我账户内支付

出票人（签章）

复核　　记账

科目（借）

对方科目（贷）

82－1

供销科销售通知单

2019 年 12 月 18 日

产品名称	计量单位	数量	单位售价（元）	增值税率	其他
药酒	瓶	1 000	20.5	16%	

备注：购货单位：乐山市贸易公司　地址：乐山市城区路 60 号

税务登记号：330103100624358

开户银行及账号：工行城区路办 062－1308－7921030

结算方式：商业承兑汇票

82－2

四川省增值税专用发票

No.00528124

开票日期：年 月 日　　　　　　记账联

购货单位	名称		税务登记号										
	地址电话		开户银行及账号										

货物或应税劳务名称	规格型号	计量单位	数量	单价	金额								税率（%）	税额							
					十	万	千	百	十	元	角	分		十	万	千	百	十	元	角	分
合计																					
价税合计	佰 拾 万 仟 佰 拾 元 角 分																				
备注																					

销货单位	名称		税务登记号										
	地址电话		开户银行及账号										

销货单位（章）：　　　　　收款人：　　　　　复核：　　　　　开票人：

第四联：记账联销货方记账凭证

82－3

商业承兑汇票

出票日期：2019 年 12 月 18 日 　　　　　　　　汇票号码：第 35 号

付款人	全称	乐山市贸易公司	收款人	全称	锦城酒业股份有限公司
	账号	062－1308－7921030		账号	0185－1015－6829001
	开户银行	工行城区路办		开户银行	工行新华路办

出票金额	人民币（大写）	千	百	十	万	千	百	十	元	角	分

期限：三个月

此联为承兑人留存

83－1

锦城酒业股份有限公司第三届董事会第八次会议公告

　　由于本公司位于科华北路 11 号的写字楼租约已经到期，鉴于公司今后业务发展的需要，经董事会讨论通过将写字楼从 2019 年 12 月 18 日起转为自用，今后作为公司的办公地点。

锦城酒业股份有限公司董事会

2019 年 12 月 17 日

　　备注：写字楼租约在 12 月 1 日到期，11 月租金收入已经确认。

83－2

投资性房地产累计折旧（摊销）计算表

2019 年 12 月 18 日

名称	写字楼		合计
折旧率	3‰（月）		
部门	原值	折旧额	
出租	5 800 000		
合计	5 800 000		

84－1

分期收款销售协议书

销售方：蓉城酒业股份有限公司（甲方）

购货方：昆明综合贸易公司（乙方）

甲乙双方协商达成如下协议：

甲方销售给乙方白酒 8 000 瓶，销售单价 10.00 元，增值税 16%，价税款 92 800 元。

甲方于销售后的当月末开始，分四期采用托收承付结算方式平均收取货税款。

甲方：蓉城酒业股份有限公司（公章）

乙方：昆明综合贸易公司（公章）

2019 年 12 月 18 日 　　　　　　　　　　　　　　　　　2019 年 12 月 18 日

　　备注：假设托收手续已办好。

84－2

锦城酒业股份有限公司发货单

发货日期：2019 年 12 月 18 日　　　　　　　　　　No. 008513

购货单位	昆明综合贸易公司	托收承付凭证批次	批发价	10 元/瓶
成交月份　月	发货方发票号　年　月　日		零售价	12 元/瓶

产地	货号	规格及品名	单位	数量	成本价	金额	记账符号
		白酒	瓶	8 000			

收货　　保管员　　财会　　复核　　记账　　制单：张林

第二联：记账联

85－1

成都市环保局罚款专用收据

2019 年 12 月 18 日　　　　　　　　　　No. 3065

今收到锦城酒业股份有限公司
交来罚款

人民币（大写）：贰万元整　金额（小写）￥：20 000 元

收款单位：（签章）成都市环保局　收款人：李新

85－2

中国工商银行转账支票存根（川）	中国工商银行转账支票（川）成都 No. 038800036
No. 038800036	出票日期（大写）　年　月　日　付款行名称：新华路办
科目：	收款人：　出票人账号：015－1015－6829001
对方科目：	
出票日期：　年　月　日	本支票付款期十天　人民币（大写）　百 十 万 千 百 十 元 角 分
收款人：	用途
金额：	上列款项请从 　科目（借）
用途：	我账户内支付 　对方科目（贷）
单位主管：　会计	出票人（签章）　复核　记账

12 月 19 日

86 - 1

四川省增值税专用发票

No.08528477

开票日期：2019 年 12 月 19 日　　　　　　　　发票联

购货单位	名称	锦城酒业股份有限公司		税务登记号	4	4	0	1	0	4	1	0	0	5	4	3	9	2	8
	地址电话	成都新华路 5 号		开户银行及账号					工行新华路办 015 - 1015 - 6829001									

货物或应税劳务名称	规格型号	计量单位	数量	单价	金额									税率(%)	税额								
					十	万	千	百	十	元	角	分		十	万	千	百	十	元	角	分
甲材料		t	80	2 050	1	6	4	0	0	0	0	0	16		2	6	2	4	0	0	0
合计					1	6	4	0	0	0	0	0	16	¥	2	6	2	4	0	0	0
价税合计	壹拾玖万零仟贰佰肆拾零拾零元零角零分																¥ 190 240.00				
备注																					
销货单位	名称	顺德米制品厂		税务登记号	4	4	0	1	0	8	0	0	2	3	1	5	6	7	3
	地址电话	大良永红路 1 号		开户银行及账号					工行大良办 018 - 1026 - 4592126									

销货单位（章）：　　　　　收款人：　　　　　复核：　　　　　开票人：

86 - 2

四川省增值税专用发票

No.08528477

开票日期：2019 年 12 月 19 日　　　　　　　　抵扣联

购货单位	名称	锦城酒业股份有限公司		税务登记号	4	4	0	1	0	4	1	0	0	5	4	3	9	2	8
	地址电话	成都新华路 5 号		开户银行及账号					工行新华路办 015 - 1015 - 6829001									

货物或应税劳务名称	规格型号	计量单位	数量	单价	金额									税率(%)	税额								
					十	万	千	百	十	元	角	分		十	万	千	百	十	元	角	分
甲材料		t	80	2 050	1	6	4	0	0	0	0	0	16		2	6	2	4	0	0	0
合计					1	6	4	0	0	0	0	0	16	¥	2	6	2	4	0	0	0
价税合计	壹拾玖万零仟贰佰肆拾零拾零元零角零分																¥ 190 240.00				
备注																					
销货单位	名称	顺德米制品厂		税务登记号	4	4	0	1	0	8	0	0	2	3	1	5	6	7	3
	地址电话	大良永红路 1 号		开户银行及账号					工行大良办 018 - 1026 - 4592126									

销货单位（章）：　　　　　收款人：　　　　　复核：　　　　　开票人：

86 – 3

商业承兑汇票1　汇票号码

出票日期：（大写）　　年　月　日　第　　号

付款人	全称		收款人	全称	
	账号			账号	
	开户银行			开户银行	

出票金额	人民币（大写）	千 百 十 万 千 百 十 元 角 分

期限：三个月

此联为承兑人留存

备注：填写商业汇票，第1联为承兑企业记账凭证，第2联交付给销售方。

87 – 1

非货币性资产交换协议书

甲方：锦城酒业股份有限公司　乙方：川南粮油公司
甲方以其设备一台换入乙方的粮食，乙方支付补价1万元（不含税）给甲方。
甲方换入粮食作为原材料用于酿酒，乙方换入设备作固定资产管理。
该交易具有商业实质。交易过程中除增值税外，不考虑其他税费。

甲方（盖章）：锦城酒业股份有限公司　　　　　　　　　　乙方（盖章）：川南粮油公司
2019 年 12 月 19 日　　　　　　　　　　　　　　　　　　　2019 年 12 月 19 日

87 – 2

固定资产转让清单

2019 年 12 月 19 日　　　　　　　　　　　　　　　　No. 0016

固定资产名称	单位	数量	原始价值	累计折旧	公允价值
万能铣床	台	2	100 000	29 600	90 000
转让原因	非货币性资产交换				
处理意见	使用部门	技术鉴定小组	固定资产管理部门		主管部门审批
	申请转让	情况属实	同意转让		同意转让

备注：需先计算12月折旧费用，再结转累计折旧，月折旧率为8‰。到处置时，机床使用了三年零一个月。

87－3

锦城酒业股份有限公司材料入库验收单

类别	原料及主要材料												编号	
发票编号				验收日期：2019 年 12 月 19 日								来源		

品名	规格	单位	数量		实际价格				计划价		材料成本差异
			来料数	实际数	单价	总价	运杂费	合计	单价	总价	
甲材料		吨	40	40					2 000	80 000	
合计			40	40					2 000	80 000	

验收保管　　　　　经办　　　　　制单

87－4

中国工商银行进账单（收账通知）1

年　月　日　委托号码：第120号

汇款人	全称		收款人	全称										
	账号			账号										
	开户银行			开户银行										
人民币（大写）						千	百	十	万	千	百	十	元	角	分
票据种类														
			收款人开户银行（盖章）											

此联是收款人开户银行交给收款人的收账通知

88－1

供销科销售通知单

2019 年 12 月 19 日					
产品名称	计量单位	数量	单位售价（元）	增值税率	其他
白酒	瓶	6 000	10	16%	
药酒	瓶	3 000	20	16%	

备注：购货单位：贵州糖酒烟批发公司　地址：贵阳市城区路60号

　　　税务登记号：330103100624358

　　　开户银行及账号：工行城区路办 062 - 1308 - 7921030

　　　结算方式：银行汇票

88 – 2

四川省增值税专用发票

No. 00528125

开票日期：   年 月 日   记账联

购货 单位	名称				税务登记号																
	地址电话				开户银行及账号																

货物或应税 劳务名称	规格 型号	计量 单位	数量	单价	金额									税率 (%)	税额							
					十	万	千	百	十	元	角	分		十	万	千	百	十	元	角	分
合计																					
价税合计																					
备注	佰 拾 万 仟 佰 拾 元 角 分 ¥_____																				

销货 单位	名称				税务登记号																
	地址电话				开户银行及账号																

销货单位（章）：   收款人：   复核：   开票人：

88 – 3

付款期 壹个月

中国工商银行 汇票号码

银行汇票 第 051 号

签发日期：贰零壹贰年壹拾贰月壹拾玖日
　　　　　（大写）

兑付地点：成都 兑付行：新华路办

收款人：锦城酒业股份有限公司   账号或住址：015 – 1015 – 6829001

　　人民币
汇款金额壹拾肆万零仟肆佰元整
　　（大写）

人民币 实际结算金额 （大写）	千	百	十	万	千	百	十	元	角	分
		¥	1	4	0	4	0	0	0	0

账号或住址：

汇款人：贵州糖烟酒批发公司

签发人：

汇款用途：付货款

签发行（盖章）

062 – 1308 – 7921030										科目（付）
多余金额										对方科目（收）
百	十	万	千	百	十	元	角	分		兑付年月日
										复核 记账

88 - 4

中国工商银行进账单（收账通知）1

2019 年 12 月 19 日　委托号码：第 121 号

<table>
<tr><td rowspan="3">付款人</td><td>全称</td><td></td><td rowspan="3">收款人</td><td>全称</td><td colspan="10"></td></tr>
<tr><td>账号</td><td></td><td>账号</td><td colspan="10"></td></tr>
<tr><td>开户银行</td><td></td><td>开户银行</td><td colspan="10"></td></tr>
<tr><td colspan="3" rowspan="2">人民币
（大写）</td><td></td><td></td><td>千</td><td>百</td><td>十</td><td>万</td><td>千</td><td>百</td><td>十</td><td>元</td><td>角</td><td>分</td></tr>
<tr><td></td><td></td><td></td><td></td><td></td><td></td><td></td><td></td><td></td><td></td><td></td><td></td><td></td></tr>
<tr><td colspan="2">票据种类</td><td colspan="13"></td></tr>
<tr><td colspan="2">票据张数</td><td colspan="13"></td></tr>
<tr><td colspan="3">单位主管　会计　复核　记账</td><td colspan="12">收款人开户银行（盖章）</td></tr>
</table>

备注：销售产品，收到银行汇票后应填写进账单，连同银行汇票送银行。银行转回的银行进账单（收账通知）为销售方入账依据。

12 月 20 日

89 - 1

四川省增值税专用发票

No.0025848

开票日期：2019 年 12 月 20 日　　　　　发票联

<table>
<tr><td rowspan="2">购货单位</td><td>名称</td><td colspan="2">锦城酒业股份有限公司</td><td>税务登记号</td><td>4</td><td>4</td><td>0</td><td>1</td><td>0</td><td>4</td><td>1</td><td>0</td><td>0</td><td>5</td><td>4</td><td>3</td><td>9</td><td>2</td><td>8</td></tr>
<tr><td>地址电话</td><td colspan="2">成都新华路 5 号</td><td>开户银行及账号</td><td colspan="15">工行新华路办 015 - 1015 - 6829001</td></tr>
<tr><td colspan="2" rowspan="2">货物或应税
劳务名称</td><td rowspan="2">规格
型号</td><td rowspan="2">计量
单位</td><td rowspan="2">数量</td><td rowspan="2">单价</td><td colspan="9">金额</td><td>税率</td><td colspan="8">税额</td></tr>
<tr><td>十</td><td>万</td><td>千</td><td>百</td><td>十</td><td>元</td><td>角</td><td>分</td><td></td><td>（%）</td><td>十</td><td>万</td><td>千</td><td>百</td><td>十</td><td>元</td><td>角</td><td>分</td></tr>
<tr><td colspan="2">运费</td><td></td><td></td><td>1</td><td></td><td></td><td></td><td>4</td><td>5</td><td>0</td><td>0</td><td>0</td><td>0</td><td>10</td><td></td><td></td><td></td><td></td><td>4</td><td>5</td><td>0</td><td>0</td></tr>
<tr><td colspan="2"></td><td></td><td></td><td></td><td></td><td></td><td></td><td></td><td></td><td></td><td></td><td></td><td></td><td></td><td></td><td></td><td></td><td></td><td></td><td></td><td></td><td></td></tr>
<tr><td colspan="2">合计</td><td></td><td></td><td></td><td></td><td>¥</td><td></td><td>4</td><td>5</td><td>0</td><td>0</td><td>0</td><td>0</td><td>10</td><td></td><td>¥</td><td></td><td></td><td>4</td><td>5</td><td>0</td><td>0</td></tr>
<tr><td colspan="2">价税合计</td><td colspan="13">肆仟玖佰伍拾零元零角零分</td><td colspan="8">¥ 4 950</td></tr>
<tr><td colspan="2">备注</td><td colspan="21"></td></tr>
<tr><td rowspan="2">销货单位</td><td>名称</td><td colspan="2">广汽公司</td><td>税务登记号</td><td>4</td><td>4</td><td>0</td><td>1</td><td>2</td><td>3</td><td>3</td><td>3</td><td>8</td><td>8</td><td>1</td><td>2</td><td>4</td><td>6</td><td>2</td></tr>
<tr><td>地址电话</td><td colspan="2">成都草市街 5 号</td><td>开户银行及账号</td><td colspan="15">工行草市街办 015 - 4283 - 5248328</td></tr>
</table>

销货单位（章）：　　　　　收款人：　　　　　复核：　　　　　开票人：

备注：前购顺德米制品厂甲材料运费。

89－2

中国工商银行转账支票存根（川）	中国工商银行转账支票（川）成都　No. 038800038
No. 038800038	出票日期（大写）　年　月　日　付款行名称：新华路办

中国工商银行转账支票存根（川）

No. 038800038

科目：

对方科目：

出票日期：　年　月　日

收款人：

金额：

用途：

单位主管：　会计

中国工商银行转账支票（川）成都　No. 038800038

出票日期（大写）　年　月　日　付款行名称：新华路办

收款人：　出票人账号：015－1015－6829001

本支票付款期十天	人民币（大写）	百	十	万	千	百	十	元	角	分

用途

上列款项请从　　　　　　　　　　　　　　科目（借）

我账户内支付　　　　　　　　　　　　　对方科目（贷）

出票人（签章）

复核　　记账

90－1

收据

2019 年 12 月 20 日

收到	锦城酒业股份有限公司
人民币	伍万零仟叁佰伍拾零元零角零分　￥50 350
系付	债券投资

单位（盖章）　平安证券公司　会计　出纳　经手人

90－2

说明

债券发行单位：成都广袤公司	发行日期：2019 年 11 月 20 日
面值：50 000 元	票面利率：8.4%
票据到期日：2019 年 11 月 20 日	债券已含利息 350 元

备注：公司管理当局将购入债券直接划分为"以公允价值计量且其变动计入当期损益的金融资产"。

90－3

中国工商银行转账支票存根（川）

No. 038800039

科目：

对方科目：

出票日期：　年　月　日

收款人：

金额：

用途：

单位主管：　会计

中国工商银行转账支票（川）成都　No. 038800039

出票日期（大写）　年　月　日　付款行名称：新华路办

收款人：　出票人账号：015－1015－6829001

本支票付款期十天	人民币（大写）	百	十	万	千	百	十	元	角	分

用途

上列款项请从　　　　　　　　　　　　　　科目（借）

我账户内支付　　　　　　　　　　　　　对方科目（贷）

出票人（签章）

复核　　记账

91－1

设备租赁合同

出租方：（甲方）成都金鑫租赁公司
承租方：（乙方）锦城酒业股份有限公司
根据《中华人民共和国合同法》及相关规定，为明确甲、乙双方的权利义务关系，经双方协商签订合同。
第一条　租赁物件：办公设备，价值：1 000 000 元。
第二条　租赁方式：经营租赁。
第三条　租赁时间：租赁 2019 年 12 月 20 日起至 2022 年 6 月 20 日止，为期半年。
第四条　租金：6 个月租金总额为 125 000 元；租赁日预付租金：100 000 元；剩余款项于每季度末等额支付。
第五条　租赁期满，甲方收回设备。

甲方：成都金鑫租赁公司（公章）　　　　　　　　　　　　　　乙方：锦城酒业股份有限公司（公章）

法定代表人（签章）：　　　　　　　　　　　　　　　　　　　法定代表人（签章）：

91－2

中国工商银行转账支票存根（川）	中国工商银行转账支票（川）成都　No.038800040
No.038800040	出票日期（大写）年　月　日　付款行名称：新华路办
科目：	收款人：　　出票人账号：015－1015－6829001

对方科目：	本支票付款期十天	人民币（大写）	百	十	万	千	百	十	元	角	分
出票日期：年　月　日											
收款人：		用途									
金额：		上列款项请从				科目（借）					
用途：		我账户内支付				对方科目（贷）					
		出票人（签章）									
单位主管：　会计		复核　　记账									

92－1

锦城酒业股份有限公司代销商品清单

2019 年 12 月 20 日

委托单位		西安酒业有限公司		代销商品名称		药酒	
计量单位	瓶	数量	500	接收价	16.50	批发价	19.50
已销售数量	300	销售金额	5 850.00	增值税额		936.00	

备注：①委托方和接受方均采用视同买断方式进行会计处理。

　　　②对应 72 笔。

92－2

四川省增值税专用发票

No. 00528144

开票日期：　年　月　日　　　　　　　　　记账联

<table>
<tr><td rowspan="2">购货
单位</td><td>名称</td><td colspan="2"></td><td>税务登记号</td><td colspan="10"></td></tr>
<tr><td>地址电话</td><td colspan="2"></td><td>开户银行及账号</td><td colspan="10"></td></tr>
<tr><td rowspan="2">货物或应税
劳务名称</td><td rowspan="2">规格
型号</td><td rowspan="2">计量
单位</td><td rowspan="2">数量</td><td rowspan="2">单价</td><td colspan="8" align="center">金额</td><td>税率</td><td colspan="8" align="center">税额</td></tr>
<tr><td>十</td><td>万</td><td>千</td><td>百</td><td>十</td><td>元</td><td>角</td><td>分</td><td>(%)</td><td>十</td><td>万</td><td>千</td><td>百</td><td>十</td><td>元</td><td>角</td><td>分</td></tr>
<tr><td></td><td></td><td></td><td></td><td></td><td></td><td></td><td></td><td></td><td></td><td></td><td></td><td></td><td></td><td></td><td></td><td></td><td></td><td></td><td></td><td></td><td></td></tr>
<tr><td></td><td></td><td></td><td></td><td></td><td></td><td></td><td></td><td></td><td></td><td></td><td></td><td></td><td></td><td></td><td></td><td></td><td></td><td></td><td></td><td></td><td></td></tr>
<tr><td></td><td></td><td></td><td></td><td></td><td></td><td></td><td></td><td></td><td></td><td></td><td></td><td></td><td></td><td></td><td></td><td></td><td></td><td></td><td></td><td></td><td></td></tr>
<tr><td>合计</td><td colspan="21"></td></tr>
<tr><td>价税合计</td><td colspan="21"></td></tr>
<tr><td>备注</td><td colspan="21">佰　拾　万　仟　佰　拾　元　角　分　　　　　　　　　　　　　 Y＿＿＿＿</td></tr>
<tr><td rowspan="2">销货
单位</td><td>名称</td><td colspan="2"></td><td>税务登记号</td><td colspan="10"></td></tr>
<tr><td>地址电话</td><td colspan="2"></td><td>开户银行及账号</td><td colspan="10"></td></tr>
</table>

销货单位（章）：　　　　　　收款人：　　　　　　复核：　　　　　　开票人：

92－3

陕西省增值税专用发票

No. 54962331

开票日期：2019 年 12 月 20 日　　　　　　　　　发票联

<table>
<tr><td rowspan="2">购货
单位</td><td>名称</td><td colspan="2">锦城酒业股份有限公司</td><td>税务登记号</td><td>4</td><td>4</td><td>0</td><td>1</td><td>0</td><td>4</td><td>1</td><td>0</td><td>0</td><td>5</td><td>4</td><td>3</td><td>9</td><td>2</td><td>8</td></tr>
<tr><td>地址电话</td><td colspan="2">成都新华路 5 号</td><td>开户银行及账号</td><td colspan="15">015－1015－6829001</td></tr>
<tr><td rowspan="2">货物或应税
劳务名称</td><td rowspan="2">规格
型号</td><td rowspan="2">计量
单位</td><td rowspan="2">数量</td><td rowspan="2">单价</td><td colspan="8" align="center">金额</td><td>税率</td><td colspan="8" align="center">税额</td></tr>
<tr><td>十</td><td>万</td><td>千</td><td>百</td><td>十</td><td>元</td><td>角</td><td>分</td><td>(%)</td><td>十</td><td>万</td><td>千</td><td>百</td><td>十</td><td>元</td><td>角</td><td>分</td></tr>
<tr><td>药酒</td><td></td><td>瓶</td><td>300</td><td>16.5</td><td></td><td></td><td>4</td><td>9</td><td>5</td><td>0</td><td>0</td><td>0</td><td>16</td><td></td><td></td><td></td><td>7</td><td>9</td><td>2</td><td>0</td><td>0</td></tr>
<tr><td></td><td></td><td></td><td></td><td></td><td></td><td></td><td></td><td></td><td></td><td></td><td></td><td></td><td></td><td></td><td></td><td></td><td></td><td></td><td></td><td></td><td></td></tr>
<tr><td></td><td></td><td></td><td></td><td></td><td></td><td></td><td></td><td></td><td></td><td></td><td></td><td></td><td></td><td></td><td></td><td></td><td></td><td></td><td></td><td></td><td></td></tr>
<tr><td>合计</td><td colspan="4"></td><td>Y</td><td></td><td>4</td><td>9</td><td>5</td><td>0</td><td>0</td><td>0</td><td>16</td><td>Y</td><td></td><td></td><td>7</td><td>9</td><td>2</td><td>0</td><td>0</td></tr>
<tr><td>价税合计</td><td colspan="13">人民币大写：伍仟柒佰肆拾贰元零角零分</td><td colspan="8">Y 5 742.00</td></tr>
<tr><td>备注</td><td colspan="21"></td></tr>
<tr><td rowspan="2">销货
单位</td><td>名称</td><td colspan="2">西安酒业有限公司</td><td>税务登记号</td><td>3</td><td>4</td><td>0</td><td>1</td><td>2</td><td>3</td><td>6</td><td>7</td><td>9</td><td>2</td><td>4</td><td>5</td><td>3</td><td>4</td><td></td></tr>
<tr><td>地址电话</td><td colspan="2">西安市中山路 20 号</td><td>开户银行及账号</td><td colspan="15">022－1693－1819242</td></tr>
</table>

销货单位（章）：　　　　　　收款人：　　　　　　复核：　　　　　　开票人：

92 - 4

陕西省增值税专用发票

No. 54962331

开票日期：2019 年 12 月 20 日　　　　　　　　抵扣联

购货单位	名称	锦城酒业股份有限公司	税务登记号	4	4	0	1	0	4	1	0	0	5	4	3	9	2	8
	地址电话	成都新华路 5 号	开户银行及账号	015 - 1015 - 6829001														

货物或应税劳务名称	规格型号	计量单位	数量	单价	金额								税率（%）	税额							
					十	万	千	百	十	元	角	分		十	万	千	百	十	元	角	分
药酒		瓶	300	16.5		4	9	5	0	0	0		16				7	9	2	0	0
					¥	4	9	5	0	0	0				¥		7	9	2	0	0

价税合计	人民币大写：伍仟柒佰肆拾贰元零角零分	¥ 5 742.00
备注		

销货单位	名称	西安酒业有限公司	税务登记号	3	4	4	0	1	2	3	6	7	9	2	4	5	3	4
	地址电话	西安市中山路 20 号	开户银行及账号	022 - 1693 - 1819242														

销货单位（章）：　　　　收款人：　　　　复核：　　　　开票人：

92 - 5

付款期
壹个月

中国工商银行　汇票号码
银行汇票　第 051 号

签发日期：贰零壹贰年壹拾贰月贰拾日
（大写）

	兑付地点：成都　兑付行：新华路办
收款人：锦城酒业股份有限公司　账号或住址：015 - 1015 - 6829001	

人民币 汇款金额陆仟捌佰肆拾肆元伍角整 （大写）										
人民币 实际结算金额 （大写）	千	百	十	万	千	百	十	元	角	分
					¥	6	8	4	4	5	0

账号或住址：

汇款人：贵阳糖烟酒批	062 - 1308 - 7921030									科目（付）
签发人：	多余金额									对方科目（收）
汇款用途：付货款	百	十	万	千	百	十	元	角	分	兑付年月日
签发行（盖章）										复核　记账

兑付行兑

92－6

中国工商银行信汇凭证（回单）　1

委托日期：2019 年 12 月 20 日　第 210 号

汇款人	全称	锦城酒业股份有限公司				收款人	全称	西安酒业有限公司									
	账号或住址	015－1015－6829001					账号或住址	022－1693－1819242　西安市中山路 20 号									
	汇入地点	四川省成都市	汇出行名称	工行新华路办			汇入地点	陕西省西安市	汇入行名称	工行红光办							

			千	百	十	万	千	百	十	元	角	分
金额	人民币（大写）	伍仟柒佰肆拾贰元零角零分				￥	5	7	4	2	0	0

汇款用途：结算货款

汇出行盖章

上列款项已根据委托办理，如需查询，请持此回单来行面洽。

单位主管　会计　出纳　记账

年　月　日

93－1

四川省增值税专用发票

No.00528125

开票日期：2019 年 12 月 20 日　　　　　记账联

购货单位	名称	昆明综合贸易公司		税务登记号		6	6	0	5	3	2	5	4	3	2	5	0	0	4	6
	地址电话	昆明市东大街 165 号		开户银行及账号		工行东街办 019－3085－5500732														

货物或应税劳务名称	规格型号	计量单位	数量	单价	金额									税率（%）	税额							
					十	万	千	百	十	元	角	分		十	万	千	百	十	元	角	分
白酒		瓶	2 000	10		￥	2	0	0	0	0	0	16		￥	3	2	0	0	0	0
合计						￥	2	0	0	0	0	0	6		￥	3	2	0	0	0	0
价税合计	贰万叁仟贰佰零拾零元零角零分													￥23 200							
备注																					

销货单位	名称	锦城酒业股份有限公司		税务登记号		4	4	0	1	0	4	1	0	0	5	4	3	9	2	8
	地址电话	成都新华路 5 号		开户银行及账号		工行新华路办 015－1015－6829001														

销货单位（章）：　收款人：　复核：　　　　　　　　马丹　开票人：李阳

93 – 2

委托收款凭证（回单）1

委托日期：2019 年 12 月 20 日　　　　　　　　　　　　　　　　　　委托号码：第 285 号

付款人	全称	昆明综合贸易公司		收款人	全称	锦城酒业股份有限公司										
	账号或住址	019 – 3085 – 5500732			账号或住址	015 – 1015 – 6829001										
	开户银行	工行东大街办	行号		开户银行	工行新华路办		行号								
委托金额	人民币（大写）	贰万叁仟贰佰元整				千	百	十	万	千	百	十	元	角	分
								¥	2	3	2	0	0	0	0
款项内容	货税款	委托收款凭据名称		发货票	附寄单证张数			1							
备注：托收本月 18 日分期收款销售当月应收款项		款项收妥日期		收款人开户银行（盖章）											
												年 月 日			

此联为持票人开户银行交给收款人的回单

备注：对应第 84 笔。

94

锦城酒业股份有限公司

费用报销单

报销日期：2019 年 12 月 20 日　　　　　　　　　　　　　　　　　　　　　　　附件：1 张

费用项目	类别	金额		
公司经费	业务招待费	390	部门负责人（签章）	张娟
			审核意见	同意报销 王滔
			报销人	李丽
报销金额合计		¥ 390.00		
核实金额（大写）：人民币叁佰玖拾圆整				
借款数应退款应补金额：¥ 390.00				

备注：另附件 1 张为餐饮发票（略）。

12 月 22 日

95

锦城酒业股份有限公司材料入库验收单

类别	原料及主要材料
发票编号	

验收日期　年　月　日

编号	
来源	

品名	规格	单位	数量		实际价格				计划价		材料成本差异
			来料数	实际数	单价	总价	运杂费	合计	单价	总价	
合计											

供销主管　　　　验收保管　　　　采购　　　　制单

备注：向顺德米制品厂购进的甲材料 80 吨已运到，验收入库。

96－1

希望工程捐款收据
希望工程基金会捐款专用
2019 年 12 月 22 日

今收到锦城酒业股份有限公司向希望工程捐赠款
金额（大写）　叁万壹仟零佰零拾零元零角零分
　　　　　　　　　　　　　　　　　¥ 31 000

会计记账出纳：肖芳经手人

第二联：捐款方报销用

96－2

中国工商银行转账支票存根（川）	中国工商银行转账支票（川）成都 No. 038800041
No. 038800041	出票日期（大写）年　月　日　付款行名称：新华路办
科目：	收款人：　出票人账号：015－1015－6829001
对方科目：	人民币（大写）　百 十 万 千 百 十 元 角 分
出票日期：　年 月 日	
收款人：	用途
金额：	上列款项请从　　　　科目（借）
用途：	我账户内支付　　　对方科目（贷）
单位主管：　会计	出票人（签章）　复核　记账

12 月 23 日

97

中国工商银行电汇凭证 1

委托日期：2019 年 12 月 23 日　第 289 号

<table>
<tr><td rowspan="3">汇款人</td><td>全称</td><td colspan="3">锦城酒业股份有限公司</td><td rowspan="3">收款人</td><td>全称</td><td colspan="3">南京工商银行</td></tr>
<tr><td>账号或住址</td><td colspan="3">015 - 1015 - 6829001</td><td>账号或住址</td><td colspan="3">158 - 2325 - 7782690</td></tr>
<tr><td>汇出地点</td><td>四川省成都市</td><td>汇出行名称</td><td>工行新华路办</td><td>汇入地点</td><td>江苏省南京市</td><td>汇入行名称</td><td>工行南京分行</td></tr>
</table>

<table>
<tr><td rowspan="2">金额</td><td rowspan="2">人民币（大写）</td><td rowspan="2">壹拾壹万元整</td><td>千</td><td>百</td><td>十</td><td>万</td><td>千</td><td>百</td><td>十</td><td>元</td><td>角</td><td>分</td></tr>
<tr><td></td><td>￥</td><td>1</td><td>1</td><td>0</td><td>0</td><td>0</td><td>0</td><td>0</td><td>0</td></tr>
</table>

汇款用途：开立采购存款账户

上列款项已根据委托办理，如需查询，请持此回单来行面洽。

汇出行盖章

单位主管　会计　出纳　记账

年　月　日

此联为汇出行给汇款人的回单

98

总字第号
字第号

邮电费、手续费、空白凭证收费单

付款人：锦城酒业股份有限公司　账号 015 - 1015 - 6829001　2019 年 12 月 23 日

<table>
<tr><td colspan="3" rowspan="2">收取费用</td><td colspan="5">金额</td><td rowspan="2">名称及号码凭证</td><td rowspan="2">数量</td><td colspan="5">金额</td></tr>
<tr><td>百</td><td>十</td><td>元</td><td>角</td><td>分</td><td>百</td><td>十</td><td>元</td><td>角</td><td>分</td></tr>
<tr><td>项目</td><td colspan="2">类别</td><td></td><td></td><td></td><td></td><td></td><td></td><td></td><td></td><td></td><td></td><td></td><td></td></tr>
<tr><td>委托收款</td><td>邮划笔电</td><td>手续费</td><td></td><td>8</td><td>0</td><td>0</td><td>0</td><td></td><td></td><td></td><td></td><td></td><td></td><td></td></tr>
<tr><td rowspan="2">汇兑</td><td rowspan="2">邮划笔电</td><td>邮费</td><td></td><td>2</td><td>0</td><td>0</td><td>0</td><td></td><td></td><td></td><td></td><td></td><td></td><td></td></tr>
<tr><td>手续费</td><td>1</td><td>0</td><td>0</td><td>0</td><td>0</td><td></td><td></td><td></td><td></td><td></td><td></td><td></td></tr>
<tr><td>银行汇票
银行承兑汇票</td><td>邮划笔电</td><td>电费</td><td>2</td><td>0</td><td>0</td><td>0</td><td>0</td><td></td><td></td><td></td><td></td><td></td><td></td><td></td></tr>
<tr><td>本票、支票</td><td>笔</td><td>附言加费</td><td></td><td></td><td></td><td></td><td></td><td></td><td></td><td></td><td></td><td></td><td></td><td></td></tr>
<tr><td>合计</td><td></td><td></td><td>4</td><td>0</td><td>0</td><td>0</td><td>0</td><td></td><td></td><td></td><td></td><td></td><td></td><td></td></tr>
</table>

人民币（大写）肆佰零拾零元零角零分

付款人（盖章）

收款银行（盖章）

① 此联由银行加盖公章后退回付款人

99 - 1

中华人民共和国

征收完税证（02）川国税号

经济类型：　　填发日期：2019 年 12 月 23 日　征收机关：

纳税人代码	440104100543928				地址	成都新华路 5 号							
纳税人名称	锦城酒业股份有限公司				税款所属时期	实缴金额							
税种	品目名称	课税数量	计税金额或销售收入	税率或单位税额	已缴或扣除	十	万	千	百	十	元	角	分
车船使用税								1	0	0	0	0	0
房产税								2	0	0	0	0	0
金额合计	人民币（大写）叁仟零佰零拾零元零角零分					￥	3	0	0	0	0	0	0
税务机关（盖章）	委托单位（人）（盖章）		填票人（盖章）		备注								

99 - 2

四川省成都市印花税发票　地税监

发票联（02893）　　　　　　　　　　　　　　8901 - 8800189

顾客名称：锦城酒业股份有限公司　　　　　　　　　　　经济性质：

地址：成都新华路 5 号　　　　　　　　　　　　　2019 年 12 月 23 日填发

项目	数量		金额					备注
			千	百	十	元	角	分	
印花税票	60	超过万无效		5	0	0	0	0	
									本票只供出售印花税票专用，超过其范围无效
合计人民币	（大写）伍佰零拾零元零角零分	合计	￥	5	0	0	0	0	

收款人：　　　　　　　　　　开票人：　　　　　　　　　　售票单位（盖章）：

99 − 3

中国工商银行转账支票存根（川）	中国工商银行转账支票（川）成都 No.038800042
No. 038800042 科目： 对方科目： 出票日期： 年 月 日 收款人： 金额： 用途： 单位主管： 会计	出票日期（大写）年 月 日 付款行名称：新华路办 收款人： 出票人账号：015 − 1015 − 6829001

（第二联为支票正面，含"本支票付款期十天"栏及 人民币（大写）百十万千百十元角分 栏，用途、上列款项请从 我账户内支付、出票人（签章）、复核 记账，科目（借）对方科目（贷））

注释：①为简化核算，应向国税局地税局缴纳的税金合用一张转账支票。

100 − 1

有价证券交易凭证

客户：锦城酒业股份有限公司 2019 年 12 月 23 日 发行单位：利华高科股份公司

证券名称	数量	面额		结算金额		交易费	结算合计
		单位面额	合计	单价	金额		
普通股	10 200	1	10 200	4.75	48 450	145.35	48 304.65
人民币（大写）	肆万捌仟叁佰零肆元陆角伍分						
备注：							

第三联：卖出方记账

盖章：平安证券公司 复核：李伟 经办：何江明

备注：根据市场信息，利华高科股份公司经营欠佳，转让部分股票，同时按比例结转计提的减值准备。

100 − 2

中国工商银行四川省分行进账单 （回单）

2019 年 12 月 23 日

收款人	全称	锦城酒业股份有限公司	账号	015 − 1015 − 6829001										券面张数	
	开户银行	成都市成都分行	款项来源	出售股票										一百元	
人民币 （大写）		肆万捌仟叁佰零肆元陆角伍分		百	十	万	千	百	十	元	角	分		五十元	
					￥	4	8	3	0	4	6	5		十元	
														五元	
票据种类		支票												二元	
票据张数		1												一元	
					出纳收款：××× 出纳复核：××× （银行盖章）成都分行 2009 年 12 月 23 日									五角	
付款人	账号	828 − 2												二角	
	户名	平安证券公司												一角	
单位主管 会计 复核 记账														五分	
														二分	
														一分	
														合计	

100 - 3

锦城酒业股份有限公司有价证券付出单

发行单位：利华高科股份公司 2019 年 12 月 23 日

证券名称及性质	数量	面额		账面成本		减值准备	转让收入	投资收益
		单价	面额	单价	成本额			
长期股权投资	10 200	1 元/股	10 000	5 元/股	50 000	49.65	48 304.65	-1 645.7
备注：								

经办： 保管：黄芬 制单：

101 - 1

四川省行政事业单位非经营收入发票

发票联 川地 (95121)

顾客名称：锦城酒业股份有限公司

地址：成都新华路 5 号 2019 年 12 月 23 日填发

项目	单位	数量	收费标准	金额								备注
				超过拾万元无效	万	千	百	十	元	角	分	
学习培训费		1	1 500		¥	1	5	0	0	0	0	
合计人民币	（大写）壹仟伍佰零拾零元零角零分				¥	1	5	0	0	0	0	

开票： 收款人：刘丽 开票单位：成都市广播电视大学 （盖章）

101 - 2

报销学习培训费申请书

2019 年 12 月 24 日

申请人	宋珍	申请事由	参加成都市电大学习
报销金额	壹仟伍佰元整		¥ 1 500
领导意见	同意报销		

备注：宋珍报销的学习培训费，以现金支付。

102－1

中国工商银行信汇凭证（收账通知或取款收据）

第 152 号

委托日期：2019 年 11 月 29 日　　　　　　　　应解汇款编号　0356

汇款人	全称	湖北食品厂				收款人	全称	锦城酒业股份有限公司								
	账号或住址	432 - 5218 - 3302106					账号或住址	015 - 1015 - 6829001 成都市新华东路 5 号								
	汇出地点	湖北省 武汉市	汇出行 名称	工行 湖北分行			汇入 地点	四川省 成都市	汇入 行名称	工行 新华路办						

金额	人民币 （大写）	叁仟元整	千	百	十	万	千	百	十	元	角	分
							¥ 3	0	0	0	0	0

汇款用途：偿还前欠货款　　　　　　　　　　　留行待取预留
　　　　　　　　　　　　　　　　　　　　　　收款人印签

上列款项已代进账，如有错误，请持此联来行面洽。

上列款项已照收无误

科目（借）…………
对方科目（贷）…………
汇入行解汇日期　年　月　日
复核出纳
记账

汇入行盖章
2019 年 12 月 23 日

收款人盖章
2019 年 12 月 24 日

102－2

说明

收到湖北食品厂的 3 000 元，是上半年已作坏账损失处理的款项。因该厂被兼并，原债务由兼并企业承担，故又收回。

锦城酒业股份有限公司
2019 年 12 月 24 日

103－1

锦城酒业股份有限公司办公会议决定

经公司办公会议决定，以发放药酒作为职工福利，全厂职工 302 人，每人发放 5 瓶，共 1 510 瓶。

锦城酒业股份有限公司
2019 年 12 月 24 日

103 - 2

发放药酒增值税计算表

2019 年 12 月 25 日

产品名称	计量单位	数量	单价	增值税率	销项税额
药酒	瓶	1 510	20	16%	4 832

备注：该福利已于 11 月计提，将企业产品作为福利发放给职工，应视同销售计算销项税额，作为主营业务收入处理。

104 - 1

中国人民邮政报刊费收据

2019 年 12 月 25 日　第 22301875 号

订户	锦城酒业股份有限公司		期间：2020 年 1 月 1 日至 2020 年 12 月 31 日		邮戳 及收订员号码
定单号	22108686		电脑号	18746861	
种类	定单数	金额	投递费	共计收款（元）	
报纸 杂志	5 8	885 480	87 48	972 528	
合计				￥ 1 500	

成都市新华路邮局

104 - 2

中国工商银行转账支票存根（川） No. 038800043 科目： 对方科目： 出票日期：　年　月　日 收款人： 金额： 用途： 单位主管：　会计	中国工商银行转账支票（川）成都　No. 038800043 出票日期（大写）　年　月　日　付款行名称：新华路办 收款人：　出票人账号：015 - 1015 - 6829001

中国工商银行转账支票（川）成都　No. 038800043

出票日期（大写）　年　月　日　付款行名称：新华路办

收款人：　出票人账号：015 - 1015 - 6829001

	人民币（大写）	百	十	万	千	百	十	元	角	分
本支票付款期十天										

用途

上列款项请从　　　　　　　　　　　　　　科目（借）

我账户内支付　　　　　　　　　　　　　　对方科目（贷）

出票人（签章）

复核　　记账

105 – 1

支付证明单

2019 年 12 月 26 日

部门	工会	
事由	组织全厂职工唱卡拉 OK 比赛	
	金额：壹仟伍佰元整	￥1 500
受款人签名	领导意见：同意支付	

制单　　　　　　出纳　　　　　　会计

备注：以提前计提"其他应付款——工会经费"。

105 – 2

中国工商银行现金支票存根（川） No. 038800044 科目： 对方科目： 出票日期：　年　月　日 收款人： 金额： 用途： 单位主管：　　会计	中国工商银行现金支票（川）成都　No. 038800044

中国工商银行现金支票（川）成都　No. 038800044

出票日期（大写）年　月　日　付款行名称：新华路办

收款人：　出票人账号：015 – 1015 – 6829001

本支票付款期十天	人民币（大写）	百	十	万	千	百	十	元	角	分

用途

上列款项请从

我账户内支付　　　　　　　　　　　科目（借）

出票人（签章）　　　　　　　　　　对方科目（贷）

复核　　记账

106 – 1

江苏省增值税专用发票

No. 77023415

开票日期：2019 年 12 月 26 日　　　　　　发票联

第二联：发票联购货方记账凭证

购货单位	名称	锦城酒业股份有限公司	税务登记号	4	4	0	1	0	4	1	0	0	5	4	3	9	2	8
	地址电话	成都新华路 5 号	开户银行及账号	工行新华路办 015 – 1015 – 6829001														

货物或应税劳务名称	规格型号	计量单位	数量	单价	金额									税率（%）	税额								
					十	万	千	百	十	元	角	分		十	万	千	百	十	元	角	分
丁材料		件	800	110	8	8	0	0	0	0	0	0	16		1	4	0	8	0	0	0
合计					￥ 8	8	0	0	0	0	0	0	16	￥	1	4	0	8	0	0	0
价税合计	壹拾零万贰仟零佰捌拾零元零角零分																￥102 080				
备注																					

销货单位	名称	南京配件厂	税务登记号	4	2	1	0	0	3	8	5	2	1	6	3	4	7	0
	地址电话	南京市兴宁路 3 号	开户银行及账号	工行兴宁路办 022 – 1862 – 2348721														

销货单位（章）：　　　　　收款人：　　　　　复核：　　　　　开票人：

106 – 2

江苏省增值税专用发票

开票日期：2019 年 12 月 26 日　　　　　　抵扣联

购货单位	名称	锦城酒业股份有限公司	税务登记号	4	4	0	1	0	4	1	0	0	5	4	3	9	2	8
	地址电话	成都新华路 5 号	开户银行及账号	工行新华路办 015 – 1015 – 6829001														

货物或应税劳务名称	规格型号	计量单位	数量	单价	金额								税率(%)	税额							
					十	万	千	百	十	元	角	分		十	万	千	百	十	元	角	分
丁材料		件	800	110		8	8	0	0	0	0	0	16			1	4	0	8	0	0
合计					¥	8	8	0	0	0	0	0	16	¥		1	4	0	8	0	0
价税合计	壹拾零万贰仟零佰捌拾零元零角零分																¥ 102 080				
备注																					

销货单位	名称	南京配件厂	税务登记号	4	2	1	0	0	3	8	5	2	1	6	3	4	7	0
	地址电话	南京市兴宁路 3 号	开户银行及账号	工行兴宁路办 022 – 1862 – 2348721														

销货单位（章）：　　　　　　收款人：　　　　　　复核：　　　　　　开票人：

第三联：抵扣联购货方扣税账凭证

106 – 3

江苏省增值税专用发票

开票日期：2019 年 12 月 26 日　　　　　　发票联

购货单位	名称	锦城酒业股份有限公司	税务登记号	4	4	0	1	0	4	1	0	0	5	4	3	9	2	8
	地址电话	成都新华路 5 号	开户银行及账号	工行新华路办 015 – 1015 – 6829001														

货物或应税劳务名称	规格型号	计量单位	数量	单价	金额								税率(%)	税额							
					十	万	千	百	十	元	角	分		十	万	千	百	十	元	角	分
运输费							2	0	0	0	0	0	10				2	0	0	0	0
合计					¥		2	0	0	0	0	0	10	¥			2	0	0	0	0
价税合计	贰仟贰佰元整																¥ 2 200				
备注																					

销货单位	名称	成都铁路（集团）公司	税务登记号	4	6	0	2	0	6	0	5	2	6	0	4	8	6	3
	地址电话	成都二仙桥路 3 段	开户银行及账号	工行沙河办 015 – 1016 – 7549083														

销货单位（章）：　　　　　　收款人：　　　　　　复核：　　　　　　开票人：

第二联：发票联购货方记账凭证

106 - 4

外埠存款结算单

2019 年 12 月 26 日

外埠存款专户	南京工行兴宁路办	
外埠存款金额	壹拾壹万元整	￥110 000
实际结算金额	壹拾万零肆仟贰佰捌拾零元零角零分	￥104 280
应退回金额	伍仟柒佰贰拾零元零角零分	￥5 720

106 - 5

中国工商银行进账单（收账通知）**1**

2019 年 12 月 26 日　委托号码：第 124 号

付款人	全称	南京工商银行	收款人	全称	锦城酒业股份有限公司									
	账号			账号	015 - 1015 - 6829001									
	开户银行			开户银行	工行新华路办									

人民币		千	百	十	万	千	百	十	元	角	分
（大写）伍仟柒佰贰拾零元零角零分					￥	5	7	2	0	0	0

票据种类	采购专户退款单
票据张数	1

采购专户退款

单位主管　会计　复核　记账　　　　　　　收款人开户银行（盖章）

此联是持票人开户银行交给持票人的收账通知

12 月 27 日

107 - 1

锦城酒业股份有限公司材料入库验收单

类别	原料及主要材料	
发票编号		

验收日期：年　月　日

编号	
来源	

品名	规格	单位	数量		实际价格				计划价		材料成本差异
			来料数	实际数	单价	总价	运杂费	合计	单价	总价	
合计											

供销主管　　　　　　验收保管　　　　　　采购　　　　　　制单

备注：向南京配件厂购进丁材料已运到，但验收时发现 20 件质量有问题，验收入库为 780 件。

107－2

国家税务总局四川省（市）成都（市、区）支局

企业进货退出及索取折让证明*

No. 01238

销售单位	全称			南京配件厂		
	税务登记号			421003852163470		
进货退出	货物名称	单价	数量	货款		税额
	丁材料	110	20	2 200		352
索取折让	货物名称	货款	税额	要求		
				折让金额		折让税额
退货或索取折让理由	同意 经办人： 单位（签章）： 2019 年 12 月 27 日			税务征收机关 （签章）	同意 经办人： 2019 年 12 月 27 日	
购货单位	全称			锦城酒业股份有限公司		
	税务登记号			440104100543928		

* 本证明单一式三联：第一联，征收机关留存；第二联，交销货单位；第三联，购货单位留存。

备注：到税务机关办理企业退货及索取折让证明单，交给南京配件厂。

107－3

江苏省增值税专用发票

No. 7702368

开票日期：2019 年 12 月 27 日　　　　　　　发票联

购货单位	名称	锦城酒业股份有限公司			税务登记号	4 4 0 1 0 4 1 0 0 5 4 3 9 2 8							
	地址电话	成都新华路 5 号			开户银行及账号	工行新华路办 015 - 1015 - 6829001							
货物或应税劳务名称	规格型号	计量单位	数量	单价	金额 十 万 千 百 十 元 角 分		税率（%）	金额 十 万 千 百 十 元 角 分					
丁材料		件	20	110	2 2 0 0 0 0		16	3 5 2 0 0				
合计					￥ 2 2 0 0 0 0		16	3 5 2 0 0				
价税合计	贰仟伍佰伍拾贰元零角零分							￥2 552				
备注												
销货单位	名称	南京配件厂			税务登记号	4 2 1 0 0 3 8 5 2 1 6 3 4 7 0							
	地址电话	南京市兴宁路 3 号			开户银行及账号	工行兴宁路办 022 - 1862 - 2348721							

销货单位（章）：　　　　　　收款人：　　　　　　复核：　　　　　　开票人：

备注：收到南京配件厂交来的红字发票。□ 表示红字。

107 – 4

江苏省增值税专用发票

No. 7702368

开票日期：2019 年 12 月 27 日　　　　　　　　抵扣联

购货单位	名称	锦城酒业股份有限公司			税务登记号	4	4	0	1	0	4	1	0	0	5	4	3	9	2	8
	地址电话	成都新华路 5 号			开户银行及账号	工行新华路办 015 – 1015 – 6829001														

货物或应税劳务名称	规格型号	计量单位	数量	单价	金额								税率（%）	税额						
						十	万	千	百	十	元	角	分		十	万	千	百	十	元	角	分
丁材料		件	20	110			2	2	0	0	0	0	16				3	5	2	0	0
合计					￥		2	2	0	0	0	0	16		￥		3	5	2	0	0
价税合计	贰仟伍佰伍拾贰元零角零分											￥ 2 552								
备注																				

销货单位	名称	南京配件厂			税务登记号	4	2	1	0	0	3	8	5	2	1	6	3	4	7	0
	地址电话	南京市兴宁路 3 号			开户银行及账号	工行兴宁路办 022 – 1862 – 2348721														

销货单位（章）：　　　　　收款人：　　　　　复核：　　　　　开票人：

107 – 5

材料质量问题报告书

2019 年 12 月 27 日

材料名称	计量单位	数量	单位进价	进项税额	价款合计
丁材料	件	20	110 元	352 元	2 552 元

质量问题：规格不符，无法使用

质检科：情况属实	领导意见：要求退货

12 月 28 日

108 - 1

四川省增值税专用发票

No. 30111943

开票日期: 2019 年 12 月 28 日　　　　　　发票联

第二联：发票联购货方记账凭证

购货单位	名称	锦城酒业股份有限公司	税务登记号	4	4	0	1	0	4	1	0	0	5	4	3	9	2	8
	地址电话	成都新华路 5 号	开户银行及账号	工行新华路办 015 - 1015 - 6829001													

货物或应税劳务名称	规格型号	计量单位	数量	单价	金额								税率 (%)	税额							
					十	万	千	百	十	元	角	分		十	万	千	百	十	元	角	分
石油制品 * 92 号汽油		公升	5 000	6		3	0	0	0	0	0	0	16			4	8	0	0	0	0
合计					¥	3	0	0	0	0	0	0	16		¥	4	8	0	0	0	0
价税合计	叁万肆仟捌佰元整																¥ 34 800				
备注																					
销货单位	名称	中国石油天然气集团公司	税务登记号	4	4	0	1	0	6	1	1	8	1	1	2	3	4	5	
	地址电话	成都桃溪路 2 号	开户银行及账号	工行建设南路办 015 - 1083 - 5688025													

销货单位（章）：　　　　收款人：　　　　复核：　　　　开票人：

备注：购进的汽油全部由运输队领用。

108 - 2

四川省增值税专用发票

No. 26528122

开票日期: 2019 年 12 月 28 日　　　　　　抵扣联

第三联：抵扣联购货方扣税凭证

购货单位	名称	锦城酒业股份有限公司	税务登记号	4	4	0	1	0	4	1	0	0	5	4	3	9	2	8
	地址电话	成都新华路 5 号	开户银行及账号	工行新华路办 015 - 1015 - 6829001													

货物或应税劳务名称	规格型号	计量单位	数量	单价	金额								税率 (%)	税额							
					十	万	千	百	十	元	角	分		十	万	千	百	十	元	角	分
石油制品 * 92 号汽油		公升	5 000	6		3	0	0	0	0	0	0	16			4	8	0	0	0	0
合计					¥	3	0	0	0	0	0	0	16		¥	4	8	0	0	0	0
价税合计	叁万肆仟捌佰元整																¥ 34 800				
备注																					
销货单位	名称	中国石油天然气集团公司	税务登记号	4	4	0	1	0	6	1	1	8	1	1	2	3	4	5	
	地址电话	成都桃溪路 2 号	开户银行及账号	工行建设南路办 015 - 1083 - 5688025													

销货单位（章）：　　　　收款人：　　　　复核：　　　　开票人：

108－3

中国工商银行转账支票存根（川）	中国工商银行转账支票（川）成都 No.038800045
No.038800045	出票日期（大写） 年 月 日 付款行名称：新华路办

中国工商银行转账支票存根（川）

No.038800045

科目：

对方科目：

出票日期： 年 月 日

收款人：

金额：

用途：

单位主管： 会计

中国工商银行转账支票（川）成都 No.038800045

出票日期（大写） 年 月 日 付款行名称：新华路办

收款人： 出票人账号：015－1015－6829001

	百	十	万	千	百	十	元	角	分
人民币（大写）									

本支票付款期十天

用途

上列款项请从 科目（借）

我账户内支付 对方科目（贷）

出票人（签章）

复核 记账

12 月 29 日

109－1

四川增值税普通发票

No.34528166

开票日期：2019 年 12 月 29 日　　　　　　发票联

购货单位	名称	锦城酒业股份有限公司	税务登记号	4	4	0	1	0	4	1	0	0	5	4	3	9	2	8	
	地址电话	成都新华路 5 号	开户银行及账号	工行新华路办 015－1015－6829001															

货物或应税劳务、服务名称	规格型号	计量单位	数量	单价	金额								税率（%）	税额							
					十	万	千	百	十	元	角	分		十	万	千	百	十	元	角	分
餐饮服务 餐饮费						6	0	0	0	0	0	3				1	8	0	0	0
合计					¥ 6	0	0	0	0		3				¥ 1	8	0	0	0	
价税合计	陆仟壹佰捌拾零元零角零分																	¥ 6 180	
备注																				

销货单位	名称	榕树餐饮有限公司	税务登记号	4	4	0	1	0	8	1	1	8	9	2	5	7	8	6	
	地址电话	成都春熙路 2 号	开户银行及账号	工行春熙路办 015－1183－74488260															

销货单位（章）：　　　　　　收款人：　　　　　　复核：　　　　　　开票人：

备注：公司办公室接待上级主管部门工作检查。

第二联：发票联购货方记账凭证

109 - 2

中国工商银行现金支票存根（川）	中国工商银行现金支票（川）成都 No. 038800046
No. 038800046	出票日期（大写） 年 月 日 付款行名称：新华路办
科目：	收款人： 出票人账号：015 - 1015 - 6829001

中国工商银行现金支票存根（川）

No. 038800046

科目：

对方科目：

出票日期： 年 月 日

收款人：

金额：

用途：

单位主管： 会计

中国工商银行现金支票（川）成都 No. 038800046

出票日期（大写） 年 月 日 付款行名称：新华路办

收款人： 出票人账号：015 - 1015 - 6829001

人民币（大写）	百	十	万	千	百	十	元	角	分

本支票付款期十天

用途

上列款项请从

我账户内支付

出票人（签章）

复核 记账

科目（借）

对方科目（贷）

12 月 30 日

110 - 1

材料耗用汇总表

2019 年 12 月 30 日

用途\品名	计量单位	计划单价	一车间产品		二车间产品		运输队		机修车间		厂部		福利部门		在建工程		合计	
			数量	金额	数量	金额	数量	金额	数量	金额	数量	金额	数量	金额	数量	金额	数量	金额
原材料																		
甲材料	吨	2 000	280															
乙材料	公斤	10	650															
丙材料	公斤	50			1 150													
丁材料	件	100							700						50			
合计																		

110 - 2

包装物平均单价计算表

2019 年 12 月 30 日

品种名称	期初库存			本期购进			平均单价
	数量	单价	金额	数量	单价	金额	
酒瓶							
纸箱							
合计							

110－3

低值易耗品耗用分配表

2019 年 12 月 30 日

耗用部门	单位	金额（元）	备注
一车间		607. 68	
二车间		911. 52	
运输队	批	810. 24	低值易耗品按领用比例分配
机修车间		506. 40	
厂部管理部门		1 215. 36	
福利部门		708. 96	
合计		4 760. 16	

110－4

包装物领用汇总表

2019 年 12 月 30 日

耗用部门	单位	平均单价	一车间		二车间	
			数量	金额	数量	金额
酒瓶	支		151 030		113 410	
纸箱	个		3 000		1 000	
合计						

111－1

材料成本差异计算表

2019 年 12 月 30 日

项目名称	本月入库计划成本	本月入库实际成本	本月差异额	月初结存差异	月初结存计划成本	差异率
原材料						
合计						

111－2

成本差异分配表

2019 年 12 月 30 日

	耗用材料计划成本	差异率	应分摊差异	实际成本
基本生产车间				
一车间				
二车间				
辅助生产车间				
机修车间				
运输队				
在建工程				
厂部管理部门				
福利部门				
合计				

备注：（1）计算原材料成本差异率。

（2）结转材料成本差异。

112 - 1

工资结算汇总表

2019 年 12 月 30 日

单位：元

车间、部门	类型	职工人数	标准工资	各项补贴	应扣工资		应付工资	代扣款项					实发工资
					事假	病假		养老金	公积金	失业保险	个人所得税	合计	
一车间	生产工人	120	60 000	12 000	200	500	71 300	2 135	3 565	600	2 400	8 700	62 600
	管理人员	20	12 000	2 000	100		13 900	417	695	120	400	1 632	12 268
二车间	生产工人	80	40 000	8 000	300		47 700	1 431	2 385	400	4 216	8 432	39 268
	管理人员	15	9 000	1 500	200		10 300	309	515	75	300	1 199	9 101
在建工程人员		12	5 400	1 200	150		6 450	193	322	60	240	815	5 635
运输队人员		12	6 120	1 200	300	200	6 820	204	341	60	240	845	5 975
机修车间人员		8	4 480	800			5 280	158	264	40	160	622	4 658
供水车间人员		6	3 060	600			3 660	109	109	35	30	283	3 377
供气车间人员		8	4 080	800			4 880	146	244	40	35	465	4 415
行政管理部门		25	17 500	2 800		100	20 200	606	1 010	125	500	2 241	17 959
供销科人员		7	3 920	700			4 620	138	231	35	140	544	4 076
医务人员		2	1 100	200			1 300	39	65	10	40	154	1 146
六个月以上长病人员		1	500	30			530	15	26	5		46	484
总计			167 160	31 830	750	1 300	196 940	5 900	9 772	1 605	8 701	25 978	170 962

备注：按应付工资总额分配工资费用并结转代扣款项。

113 - 1

福利费用汇总表

2019 年 12 月 30 日

产品、车间和部门	福利费金额
一车间：生产工人	9 982
管理人员	1 946
二车间：生产工人	6 678
管理人员	1 442
机修车间	739.2
运输队	954.8
供水车间	512.4
供气车间	683.2
在建工程人员	903
企业管理部门	2 828
医务福利部门	182
六个月以上长期病假人员	74.2
供销科人员	646.8
合计	27 571.6

备注：医务福利人员的福利费应计入管理费用。

114 - 1

工会经费计算表

2019 年 12 月 30 日

月份	工资总额	提取率	应提工会经费额
		2%	
合计			

114 - 2

职工教育经费计算表

2019 年 12 月 30 日

月份	工资总额	提取率	应提教育经费额
		1.5%	
合计			

12 月 31 日

115 - 1

四川省增值税专用发票

No. 0542891

开票日期：2019 年 12 月 26 日　　　　　发票联

购货单位	名称	锦城酒业股份有限公司	税务登记号	4 4 0 1 0 4 1 0 0 5 4 3 9 2 8
	地址电话	成都新华路 5 号	开户银行及账号	工行新华路办 015 - 1015 - 6829001

货物或应税劳务名称	计量单位	数量	单价	金额	税率（%）	税额
电力				55 564	16	8 890.24
合计						
价税合计	陆万肆仟肆佰伍拾肆元贰角肆分					￥64 454.24
备注						
备注						

销货单位	名称	成都市供电局	税务登记号	440104268428638
	地址电话	成都东风路 8 号	开户银行及账号	工行东风路办 015 - 3821 - 6543702

收款人：　　　　　　　　　　开票人单位（未盖章无效）

第二联：发票联购货方记账凭证

115－2

四川省增值税专用发票

No. 0542891

开票日期：2019 年 12 月 26 日　　　　　　　抵扣联

<table>
<tr><td rowspan="2">购货
单位</td><td>名称</td><td colspan="2">锦城酒业股份有限公司</td><td>税务登记号</td><td colspan="8">4　4　0　1　0　4　1　0　0　5　4　3　9　2　8</td><td rowspan="11" style="writing-mode: vertical">第三联：抵扣联购货方扣税凭证</td></tr>
<tr><td>地址电话</td><td colspan="2">成都新华路 5 号</td><td>开户银行及账号</td><td colspan="8">工行新华路办 015 - 1015 - 6829001</td></tr>
<tr><td colspan="2">货物或应税
劳务名称</td><td>计量单位</td><td>数量</td><td>单价</td><td colspan="2">金额</td><td colspan="2">税率（%）</td><td colspan="3">税额</td></tr>
<tr><td colspan="2">电力</td><td></td><td></td><td></td><td colspan="2">55 564</td><td colspan="2">16</td><td colspan="3">8 890.24</td></tr>
<tr><td colspan="2">合计</td><td></td><td></td><td></td><td colspan="2"></td><td colspan="2"></td><td colspan="3"></td></tr>
<tr><td colspan="2">价税合计</td><td colspan="5">陆万肆仟肆佰伍拾肆元贰角肆分</td><td colspan="5">￥64 454.24</td></tr>
<tr><td colspan="2">备注</td><td colspan="10"></td></tr>
<tr><td colspan="2">备注</td><td colspan="10"></td></tr>
<tr><td rowspan="2">销货
单位</td><td>名称</td><td colspan="2">成都市供电局</td><td>税务登记号</td><td colspan="7">440104268428638</td></tr>
<tr><td>地址电话</td><td colspan="2">成都东风路 8 号</td><td>开户银行及账号</td><td colspan="7">工行东风路办 015 - 3821 - 6543702</td></tr>
</table>

收款人：　　　　　　　　　　开票人单位（未盖章无效）

115－3

四川省增值税专用发票电力附件

（此附件不作财务报销凭证）

<table>
<tr><td rowspan="2">编号</td><td rowspan="2">性质</td><td colspan="2">电表行码</td><td rowspan="2">倍率</td><td rowspan="2">电表电量</td><td rowspan="2">补（退）电量</td><td rowspan="2">线变损电量</td><td rowspan="2">计费电量</td><td colspan="2">电量电费</td></tr>
<tr><td>本月</td><td>上月</td><td>单价</td><td>金额（元）</td></tr>
<tr><td></td><td rowspan="2">生产照明</td><td></td><td></td><td></td><td></td><td></td><td></td><td>59 240</td><td>0.8</td><td>47 392</td></tr>
<tr><td></td><td></td><td></td><td></td><td></td><td></td><td></td><td>6 810</td><td>1.2</td><td>8 172</td></tr>
<tr><td colspan="3">基本电费</td><td colspan="5">功率因数调整电费</td><td colspan="2">抄表日期</td></tr>
<tr><td>计费容量</td><td>单价</td><td>金额（元）</td><td colspan="2">功率因数</td><td colspan="2">调整率（%）</td><td>调整金额（元）</td><td colspan="2">抄表员</td></tr>
<tr><td></td><td></td><td></td><td colspan="2"></td><td colspan="2"></td><td></td><td colspan="2">复核员</td></tr>
<tr><td></td><td></td><td></td><td colspan="2"></td><td colspan="2"></td><td></td><td colspan="2">操作员</td></tr>
</table>

115 - 4

<h2 style="text-align:center">四川省增值税专用发票</h2>

（发票联）川国税水 4101

No. 0008479

开票日期：2019 年 12 月 29 日

购货单位	名称	锦城酒业股份有限公司		税务登记号		4	4	0	1	0	4	1	0	0	5	4	3	9	2	8
	地址电话	成都新华路 5 号		开户银行及账号		工行新华路办 015 - 1015 - 6829001														

商品、应税劳务及其他	用水行度		量	计量单位	单价	金额	税率（%）	税额
	本月	上月						
水			33 300	立方米	0.5	16 650	11	1 831.50
合计								

价税合计（大写）	壹万捌仟肆佰捌拾壹元伍角零分	￥18 481.50
备注		

供水单位	名称	成都自来水公司		纳税人登记号		4	4	0	1	0	8	9	7	2	4	4	7	8	0	1
	地址电话	二环路 304 号		开户银行及账号		工行二环路办 015 - 3291 - 4832382														

抄表收费：　开票：　开票单位（未盖章无效）

第二联：发票联购货方记账凭证

（本发票手写无效）

115 - 5

<h2 style="text-align:center">四川省增值税专用发票</h2>

（抵扣联）川国税水 4101

No. 0008479

开票日期：2019 年 12 月 29 日

购货单位	名称	锦城酒业股份有限公司		税务登记号		4	4	0	1	0	4	1	0	0	5	4	3	9	2	8
	地址电话	成都新华路 5 号		开户银行及账号		工行新华路办 015 - 1015 - 6829001														

商品、应税劳务及其他	用水行度		量	计量单位	单价	金额	税率（%）	税额
	本月	上月						
水			33 300	立方米	0.5	16 650	11	1 831.50
合计								

价税合计（大写）	壹万捌仟肆佰捌拾壹元伍角零分	￥18 481.50
备注		

供水单位	名称	成都自来水公司		纳税人登记号		4	4	0	1	0	8	9	7	2	4	4	7	8	0	1
	地址电话	二环路 304 号		开户银行及账号		工行二环路办 015 - 3291 - 4832382														

抄表收费：　开票：　开票单位（未盖章无效）

第三联：抵扣联购货方扣税凭证

（本发票手写无效）

115 - 6

中国工商银行转账支票存根（川）	中国工商银行转账支票（川）成都 No. 038800047
No. 038800047	出票日期（大写）　年　月　日　付款行名称：新华路办

收款人：　出票人账号：015 - 1015 - 6829001

本支票付款期十天	人民币（大写）	百	十	万	千	百	十	元	角	分

科目：

对方科目：

出票日期：　年　月　日

收款人：

金额：

用途：

单位主管：　会计

用途

上列款项请从　　　　　　　　　　　　　　　　　科目（借）

我账户内支付　　　　　　　　　　　　　　对方科目（贷）

出票人（签章）

复核　　记账

115 - 7

中国工商银行转账支票存根（川）	中国工商银行转账支票（川）成都 No. 038800048
No. 038800048	出票日期（大写）　年　月　日　付款行名称：新华路办

收款人：　出票人账号：015 - 1015 - 6829001

本支票付款期十天	人民币（大写）	百	十	万	千	百	十	元	角	分

科目：

对方科目：

出票日期：　年　月　日

收款人：

金额：

用途：

单位主管：　会计

用途

上列款项请从　　　　　　　　　　　　　　　　　科目（借）

我账户内支付　　　　　　　　　　　　　　对方科目（贷）

出票人（签章）

复核　　记账

115 - 8

外购动力费分配表

2019 年 12 月 31 日

产品、部门项目		单位	生产用电			照明用电			合计
			用电数量	单价	金额	用电数量	单价	金额	
基本车间	一车间产品	度	35 000			900			
	二车间产品	度	15 000			660			
运输队		度	680			100			
机修车间		度	8 000			100			
供水车间		度	280			25			
供气车间		度	280			25			
管理部门		度				2 000			
在建工程		度				3 000			
合计		度	59 240			6 810			

115 - 9

水费分配表

2019 年 12 月 31 日

用水部门、项目		单位	数量	单价	金额
基本车间	一车间产品		15 000		
	二车间产品	立方米	7 000		
机修车间		立方米	1 000		
运输队		立方米	2 000		
供气车间		立方米	800		
管理部门		立方米	800		
在建工程		立方米	6 700		
合计		立方米	33 300		

116

固定资产折旧计算表

2019 年 12 月 31 日

名称 / 折旧率 / 部门		房屋建筑物 3‰			机器设备 8‰			运输设备 8‰			合计
		原值	减值准备	折旧额	原值	减值准备	折旧额	原值	减值准备	折旧额	
基本车间	一车间	800 000			1 000 000						
	二车间	600 000	700 000								
机修车间		300 000			350 000						
运输队		100 000			30 000			1 900 000	1 000		
管理部门		400 000	2 000		200 000	1 000		200 000	2 000		
供销科		100 000	1 000		70 000	2 000					
合计		2 300 000			1 650 000			2 100 000			

117 - 1

辅助生产车间提供劳务情况表
(运输队/机修车间)

2019 年 12 月 31 日

辅助生产车间	各受益部门耗用量							
	计量单位	运输队	机修车间	一车间	二车间	厂部管理部门	供销科	在建工程	合计
运输队	吨·公里		500	900	500	200	5 800	100	8 000
机修车间	工时	300		2 100	1 700	110	850	200	5 260

117 - 2

辅助生产车间费用分配表
（运输队/机修车间）

2019 年 12 月 31 日

受益部门	运输队			机修车间			合计
	分配费用：			分配费用：			
	分配数量	分配率	分配金额	分配数量	分配率	分配金额	
一车间							
二车间							
厂部管理部门							
供销科							
在建工程							
合计							

备注：该企业采用直接分配辅助生产费用。

117 - 3

辅助生产提供劳务情况

2019 年 12 月 31 日

受益部门	耗水（立方米）	耗气（立方米）
一车间（白酒）		10 300
一、二车间	20 500	8 000
辅助生产车间——供气	10 000	
——供水		3 000
行政管理部门	8 000	1 200
供销科	2 800	500
合计	41 300	23 000

备注：一、二车间平均分配共同受益的辅助生产。

117 - 4

辅助生产费用分配表

2019 年 12 月 31 日

项目		供水车间			供气车间			合计
		数量	分配率	分配金额	数量	分配率	分配金额	
待分配辅助生产费用								
交互分配	辅助生产——供水							
	辅助生产——供气							
	对外分配							
对外分配	基本生产成本——一车间（白酒）							
	基本生产成本——一车间							
	——二车间							
	行政管理部门							
	供销科							
	合计							

118

制造费用分配表

2019 年 12 月 31 日 单位：元

应借科目		生产工时	分配金额（分配率）
基本生产成本	一车间（白酒）		
	二车间（药酒）		
合计			

119－1

本月产量记录

2019 年 12 月 31 日 单位：吨

数量	一车间（白酒）	二车间（药酒）
月初在产品	40	3
本月投产	100	80
本月完工产品	120	75
月末在产品	20	8
在产品完工程度（加工费）	50%	50%

说明：（1）原材料为投产时一次投入。

（2）本月二车间直接从一车间领取白酒 80 吨，余下 40 吨验收入库。

（3）完工产品入库以瓶为单位，白酒每吨折算为 2 000 瓶；药酒每吨折算为 1 250 瓶。

（4）一车间产品（白酒）转入二车间（药酒）时，按成本项目分项结转。

119－2

产品成本计算单

一车间 2019 年 12 月 31 日

产品名称：白酒

项目		数量	直接材料	直接人工	制造费用	合计
期初在产品成本						
本月发生费用						
合计						
约当产量						
单位成本						
完工产品成本						
月末在产品成本						
其中	转入下步骤					
	完工入库					

119 – 3

产品成本计算单

2019 年 12 月 31 日

二车间

产品名称：药酒

项目	数量	直接材料	直接人工	制造费用	合计
期初在产品成本					
上步骤转入					
本月发生费用					
合计					
约当产量					
单位成本					
完工产品成本					
月末在产品成本					

119 – 4

单位成本计算表

2019 年 12 月 31 日

产品名称	白酒			药酒		
	总成本	单位成本		总成本	单位成本	
		每吨	每瓶		每吨	每瓶
直接材料						
直接人工						
制造费用						
合计						

120 – 1

长期借款利息计算表

2019 年 12 月 31 日

贷款银行	中国工商银行成都分行
贷款用途	仓库扩建工程
贷款金额	人民币合计（大写）贰拾万元整￥200 000
贷款利率	年利率5%
计息期限	2019 年 1 月 1 日 ~ 2020 年 1 月 1 日
本年应承担利息	人民币（大写）壹万元整￥10 000

备注：该项借款为仓库扩建工程专门借款，借入后立即全部用于工程支出。

121－1

仓库扩建工程竣工决算单

2019 年 12 月 31 日

项目	金额（元）
上期累计发生额	
本期发生额：	
1. 购基建用料	
2. 工资及福利	
3. 劳保用品	
4. 领用生产用料	419 477
5. 领用生产用料应摊销差异	
6. 领用生产用料进项税额转出	
7. 水电费	
8. 辅助生产费用（运输及机修）	
9. 借款利息	
10. 其他	
本期发生额合计	
工程费用总额合计	

121－2

仓库扩建工程验收报告

2019 年 12 月 31 日编号

项目名称	仓库扩建工程	施工单位	本厂
原账面价值	650 000 元	已提取折旧	234 000 元
扩建工程金额		扩建后原值	
工程验收小组意见		工程符合质量要求	
施工单位意见	同意验收结论	使用部门意见	同意使用

122－1

本月赊销收入凭证

	白酒（瓶）				药酒（瓶）			
	数量	单价	金额	增值税	数量	单价	金额	增值税
西安酒批公司	40 000	10			30 000	20		
四川食品公司	30 000	10			10 000	20		
海南糖烟酒公司	10 000	10			15 000	20		
贵州酒批公司	5 000	10			20 000	20		
合计	85 000	10			75 000	20		

说明：（1）以上产品已发运。

（2）有关客户资料如下：

客户名称	西安酒批公司	四川食品公司	海南糖烟酒公司	贵州酒批公司
地址及电话	西安市解放路2号	四川成都一环路15号	海口市滨江路15路	贵阳市城区路60号
税务登记号	430105200687901	560103001248754	250389001346301	33010300624358
开户银行及账号	工行解放路办 028－3024－7328001	工行一环路办 034－2025－7816952	海工行滨江路办 053－3082－1028571	工行城区路办 062－1308－7921030
结算方式	赊销	赊销	赊销	赊销
赊销期限	2020年1月20日	2020年1月30日	2020年1月10日	2020年1月31日

122－2

四川省增值税专用发票

No. 00528127

开票日期： 年 月 日　　　　　　记账联

购货 单位	名称					税务登记号													
	地址电话					开户银行及账号													

货物或应税 劳务名称	规格 型号	计量 单位	数量	单价	金额								税率 (%)	税额							
					十	万	千	百	十	元	角	分		十	万	千	百	十	元	角	分
合计																					
价税合计																					
备注																					

销货 单位	名称					税务登记号													
	地址电话					开户银行及账号													

销货单位（章）：　　　　　收款人：　　　　　复核：　　　　　开票人：

第四联：记账联销货方记账凭证

122－3

四川省增值税专用发票

No. 00528128

开票日期： 年 月 日　　　　　　记账联

购货 单位	名称					税务登记号													
	地址电话					开户银行及账号													

货物或应税 劳务名称	规格 型号	计量 单位	数量	单价	金额								税率 (%)	税额							
					十	万	千	百	十	元	角	分		十	万	千	百	十	元	角	分
合计																					
价税合计																					
备注																					

销货 单位	名称					税务登记号													
	地址电话					开户银行及账号													

销货单位（章）：　　　　　收款人：　　　　　复核：　　　　　开票人：

第四联：记账联销货方记账凭证

122－4

四川省增值税专用发票

No. 00528129

开票日期： 年 月 日 　　　　　　　　　　记账联

购货单位	名称				税务登记号															
	地址电话				开户银行及账号															

货物或应税劳务名称	规格型号	计量单位	数量	单价	金额								税率（%）	税额						
					十	万	千	百	十	元	角	分		十	万	千	百	十	元	角	分
合计																					
价税合计																					
备注																					

销货单位	名称				税务登记号															
	地址电话				开户银行及账号															

销货单位（章）：　　　　　收款人：　　　　　复核：　　　　　开票人：

第四联：记账联 销货方记账凭证

122－5

四川省增值税专用发票

No. 00528130

开票日期： 年 月 日 　　　　　　　　　　记账联

购货单位	名称				税务登记号															
	地址电话				开户银行及账号															

货物或应税劳务名称	规格型号	计量单位	数量	单价	金额								税率（%）	税额						
					十	万	千	百	十	元	角	分		十	万	千	百	十	元	角	分
合计																					
价税合计																					
备注																					

销货单位	名称				税务登记号															
	地址电话				开户银行及账号															

销货单位（章）：　　　　　收款人：　　　　　复核：　　　　　开票人：

第四联：记账联 销货方记账凭证

122－6

四川省增值税专用发票

No. 00528131

开票日期： 年 月 日　　　　　　　　　记账联

购货单位	名称					税务登记号													
	地址电话					开户银行及账号													

货物或应税劳务名称	规格型号	计量单位	数量	单价	金额									税率（%）	税额							
					十	万	千	百	十	元	角	分			十	万	千	百	十	元	角	分
合计																						
价税合计																						
备注																						

销货单位	名称					税务登记号													
	地址电话					开户银行及账号													

销货单位（章）：　　　　收款人：　　　　复核：　　　　开票人：

提示：①按购货单位各开出一张增值税专用发票，确认销售。

②因应收西安酒批公司货款及增值税的金额超过佰万元，应分别开两张专用发票。

第四联：记账联 销货方记账凭证

123

应纳消费税计算表

2019 年 12 月 31 日

凭证号数	白酒						药酒				
	数量	单价	销售收入	税率	复合税率	消费税	数量	单价	销售收入	税率	消费税
				20%	0.5/升					10%	
				20%	0.5/升					10%	
				20%	0.5/升					10%	
				20%	0.5/升					10%	
				20%	0.5/升					10%	
合计											

124－1

应纳增值税计算表

2019 年 12 月 31 日

项目	当期进项税额	当期销项税额（包括进项税额转出）	应交增值税
合计			

备注：将本月应交增值税从"应交税费——应交增值税（转出未交增值税）"转入"应交税费——未交增值税"科目。

125 – 1

应纳城建税、附加费

凭证	应纳税额					备注
	税种	税金	城建税7%	附加费3%	合计	
	消费税					
	增值税					
	小计					列入税金及附加科目

说明：根据应纳增值税、消费税合计计提的城建税、教育费附加列为"税金及附加"。

备注：城建税、教育费计算结果保留小数点后1位。

126 – 1

财产物资清查报告表

2019 年 12 月 31 日

盘点日期	2019 年 12 月 31 日	
清查方法：盘亏一台电钻，原因是职工李华明未经同意取回家并遗失，应追究其责任		
原值	20 000 元	已提折旧 8 000 元

净值 12 000 元

盘点经手人：李辉

127 – 1

中华人民共和国太平洋保险有限公司
保险费收据

2019 年 12 月 29 日

收到锦城酒业股份有限公司

交来财产保险费：28 000 元（保险期限 2020 年 1 月 1 日至 12 月 31 日）

人民币（大写）贰万捌仟元整

太平洋保险有限公司（盖章）

复核：　　　　　　　制单：

127 – 2

中国工商银行转账支票存根（川） No. 038800049 科目： 对方科目： 出票日期：　年　月　日 收款人： 金额： 用途： 单位主管：　会计	中国工商银行转账支票（川）成都　No. 038800049 出票日期（大写）年　月　日　付款行名称：新华路办 收款人：　出票人账号：015 – 1015 – 6829001

本支票付款期十天

人民币（大写）	百	十	万	千	百	十	元	角	分

用途

上列款项请从　　　　　　　科目（借）

我账户内支付　　　　　　　对方科目（贷）

出票人（签章）

复核　记账

128－1

查账报告

锦城酒业股份有限公司：

经审核你公司 2018 年财务报告，发现你公司多计提职工福利费 1 500 元，请予以调整。

成都市税务局

2019. 12. 25

129－1

债券溢价摊销表

2019 年 12 月 31 日

单位：元

债券名称	应收利息	溢价摊销	利息收入	未摊销溢价	面值和未摊销溢价之和
万科股份公司债券					
合计					

提示：计提 12 月份应计利息及分摊溢价。

130－1

中国工商银行成都分行新华路支行
短期贷款利息结算单

2019 年 12 月 25 日

借款人（单位）名称	锦城酒业股份有限公司	
借款金额（人民币）	捌拾万元整	￥800 000
借款期限	2018 年 12 月 5 日 ~ 2019 年 12 月 5 日	偿还方式：扣划
借款利率	10%	
借款利息（人民币）	捌万元整	￥80 000
利息扣划日期	2019 年 12 月 25 日	

130－2

支付银行短期借款利息计算单

2019 年 12 月 31 日

项目	金额（元）
借款金额	800 000
借款利息	80 000
已确认利息费用	75 000
本期应承担利息支出	5 000
实际应付利息	80 000

131 - 1

坏账处理报告单

2019 年 12 月 31 日

单位名称	南方食品厂		
金额	2 000 元		
原因：已逾期三年零二个月，经多次催款未果，经查该厂濒于破产。			
单位领导意见	注册会计师认定		主管部门意见
同意核销	属实		同意

132 - 1

坏账准备调整计算单

2019 年 12 月 31 日　　　　　　　　　　　　　　　　　　单位：元

项目	金额	备注
年末"应收账款"账户余额		
坏账准备计提金额（年末）		
年末"坏账准备"账户余额（贷）		
期初"坏账准备"账户余额（贷）		计提比例 5‰
本期发生坏账损失金额		
本期收回已作坏账处理金额		
本期应作调整		

提示：先计算"应收账款"账户期末余额，再分析调整。

133 - 1

无形资产摊销计算价

2019 年 12 月 31 日　　　　　　　　　　　　　　　　　　单位：元

摊销项目	账面价值	年摊销率	月摊销额	摊销余额
专利权	124 977.78	12.5%	1 301.85	
商标权	25 000	10%	208.34	
专有技术	30 000	30%	750	
合计				

134 - 1

大修理费摊销计算单

2019 年 12 月 31 日　　　　　　　　　　　　　　　　　　单位：元

摊销项目	账面净值	本月摊销额	摊余金额
办公楼大修理费	123 629	1 910.75	

135－1

中国工商银行进账单（收账通知）1

2019 年 12 月 31 日　委托号码：第 124 号

<table>
<tr><td rowspan="3">汇款人</td><td>全称</td><td>平安证券公司</td><td rowspan="3">收款人</td><td>全称</td><td colspan="11">锦城酒业股份有限公司</td></tr>
<tr><td>账号</td><td></td><td>账号</td><td colspan="11">015－1015－6829001</td></tr>
<tr><td>开户银行</td><td></td><td>开户银行</td><td colspan="11">工行新华路办</td></tr>
<tr><td colspan="3">人民币
（大写）贰仟元整</td><td></td><td>千</td><td>百</td><td>十</td><td>万</td><td>千</td><td>百</td><td>十</td><td>元</td><td>角</td><td>分</td></tr>
<tr><td colspan="3"></td><td></td><td></td><td></td><td></td><td>￥2</td><td>0</td><td>0</td><td>0</td><td>0</td><td>0</td><td>0</td></tr>
<tr><td>票据种类</td><td colspan="2">现金支票</td><td colspan="12" rowspan="4"></td></tr>
<tr><td>票据张数</td><td colspan="2">1</td></tr>
<tr><td>国库券利息</td><td colspan="2"></td></tr>
<tr><td colspan="3"></td></tr>
<tr><td colspan="3">单位主管　会计　复核　记账</td><td colspan="12">收款人开户银行盖章</td></tr>
</table>

备注：该款项为国库券利息收入。

此联是收款人开户银行交给收款人的收账通知

136－1

库存商品平均单价计算表

品种名称	期初库存			本期完工入库			平均单价
	数量	单价	金额	数量	单价	金额	
白酒 药酒							
合计							

136－2

主营业务成本计算单

2019 年 12 月 31 日

产品名称	计量单位	销售量	单位成本	销售成本
白酒 药酒				
合计				

备注：主营业务成本的计算采用加权平均法，即应先计算加权平均单价。

137－1

利华高科股份公司 2019 年 12 月 31 日市值表

项目	数量	单位市价	交易税费 5‰	市值总额
普通股		4.5		
合计				

备注：根据利华高科股份有限公司 2019 年财务会计报表披露的净利润数额确认投资收益。

提示：利华高科股份有限公司 2019 年因经营前景不明朗股票市价下跌，按可收回金额，即市值，与成本差额计提长期投资减值准备。

137－2

期末存货可变现净值计算表

项目	单位	数量	可变现净值				期末实际成本	存货跌价准备
			售价	税金	费用	可变现净值		
原材料			1 435 100	71 755	210 000			
包装物			156 845	7 842	6 200			
低值易耗品			4 800	240	150			
库存商品			149 886.6	15 000	8 200			
合计								

138－1

本月损益账户发生额汇总表

2019 年 12 月 31 日

账户名称	借方发生额	贷方发生额
主营业务收入		
其他业务收入		
投资收益		
公允价值变动损益		
营业外收入		
主营业务成本		
其他业务成本		
营业税金及附加		
税金及附加		
管理费用		
财务费用		
资产减值损失		
营业外支出		
合计		

提示：结转损益类账户到"本年利润"账户。

备注：确认第 7 笔财务费用，确认第 21 笔收入。

139 - 1

应纳所得税计算表

2019 年 12 月 31 日

项目	金额
一、利润总额 加：应调增应纳税所得额 减：应调减应纳税所得额 二、应纳税所得额 　　税率 三、应纳所得税	25%

资料：（1）计税工资按每月每人 1 000 元计算，职工人数 302 人，全年实际发放工资 3 824 000 元。

（2）按全年实际发放工资（应付工资）计算的工资附加费（福利费、工会经费、教育经费）大于按计税工资总额计算的附加费应作调整。

（3）国库券利息收入免征企业所得税。

（4）资产减值准备的计提应作调整。

备注：鉴于所得税会计的处理制度尚待完善，故这里所得税核算暂不考虑递延所得税对本期所得税费用的影响。

139 - 2

年末结转 "所得税费用" 科目至 "本年利润" 科目。

提示：应结转全年数。

140 - 3

年末将 "本年利润" 科目余额结转到 "利润分配——未分配利润" 科目。

提示：应结转全年净利润，亦即全年利润总额扣除全年所得税后的余额。

141 - 1

盈余公积计算表

2019 年 12 月 31 日

项目	本年税后利润	计提比例	应计提金额
法定盈余公积 任意盈余公积		10% 5%	
合计			

提示：计提全年法定盈余公积和任意盈余公积。

142 – 1

向投资者分配利润计算表

2019 年 12 月 31 日

项目	金额
一、本年净利润	
二、分红比例（50%）	
三、应付利润	

要求：计提应付利润。

143. 年末结转"利润分配"各明细科目余额到"利润分配——未分配利润"明细科目。

144. 结账，编制利润表和利润分配表。

145. 编制资产负债表。

146. 根据多栏式现金收、支日记账汇总表编制 12 月份现金流量表。

147. 根据工商银行转来的对账单（12 月下旬），与银行存款日记账核对，编制银行存款余额调节表。

备注：12 月上旬、中旬没有未达账项。

147 – 1

工商银行成都分行新华路办事处客户存款对账单

客户名称：　　　　　　　　　　2019 年 12 月 31 日　　　　　　　　　　单位：元

12 月 20 日余额					9 013 600
本旬增加			本旬减少		
日期	来源	金额	日期	用途	金额
12 月 24 日	湖北食品厂	3 000	22 日	捐款	31 000
12 月 26 日	采购户退款	5 720	23 日	汇款设立采购户	110 000
12 月 31 日	西安酒批公司	403 200		手续费	400
			24 日	交纳税款	3 500
			25 日	下年度报刊费	1 500
			26 日	工会活动	1 500
			28 日	购汽油款	34 800
			30 日	水电费	64 454.24
			31 日	借款利息	80 000
			31 日	电话费	3 000
	合计	411 332.9		合计	344 724.38
12 月 31 日余额					944 800.60

148. 补充实训：关于所得税费用的练习。

锦城酒业股份有限公司所得税费用计算表

2019 年 12 月 31 日

项目	账面价值	计税基础	差异	
			应纳税暂时性差异	可抵扣暂时性差异
存货	16 000 000	16 000 000		
固定资产				
固定资产原价	6 000 000	6 000 000		
减：累计折旧	2 160 000	1 200 000		
减：固定资产减值准备	200 000	0		
固定资产账面价值	3 640 000	4 800 000		
无形资产	2 700 000	0		
预计负债	1 000 000	0		

备注：该企业所得税税率为 25%，当期应交所得税为 4 500 000 元，期初递延所得税负债
750 000 元，期初递延所得税资产 225 000 元。

附件：实习所需会计凭证、会计账簿及会计报表种类及数量

1. 记账凭证（1 本）
2. 记账凭证封面（3 张）
3. 科目汇总表（9 张）
4. 试算平衡表（1 张）
5. 总账（1 本）
6. 现金、银行存款日记账（1 本）
7. 三栏式明细账（1 本）
8. 多栏式明细账（1 本）
9. 数量金额式明细账（1 本）
10. 多栏式现金收入日记账汇总表（1 张）
11. 多栏式现金支出日记账汇总表（1 张）

12. 资产负债表（1 张）
13. 利润表（1 张）
14. 利润分配表（1 张）
15. 现金流量表（1 张）
16. 资产减值明细表（1 张）
17. 银行存款余额调节表（1 张）

第二篇　会计电算化实验

为使学生掌握使用财务软件处理实际企业经济业务的技能，培养学生举一反三的能力，会计电算化实验要求学生根据会计核算实务实验的相关资料运用财务软件进行会计电算化实验。

会计电算化实验共分为十部分，启用的模块为用友 U8 财务软件的总账、固定资产管理、薪资管理、采购管理、应付款管理、销售管理、应收款管理、存货核算、库存管理、UFO 报表等模块。限于篇幅，本实验指导结合电算化实验仅对其中主要操作流程进行了介绍，学生可参照进行会计电算化实验。

说明：本部分实验指导中的公司信息、数据、图例与实验资料、实验过程并不完全一致，仅为示范说明操作流程与指导实验之用。

第一部分　用友 U8 财务软件简介

用友 U8 财务软件以"优化资源，提升管理"为核心理念，将财务系统分为两大部分：财务会计与管理会计。本实验主要涉及财务会计部分。

财务会计部分主要完成企业日常的会计核算，并对外提供会计信息，主要包括总账、固定资产管理、薪资管理、采购与应付款管理、销售与应收款管理、存货核算与库存管理以及 UFO 报表等模块。

一、用友 U8 财务会计系统功能简介

（一）总账

总账系统主要提供凭证处理、账簿查询打印、期末结账等基本核算功能，并提供个人、部门、客户、供应商、项目、产品等专项核算和考核，支持管理者在业务处理的过程中随时查询包含未记账凭证的所有账表，充分满足管理者对信息及时性的要求。此外还为出纳人员提供了一个集成办公环境，加强了对现金及银行存款的管理。

（二）应收款管理

应收款管理是企业控制资金流入的一个主要环节，因此应收款管理是保证企业资金健康运作的一个主要手段。应收款管理系统主要提供发票和应收单据的录入、客户信用的控制、客户收款的处理、现金折扣的处理、单据核销处理、坏账的处理等业务处理功能，并提供应收款账龄分析、欠款分析、回款分析等统计分析，提供资金流入预测。此外还包括应收票据的管理，处理应收票据的核算与追踪。

（三）应付款管理

应付款管理是企业控制资金流出的一个主要环节，同时也是维护企业信誉、保证企业低成本采购的一个有力手段。应付款管理系统主要提供发票和应付单据的录入、向供应商付款的处理、及时获取现金折扣的处理、单据核销处理等业务处理功能，并提供应付款账龄分析、欠款分析等统计分析，提供资金流出预

算。此外，还提供应付票据的管理，处理应付票据的核算与追踪。

（四）固定资产管理

固定资产管理系统主要提供资产管理、折旧计算、统计分析等功能。其中资产管理主要包括原始设备的管理、新增资产的管理、资产减少的处理、资产变动的管理等。它还提供资产评估及固定资产减值准备功能，支持折旧方法的变更，可按月自动计提折旧，生成折旧分配凭证，同时输出有关的报表和账簿。固定资产管理系统可用于进行固定资产总值、累计折旧数据的动态管理，协助设备管理部门做好固定资产实体的各项指标的管理、分析工作。

（五）薪资管理

薪资管理系统主要针对企业、行政事业单位的薪资核算、薪资类别管理，及时、准确地进行薪资数据管理，可以根据不同用户的需要设计薪资项目、计算公式，支持代扣税金或代缴个人所得税，自动完成薪资分摊、计提及转账业务，并通过丰富的报表形式为企业提供方便、及时的薪资数据查询。

（六）存货核算

存货核算系统主要针对企业存货的收、发、存业务进行核算，掌握存货的耗用情况，及时准确地把各类存货成本归集到各成本项目和成本对象上，为企业的成本核算提供基础数据。并可动态反映存货资金的增减变动，提供存货资金周转和占用的分析，为降低库存、减少资金积压、加速资金周转提供决策依据。本系统适用于工业企业的材料、产成品核算，商业企业的商品核算管理。

（七）UFO 报表

UFO 报表是报表事务处理的工具，与总账等各系统之间有完善的接口，是真正的三维立体表，提供了丰富的实用功能，完全实现了三维立体表的四维处理能力。它的主要功能有：文件管理功能、格式管理功能、数据处理功能、图形功能、打印功能和二次开发功能，可以通过取数公式从数据库中挖掘数据，也可以定义表页与表页之间以及不同表格之间的数据钩稽核算、制作图文混排的报表。UFO 报表内置工业、商业、行政事业单位等行业的常用会计报表。

二、用友 U8 财务会计系统核算流程

用友 U8 财务会计核算系统由总账、固定资产管理、薪资管理、销售与应收款管理、采购与应付款管理、存货核算与库存管理以及 UFO 报表等模块组成，以总账系统凭证处理为主线，结合出纳管理、应收款管理、应付款管理、固定资产管理、薪资管理、存货核算等模块，通过科目管理与独特的辅助核算目录功能，实现企业的各项精细化核算与丰富的账簿、业务、报表查询，帮助企业管理者及时掌握企业财务和业务营运情况。各模块之间的关系如图 1 – 1 所示。

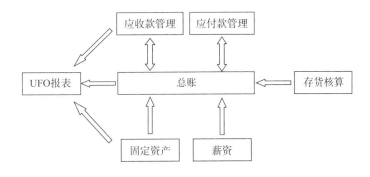

图 1 – 1　各模块关系

总体而言，用友 U8 财务会计核算系统是以凭证处理为核心的财务核算系统。总账属于财务核算系统的核心部分。总账系统与应收款管理、应付款管理、固定资产管理、薪资管理、存货核算系统接口，接收其他系统生成的凭证。UFO 报表系统与总账等各系统之间有完善的接口，提供财务数据，生成各种财务报表。

第二部分　系统管理

用友 U8 软件由多个模块组成，各个模块之间相互联系、数据共享，完全实现财务业务一体化的管理。对于企业资金流、物流、信息流的统一管理提供了有效的方法和工具。为实现对各个产品进行统一的操作管理和数据维护，需要一个独立的产品模块，即系统管理模块来实现，并注册系统管理员 Admin 来对系统进行总体控制。系统管理员能管理该系统中的所有账套并可设置和修改管理员密码，设置操作员和账套主管、建立账套、引入和输出账套等。系统管理的使用者为企业的信息管理人员：系统管理员 Admin 和账套主管。

系统管理模块主要能够实现如下功能：

· 对账套的统一管理，包括建立、修改、引入和输出、恢复备份和备份。

· 对操作员及其功能权限实行统一管理，设立统一的安全机制，包括用户、角色和权限设置。

· 允许设置自动备份计划，系统根据这些设置定期进行自动备份处理，实现账套的自动备份。

· 对年度账的管理，包括建立、引入、输出年度账，结转上年数据，清空年度数据。

【实验目的】

掌握系统管理的主要操作内容，包括新建账套、修改账套、删除账套、操作员及权限设置、年度账管理、账套数据备份及恢复等。

【实验内容】

新建账套、修改账套、删除账套、设置操作员及权限、管理年度账、备份账套数据等。

【实验准备】

系统具备运行用友 U8 的软硬件环境，及总账、应收款管理、应付款管理、固定资产管理等模块。

【实验资料】

会计核算实务实验中的企业相关资料。

【实验指导】

账套就是企业单位的一套账，建立账套也就意味着明确了财务软件使用的会计主体。用友 U8 软件中，账套管理主要包括新建账套、修改账套、删除账套、年度账管理等内容。所有这些功能都通过用友 U8 财务软件的系统管理模块来实现。

一、系统建账流程

新用户操作流程：启动系统管理—以系统管理员身份登录—新建账套—增加角色、用户—设置角色、用户权限—启用各相关系统。

老用户操作流程：启动系统管理—以账套主管注册登录—建立下一年度账—结转上年数据—启用各相关系统—进行新年度操作。

系统建账流程如图 2-1 所示。

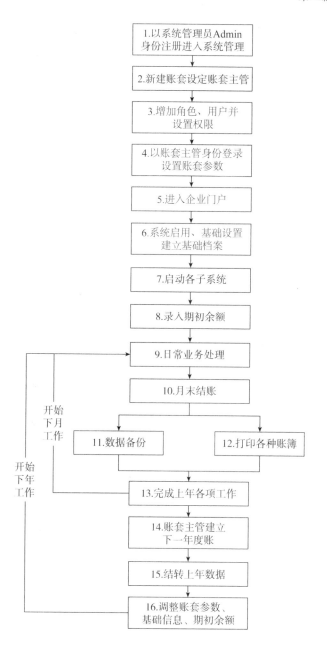

图 2 - 1　系统建账流程

　　步骤 1~8 描述的是建账的过程。其中：步骤 1~4 在系统管理模块中进行，在建账向导中设置账套，设置用户组和用户，并设置其功能权限；第 5 步登录企业应用平台；第 6 步设置系统的基础信息；步骤 7~8 在各子系统中完成。

　　步骤 9~13 描述的是子系统在一个会计年度内的日常处理工作，由于各子系统的日常业务处理不相同，故这里只是一个总体流程描述，有关详细的流程描述和功能描述请参见各子系统的说明。

　　步骤 14~16 描述的是建立下一年度账、结转上年数据和调整账套参数、调整基础信息、调整各子系统期初余额的过程。其中，步骤 14~15 在系统管理模块里完成。步骤 16 在基础设置和各子系统中完成。

二、系统管理的登录注册

　　用户要对用友 U8 系统进行管理，必须先以合适的身份登录到系统中，用友 U8 系统管理员分为系统管理员和账套主管。系统只允许以这两种身份注册进入系统管理。

（一）以系统管理员的身份注册系统管理

系统管理员负责整个应用系统的总体控制和维护工作，可以管理该系统中所有账套。以系统管理员身份注册进入，可以进行账套的建立、引入和输出，设置用户、角色和权限，设置备份计划，监控系统运行过程，清除异常任务等。

以系统管理员的身份注册系统管理，主要操作步骤如下：

（1）直接双击桌面"系统管理"快捷方式，进入"新道教育 – 用友 U8［系统管理］"窗口，如图 2 – 2、图 2 – 3 所示。

图 2 – 2　用友 U8 系统管理启动

图 2 – 3　系统管理

（2）单击"系统"—"注册"，打开"注册'系统管理'"对话框，如图 2 – 4 所示。

图 2 – 4　以系统管理员身份注册进入系统管理

（3）选择服务器。单击"登录到"文本框中的下三角按钮，打开对话框。如果在客户端登录，则选择服务端的服务器名称；如果本身就在服务端或是单机用户，则选择本地服务器。

（4）输入操作员及密码。单击"操作员"文本框，输入用友 U8 默认的系统管理员"admin"；单击"密码"文本框，用友 U8 默认系统管理员的密码为空。

★提示：

·系统管理员是用友 U8 系统管理中权限最高的操作员，他对系统数据安全和运行安全负责。因此，安装用友 U8 系统后，应该及时更改系统管理员的密码，以保障系统的安全性。

·设置（更改）密码的方法是：在注册"系统管理"对话框中，输入操作员密码后，单击"改密码"复选框，单击"确定"按钮，打开"设置操作员口令"对话框，在"新口令"文本框中输入将要设置的系统管理员密码，在"确认新口令"文本框中再次输入相同的密码，单击"确定"按钮进入"用友 U8 '系统管理'"窗口，如图 2 – 5 所示。

图 2 – 5　设置操作员密码

（5）单击"确定"按钮，即以系统管理员身份进入"用友 U8 '系统管理'"窗口。

（二）以账套主管的身份注册系统管理

账套主管负责所选账套的维护工作。主要包括对所管理的账套进行修改、对年度账的管理（包括创建、清空、引入、输出以及各子系统的年末结转），以及该账套操作员权限的设置。

以账套主管的身份注册系统管理，主要操作步骤如下：

（1）双击桌面"系统管理"快捷方式，进入"用友 U8〔系统管理〕"窗口。

（2）单击"系统"—"注册"，打开"注册〔系统管理〕"对话框。

（3）输入操作员及密码。单击"操作员"文本框，输入欲登录系统的账套主管的姓名或编号，单击"密码"文本框，输入账套主管的密码，如图 2 – 6 所示。

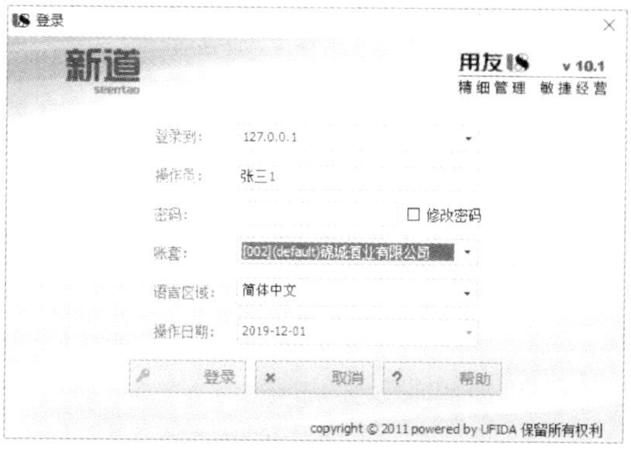

图 2 – 6　以账套主管身份注册进入系统管理

（4）选择账套。输入操作员之后，系统会在"账套"下拉列表中根据当前操作员的权限，显示该操作员可以登录的账套号。只能从下拉列表中选择某账套。

（5）输入操作日期。在"操作日期"文本框内键入操作日期。输入格式为"yyyy—mm—dd"。

（6）单击"确定"按钮，即以账套主管身份进入"用友 U8'系统管理'"窗口。

★提示：

系统管理员和账套主管的区别是：

·系统管理员：负责整个系统的维护工作。以系统管理员身份注册进入，便可以进行账套的管理，包括账套的建立、备份和恢复，以及角色和用户的设置和授权。

·账套主管：负责所选账套的维护工作。以账套主管身份注册进入，可以进行账套信息的修改和所含年度账的管理，包括年度账的创建、清空、备份、恢复及各子系统的年末结转，以及操作员权限的设置。

·系统管理员（admin）和账套主管看到的系统管理登录界面是有差异的。系统管理员登录界面只包括服务器、操作员、密码和账套 4 项；账套主管登录界面则包括服务器、操作员、密码、账套和操作日期 5 项。

·对于系统管理员（admin）和账套主管的具体操作权限，请参见"系统管理员和账套主管的权限明细表"。

·如果是初次使用本系统，必须以系统管理员的身份注册系统管理，建立账套和指定相应的账套主管后，才能以账套主管的身份注册系统管理。

·系统自动根据"模块 + 站点"保存最后一次登录的信息。

三、建立账套

企业应用用友 U8，首先需要在系统中建立企业基本信息、核算方法、编码规则等，称之为建账，然后在此基础上启用用友 U8 的各个子模块，进行日常业务处理。

记载一个独立核算的会计主体的所有经济信息的一整套记录表和统计分析报表统称为一个账套。一般一个企业只用一个账套，但如果企业有几个下属的独立核算的实体，就可以建几个账套，账套之间是相对独立的，也就是说，建立、删除或修改一个账套中的数据，不会对其他账套有任何影响。

以系统管理员的身份注册进入系统管理，在系统管理界面单击"账套"—"建立"，进入创建账套界面。跟随建账向导，创建账套。

★提示：

·在建立账套前，必须事先准备好单位信息，各种信息的分类及编码原则。

·在账套启用后，单位信息及编码原则将不能再更改。

·年度账是指一个会计主体某一年度的账套。账套是年度账的上一级，账套是由年度账组成的，先有账套后有年度账。

·一个账套通常拥有一至多个年度的年度账。对于拥有多个核算单位的客户，可以拥有多个账套（最多可以拥有 999 个账套）。

建立账套的主要操作步骤如下：

（1）在系统管理窗口，单击"账套"—"建立"，打开"创建账套—账套信息"对话框，输入账套信息，如图 2 - 7 所示。

（2）输入完成后，单击"下一步"按钮，打开"创建账套—单位信息"对话框，输入单位信息，如图 2 - 8 所示。

（3）输入完成后，单击"下一步"按钮，打开"创建账套—核算类型"对话框，输入核算信息，如图 2 - 9 所示。

图 2 – 7　创建账套—账套信息

图 2 – 8　创建账套—单位信息

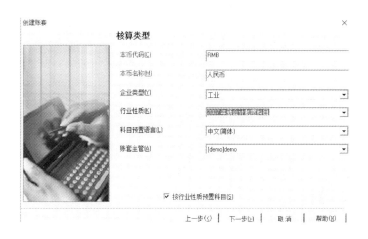

图 2 – 9　创建账套—核算类型

（4）输入完成后，单击"下一步"按钮，打开"创建账套—基础信息"对话框，输入基础信息，如图 2 – 10 所示。

图 2 - 10　创建账套—基础信息

（5）以上信息输入完成后，单击"完成"按钮，系统提示"可以创建账套了么？"单击"是"完成上述信息设置，如图 2 - 11 和图 2 - 12 所示。

图 2 - 11　创建账套界面—完成界面 1

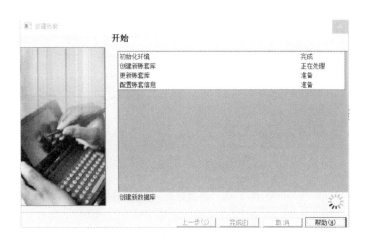

图 2 - 12　创建账套界面—完成界面 2

（6）建账完成后，可以继续进行相关设置，等候几分钟，系统自动打开"分类编码方案"对话框。

（7）设置分类编码方案，如图 2 - 13 所示。

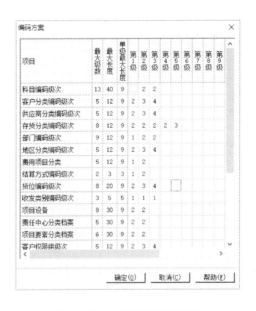

项目	最大级数	最大长度	单级最大长度	第1级	第2级	第3级	第4级	第5级	第6级	第7级	第8级	第9级
科目编码级次	13	40	9		2	2						
客户分类编码级次	5	12	9	2	3	4						
供应商分类编码级次	5	12	9	2	3	4						
存货分类编码级次	8	12	9	2	2	2	2	3				
部门编码级次	9	12	9	1	2	2						
地区分类编码级次	5	12	9	2	3	4						
费用项目分类	5	12	9	1	2							
结算方式编码级次	2	3	3	1	2							
货位编码级次	8	20	9	2	3	4						
收发类别编码级次	3	5	9	1	1							
项目设备	8	30	9	2	2							
责任中心分类档案	5	30	9	2	2							
项目要素分类档案	6	30	9	2	2							
客户权限组级次	5	12	9	2	3	4						

图 2 - 13　分类编码方案设置

★提示：

·设置的编码方案级次不能超过最大级数，同时系统限制最大长度，只能在最大长度范围内增加级数，改变级长。

·若需要删除级长，需从最末一级开始删除。

·该编码方案的设置在此可以按系统默认设置，待建账完毕后在"企业应用平台"—"基础信息"—"基本信息"中根据企业实际情况进行修改。

（8）设置完成后，单击"保存"按钮，再单击"取消"按钮，打开"数据精度"对话框，如图 2 - 14所示。

图 2 - 14　数据精度定义

（9）设置完成后，单击"保存"按钮，再单击"取消"按钮，弹出"现在进行系统启用的设置？"提示，单击"否"，结束建账，如图 2 - 15 和图 2 - 16 所示。

图 2 – 15　创建账套成功

图 2 – 16　结束建账时的提示

★提示：

·在"现在进行系统启用的设置？"界面，单击"是"可以立即进行系统启用的设置。也可以单击"否"暂时不进行系统启用的设置，以后在企业应用平台中的基础信息中再进行设置。

·在建账过程的每个步骤中，均可以单击"上一步"按钮返回上一界面进行修改，或单击"取消"按钮取消建账过程。

四、修改账套

系统管理员建立账套并设置账套主管后，在未使用相关信息的前提下，需要对某些信息进行调整，以便使信息更真实准确地反映企业的相关内容，可以对账套信息进行适当的调整。只有账套主管可以修改其具有权限的年度账套中的信息，系统管理员无权修改。

以账套主管的身份注册系统管理，选择相应的账套，进入系统管理界面。选择"账套"—"修改"，则可以修改其具有权限的账套信息。

可以修改的信息主要有：

账套信息：账套名称；

单位信息：所有信息；

核算信息：除企业类型和行业性质外，其他不允许修改；

账套分类信息和数据精度信息：可以修改全部信息。

五、输出与引入账套

（一）输出账套

输出账套功能实际上是将所选账套数据从本系统中输出，将数据备份到不同的介质上（U 盘、移动硬盘等），这对于保障数据安全是非常重要的。

输出账套的主要步骤为：

（1）以系统管理员的身份注册进入系统管理。

（2）单击"账套"—"输出"，打开"账套输出"对话框。选择需要输出的账套，单击"确认"按钮，打开"请选择账套备份路径"对话框，选择输出路径，单击"确定"按钮，系统提示账套输出成功，如图 2 - 17 ~ 图 2 - 19 所示。

图 2 - 17 账套输出 - 1

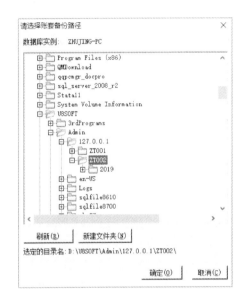

图 2 - 18 账套输出 - 2

图 2 - 19 账套输出 - 3

(二) 引入账套

引入账套是将系统外某账套数据引入本系统中。

引入账套的主要步骤为：

(1) 以系统管理员的身份注册进入系统管理。

(2) 单击"账套"—"引入"，打开"请选择账套备份路径"对话框，选择要引入的账套数据备份文件，单击"确定"按钮，系统提示账套引入成功，单击"确定"按钮，如图 2 - 20 所示。

图 2 - 20 引入账套

六、角色、用户及权限管理

(一) 角色管理

角色是指在企业管理中拥有某一类职能的组织, 这个角色组织可以是实际的部门, 也可以是由拥有同一类职能的人构成的虚拟组织。例如, 实际工作中最常见的会计和出纳两个角色。我们在设置了角色后, 就可以定义角色的权限, 当用户归属某一角色后, 就相应地拥有了该角色的权限。

角色管理包括角色的增加、删除、修改等维护工作。主要操作步骤如下:

(1) 以系统管理员的身份注册进入系统管理, 单击"权限"—"角色", 打开"角色管理"对话框, 如图 2 - 21 所示。

图 2 - 21 角色管理

(2) 单击"增加", 打开"角色详细情况"对话框, 输入角色编号和角色名称, 如图 2 - 22 所示。

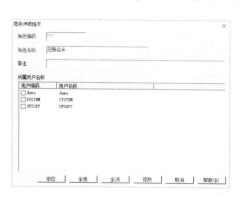

图 2 - 22 增加角色

(3) 如果要修改角色信息, 单击"修改", 进入角色编辑界面, 对当前所选角色记录进行编辑, 除角色编号不能进行修改之外, 其他信息均可以修改。

(4) 如果要删除角色信息, 单击"删除", 系统弹出提示信息要求确认, 确认后即可删除。如果该角色有所属用户，则不允许删除，必须先进行"修改"，将所属用户置于非选中状态，然后才能进行角色删除。

（二）用户管理

用户是指有权登录系统，对应用系统进行操作的人员，即通常意义上的"操作员"。每次注册登录应用系统，都要进行用户身份的合法性检查。只有设置了具体的用户之后，才能进行相关的操作。

用户管理主要完成用户的增加、删除、修改等维护工作。主要操作步骤如下：

（1）以系统管理员的身份注册进入系统管理，单击"权限"—"用户"，进入"用户管理"对话框，如图 2 - 23 所示。

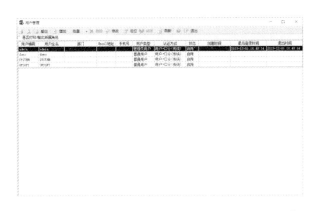

图 2 - 23　用户管理

（2）单击"增加"按钮，打开"增加用户"对话框，输入用户编号、姓名、口令、所属部门，同时选中该用户所属角色前的复选框，如图 2 - 24 所示。

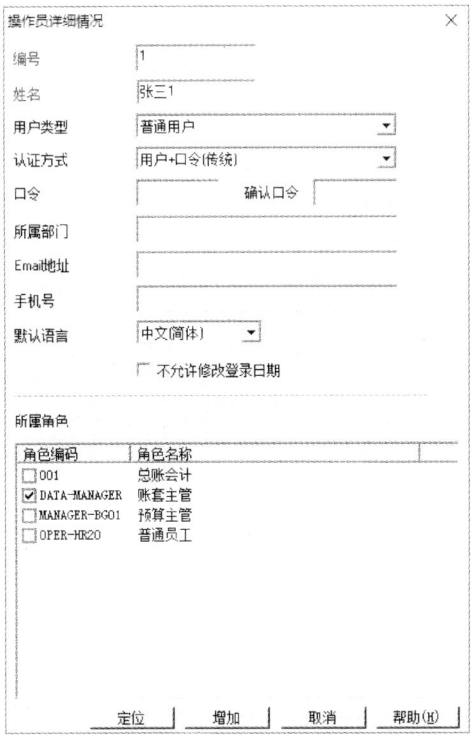

图 2 - 24　增加用户

（3）单击"增加"按钮，保存新增设置。

（4）继续设置其他的用户。

（三）权限管理

为了避免与业务无关的人员或防止无权限的人员对系统进行非法操作，以确保系统的安全，通过权限设置，可以明确用户的责任。账套主管拥有该账套的所有权限。对于不相容的职位，必须设置不同的用户，以便于内部控制和管理，如填制凭证和凭证审核工作应由不同的用户来承担。接下来为角色分配系统操作权限，该角色所属的用户也将具有相同的权限。

权限管理的主要操作步骤为：

（1）以系统管理员的身份注册进入系统管理，单击"权限"—"权限"，打开"操作员权限"对话框。在"账套选择区"中选择相应账套，在"年度选择区"中选择相应年度。

（2）设置账套主管。从左侧的操作员列表中选择拟设置为账套主管的操作员，在"账套主管"前打钩，如图 2 – 25 和图 2 – 26 所示。

图 2 – 25　操作员权限

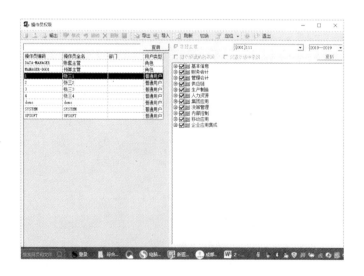

图 2 – 26　设置账套主管

（3）继续设置其他用户的权限。

（4）选中某用户后，单击"修改"按钮，系统弹出"增加和调整权限"对话框，可对用户进行权限修改。

第三部分　基础信息设置

在用友 U8 的应用中，企业应用平台扮演着很重要的角色。要进入用友 U8 应用系统，用户首先要注册进入"企业应用平台"，从而取得无须再次验证而进入任何一个子系统的"通行证"，充分体现数据共享和系统集成的优势；其次，系统的基础档案信息将集中在企业应用平台中进行维护；最后，通过企业应用平台还可实现个性化业务工作与日常办公的协同进行。

在系统管理中，我们已经建立了一个新账套，在启用新账套之前，应根据企业的实际情况及业务要求设置其基础信息。

【实验目的】

通过上机实习，使学生充分理解用友财务软件基础信息的原理，掌握基础信息设置的基本技能。包括系统启用、部门设置、职员设置、往来单位设置、会计科目设置、项目档案设置、凭证类别设置及结算方式设置等。

【实验内容】

完成系统启用、基础档案等基础信息设置。

【实验准备】

系统具备运行用友 U8 的软硬件环境，以及总账、存货核算、固定资产管理等模块。

【实验资料】

会计核算实务实验中的企业相关资料。

【实验指导】

一、进入企业应用平台

双击"企业应用平台"桌面图标，以账套主管身份注册，进入企业应用平台，如图 3 − 1、图 3 − 2 所示。

在主界面左侧的工作列表中单击"业务工作""系统服务"和"基础设置"页签进行查看，如图 3 − 3 ~ 图 3 − 5 所示。

图 3 − 1　用友 U8 企业应用平台启动

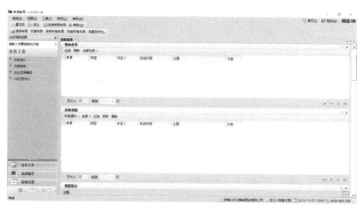

图 3 - 2 以账套主管身份注册登录企业应用平台

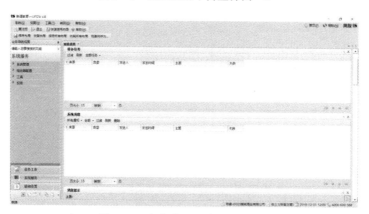

图 3 - 3 企业应用平台主界面 - 1

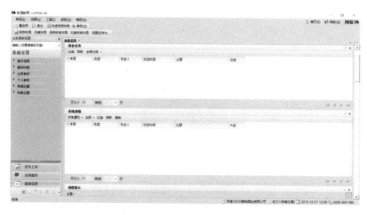

图 3 - 4 企业应用平台主界面 - 2

图 3 - 5 企业应用平台主界面 - 3

日常使用时, 不同的操作人员通过注册进行身份识别, 进入企业应用平台后看到的界面是相同的。但由于不同的操作人员具有不同的操作权限, 因此, 每个人能进入的功能模块是不同的。需要进入某一模块时, 只需在工作列表中单击 "业务工作" 页签, 并打开该模块所属的子系统, 单击相应模块即可。

二、系统启用

要使用一个子系统必须先启用此子系统。本功能用于已安装子系统的启用, 并记录启用日期和启用人。系统启用是指设定在用友 U8 系统中各个子系统开始使用的日期。只有启用后的子系统才能进行登录。系统启用有两种方法: 一是在系统管理中创建账套时启用系统, 当用户创建一个新的账套完成后, 系统会弹出提示信息, 可以选择立即进行系统启用设置; 二是在企业应用平台中启用系统, 如果在建立账套时未设置系统启用, 也可以在企业应用平台中进行设置。

在企业应用平台中设置系统启用的主要步骤为:

(1) 在企业应用平台中, 选择工作列表中的 "基础设置" 页签, 单击 "基本信息" — "系统启用", 如图 3 – 6 所示, 打开 "系统启用" 对话框。系统启用界面所列示的子系统全部是已安装的子系统, 未安装的不予列示。

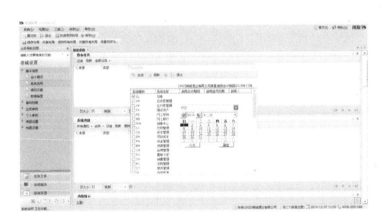

图 3 – 6　企业应用平台——设置

(2) 通过选中复选框来选择要启用的系统, 在启用会计期间内输入启用的年度、期间数据。只有系统管理员和账套主管有系统启用权限, 如图 3 – 7 所示。

系统编码	系统名称	启用会计期间	启用自然日期	启用人
☑ GL	总账	2019-12	2019-12-01	张三 1
☐ AR	应收款管理			
☐ AP	应付款管理			
☐ FA	固定资产			
☐ NE	网上报销			
☐ NB	网上银行			
☐ WH	报账中心			
☐ SC	出纳管理			
☐ CA	成本管理			
☐ PM	项目成本			
☐ FM	资金管理			
☐ BM	预算管理			
☐ CM	合同管理			
☐ PA	售前分析			
☐ SA	销售管理			
☐ PU	采购管理			
☐ ST	库存管理			
☐ IA	存货核算			

图 3 – 7　系统启用界面

（3）单击"确定"按钮，弹出系统提示"确实要启用当前系统吗？"单击"是"，完成当期系统启用，如图 3 - 8 所示。

图 3 - 8　启用当前系统

（4）重复以上步骤可启用其他子系统。

★提示：

·根据本实验要求，需启用总账、固定资产、薪资管理、采购管理、应付款管理、销售管理、应收款管理、存货核算、库存管理等系统。

三、基础档案

一个账套是由若干子系统构成的，这些子系统共享公用的基础信息，基础信息是系统运行的基石。在启用新账套之始，应根据企业的实际情况，结合系统基础信息设置的要求，事先做好基础信息的准备工作，这样可使初始建账顺利进行。

用友 U8 财务软件中的基础设置包括基本信息（系统启用、编码方案、数据精度）、基础档案（机构设置、往来单位、存货、财务等）、数据权限及单据设置等内容。这里，基础设置主要介绍财务部分，业务部分基础设置如存货档案、仓库档案等在相关部分介绍。

基础档案的各项内容，需要在"企业应用平台"—"基础设置"—"基础档案"中设置。设置基础档案之前应首先确定基础档案的分类编码方案。

在基础档案中，可对部门档案、人员类别、客户分类、外币设置、会计科目、凭证类别等进行设置，如图 3 - 9 所示。

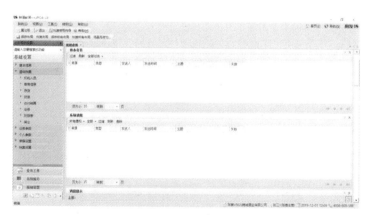

图 3 - 9　基础档案

下面分别以部门档案、会计科目与凭证类别为例，说明基础档案的设置方法。

（一）部门档案

一般来讲，部门是指构成企业整体的各个机构，比如一个企业可以由财务部门、行政部门、销售部门、后勤部门等组成。当企业需要对某一部门的财务信息或业务信息进行统计、汇总、分析时，就需要事先对部门档案进行设置。部门档案用于设置部门相关信息，包括部门编码、名称、负责人、部门属性等内容。

录入部门档案前,首先要根据企业组织结构确定编码方案,然后根据编码方案给各个部门编码。在录入部门档案时,首先要录入上级部门,然后才能录入下级部门。

部门档案设置的主要操作步骤为:

(1)打开"部门档案"窗口。在企业应用平台中,选择工作列表中的"基础设置"页签,单击"基础档案"—"机构人员",进入"部门档案"设置界面,如图3-10、图3-11所示。

图3-10 基础档案—机构人员

图3-11 部门档案设置

(2)单击"增加"按钮,按照事先定义的部门编码级次、原则输入部门编码、部门名称等内容。

(3)单击"保存"按钮,在窗口左侧的空白框中会显示已设置好的部门名称。采取同样步骤设置完其他部门后,单击"退出"按钮,返回"基础档案"窗口。

(4)修改部门档案。在部门档案设置界面可对部门设置进行修改。

(二)会计科目

财务软件所使用的一级会计科目,必须符合国家会计准则、会计制度的规定,而明细科目,各企业则可根据实际情况,在满足核算和管理要求以及报表数据来源的基础上,自行设定。

如果企业需建立的会计科目体系与建立账套时所选的会计科目基本一致,则只需在会计科目初始设置时对不同的会计科目进行修改,对缺少的会计科目进行增加处理即可。

会计科目设置的主要操作步骤为:

(1)打开"会计科目"窗口。在企业应用平台中,选择工作列表中的"基础设置"页签,单击"基础档案"—"财务",进入"会计科目"设置界面,如图3-12、图3-13所示。

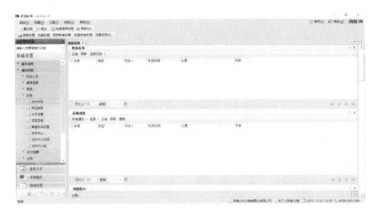

图 3-12 基础档案—财务

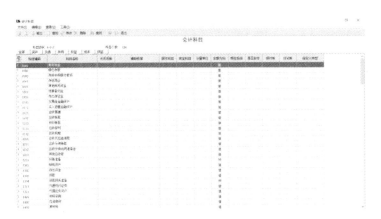

图 3-13 会计科目设置

（2）在"会计科目"设置界面中，可执行"增加""删除""修改"会计科目的功能，如图 3-14 所示，即是增加会计科目的设置界面。

图 3-14 增加会计科目

★提示：

·增加会计科目时，要遵循先建上级再建下级的原则。会计科目编码的长度及每级位数要符合编码规则，编码不能重复。科目已经使用后再增加明细，系统自动将上级科目的数据结转到新增加的第一个明细科目上，以保证账账平衡。

·如果科目已输入期初余额或已制单，则不能删除。

·受控系统：为了加强各系统间的相互联系与控制，在定义会计科目时引入受控系统概念。即设置某科目为受控科目，受控于某一系统，则该受控科目只能在受控系统制单。例如，"应收账款"为应收系统的受控科目，则"应收账款"科目只能在应收系统制单。受控系统一般包括应收系统、应付系统和存货核算等。

·现金和银行存款科目是出纳的专管科目。只有指定科目后，才能执行出纳签字、支票控制和资金赤字控制，才能查看现金、银行存款日记账，从而实现现金、银行存款管理的严密性、保密性。

·为了用 UFO 报表生成现金流量表，必须指定现金流量科目。此处指定的现金流量科目为编制现金流量表时的报表取数函数使用。

（三）凭证类别

根据企业管理和核算要求，将会计凭证进行分类编制，系统提供了设置凭证类别的功能，以便于管理、记账和汇总。

第一次使用总账系统，首先应正确选择凭证类别的分类方式。选择分类方式后，可以设置该种凭证的限制条件，以便提高凭证处理的准确性。凭证类别的限制条件是指限制该凭证类别的使用范围。

凭证类别设置的主要步骤为：

（1）打开"凭证类别"窗口。在企业应用平台中，选择工作列表中的"基础设置"页签，单击"基础档案"—"财务"，进入"凭证类别"设置界面，打开"凭证类别预置"对话框，如图 3-15 所示。

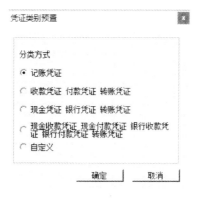

图 3-15　凭证类别预置

（2）在"凭证类别预置"对话框中，选择相应的分类方式。单击"确定"按钮，打开"凭证类别"对话框。在"凭证类别"对话框中进行凭证类别及限制条件设置，如图 3-16 所示。

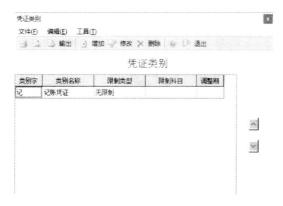

图 3-16　设置凭证类别

第四部分　总账系统

　　总账系统是用友 U8 软件中的账务处理系统，该系统是企业财务核算的中心系统，用以反映企业各种经济业务对企业资金运动变化所产生的影响。总账系统包括：总账系统的初始设置、日常账务处理、出纳管理、辅助核算管理及期末处理等内容。

　　在首次启用总账系统时，需要确定反映总账系统核算要求的各种参数，使得通用总账系统能适用本单位的具体核算要求。总账系统的业务参数将决定总账系统的输入控制、处理方式、数据流向、输出格式等，设定后一般不能随意更改。

【实验目的】

　　通过上机实验，使学生充分理解用友财务软件总账系统的功能，掌握总账系统的基本操作。

【实验内容】

　　总账系统启用、设置系统参数、日常业务处理、出纳业务、账簿管理、期末业务处理。

【实验准备】

　　系统具备运行用友 U8 的软硬件环境，及总账、UFO 报表等模块。

【实验资料】

　　会计核算实务实验中的企业相关资料。

【实验指导】

一、总账系统的主要功能

　　用友 U8 作为财务核算管理软件，除总账系统外，还包括应收、应付、固定资产、薪资、存货等其他系统。总账系统属于账务管理系统的一个部分，与其他系统呈并行关系。总账系统既可独立运行，也可同其他系统协同运行。

　　总账系统是用友 U8 的一个基本的子系统，它概括地反映企业供产销等全部经济业务的综合信息，它在系统中处于中枢地位。总账系统与其他系统之间的数据传递关系如图 4 - 1 所示。

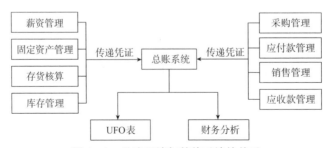

图 4 - 1　总账系统与其他系统的关系

　　总账系统的任务就是利用建立的会计科目体系，输入和处理各种记账凭证，并完成审核凭证、记账及期末对账结账工作，输出各种总分类账、日记账、明细账和有关辅助账等信息。

用友 U8 总账系统功能模块划分为：系统设置、凭证处理、出纳管理、账表管理、期末处理等模块。

（1）系统设置。通过严密的制单控制保证填制凭证的正确性。提供资金赤字控制、支票控制、预算控制、外币折算误差以及查看科目最新余额等功能，加强对发生业务的及时管理和控制。制单赤字控制可控制出纳科目、个人往来科目、客户往来科目、供应商往来科目。可根据需要增加、删除或修改会计科目。

（2）凭证处理。输入、修改和删除凭证，对会计凭证进行审核、查询、汇总和打印。根据已经审核的记账凭证登记明细账、日记账和总分类账。

（3）账簿管理。提供按多种条件查询总账、日记账、明细账等，具有总账、明细账和凭证联查功能，月末可打印出正式账簿。

（4）出纳管理。为出纳人员提供一个集成办公环境，加强对现金及银行存款的管理。提供支票登记簿功能，用来登记支票的领用情况，并可生成银行日记账、现金日记账，随时显示最新资金日报表。定期将企业银行日记账与银行出具的对账单进行核算，并编制银行存款余额调节表。

（5）期末处理。自动完成月末分摊、计提、对应转账、销售成本、汇兑损益、期间损益结转等业务，进行试算平衡、对账、结账，生成月末工作报告。

二、总账系统的操作流程

使用总账系统的基本操作流程包括初始设置、日常处理和期末处理三部分。对于第一次使用总账系统的用户来说，由于账套内还没有数据，因此新用户需要从初始设置开始；而对于已有上年数据的老用户来说，只需要在上年数据的基础上进行操作即可。

第一次使用总账时，操作流程如图 4-2 所示。

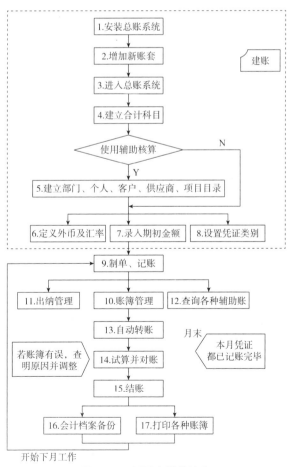

图 4-2　新用户操作流程

第一次使用总账系统，首先安装总账系统、新建账套。从步骤 4 建立会计科目开始到步骤 8 设置凭证类别（即图中虚线所括部分），是对账套进行的初始设置，应根据企业的特点进行相应的设置。

当会计科目、各辅助项目录、期初余额及凭证类别等已录入完毕，就可以使用计算机进行填制凭证、记账了。从步骤 9 到步骤 12 是每月进行的日常业务。

从步骤 13 到步骤 15 是月末需进行的工作，包括月末转账、对账、结账，以及对会计档案进行备份等。

老用户使用以前账套数据时，应按以下操作次序进行，如图 4-3 所示。

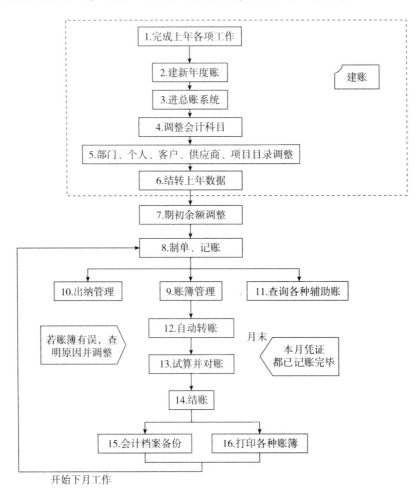

图 4-3 老用户操作流程

老用户使用以前账套数据时，在系统管理中建立新的年度账。从步骤 4 到步骤 6（即图中虚线所括部分），是对账套的基本设置进行相应的调整和设置。

当会计科目、各辅助项目、期初余额及凭证类别等已录入完毕，就可以使用计算机进行填制凭证、记账了。从步骤 9 到步骤 11 是每月进行的日常业务。

从步骤 12 到步骤 15 是月末须进行的工作，包括月末转账、对账、结账，以及对会计档案进行备份等。

三、进入总账

使用总账系统需要先启动总账系统程序，然后登录有关操作员、密码、账套、操作日期等信息。主要操作步骤为：

在企业应用平台中，选择"业务工作"—"财务会计"—"总账"，如图4-4所示。

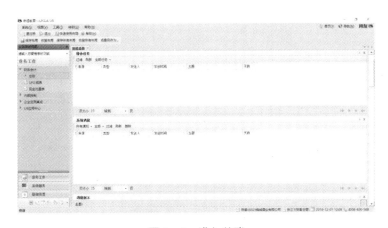

图4-4　进入总账

四、设置系统参数

由于不同企业的具体会计核算要求有所不同，因此，在首次使用总账系统时，企业需要根据本企业的具体核算要求来确定总账系统核算的各种参数，使得总账系统能更好地适用于本单位的会计核算。总账系统的系统参数设置将决定总账系统的输入控制、处理方式、数据流向、输出格式等，设定后一般不能随意更改。系统参数设置包括凭证参数设置、账簿格式设置、会计日历设置及其他设置等内容。

总账系统启动后，系统内预设了一系列总账系统业务处理控制开关，用户可根据企业的具体需要进行更改。可通过"总账"—"设置"—"选项"功能，实现参数的调整。通过"总账"—"设置"—"期初余额"功能，设置期初余额。

选项功能包括"凭证""账簿""凭证打印""预算控制""权限""会计日历""其他""自定义项核算"等标签页，选择相应标签页可进行账套参数的修改。

(一) 凭证参数设置

在"凭证"选项下包括"制单控制""凭证控制""凭证编号方式""现金流量参照科目"等项目。

凭证参数设置的主要步骤为：

(1) 在总账系统中，单击"设置"—"选项"，打开"选项"对话框。

(2) 选择"凭证"页签，单击"编辑"按钮，进行凭证参数设置，如图4-5所示。

图4-5　选项—凭证参数设置

（二）账簿参数设置

"账簿"选项下包括"打印位数宽度""明细账（日记账、多栏账）打印输出方式""凭证、账簿套打"等项目。

账簿参数设置主要步骤为：

（1）在总账系统中，单击"设置"—"选项"，打开"选项"对话框。

（2）选择"账簿"页签，单击"编辑"按钮，进行账簿参数设置，如图4-6所示。

图4-6　选项—账簿参数设置

（三）会计日历设置

在"会计日历"选项卡中，可查看启用会计年度和启用日期，以及各会计期间的起始日期与结束日期。

会计日历设置的主要步骤为：

（1）在总账系统中，单击"设置"—"选项"，打开"选项"对话框。

（2）选择"会计日历"页签，打开"会计日历"对话框，可查看本账套启用会计年度和启用日期，以及各会计期间的起始日期与结束日期，如图4-7所示。

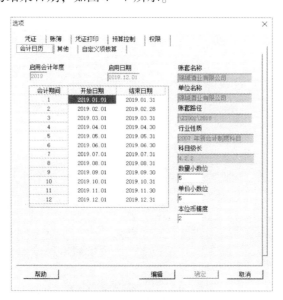

图4-7　选项—会计日历设置

（四）其他参数设置

"其他"选项卡下包括"外币核算汇率方式""本位币""本位币精度""部门排序方式""个人排序方式""项目排序方式""日记账、序时账排序方式"等项目。

其他参数设置的主要步骤为：

（1）在总账系统中，单击"设置"—"选项"，打开"选项"对话框。

（2）选择"其他"页签，打开"其他"对话框进行设置，如图4-8所示。

图4-8 选项—其他参数设置

（3）设置完成所有的"选项"内容后，单击"确定"按钮，保存设置结果。

（五）期初余额

为了保证新系统的数据能与原系统的数据衔接，保持账簿数据的连续完整，在应用总账系统前，需要将一些基础数据输入系统中。首先将各账户的年初余额或启用月份的月初余额，以及年初到该月的累计发生额计算清楚，然后输入总账系统中。

期初余额功能主要包括输入科目期初余额及核对期初余额，并进行试算平衡。

期初余额设置的主要步骤为：

（1）在总账系统中，单击"设置"—"期初余额"，进入"期初余额"窗口，如图4-9所示。

图4-9 期初余额录入

（2）根据实验资料录入期初余额，输入的内容主要包括：余额方向和余额。若某会计科目存在一、二级科目时，录入科目余额需从末级科目开始，该科目的总账科目余额由计算机自动生成。

（3）期初余额录入完成后，必须进行试算平衡，以保证初始数据的正确性。单击"试算"按钮，可查看期初余额试算平衡表，显示试算结果是否平衡，如果不平衡，需重新调整。也可单击"对账"按钮，检查总账、明细账、辅助账余额是否一致。若录入的金额有误，双击该科目余额可进行修改。

（4）试算平衡后，单击"退出"按钮，返回总账系统，完成期初余额的录入。

★提示：

·期初余额试算不平衡，不能记账，但可以填制凭证。

·已经记过账，则不能录入或修改期初余额。

五、日常业务处理

总账系统中的各种参数设置完成后，就可以开始进行日常账务处理了。日常账务处理的任务是通过输入和处理各种记账凭证，完成记账工作，查询和打印各种日记账、明细账和总分类账，同时对个人往来和单位辅助账进行管理。

（一）填制凭证

记账凭证是登记账簿的依据，在实行计算机处理账务后，电子账簿的准确与完整完全依赖于记账凭证，因而使用者要确保记账凭证输入的准确完整。记账凭证是总账系统处理的起点，也是所有查询数据的最主要的一个来源。日常业务处理首先是从填制记账凭证开始的。

记账凭证的内容一般包括两部分：一是凭证头部分，包括凭证类别、凭证编号、凭证日期和附件张数等；二是凭证正文部分，包括摘要、会计分录和金额等。如果输入的会计科目有辅助核算要求，还应同时输入辅助核算内容。

用友 U8 财务软件中，填制凭证主要包括增加记账凭证、修改记账凭证、删除记账凭证、冲销记账凭证等操作。

填制记账凭证时，应先输入凭证头部分，然后输入凭证正文部分，企业应根据具体经济业务内容，采用不同方式填制完成。

填制凭证的主要操作步骤为：

（1）在企业应用平台中，选择"业务工作"—"财务会计"—"总账"。

（2）单击"凭证"—"填制凭证"，进入"填制凭证"窗口，如图 4-10 所示。

图 4-10　填制凭证

（3）单击工具栏上的"增加"按钮，增加一张新凭证。

（4）在"凭证类别"下拉列表中选择凭证类别，确定后，系统自动生成凭证编号，输入制单日期，附单据数。

（5）输入凭证正文部分：摘要、科目、方向、金额和科目辅助核算内容。

★提示：

·系统默认凭证保存时不按凭证号顺序排列而按日期顺序排列。

·凭证一旦保存，其凭证类别、凭证编号不能修改。

·输入科目时，一般输入科目编码，计算机将根据科目编码自动切换为对应的会计科目名称。输入的科目必须在建立科目时已经定义，必须是最末级的科目编码。

·金额不能为零，红字以"－"表示，会计科目借贷双方金额必须平衡。

·当前新增分录完成后，按回车键，系统将摘要自动复制到下一分录行。

·制单人签字，由系统根据登录总账系统时输入的操作员姓名自动输入。

·如果在科目设置时定义了相应的"辅助账"，则在输入每笔分录时，同时输入辅助核算的内容。

（6）修改凭证。在填制凭证中，通过翻页或查询，找到需要修改的凭证，然后直接将光标移到需要修改的地方进行修改即可。

若在"选项"中设置了"制单序时"选项，那么，在修改制单日期时，不能修改为在上一编号凭证制单日期之前。

若在"选项"中选取了"不允许修改、作废他人填制的凭证"，则不能修改他人填制的凭证。

（7）作废/恢复凭证。进入填制凭证后，找到要作废的凭证，单击菜单"编辑"下的"作废/恢复"，凭证左上角显示"作废"字样，表示已将该凭证作废。作废凭证仍保留凭证内容及编号，作废凭证不能修改、不能审核，在记账时，不对作废凭证作数据处理，对已标记作废的凭证，可以取消作废标志，并将当前凭证恢复为有效凭证。

（8）整理凭证。有些作废凭证不想保留，可以通过凭证整理功能将这些凭证彻底删除，并对未记账凭证重新编号。

操作方法为：在填制凭证界面中单击菜单"编辑"下的"整理凭证"，选择要整理的月份，单击"确定"按钮后，屏幕显示作废凭证整理选择窗口，选择要删除的作废凭证，单击"确定"按钮，系统将这些凭证从数据库中删除掉，并可对剩下凭证重新排号。

若本月已有凭证记账，则只能对未记账凭证作凭证整理。若想对全部凭证进行整理，应先到"恢复记账前状态"功能恢复为本月月初的记账前状态，再作凭证整理。

（9）制作红字冲销凭证。用户通过菜单"编辑"下的"冲销凭证"制作红字冲销凭证。本功能用于自动冲销某张已记账的凭证。

（二）出纳及主管签字

会计凭证填制完成后，如果该凭证是出纳凭证，且在系统"选项"中选择了"出纳凭证必须经由出纳签字"，则应由出纳核对签字。

出纳凭证由于涉及企业现金的收入与支出，应加强对出纳凭证的管理。出纳人员可通过"出纳签字"功能对制单员填制的带有现金或银行存款科目的凭证进行检查核对，主要核对出纳凭证的出纳科目的金额是否正确。审查认为错误或有异议的凭证，应交与填制人员修改再核对。

出纳签字的主要步骤为：

（1）以出纳员身份注册进入企业应用平台，在企业应用平台中，选择"业务工作"—"财务会计"—"总账"，如图4－4所示。

（2）单击"凭证"—"出纳签字"，进入"出纳签字"窗口，如图4－11所示。

图 4-11　出纳签字

（3）选择需要签字的凭证范围，单击"确定"按钮，系统显示需要签字的凭证，单击工具栏上的"签字"按钮即可。

（4）签字后，凭证下方出纳处显示当前操作员姓名，表示这张凭证已经出纳员签字。

★提示：

·凭证一经签字，就不能被修改、删除，只有取消签字后才可以修改或删除。

·取消签字只能由出纳自己进行。

为了加强对会计人员制单的管理，系统提供"主管签字"功能，会计人员填制的凭证必须经主管人员签字才能记账。

主管签字的操作可参见出纳签字操作。

（三）审核凭证

审核是指由具有审核权限的操作员按照会计制度规定，对制单人填制的记账凭证进行合法性审核。主要审核记账凭证是否与原始凭证相符、会计分录是否正确等。审查认为错误或有异议的凭证，应交与制单人修改后再审核。经过审核后的记账凭证才能作为正式凭证进行记账处理。

审核凭证的主要步骤为：

（1）在企业应用平台中，选择"业务工作"—"财务会计"—"总账"。

（2）单击"凭证"—"审核凭证"，进入"凭证审核"窗口，如图 4-12 所示。

图 4-12　凭证审核

（3）输入审核凭证的条件后，单击"确认"按钮，屏幕显示凭证一览表，在凭证一览表中双击某张凭证，则显示该凭证。审核人员在确认该凭证正确后，单击"审核"按钮将在审核处自动签上审核人姓名，该张凭证审核完毕后，系统自动显示下一张待审核凭证。

★提示：

·若企业需要进行出纳签字管理，并在"选项"设置了"出纳凭证必须经由出纳签字"，则需在审核凭证前，由出纳人员对带有现金或银行存款科目的凭证进行检查核对并签字。

·审核人和制单人不能是同一个人。

·若想对已审核的凭证取消审核，单击"取消"按钮，取消审核。取消审核签字只能由审核人自己进行。

·凭证一经审核，就不能被修改、删除，只有取消审核签字后才能进行修改或删除。

·审核人除了要有审核权外，还需要有对凭证制单人的审核权，这个权限在"基础设置"的"数据权限"中设置。

·作废凭证不能被审核，也不能被标错；已标错的凭证不能被审核，若想审核，需先取消标错后才能审核。

(四) 记账

记账凭证经审核签字后，即可用来登记总账和明细账、日记账、部门账、往来账、项目账以及备查账等。记账工作采用向导方式，由有记账权限的操作员发出记账指令，由计算机按照预先设计的记账程序自动进行合法性检验、科目汇总、登记账簿等操作。

记账过程的主要操作步骤为：

（1）在企业应用平台中，选择"业务工作"—"财务会计"—"总账"。

（2）单击"凭证"—"记账"，进入"记账"窗口，如图4-13所示。

图4-13 选择记账范围

（3）输入要进行记账的凭证范围。

（4）单击"下一步"按钮，打开"记账报告"对话框，如需打印记账报告，单击"打印"按钮。

（5）单击"下一步"按钮，打开"记账—记账"对话框。

（6）单击"记账"按钮，打开"期初试算平衡表"对话框。

（7）单击"确认"按钮，系统开始登记有关总账、明细账和辅助账。

（8）登记完毕，出现"记账完毕！"提示框。单击"确认"按钮，记账完毕。

★提示：

·在设置过程中，如果发现某一步设置错误，可单击"上一步"按钮返回后进行修改。如果不想再继续记账，可单击"取消"按钮，取消本次记账工作。

·第一次记账时，若期初余额试算不平衡，则不能记账。

·未审核凭证不能记账，记账范围应小于等于已审核范围。

·有不平衡凭证时不能记账。

·上月未记账，本月不能记账。

·上月未结账，本月不能记账。

·在记账过程中，不能中断退出。

（9）取消记账。

在记账过程中，由于某种原因，如断电使登账发生中断，导致记账错误，或记账后发现输入的记账凭证有错误，需进行修改，可调用"恢复记账前状态"功能，将数据恢复到记账前状态，待调整完毕后再重新记账。已结账的月份不能取消记账。

系统提供两种恢复记账前状态方式：一种是将系统恢复到最后一次记账前状态；另一种是将系统恢复到本月月初状态，不管本月记过几次账。

取消记账的主要操作步骤为：

（1）在对账状态下，按"Ctrl + H"键，激活恢复记账前状态功能，如图 4 - 14 所示。

图 4 - 14　激活恢复记账前状态

（2）单击"凭证"—"恢复记账前状态"，打开"恢复记账前状态"对话框，单击"最后一次记账前状态"单选按钮，即可恢复记账。再次按"Ctrl + H"键，可隐藏恢复记账前状态功能，如图 4 - 15 所示。

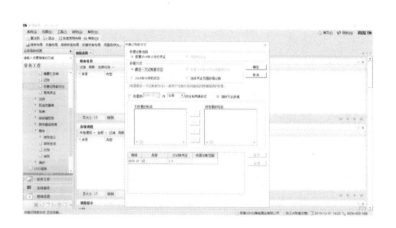

图 4 - 15　恢复记账前状态

（五）查询凭证

可以查询所有录入的凭证，包括已记账或未记账的凭证。

查询凭证的主要操作步骤为：

（1）在企业应用平台中，选择"业务工作"—"财务会计"—"总账"。

（2）单击"凭证"—"查询记账"，进入"凭证查询"窗口，如图4-16所示。

图4-16　查询凭证

在凭证查询界面可进行查询凭证的条件过滤，按照是否记账、凭证类别、月份、凭证编号、日期等方式，如果未选择筛选条件，则系统默认查询所有的凭证。输入查询凭证的条件确认后，显示符合条件的凭证列表。

六、出纳管理

现金、银行存款是企业的货币资金，由于它们具有的一些特性，管好、用好企业货币资金是现代企业管理的一项重要内容。"出纳管理"功能是出纳人员进行管理的一套工具，它包括现金和银行存款日记账的输出、支票登记簿的管理和银行对账功能等。

（一）现金日记账查询

本功能用于查询现金日记账。现金科目必须在"会计科目"功能下的"指定会计科目"中预先指定，才能在此查询。

现金日记账查询的主要操作步骤为：

（1）在企业应用平台中，选择"业务工作"—"财务会计"—"总账"。

（2）单击"出纳"—"现金日记账"，进入"现金日记账查询条件"窗口，如图4-17所示。

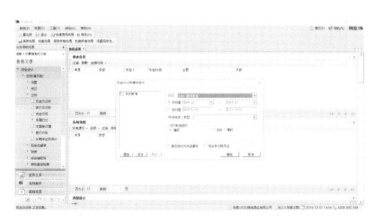

图4-17　现金日记账查询条件

（3）选择科目为"现金"，可以按月查询也可以按日查询。

（4）要查看"包含未记账凭证"的日记账，单击选取，如需要按对方科目展开查询可以选取该项。

（5）单击"确认"按钮，进入"现金日记账"窗口，如图4-18所示。

图4-18 现金日记账

（二）银行存款日记账查询

本功能用于查询银行存款日记账。银行存款科目必须在"会计科目"功能下的"指定会计科目"中预先指定，才能在此查询。

银行存款日记账查询的主要操作步骤为：

（1）在企业应用平台中，选择"业务工作"—"财务会计"—"总账"。

（2）单击"出纳"—"银行存款日记账"，进入"银行存款日记账查询条件"窗口，输入查询条件后确认即可，如图4-19所示。

图4-19 银行存款日记账

（三）银行对账

系统提供银行对账功能，包括内容有录入对账期初数据、录入银行对账单，由系统进行自动勾对与手工调整，并提供余额调节表和未达账报告。为了保证银行对账的正确性，在进行银行对账之前，必须在开始对账的月份先将日记账、银行对账单未达账项录入系统中。

1. 银行对账期初录入

由于在总账系统初始化中已录入银行对账期初数据，此处不再重复。

2. 银行对账单录入

本功能用于平时录入银行送来的对账单。

银行对账单录入的主要操作步骤为：

（1）在企业应用平台中，选择"业务工作"—"财务会计"—"总账"。

（2）单击"出纳"—"银行对账"—"银行对账单"，在"银行科目选择"对话框中选择相应的银行存款科目，如图 4 – 20 所示。

图 4 – 20　银行科目选择

（3）单击"确定"按钮，进入"银行对账单"界面，参照银行对账资料，完成银行对账单录入。

3. 银行对账

银行对账采用自动对账与手工对账相结合的方式。自动对账是计算机根据对账依据自动进行核对、勾销。对账的依据通常是"结算方式 + 结算号 + 方向 + 金额"或"方向 + 金额"。对于已核对上的银行业务，系统将自动在银行存款日记账和银行对账单双方写上两清标志"○"，并视为已达账项，对于在两清栏未写上两清符号的记录，系统视其为未达账项。

手工对账是对自动对账的补充，采用自动对账后，可能还有一些特殊情况，为了保证对账更彻底正确，用户可用手工对账来进行调整。

银行对账的主要操作步骤为：

（1）在企业应用平台中，选择"业务工作"—"财务会计"—"总账"，如图 4 – 4 所示。

（2）单击"出纳"—"银行对账"—"银行对账"，在"银行科目选择"对话框中选择相应的银行存款科目。

（3）单击"确定"按钮，进入"银行对账"窗口，单击工具栏上"对账"按钮，打开"自动对账"对话框，如图 4 – 21 所示。

图 4 – 21　自动对账条件

（4）输入对账条件后，单击"确定"按钮，显示自动对账结果，如图 4 – 22 所示。

图 4 – 22　银行对账结果

4. 输出余额调节表

对账完成后，计算机自动整理汇总未达账和已达账，生成银行存款余额调节表。

输出银行余额调节表的主要操作步骤为：

（1）在企业应用平台中，选择"业务工作"—"财务会计"—"总账"。

（2）单击"出纳"—"银行对账"—"余额调节表查询"，进入"银行存款余额调节表"对话框，如图 4 – 23 所示。

图 4 – 23　银行存款余额调节表查询

（3）从中选择相应的银行存款科目。双击该行或单击工具栏上的"查看"按钮，即可查看该银行账户的银行存款余额调节表，如图 4 – 24 所示。

图 4 – 24　银行存款余额调节表

5. 查询对账单或日记账勾对情况

通过银行存款余额调节表，已了解了对账的结果。通过查询功能，还可了解经过对账后，对账单上勾对的明细情况（包括未达账和已达账情况），从而进一步查询对账结果。

其主要操作步骤为：

（1）在企业应用平台中，选择"业务工作"—"财务会计"—"总账"。

（2）单击"出纳"—"银行对账"—"查询对账勾对情况"，打开"银行科目选择"对话框，输入要查找的银行科目，选择查询方式，如图4-25所示。

图4-25　银行科目选择

（3）单击"确定"按钮，屏幕显示查询结果。可以通过选择"银行对账单""单位日记账"页签切换显示对账情况，如图4-26所示。

图4-26　查询对账单或日记账勾对情况

七、账簿管理

基本会计核算账簿管理包括总账、余额表、明细账、序时账、多栏账、日记账等的查询及打印输出。不管是查询还是打印，都需要先输入查询条件。

（一）余额表查询

余额表查询的主要操作步骤为：

（1）在企业应用平台中，选择"业务工作"—"财务会计"—"总账"。

（2）单击"账表"—"科目账"—"余额表"，进入"发生额及余额查询条件"对话框，如图4-27所示。

图 4 - 27 发生额及余额查询条件

（3）输入查询条件，单击"确认"按钮，进入查询界面，如图 4 - 28 所示。

图 4 - 28 发生额及余额查询结果

（二）明细账查询

明细账查询用于平时查询各账户的明细发生情况，及按任意条件组合查询明细账。在查询过程中，可以包含未记账凭证。

明细账查询的主要操作步骤为：

（1）在企业应用平台中，选择"业务工作"—"财务会计"—"总账"。

（2）单击"账表"—"科目账"—"明细账"，进入"明细账查询条件"对话框，如图 4 - 29 所示。

图 4 - 29 明细账查询条件

（3）输入查询条件，单击"确认"按钮，进入查询界面，如图4－30所示。

图4－30　明细账查询结果

（三）多栏账查询

多栏账用于查询多栏明细账。在对多栏账进行查询前，必须先定义查询格式。系统提供了自动编制多栏账和自定义多栏账两种方式。

多栏账查询的主要参考步骤为：

（1）在企业应用平台中，选择"业务工作"—"财务会计"—"总账"。

（2）单击"账表"—"科目账"—"多栏账"，在"多栏账"界面，单击"增加"按钮，屏幕显示"多栏账"窗口，如图4－31所示。

图4－31　多栏账查询条件定义

（3）多栏账定义完毕，在多栏账界面单击"查询"按钮，屏幕显示查询结果。

八、期末处理

总账系统期末处理是指将在本期（一般为月）所发生的经济业务全部登记入账后所要做的工作，主要包括计提、分摊、结转、对账和结账。期末会计业务与日常业务相比较，数量不多，但业务种类繁杂且时间紧迫。在手工会计核算中，每到会计期末，会计人员的工作非常繁忙。而在计算机处理下，由于各会计期间的许多期末业务具有较强的规律性，由计算机来处理这些有规律的业务，不但可以节省会计人员的工作量，还可以加强财务核算的规范性。

总账系统的期末处理主要包括转账定义、转账生成、对账和结账操作。

（一）定义转账凭证

第一次使用本系统的用户进入系统后，应先执行"转账定义"功能，用户在定义完转账凭证后，在以后的各月只需调用"转账凭证生成"即可。"转账定义"功能提供自定义转账结转、对应转账设置、销售成本结转设置、期间损益结转设置等七种转账功能的定义。但当某转账凭证的转账公式有变化时，需先在"转账定义"中修改转账凭证内容，然后再转账。

1. 自定义转账设置

设置转账分录时，首先设置转账分录的基本内容，如凭证摘要、会计科目和借贷方向等。系统在生成自动转账凭证之前，要求将以前的经济业务全部登记入账，方可采用自定义转账分录生成机制凭证。

自定义转账设置的主要操作步骤为：

（1）在企业应用平台中，选择"业务工作"—"财务会计"—"总账"。

（2）单击"期末"—"转账定义"—"自定义转账"，进入"自定义转账设置"窗口。

（3）单击工具栏上的"增加"按钮，打开"转账目录"对话框，可定义一张转账凭证，如图4-32所示。

图4-32　转账目录

（4）依次输入转账序号、转账说明和凭证类别。

（5）单击"确定"按钮，返回，继续定义转账凭证分录信息，如图4-33所示。

图4-33　自定义转账设置

2. 销售成本结转设置

销售成本结转是指将月末商品（或产成品）销售数量乘以库存商品（或产成品）的平均单价计算各类商品销售成本并进行结转。

销售成本结转设置的主要操作步骤为：

（1）在企业应用平台中，选择"业务工作"—"财务会计"—"总账"。

（2）单击"期末"—"转账定义"—"销售成本结转"，进入"销售成本结转设置"窗口，如图4-34所示。

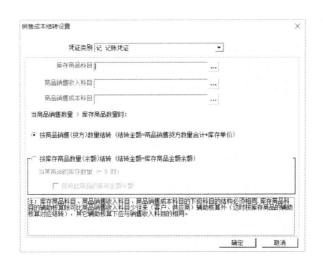

图 4 – 34 销售成本结转设置

（3）从凭证类别框中选定"转账凭证"，选定库存商品、商品销售收入、商品销售成本科目，单击"确定"按钮。

3. 期间损益结转设置

期间损益结转主要用于在一个会计期间终了，将损益类科目的余额结转到本年利润科目中，从而及时反映企业利润的盈亏情况。主要是对于管理费用、销售费用、财务费用、销售收入、营业外收支等科目的结转。

期间损益结转设置的主要操作步骤为：

（1）在企业应用平台中，选择"业务工作"—"财务会计"—"总账"。

（2）单击"期末"—"转账定义"—"期间损益"，进入"期间损益结转设置"窗口，如图 4 – 35 所示。

图 4 – 35 期间损益结转设置

（3）从凭证类别框中选定"转账凭证"，表格上方的本年利润科目是本年利润的入账科目，可参照录入。

（4）单击"确定"按钮，设置完毕。

（二）生成转账凭证

在定义完转账分录后，每月月末只需单击本功能，即可由计算机自动生成转账凭证。在此生成的转账凭证，同样需经审核、记账后才真正完成结转工作。

1. 自定义转账生成

自定义转账凭证是企业根据自身业务需要所采用的转账方式。其主要操作步骤为：

（1）在企业应用平台中，选择"业务工作"—"财务会计"—"总账"。

（2）单击"期末"—"转账生成"，打开"转账生成"窗口，单击"自定义转账"按钮，如图4-36所示。

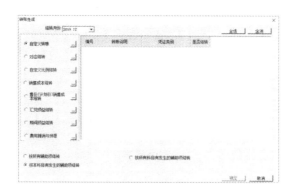

图4-36　转账生成—自定义转账

（3）单击"全选"按钮，"是否结转"出现"Y"，单击"确定"按钮，即可生成凭证。

（4）单击工具栏上的"保存"按钮，系统自动将当前凭证追加到未记账凭证中。

2. 销售成本结转生成

生成销售成本结转凭证的操作与自定义转账生成的操作基本相同。其主要操作步骤为：

（1）在企业应用平台中，选择"业务工作"—"财务会计"—"总账"。

（2）单击"期末"—"转账生成"，打开"转账生成"窗口，单击"销售成本结转"按钮，如图4-37所示。

图4-37　转账生成—销售成本结转

（3）单击"确定"按钮，即可生成凭证。单击工具栏上的"保存"按钮，系统自动将当前凭证追加到未记账凭证中。

3. 期间损益结转生成

生成期间损益结转凭证的操作与自定义转账生成的操作基本相同。期间损益结转既可以按科目分别结转，也可以按损益类型结转，又可以全部结转，结转方式根据实际情况而定。

生成期间损益结转凭证之前，应先将所有未记账凭证审核记账，否则，生成的凭证数据可能有误。

期间损益结转凭证的主要操作步骤为：

（1）在企业应用平台中，选择"业务工作"—"财务会计"—"总账"。

（2）单击"期末"—"转账生成"，打开"转账生成"窗口，单击"期间损益结转"按钮，如图4-38所示。

图4-38　转账生成—期间损益结转

（3）在"类型"下拉列表框中选择"全部"，单击"全选"，"是否结转"出现"Y"，单击"确定"按钮，即可生成凭证。

（4）单击工具栏上的"保存"按钮，系统自动将当前凭证追加到未记账凭证中。

（三）对账

对账是对账簿数据进行核对，以检查记账是否准确，以及账簿是否平衡。它主要是通过核对总账与明细账、总账与辅助账数据来完成账账核对。为了保证账证相符、账账相符，用户应经常使用本功能进行对账，至少一个月一次，一般可在月末结账前进行。

对账的主要操作步骤为：

（1）在企业应用平台中，选择"业务工作"—"财务会计"—"总账"。

（2）单击"期末"—"对账"，打开"对账"窗口，如图4-39所示。

图4-39　对账

（3）选择要对账的月份，单击"选择"按钮。

（4）单击"对账"按钮，系统开始自动对账。若对账结果为账账相符，则对账月份的对账结果处显示"正确"，如图4-40所示；若对账结果为账账不符，则对账月份的对账结果处显示"错误"，按"错误"按钮可显示"对账错误信息表"。

图 4 - 40　对账结果

（5）单击"试算"按钮，可以对各科目类别余额进行试算平衡，如图 4 - 41 所示。

图 4 - 41　试算平衡

（四）结账

每月月末都需要进行结账处理。结账实际上就是计算和结转各账簿的本期发生额和期末余额，并终止本期的账务处理工作。结账只能每月进行一次。

1. 结账操作

结账的主要操作步骤为：

（1）在企业应用平台中，选择"业务工作"—"财务会计"—"总账"。

（2）单击"期末"—"结账"，打开"结账—开始结账"对话框，如图 4 - 42 所示。

图 4 - 42　结账—开始结账

（3）单击需要结账的月份。

（4）单击"下一步"按钮，打开"结账—核对账簿"对话框，如图4-43所示。

图4-43 结账—核对账簿

（5）单击"对账"按钮，系统对要结账的月份进行核对。

（6）对账完毕后，单击"下一步"按钮，打开"结账—月度工作报告"对话框，如图4-44所示。

图4-44 结账—月度工作报告

（7）查看工作报告后，单击"下一步"按钮，打开"结账—完成结账"对话框，单击"结账"按钮，若符合结账要求，则系统进行结账，否则不予结账。

★提示：

·上月未结账，则本月不能结账。

·上月未结账，本月不能记账，但可以填制、复核凭证。

·本月还有未记账凭证时，则本月不能结账。

·已结账月份不能再填制凭证。

·结账只能由有结账权的人进行。

·进入"结账—完成结账"时，如果提示"未通过检查不能结账"，可单击"上一步"按钮，查看月度工作报告，仔细查找原因。

2. 反结账

结账后，如果出现由于非法操作或计算机病毒等原因造成数据被破坏的情况，可使用反结账功能，取消结账。

在"结账—开始结账"对话框中，选择要反结账的月份，按"Ctrl + Shift + F6"键即可取消结账。反结账操作只能由账套主管使用。

第五部分　固定资产管理

固定资产管理系统是一套用于企业固定资产核算和管理的软件，能帮助企业进行固定资产总值、累计折旧数据的动态管理，协助企业进行部分成本核算，同时还为设备管理部门提供固定资产实体的各项指标。

固定资产管理系统与其他系统的主要关系是：它与系统管理共享基础数据。固定资产管理系统中资产的增加、减少以及原值和累计折旧的调整、折旧计提都要将有关数据通过记账凭证的形式传递到总账系统，同时通过对账保持固定资产账目与总账的平衡，并可以修改、删除及查询凭证。固定资产管理系统为成本核算系统提供计提折旧费用的数据。UFO 报表系统也可以通过相应的取数函数从固定资产管理系统中提取分析数据。

【实验目的】

了解固定资产管理系统的基本功能和操作流程；掌握固定资产管理系统的初始化设置；掌握固定资产管理系统的日常业务处理及账表管理等。

【实验内容】

固定资产管理系统初始化设置、固定资产管理系统日常业务、期末处理以及账表管理。

【实验准备】

系统具备运行用友 U8 的软硬件环境，及总账、固定资产管理等模块。

【实验资料】

会计核算实务实验中的企业相关资料。

【实验指导】

一、固定资产管理系统的主要功能

固定资产管理系统的主要功能是完成企业固定资产日常业务的核算与管理，生成固定资产卡片，按月反映固定资产的增加、减少、原值变化及其他变动，并输出相应的增减变动明细表，按月自动计提折旧，生成折旧分配凭证，同时输出相关报表和账簿。固定资产管理系统的主要功能体现在以下几个方面：

（1）初始化设置和基础设置。初始化设置是使用固定资产管理系统管理资产的首要操作。通过初始化，系统将按照使用单位的实际情况定义核算与管理。初始化设置完成后，进行基础设置操作。初始化设置和基础设置是使用固定资产管理系统进行资产核算和管理的基础。

（2）日常处理。日常处理主要包括固定资产增减变动的处理方法与操作技术、计提折旧、查看折旧清单和分配表以及填制凭证和批量制单。

（3）账表管理。账表管理主要介绍如何对账簿、折旧类报表、统计类报表和分析类报表进行查询与修改。

（4）月末处理。月末处理主要介绍怎样进行对账与月末结账。

二、固定资产管理系统的操作流程

如果使用企业单位应用方案（整个账套计提折旧），建账当年操作流程如图 5－1 所示。

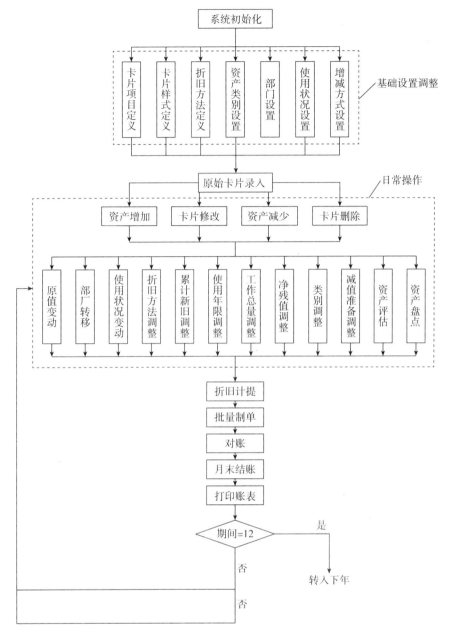

图 5-1 建账当年固定资产管理系统操作流程

（1）系统初始化。在"系统管理"模块中建立新账套后，运行固定资产管理系统，并打开该账套，第一步要做的工作是系统初始化。

（2）基础设置。初始化工作完成后，进行基础设置操作。基础设置操作包括卡片项目定义、卡片样式定义、折旧方法定义、类别设置、部门设置、使用状况定义、增减方式定义等部分。除资产类别设置没有预置内容外，其他部分都把常用的内容预置出来。资产类别设置是必须经过的步骤。系统运行过程中，如果设置的内容不满足要求，可在系统允许的范围内重新设置。

（3）原始卡片录入。原始卡片录入是把使用系统前的原始资料录入系统，以保持固定资产管理和核算的连续性和完整性。鉴于原始资料可能较多，在一个月内不一定能录入完毕，所以本系统原始卡片录入不限于第一个月。也就是说，如果第一个月到月底原始资料没有录入完毕，您可以有两种选择，一是一直以该月日期登录，直到录入完毕，再进行以下各部分操作；二是，月底前在没有完成全部原始卡片的情况下，继续以下各部分操作，以后各月陆续进行录入。由于固定资产系统和其他系统的制约关系，本系统不

结账，总账不能结账，所以在特定情况下，必须执行第二种做法。

（4）日常操作。卡片操作：包括卡片录入（包括原始卡片资料和新增资产卡片）、卡片修改、卡片删除、资产减少、卡片查询、卡片打印几部分的操作。资产变动操作：因为资产发生原值变动、部门转移、使用状况调整、折旧方法调整、累计折旧调整、净残值（率）调整、工作总量调整、使用年限调整、类别调整、计提减值准备、转回减值准备、资产评估，需制作变动单或评估单，该部分主要是制作变动单和评估单的操作。

（5）月末处理。月末处理包括与相关系统的数据传送、对账、计提折旧、结账、查看及打印报表等操作。

本年度最后一个会计期间月末结账后，以后各年的操作流程如图 5 - 2 所示。

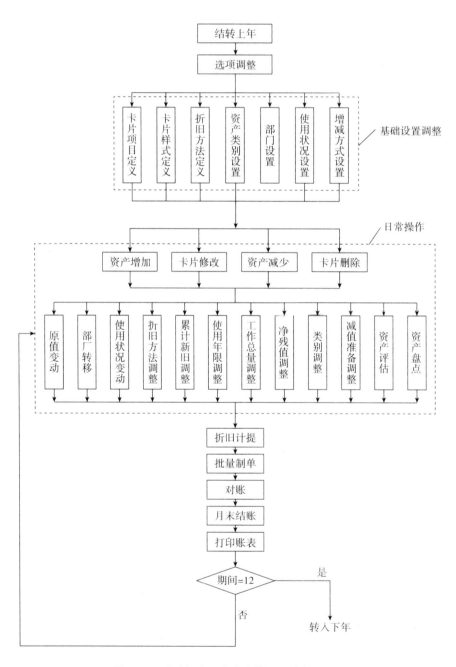

图 5 - 2 以后年度固定资产管理系统操作流程

（1）结转上年。将上年的各项资料转入本年的账套，该部分操作在系统管理模块中完成。

（2）选项设置。对初始化的设置或系统的一些参数在年初可进行调整。

（3）基础设置调整。年初可对各项设置在系统允许的范围内进行调整，实际上这部分不是必需的步骤，也不是只能在年初进行，在建账当年均可调整。

（4）日常操作、月末处理、年末结转部分同建账当年的操作相同。

三、固定资产管理系统初始化设置

固定资产管理系统初始化设置是根据用户单位的具体情况，建立一个适合企业自身特点的固定资产账套的过程，它是使用固定资产管理系统管理资产的基础操作。初始化设置包括设置账套参数、设置核算规则和输入期初固定资产卡片。

账套参数包括约定及说明、启用月份、折旧信息、类别和资产编码方式以及财务接口。其他参数可在选项中补充。核算规则包括资产类别、折旧对应入账科目、增减方式、折旧方法等。

如果企业是第一次使用固定资产管理系统，那么应将企业固定资产管理和核算的手工资料进行全面整理，以便将这些资料录入系统，保持固定资产管理、核算的准确性和连续性。固定资产管理系统对固定资产采用卡片式管理。主要分为两部分：一是固定资产卡片台账管理；二是固定资产的会计处理。

初始化设置一般步骤为：准备资料—启动与注册—设置账套参数—设置核算规则—输入期初卡片。

（一）启用固定资产管理系统

在企业应用平台中，选择工作列表中的"基础设置"—"基本信息"—"系统启用"，打开"系统启用"对话框，完成固定资产管理系统的启用，如图5－3所示。

图5－3 启用固定资产管理系统

（二）设置账套参数

第一次使用固定资产管理系统时，系统将自动提示进行系统初始化工作，并自动引导完成部分账套参数的设置。

设置账套参数的主要操作步骤为：

（1）在企业应用平台中，选择"业务工作"—"财务会计"—"固定资产"，启动固定资产管理系统，用户在新建账套初次使用固定资产管理系统时，系统提示"这是第一次打开此账套，还未进行过初始化，是否进行初始化？"如图5－4所示。

图 5 - 4 固定资产管理系统初始化提示

（2）单击"是"按钮。系统运行固定资产初始化向导，打开"固定资产初始化向导—约定及说明"对话框，如图 5 - 5 所示。

图 5 - 5 固定资产初始化向导

（3）用户在进行初始化之前应认真阅读条款内容。单击"下一步"按钮，打开"固定资产初始化向导—启用月份"对话框，如图 5 - 6 所示。

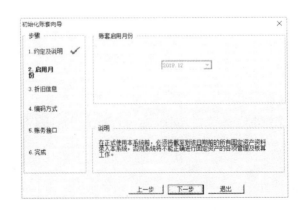

图 5 - 6 账套启用月份

（4）在"固定资产初始化向导—启用月份"对话框中，单击"账套启用月份"下拉列表框的下三角按钮，在下拉列表中选择。

★提示：

·如果需要向总账系统传递凭证，则固定资产管理系统的启用月份不得在总账系统的启用月份之后。启用日期确定后，在该日期前的所有固定资产都将作为期初数据，在启用月份开始计提折旧。

（5）单击"下一步"按钮，打开"固定资产初始化向导—折旧信息"对话框，如图5-7所示。

图5-7 折旧信息

（6）在"固定资产初始化向导—折旧信息"对话框中，选中"本账套计提折旧"复选框。

（7）单击"主要折旧方法"下拉列表框的下三角按钮，在下拉列表中选择。

（8）在"折旧汇总分配周期"下拉列表框中选择。

（9）选中"当（月初已计提折旧＝可使用月份－1）时将剩余折旧全部提足"复选框。

（10）单击"下一步"按钮，打开"固定资产初始化向导—编码方式"对话框，如图5-8所示。

图5-8 资产类别编码方式

（11）在"固定资产初始化向导—编码方式"对话框中，确定资产类别编码长度。

（12）在"固定资产编码方式"选项区域，选择"自动编码"单选按钮，单击右侧下拉列表框的下三角按钮，选择"类别编号＋序号"，单击"序号长度"框的微调按钮进行选择。

（13）单击"下一步"按钮，打开"固定资产初始化向导—账务接口"对话框。在"固定资产初始化向导—账务接口"对话框中，选中"与账务系统进行对账"复选框，如图5-9所示。

图 5 - 9　财务接口

（14）在"固定资产对账科目"文本框、"累计折旧对账科目"文本框中输入相关科目。取消选中"在对账科目不平情况下允许固定资产月末结账"复选框。

（15）单击"下一步"按钮，打开"固定资产初始化向导—完成"对话框，如图 5 - 10 所示。

图 5 - 10　系统初始化完成检查

（16）上述初始化设置完成后，屏幕显示相关已定义内容，请仔细查看，如果无误可单击"完成"按钮保存，完成固定资产管理系统账套的初始化设置。

（17）在弹出的"是否确定所设置的信息完全正确并保存对新账套的所有设置"信息提示对话框中，单击"是"按钮，如图 5 - 11 所示。

图 5 - 11　完成设置

（18）在弹出的"已成功初始化本固定资产账套"信息提示对话框中，单击"确定"按钮即可正式使用固定资产管理系统了。

★提示：

·系统初始化过程中有些参数一旦设置完成，退出初始化向导后是不能修改的，如果要修改，只能通过"重新初始化"功能实现，重新初始化将清空对该账套所做的一切工作。故初始化过程中发现参数有误，应立即改正。

（三）核算规则设置

核算规则设置主要包括固定资产类别设置、增减方式管理与部门对应折旧科目等项目。

固定资产类别设置。固定资产的种类繁多，规格不一，要强化固定资产管理，及时准确做好固定资产核算，必须建立科学的固定资产分类体系。

（1）在企业应用平台中，选择"业务工作"—"财务会计"—"固定资产"—"设置"—"资产类别"，打开"固定资产分类编码表"窗口，如图5-12所示。

图5-12 固定资产—资产类别窗口

（2）在"固定资产分类编码表"窗口中，单击"增加"按钮，打开"单张视图"选项卡，如图5-13所示。

图5-13 类别编码表

（3）输入类别编码、类别名称、净残值率，在"计提属性"下拉列表框中选择"正常计提"选项；在"折旧方法"与"卡片样式"文本框中选择相应选项。

（4）单击"保存"按钮。重复步骤1～4的操作，输入所有资产类别。

（四）增减方式管理

系统提供了部分固定资产常用的增减方式，可自行根据需要增加，也可对已有方式进行修改和删除。其中对应入账科目是指增加或减少资产时所对应的科目，如直接购入方式可将其对应科目设为现金或银行存款。设置了对应入账科目，在发生该增减方式的固定资产变动时，系统自动转账将默认采用这些科目。

（1）在企业应用平台中，选择"业务工作"—"财务会计"—"固定资产"—"设置"—"增减方式"。打开"增减方式"窗口，如图5-14所示。

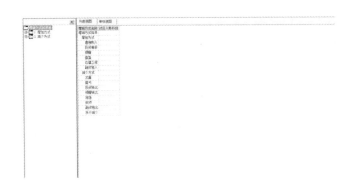

图 5 – 14   固定资产—增减方式窗口

（2）在左边列表框中，双击"增加方式"文件夹进行设置。

（3）单击"对应入账科目"文本框右侧的参照按钮，在"科目参照"列表中选择相关科目，如图5 – 15所示。

图 5 – 15   对应入账科目窗口

（4）单击"保存"按钮。重复步骤2～4的操作，继续定义其他对应入账科目。定义完毕后，单击"退出"按钮。

（五）部门对应折旧科目设置

对应折旧科目是指分配折旧时所对应的成本或费用科目，即折旧费的入账科目。当按部门归集折旧费用时，一般情况下，某一部门内资产的折旧费用将归集到一个比较固定的科目。这样对每个部门指定一个折旧科目后，录入卡片时，该科目自动填入卡片中，不必一个一个输入。

（1）在企业应用平台中，选择"业务工作"—"财务会计"—"固定资产"—"设置"—"部门对应折旧科目"，打开"固定资产部门编码目录"窗口，如图5 – 16 所示。

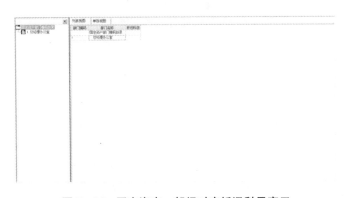

图 5 – 16   固定资产—部门对应折旧科目窗口

（2）在"固定资产部门编码目录"窗口的左侧列表框中选择部门文件夹，单击"修改"按钮，打开"单张视图"选项卡。

（3）单击"折旧科目"文本框右侧的参照按钮，在"科目参照"列表中选择相关科目。

（4）单击"保存"按钮。重复步骤2～4的操作，继续设置其他部门的对应折旧科目。

四、固定资产管理系统期初数据录入（定义固定资产卡片及录入卡片）

原始卡片是指已使用过并已计提过折旧的固定资产卡片。在使用固定资产管理系统进行核算前，必须将原始卡片资料录入系统，保证业务的连续性。录入固定资产原始卡片是基础设置工作完成后最为重要的一项工作，将原始数据录入计算机，为以后的日常管理奠定了基础。原始卡片录入不限制在第一个期间结账前进行完毕，任何时候都可以录入原始卡片。

录入卡片的主要操作步骤为：

（1）在企业应用平台中，选择"业务工作"—"财务会计"—"固定资产"—"卡片"—"录入原始卡片"，打开"资产类别参照"窗口，如图5-17所示。

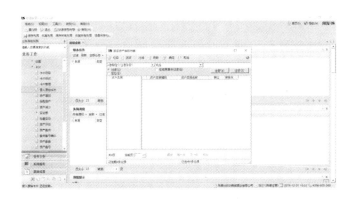

图5-17　资产类别窗口

（2）在"资产类别参照"窗口，打开固定资产分类编码表，选择末级固定资产文件夹，单击"确认"按钮，打开"固定资产卡片"录入窗口，如图5-18所示。

图5-18　固定资产卡片

（3）在"固定资产卡片"录入窗口，依次双击选择输入固定资产名称、部门名称、增加方式、使用状态、使用年限、开始使用日期、原值、净残值率、累计折旧等相关信息。单击"保存"按钮，在"数据成功保存！"信息提示对话框中，单击"确定"按钮。

★提示：

·卡片编号：系统根据初始化时定义的编码方案自动设定，不能修改。如果删除一张卡片，又不是最后一张时，系统将保留空号。

·已计提折旧月份：系统将根据开始使用日期自动计算出，但可以修改，请将使用期间停用等不计提折旧的月份扣除。

·月折旧率、月折旧额：与计算折旧有关的项目输入后，系统会按照输入的内容自动计算出并显示在相应项目内，可与手工计算结构比较，核对是否有误。

·录入的卡片保存后，当月月末结账前可以无痕迹地修改卡片上录入的所有内容，也可以无痕迹地删除该卡片。

五、固定资产管理系统的日常处理

固定资产管理主要包括日常处理、账表管理及月末处理，其中日常处理是固定资产管理中非常重要的一部分内容，主要包括资产的增减变动、折旧处理以及记账凭证的填制。

固定资产在日常管理过程中，由于某种原因会发生增加、减少以及部门之间的转移，这时需要及时地处理，否则会影响折旧的计提。在月末，还需要准确计提本月折旧，及时生成记账凭证。

本系统在一个期间内可以多次计提折旧，每次计提折旧后，只是将计提的折旧累加到月初的累计折旧，不会重复累计。

（一）固定资产增加核算

在系统日常使用过程中，企业可能会发生购进或通过其他方式增加企业资产。此时，固定资产增加需要输入一张新的固定资产卡片，并通过"资产增加"操作录入系统。只有当资产的开始使用月份等于录入月份时，才通过"资产增加"录入，而不能通过"原始卡片"录入。固定资产增加的主要操作步骤为：

（1）在企业应用平台中，选择"业务工作"—"财务会计"—"固定资产"—"卡片"—"资产增加"，打开"固定资产类别档案"对话框，如图5－19所示。

图 5－19 资产类别参照

（2）选择要录入的卡片所属的资产类别。

（3）单击"确定"按钮，打开"固定资产卡片—新增资产"窗口，如图5－20所示。

图 5 – 20　固定资产卡片—新增资产

（4）依次输入固定资产名称、部门名称、使用年限、增加方式、使用状况、原值等。

（5）单击"保存"按钮，在"数据保存成功！"提示对话框中，单击"确定"按钮。

（二）固定资产减少核算

资产减少是指资产在使用过程中，会因各种原因如毁损、出售、盘亏等，退出企业，此时要做资产减少处理。资产减少需输入资产减少卡片并说明减少原因。固定资产减少核算的主要操作步骤为：

（1）在企业应用平台中，选择"业务工作"—"财务会计"—"固定资产"—"卡片"—"资产减少"，如图 5 – 21 所示。

图 5 – 21　资产减少

（2）在"资产减少"窗口中，单击"卡片编号"框右侧的参照按钮。在参照列表中，选择资产编号，单击"增加"按钮，双击"减少方式"所在单元格，弹出参照按钮，在打开的参照列表中选择"毁损"按钮，在"清理收入"单元格中输入金额，在"清理原因"单元格中输入原因。

（3）单击"确定"按钮，在"所选卡片已经减少成功！"提示对话框中，单击"确定"按钮。

★提示：

·资产减少只有当账套已计提折旧后方可使用，否则减少资产只能通过删除卡片来完成。

·对于误减少的资产，可以使用系统提供的纠错功能来恢复。只有当月减少的资产才可以恢复。如果资产减少操作已制作凭证，必须删除凭证后才能恢复。

（三）固定资产折旧处理

自动计提折旧是固定资产管理系统的主要功能之一，系统根据录入的固定资产卡片资料，每期计提折旧，自动计算每项资产的折旧，并生成折旧分配表及折旧清单，然后制作记账凭证，将本期的折旧费用自动登账。影响折旧率计算的因素有：原值、累计折旧、净残值（率）、折旧方法、使用年限、使用状况等。固定资产折旧处理的主要操作步骤为：

（1）在企业应用平台中，选择"业务工作"—"财务会计"—"固定资产"—"处理"—"计提本月折旧"命令，弹出"是否要查看折旧清单"提示对话框，如图 5 – 22 所示。

图 5 - 22　计提折旧后是否查看清单窗口

（2）单击"否"按钮，弹出"本操作将计提本月折旧，并花费一定时间，是否要继续？"提示对话框，如图 5 - 23 所示。

图 5 - 23　是否计提折旧

（3）单击"是"按钮，打开"折旧分配表"窗口，如图 5 - 24 所示。

图 5 - 24　折旧分配表

（4）单击"退出"按钮。在"计提折旧完成"提示对话框中，单击"确定"按钮，如图 5 - 25 所示。

图 5 - 25　折旧完成

（四）生成凭证

固定资产管理系统通过记账凭证向总账系统传递有关数据，如资产增加、减少、累计折旧调整及折旧分配等记账凭证。批量制单功能可在月末结账前，同时将一批需制单业务连续批量制作凭证并传输到账务系统，避免了多次制单的烦琐。

在企业应用平台中，选择"业务工作"—"财务会计"—"固定资产"—"处理"—"批量制单"，选择"制单设置"，分别对固定资产增加、减少和折旧业务进行设置生成凭证，如图 5-26 所示。

图 5-26　批量制单

★提示：

·制单即制作记账凭证，分为立即制单和批量制单。如果在系统选项中选择了"业务发生后立即制单"选项，则在涉及需要制作凭证的业务发生时，系统根据不同的制单业务类型和系统选项中设置的默认固定资产科目、累计折旧科目自动生成一张有一部分缺省内容的不完整凭证供用户完成；如果在系统选项中没有选择"业务发生后立即制单"选项，则可以在业务处理完毕后手工批量制单。

六、固定资产管理系统的期末处理

根据规定，期末都需要进行期末结账。固定资产管理系统生成凭证后，自动传递到总账系统，在总账系统经出纳签字、审核凭证、科目汇总后，进行记账。当总账记账完毕，固定资产管理系统才可以进行对账。

期末固定资产管理系统的期末处理包括与相关系统的数据传送、对账、结账、查看及打印报表等操作。

系统在运行过程中，应保证系统账套的固定资产数值和总账系统中固定资产科目的数值相等。两个系统是否相等，可通过执行本系统提供的对账功能实现。对账操作不限制执行时间，任何时候都可以进行对账。系统在执行期末结账时自动对账一次，并给出对账结果。若对账平衡，则开始期末结账。若在财务接口中选中"在对账不平衡情况下允许固定资产月末结账"，则可以直接进行月末结账。若对账不平衡，需找出原因进行修改。

其操作步骤为：

（1）在企业应用平台中，选择"业务工作"—"财务会计"—"固定资产"—"处理"—"月末结账"，如图 5-27 所示。

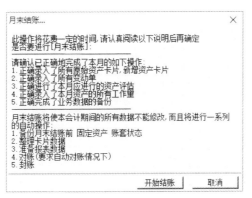

图 5-27　月末结账

（2）单击"开始结账"，系统显示如图 5-28 所示。

图 5 – 28　与账务对账结果

（3）单击"确定"，系统显示"月末结账成功完成！"

如果在结账后发现结账前操作有误，可通过"恢复结账前状态"功能返回修改，又称"反结账"，即将数据恢复到期末结账前状态，结账时所做的所有工作都被无痕迹删除。

在总账系统未进行月末结账时，才可以使用恢复结账前状态功能。

第六部分　薪资管理

薪资管理是企业管理的重要组成部分。用友薪资管理系统是用友 U8 管理软件的一个子系统，它适用于各类企业、行政事业单位进行薪资核算、薪资发放、薪资费用分摊、薪资统计分析和个人所得税核算等。其可以与总账系统集成使用，将薪资凭证传递到总账中；也可以与成本管理系统集成使用，为成本管理系统提供人员的费用信息。

【实验目的】

了解薪资管理系统的基本功能和操作流程；掌握薪资管理系统的初始化设置；掌握薪资管理系统的日常业务、期末处理以及账表管理等。

【实验内容】

薪资管理系统初始化设置、薪资管理系统日常业务、期末处理及账表管理等。

【实验准备】

系统具备运行用友 U8 的软硬件环境，及总账、薪资管理等模块。

【实验资料】

会计核算实务实验中的企业相关资料。

【实验指导】

一、薪资管理系统的主要功能

薪资管理系统的主要功能包括以下几个方面：

（1）薪资类别管理。薪资管理系统提供处理多个薪资类别的功能。如果核算单位每月多次发放薪资，或者不同职工薪资发放项目不同，计算公式也不同，但需要进行统一管理时，应选择建立多个薪资类别。如果核算单位中所有人员的薪资实行统一管理，而且人员的薪资项目、薪资计算公式全部相同，则只需建立单个薪资类别，以提高系统的运行效率。

（2）人员档案管理。薪资系统可以设置人员的基础信息和附加信息，并对人员的变动进行调整。通过设置职工档案，有利于企业各部分对职工进行有效的管理。

（3）薪资数据管理。薪资系统可以根据不同企业的需要设计薪资项目、计算公式，方便地输入、修改各种薪资数据和资料；自动计算个人所得税，结合薪资发放形式进行扣零或向代发薪资的银行传输薪资数据；自动计算、汇总薪资数据；自动完成薪资分摊、计提及转账业务。

（4）薪资报表管理。齐全的薪资报表形式、简便的薪资资料查询方式，可为企业提供多层次、多角度的薪资数据查询。

二、薪资管理系统的操作流程

（1）新用户的操作流程。采用单薪资类别核算的企业，第一次启用薪资管理系统，其操作流程如图6-1所示；采用多薪资类别核算的企业，第一次启用薪资管理系统，其操作流程如图6-2所示。

（2）老用户的操作流程。如果企业已经使用薪资管理系统。到了年末，应进行数据的结转，以便开始下一年度的工作，其操作流程如图6-3所示。

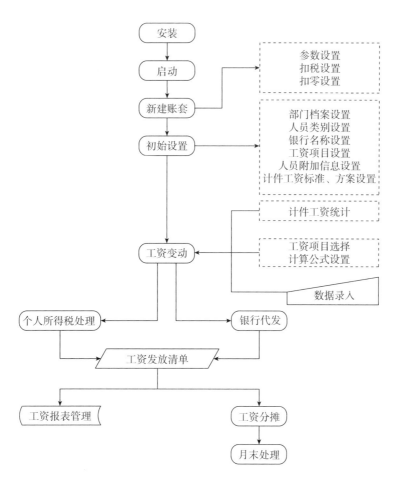

图6-1　单薪资类别核算企业的操作流程

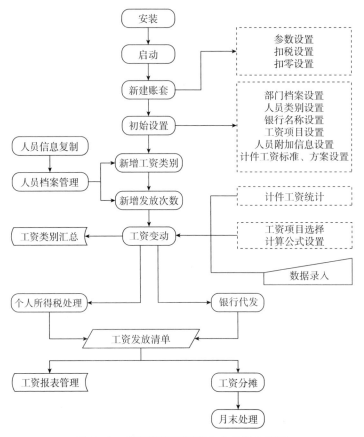

图 6 - 2　多薪资类别核算企业的操作流程

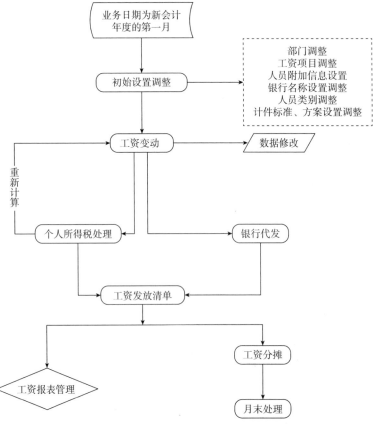

图 6 - 3　老用户操作流程

在新的会计年度开始时，可在"设置"菜单中选择所需修改的内容，如人员附加信息、人员类别、薪资项目、部门等，这些设置只有在新的会计年度第一个会计月中，删除所设计的薪资数据和人员档案后，才可进行修改。

三、薪资管理系统初始化设置

企业在使用薪资管理系统之前，首先需要进行初始化设置，如部门、人员类别、薪资项目、公式、个人薪资、个人所得税设置、银行代发设置、各种表样的定义等，以后每月只需对有变动的地方进行修改，系统自动进行计算，汇总生成各种报表。薪资管理系统初始化设置包括建立薪资账套和基础信息设置两部分。

（一）启用薪资管理系统

在企业应用平台中，选择工作列表中的"基础设置"—"基本信息"—"系统启用"，打开"系统启用"对话框，完成薪资管理系统的启用，如图6-4所示。

图6-4　启用薪资管理系统

（二）建立薪资账套

建立薪资账套是整个薪资管理系统正确运行的基础。如所选择账套为首次使用，系统将自动进入建账向导，分参数设置、扣税设置、扣零设置、人员编码四步完成账套的建立工作。

（1）在企业应用平台中，选择"业务工作"—"人力资源"—"薪资管理"，打开建账向导。在"建立工资套—参数设置"对话框中，进行工资类别个数、币种、计件工资设置，如图6-5所示。

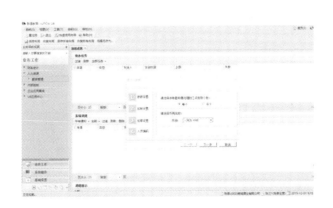

图6-5　建立工资套—参数设置

（2）单击"下一步"按钮，打开"建立工资套—扣税设置"对话框，选中"是否从工资中代扣个人所得税"复选框，如图6-6所示。

图6-6　建立工资套—扣税设置

（3）单击"下一步"按钮，打开"建立工资套—扣零设置"对话框，取消选中"扣零"复选框，表示不进行扣零设置，如图6-7所示。

图6-7　建立工资套—扣零设置

（4）单击"下一步"按钮，打开"建立工资套—人员编码"对话框，选择人员编码长度，如图6-8所示。

图6-8　建立工资套—人员编码

（5）单击"完成"按钮，完成建立工资套向导操作。

★提示：

·薪资类别有单个和多个两类。当核算单位对所有人员实行统一管理时，选择单个薪资类别；当核算单位每月多次发放薪资，或者不同职工发放薪资的项目不同，计算公式也不同，但需要统一管理时，选择多个薪资类别。

·若选中"是否从工资中代扣个人所得税"，则系统自动在薪资项目中生成"代扣税"，自动进行代扣税金的计算。

·扣零设置是在每次发放薪资时，将零头扣下，等到积累成整时再发放。若用户选择"扣零处理"，系统自动在薪资项目中生成"本月扣零"和"上月扣零"两个项目，自动进行扣零计算。目前企业一般由银行代发薪资，故可不选此项。

·人员编码与基础资料的人员编码保持一致，无须在薪资管理系统设置。

（三）基础信息设置

建立账套后，要对薪资管理系统的基础信息进行初始设置，以完成系统的初始化。具体内容包括：部门设置、人员类别设置、人员附加信息设置、薪资项目设置及银行名称设置等。

（1）人员附加信息设置。人员附加信息设置可增加人员信息，丰富人员档案的内容，便于对人员进行个人更有效的管理。例如：职工的性别、民族、学历、年龄、婚否、技术职称、行政职务等项。

在企业应用平台中，选择"业务工作"—"人力资源"—"薪资管理"—"设置"—"人员附加信息设置"，进行人员附加信息设置，如图6-9所示。

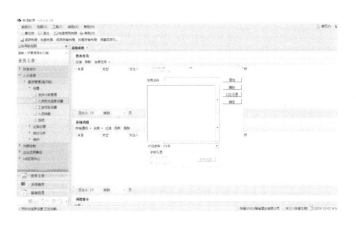

图6-9　人员附加信息设置

（2）人员类别设置。设置人员类别是为了便于按不同的人员类别进行薪资汇总计算。在企业应用平台中，选择"基础设置"—"基础档案"—"人员类别"，单击"增加"按钮进行相应设置，如图6-10所示。

图6-10　人员类别设置

（3）薪资项目设置。设置薪资项目即定义薪资项目的名称、类型、宽度，可根据需要自由设置薪资项目。系统提供了一些固定项目，是每一个薪资账套必不可少的，包括"应发合计""扣款合计""实发合计"，这三项不能删除和重命名。

薪资项目名称必须唯一，且一经使用，数据类型就不允许修改。薪资项目若为字符型，则小数位不可用。增项是指直接计入应发合计，减项是指直接计入扣款合计，其他项目是指不参与应发合计与扣款合计。

在企业应用平台中，选择"业务工作"—"人力资源"—"薪资管理"—"设置"—"工资项目设置"，打开"工资项目"对话框，单击"增加"按钮进行设置，如图6-11所示。

图6-11　薪资项目设置

四、薪资管理系统日常业务处理

完成薪资管理系统基础设置后，就可以利用薪资系统进行日常处理。具体包括薪资类别管理、薪资数据录入、变动、重新计算与汇总、个人所得税计算以及银行代发等。

1. 人员档案设置

人员档案的设置用于登记薪资发放人员的姓名、职工编号、所在部门、人员类别等信息，以便于各部门对职工进行有效的管理。其操作步骤为：在企业应用平台中，选择"业务工作"—"人力资源"—"薪资管理"—"设置"—"人员档案"，系统弹出"人员档案"对话框，进行相应设置，如图6-12所示。

图6-12　人员档案

2. 设置计算公式

定义计算公式是指定义某些薪资项目的计算公式及薪资项目之间的运算关系。运用公式可直观表达薪资项目的实际运算过程，灵活地进行薪资计算处理。

公式输入的方法有三种：一是在公式定义文本框中直接输入公式；二是根据"公式设置"选项卡中各列表框提供的内容选择设置；三是根据"函数公式向导输入"输入计算公式。

其主要操作步骤为：

（1）在企业应用平台中，选择"业务工作"—"人力资源"—"薪资管理"—"设置"—"工资项目设置"命令，打开"工资项目设置"对话框，如图6-13所示。

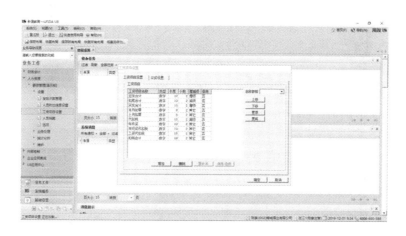

图6-13 工资项目设置

（2）在"工资项目设置"对话框中，打开"公式设置"选项卡；在"工资项目"选项区域，单击"增加"按钮，增加一条空白选项；单击空白选项栏，弹出下三角按钮，打开下拉列表框，进行选择；将光标放置在"应发合计公式定义"文本框输入区域；在"公式输入参照"区域，选择"工资项目"选项区域的"应发合计"选项；定义公式，完成后单击"公式确认"按钮；重复以上操作，继续输入其他计算公式。单击"确认"按钮，保存公式设置。如图6-14所示。

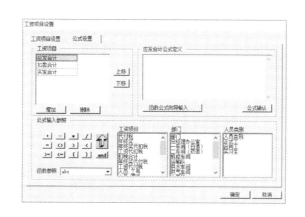

图6-14 公式设置

★提示：

·系统固定的薪资项目"应发合计""扣款合计""实发合计"等的计算公式，系统根据薪资项目的增减项自动给出。

· 公式左侧薪资项目的顺序决定系统执行薪资计算的先后顺序，因此定义时要注意公式的排列顺序。

· 公式中的标点必须是半角字符，在 or 前后各留一个空格。

· 公式输入完毕后，必须单击"公式确认"按钮，进行语法检查，以保证公式正确。

· 执行"公式确认"后，公式并未保存，必须单击"确认"按钮。

3. 输入薪资期初数据

完成薪资管理系统基本设置以后，就可以编辑个人薪资数据了。个人薪资数据是薪资核算系统中基本的原始数据，它的正确性直接影响到以后数据计算的准确性。初次使用系统时，应先进行个人薪资基本数据输入，在以后的正常使用中，只需对个别变动性的薪资项目进行调整，即可自动生成当月的薪资数据。其主要操作步骤为：

（1）在企业应用平台中，选择"业务工作"—"人力资源"—"薪资管理"—"业务处理"—"工资变动"，打开"薪资变动"窗口，如图 6 – 15 所示。

（2）在"工资变动"窗口，双击"基本工资"文本输入框，输入"基本工资"数据。

（3）重复上一步的操作，继续输入其他人员的基本工资。输入完毕后，单击窗口右上角的"关闭"按钮，在弹出的信息提示对话框中，单击"是"按钮退出。

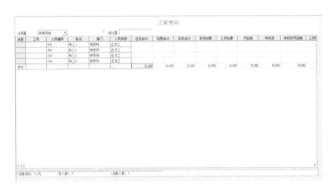

图 6 – 15   薪资变动

4. 薪资变动

如果需要对部分人员的薪资数据进行修改，可采用"数据筛选"和"定位"的方法，先将所要修改的人员过滤出来，然后进行薪资数据的修改。如果需要对同一薪资项目做统一变动，可采用"数据替换"功能。其操作步骤为：

（1）在企业应用平台中，选择"业务工作"—"人力资源"—"薪资管理"—"设置"—"工资项目设置"，单击"增加"按钮增加相应薪资项目，如图 6 – 16 所示。

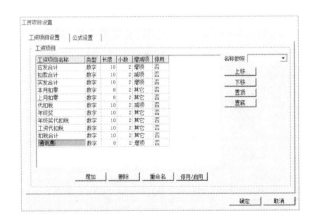

图 6 – 16   薪资项目设置

（2）在企业应用平台中，选择"业务工作"—"人力资源"—"薪资管理"—"业务处理"—"工资变动"，打开"工资变动"窗口。单击"替换"按钮，打开"工资项数据替换"对话框；单击"将工资项目"下拉列表框的下三角按钮，在下拉列表中选择新增的工资项目选项，并输入相应设置，如图6-17所示。

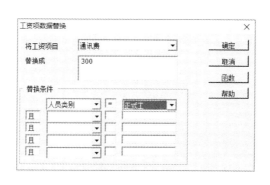

图6-17　工资项数据替换

如果需要修改某个人或某一批人的数据，可采用"页编辑"功能，也可以通过"数据过滤"或"定位"功能，将它们从人员档案中提取出来，能加快修改速度。其主要操作步骤为：

（1）在企业应用平台中，选择"业务工作"—"人力资源"—"薪资管理"—"业务处理"—"工资变动"，打开"工资变动"窗口。

（2）在"工资变动"窗口中，选中需要修改的个人信息行，单击"编辑"按钮，打开"工资数据录入—页编辑"窗口，如图6-18所示。

图6-18　工资数据录入—页编辑

（3）录入需要修改的数据，单击"确认"按钮，保存数据。

5. 计算与申报个人所得税

系统提供了个人所得税自动计算功能，用户只需要自定义所得税税率，系统会自动计算个人所得税。其主要操作步骤为：

（1）在企业应用平台中，选择"业务工作"—"人力资源"—"薪资管理"—"业务处理"—"扣缴所得税"，打开"栏目选择"对话框，如图6-19～图6-21所示。

图 6-19　栏目选择-1

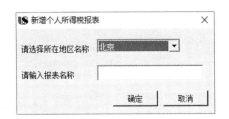

图 6-20　栏目选择-2

图 6-21　栏目选择-3

（2）在"栏目选择"对话框中，设定所得项目和对应工资项目，单击"确定"按钮，弹出"是否重算数据？"提示对话框；在"是否重算数据？"提示对话框中，单击"是"按钮，系统开始进行数据计算。打开"个人所得税扣缴申报表"窗口，如图 6-22 所示。

图 6-22　个人所得税扣缴申报表

（3）在"个人所得税扣缴申报表"窗口中，单击"税率"按钮，打开"个人所得税申报表——税率表"对话框。在"个人所得税申报表——税率表"对话框的"基数"输入框中输入个人所得税扣税基数，如图6-23所示。

图6-23　个人所得税申报表——税率表

（4）单击"确定"按钮，弹出"是否重新计算个人所得税？"提示对话框，单击"是"按钮，退出"个人所得税申报表——税率表"对话框。

6. 薪资数据计算与汇总

（1）在企业应用平台中，选择"业务工作"—"人力资源"—"薪资管理"—"业务处理"—"工资变动"命令，打开"工资变动"窗口，如图6-24所示。

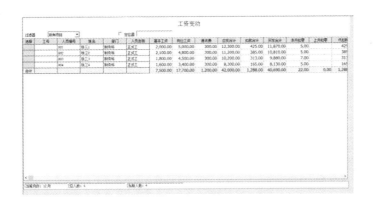

图6-24　工资变动

（2）在"工资变动"窗口中，单击"计算"按钮，计算薪资数据；单击"汇总"按钮，汇总薪资数据。

7. 薪资分摊

薪资分摊是指对当月发生的薪资费用进行薪资总额的计算、分配及各种经费的计提，并编制自动转账凭证，传递给总账系统，供登账处理之用。其主要操作步骤为：

（1）在企业应用平台中，选择"业务工作"—"人力资源"—"薪资管理"—"业务处理"—"工资分摊"，打开"工资分摊"窗口，如图6-25所示。

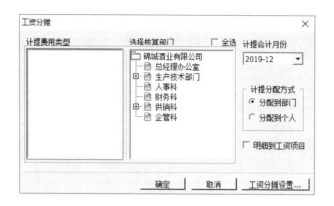

图 6 – 25   工资分摊

（2）选择参与本次费用分摊计提的类型和参与核算的部门，选择计提费用的月份和计提分配方式，并选择是否费用分摊明细到薪资项目。单击"确定"按钮，系统显示"工资费用一览表"，如图 6 – 26 所示。

图 6 – 26   工资费用一览表

（3）单击"制单"按钮，系统根据分摊类型自动生成会计凭证，用户只需完成凭证的附加信息后单击"保存"按钮即可。

★提示：

·如果现有的计提费用类型不能满足企业需要，用户可在薪资分摊界面，单击"工资分摊设置"按钮，进入"分摊类型设置"窗口自定义分摊类型。

五、薪资管理系统的月末处理

月末处理是将当月数据经过处理后结转下月，即结账。每月薪资数据处理完毕后，均需进行月末结转。由于在薪资项目中，有的项目是变动的，即每月的数据均不相同，在每月薪资处理时，均需将其数据清零，而后输入当月的数据，此类项目即为清零项目。

结账后，本月薪资明细表不可修改，自动生成下月薪资明细表，新增或删除人员将不会对本月数据产生影响。

月末结转只有在会计年度的 1 月至 11 月进行，且只有在当月薪资数据处理完毕后才可进行。若为处理多个薪资类别，则应打开薪资类别，分别进行月末结转。若本月薪资数据未汇总，系统将不允许进行月末结转。

其操作步骤为：

（1）在企业应用平台中，选择"业务工作"—"人力资源"—"薪资管理"—"业务处理"—"月末处理"，打开"月末处理"窗口，如图6-27所示。

图6-27 月末处理

（2）单击"确定"按钮，打开系统提示，如图6-28所示。

图6-28 月末处理提示

（3）单击"是"按钮，进入是否清零选择，如图6-29所示。

图6-29 选择清零项

（4）单击"是"按钮，选择清零项目如"请假天数""请假扣款"等，单击"确认"。

（5）系统提示"月末处理完毕！"单击"确认"按钮。

★提示：

·月末处理功能只有主管人员才能执行。进行月末处理后，当月数据将不再允许变动。

第七部分 采购与应付款管理

采购与应付款管理的基本功能是完成采购业务管理和采购会计核算。采购环节是企业供应链的开始环节，采购活动是企业经营活动的出发点，企业应根据市场的需求，及时制订生产计划，并根据生产计划制订相应的采购计划，采购管理系统的主要功能是进行采购管理，包括请购、订货、到货、入库、开票、采购结算等业务。应付款管理系统主要对由于采购业务形成的应付款、预付款等进行核算与管理，包括应付单据、付款单据的录入、处理、核销、转账、制单等日常业务处理功能。通过采购与应付款管理系统，企业可以对往来账款进行综合管理，及时、准确地提供供应商往来账款余额资料，提供各种分析表，帮助用户合理地进行资金调配，提高资金的利用效率。

【实验目的】

了解采购管理与应付款管理系统的主要功能和操作流程；掌握采购管理与应付款管理系统的初始化设置；掌握采购管理与应付款管理系统的日常业务、期末处理及账表管理等。

【实验内容】

采购管理与应付款管理系统初始化设置、采购管理与应付款管理系统日常业务与期末处理以及账表管理等。

【实验准备】

系统具备运行用友 U8 的软硬件环境及总账、采购管理与应付款管理等模块。

【实验资料】

会计核算实务实验中的企业相关资料。

【实验指导】

一、采购与应付款管理系统的主要功能

（一）采购管理系统的主要功能

采购管理系统可对采购业务的全部流程进行管理，提供请购、订货、到货、入库、开票、采购结算的完整采购流程，用户可根据实际情况进行采购流程的定制；可以设置供应商存货对照表、供应商存货价格表，并可进行供应相关业务的查询与分析；进行采购业务的日常操作，包括请购、采购订货、采购到货、采购入库、采购开票、采购结算等业务；可以根据业务需要选用不同的业务单据和业务流程，可以查询使用采购统计表、采购账簿、采购分析表等。采购管理系统既可独立运行，又可与应付款管理系统、总账系统等其他系统结合运用，提供完整的业务处理和财务管理信息。

（二）应付款管理系统的主要功能

应付款管理系统提供简单核算和详细核算两种模式进行应付账款的核算，满足用户的不同需求；可以提供功能权限的控制、数据权限的控制来提高系统应用的准确性和安全性；可以提供各种预警，帮助企业及时了解应付款以及企业信用情况；可以提供票据的跟踪管理，随时对票据的计息、结算等操作进行监控；可以提供结算单的批量审核、自动核销功能，并能与网上银行进行数据的交互；可以提供总公司和分销处之间数据的导入、导出及其服务功能，为企业提供完整的远程数据通信方案；可以提供全面的账龄分析功能，支持多种分析模式，帮助企业强化对应付款的管理和控制；应付款管理系统既可独立运行，又可与采购管理系统、总账系统等其他系统结合运用，提供完整的业务处理和财务管理信息。

二、采购与应付款管理系统的操作流程

(一) 采购管理系统的操作流程 (图7-1)

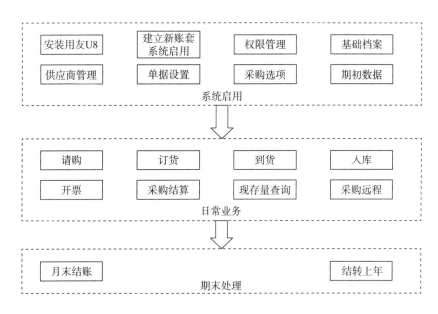

图7-1 采购管理系统操作流程

(二) 应付款管理系统的操作流程 (图7-2)

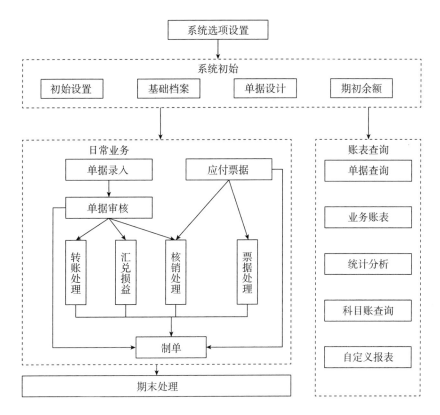

图7-2 应付款管理系统操作流程

三、采购管理系统初始化设置

企业在应用采购管理系统之前，首先需要进行初始化设置，如采购类型、仓库档案、存货分类、计量单位、存货档案、供应商档案、计算方式等，以后每月只需对有变动的地方进行修改。

（一）启用采购管理系统

在企业应用平台中，选择工作列表中的"基础设置"—"基本信息"—"系统启用"，打开"系统启用"对话框，完成采购管理系统的启用，如图 7－3 所示。

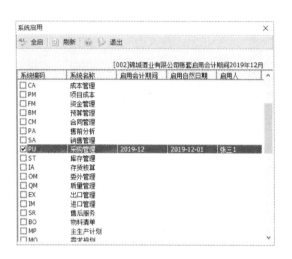

图 7－3　启用采购管理系统

（二）采购管理系统参数设置

系统参数是指在企业业务处理过程中所使用的各种控制参数，在使用用友各系统时，首先必须要进行相应的参数设置。

在企业应用平台中，选择"业务工作"—"供应链"—"采购管理"—"设置"—"采购选项"，打开"采购选项设置"窗口，进行相应设置后单击"确定"退出即可，如图 7－4 所示。

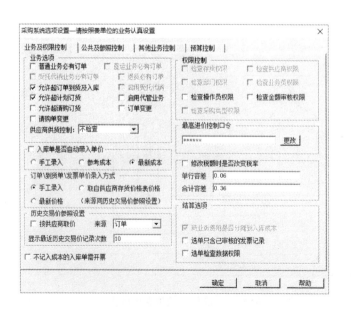

图 7－4　采购管理系统选项设置

★提示：

　　·普通业务必有订单。普通业务必有订单适用于大多数企业的一般采购业务，以订单为中心的采购管理是标准、规范的采购管理模式。订单是整个采购业务的核心，整个业务流程的执行都会写到采购订单上，通过采购订单可以跟踪采购的整个业务流程。选择"普通业务必有订单"时，除请购单、订单外，到货单、入库单、发票不可手工填制，只能参照生成。

　　·入库单是否自动带入单价。只有在采购管理系统不与库存管理系统集成使用，即采购入库单在采购管理系统填制时才可设置。

　　·修改税额时是否改变税率。一般情况下税额不必修改。在特定情况下，比如系统和手工计算的税额相差几分钱，用户可以调整税额尾差。

（三）其他相关设置

（1）收发类别设置。收发类别设置是为了用户对存货的出入库情况进行分类汇总统计而设置的，表示存货的出入库类型，用户可根据各单位的实际需要自由灵活地进行设置。其操作步骤为：

　　在企业应用平台中，选择"基础设置"—"基础档案"—"业务"—"收发类别"，打开"收发类别"窗口，单击工具栏上的"增加"，依次输入相应内容后保存即可，如图 7-5 所示。

图 7-5　收发类别设置

（2）采购类型设置。采购类型是企业对其采购业务的不同分类，主要是为了按照不同的采购类型进行统计的需要。采购类型不分级次，企业可以根据实际需要进行设立。例如：从国外购进、从国内购进、从省外购进、从本地购进、从生产厂家购进、为生产采购、为在建工程采购等。其操作步骤为：

　　在企业应用平台中，选择"基础设置"—"基础档案"—"业务"—"采购类型"，打开"采购类型"窗口，单击工具栏上的"增加"，依次输入相应内容后保存即可，如图 7-6 所示。

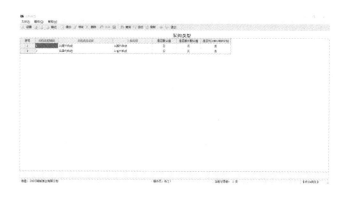

图 7-6　采购类型设置

（3）仓库档案设置。存货一般是用仓库来保管的，对存货进行核算管理，首先应对仓库进行管理，因此进行仓库设置是业务系统的重要基础准备工作之一。其操作步骤为：

在企业应用平台中，选择"基础设置"—"基础档案"—"业务"—"仓库档案"，打开"仓库档案"窗口，单击工具栏上的"增加"，依次输入相应内容后保存即可，如图7-7所示。

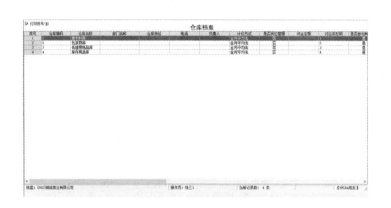

图7-7　仓库档案设置

（4）存货分类设置。存货分类用于设置存货分类编码、名称、对应条形码。存货分类最多可分8级，编码总长不能超过30位，每级级长用户可自由定义。其操作步骤为：

在企业应用平台中，选择"基础设置"—"基础档案"—"存货"—"存货分类"，打开"存货分类"窗口，单击工具栏上的"增加"，依次输入相应内容后保存即可，如图7-8所示。

图7-8　存货分类设置

（5）计量单位设置。要设置计量单位，必须先增加计量单位组，然后再在该组下增加具体的计量单位内容。其操作步骤为：

在企业应用平台中，选择"基础设置"—"基础档案"—"存货"—"计量单位"，打开"计量单位"窗口，单击工具栏上的"分组"，系统弹出"计量单位分组"窗口，单击工具栏上的"增加"，输入分组信息后单击"保存"并退出，如图7-9所示。

单击"计量单位"窗口工具栏上的"单位"，打开"计量单位设置"窗口，单击工具栏上的"增加"，输入计量单位信息后单击"保存"即可，如图7-10所示。

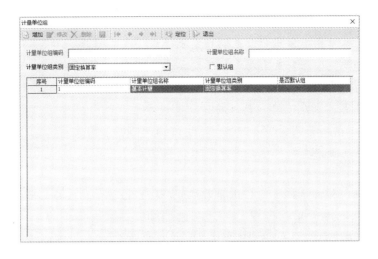

图 7 – 9　计量单位分组设置

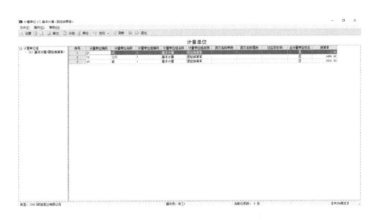

图 7 – 10　计量单位设置窗口

（6）存货档案设置。存货档案主要是根据企业的存货分类，设置企业在生产经营中使用到的各种存货信息，以便对这些存货进行管理和分析。其操作步骤为：

在企业应用平台中，选择"基础设置"—"基础档案"—"存货"—"存货档案"，打开"存货档案"窗口，单击工具栏上的"增加"，系统弹出"增加存货档案"窗口，依次输入存货信息后保存即可，如图 7 – 11 所示。

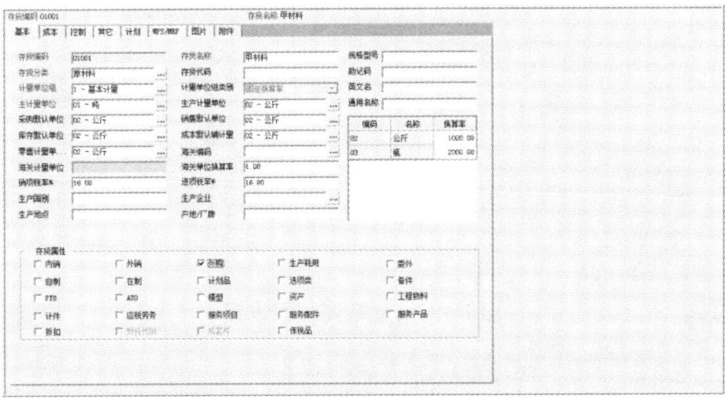

图 7 – 11　存货档案设置

★提示：

·税率：此税率为销售单据上该存货默认的销项税税额，默认为 16，即普通货物 16% 的增值税税率。

·是否折扣：若选择是，则在采购发票和销售发票中录入折扣额。

·存货属性：系统为存货设置了 6 种属性，具有"销售"属性的存货可用于销售；具有"外购"属性的存货可用于采购；具有"生产耗用"属性的存货可用于生产耗用；具有"自制"属性的存货可由企业生产自制；"在制"属性暂时不用；"劳务费用"属性指开具在采购发票上的运输费用、包装费等采购费用或开具在销售发票或发货单上的应税劳务。若未正确设置存货属性，会导致相关业务开单或开票时无法参照该存货。同一存货可以设置多个属性。

（7）供应商档案设置。供应商档案应根据企业供应商进行设置，其操作步骤为：

在企业应用平台中，选择"基础设置"—"基础档案"—"客商信息"—"供应商分类"，打开"供应商分类"窗口，单击工具栏上的"增加"，系统弹出"增加供应商分类"窗口，依次输入供应商分类信息后保存即可，如图 7 - 12 所示。

图 7 - 12　供应商分类设置

在企业应用平台中，选择"基础设置"—"基础档案"—"客商信息"—"供应商档案"，系统打开"供应商档案"窗口，单击工具栏上的"增加"，系统弹出"增加供应商档案"窗口，依次输入供应商信息后保存即可，如图 7 - 13 所示。

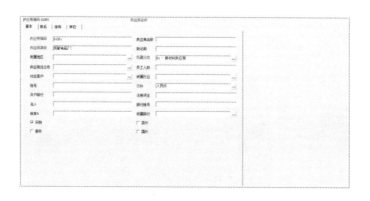

图 7 - 13　供应商档案设置

（8）结算方式设置。用户可根据采用的结算方式如支票、银行汇票、现金等进行设置。其操作步骤为：

在企业应用平台中，选择"基础设置"—"基础档案"—"收付结算"—"结算方式"，系统打开"结算方式"窗口，单击工具栏上的"增加"，依次输入结算方式信息后保存即可，如图 7 - 14 所示。

图 7 - 14　结算方式设置

(四) 采购期初录入及记账

账簿都应有期初数据，以保证其数据的连贯性。因此初次使用采购管理系统时，应先输入采购管理的期初数据。这些期初数据包括启用时尚未取得供货单位的采购发票而不能进行采购结算的期初暂估入库存货、启用时的期初在途存货以及期初受托代销商品等。

期初记账是将采购期初数据记入有关采购账、受托代销商品采购账中，期初记账后，期初数据不能增加、修改，除非取消期初记账。

其操作步骤为：

(1) 在企业应用平台中，选择"业务工作"—"供应链"—"采购管理"—"采购入库"—"入库单"，单击工具栏上的"增加"，系统弹出"期初采购入库单"窗口，依次输入相关信息后保存即可，如图 7 - 15 所示。

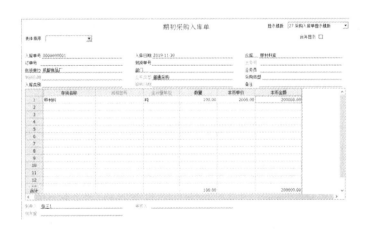

图 7 - 15　期初采购入库单设置

★提示：

·在没有进行期初记账前，进入"采购管理"—"采购入库"—"入库单"为录入期初采购入库单，一旦进行过期初记账后再进入"采购管理"—"采购入库"—"入库单"则为录入日常入库单。

（2）在企业应用平台中，选择"业务工作"—"供应链"—"采购管理"—"采购发票"—"专用采购发票"，在弹出的"期初专用发票"界面中，单击工具栏上的"增加"，依次输入相关信息后保存即可，如图 7 – 16 所示。

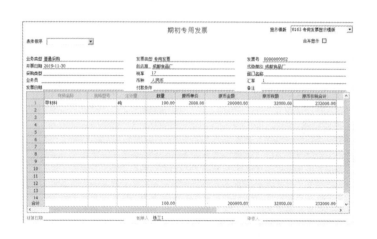

图 7 – 16　期初专用发票设置

（3）录入期初采购入库单与专用发票后，在企业应用平台中，选择"业务工作"—"供应链"—"采购管理"—"设置"—"采购期初记账"，系统弹出"期初记账"窗口，单击"记账"完成期初记账操作，如图 7 – 17 所示。

图 7 – 17　期初记账设置

★提示：

· 没有期初数据时，也可以进行期初记账，以便输入日常采购单据数据。

· 记账后，如取消记账，则单击"取消记账"，系统将期初记账数据设置为未期初记账状态。

四、应付款管理系统初始化设置

在应付款管理系统初始化设置之前，用户应对现有的数据资料，如各供应商的应付账款、预付账款、应付票据等进行整理，以便能够及时、顺利、准确地运用本系统。初次使用应付款管理系统时，应设置相应的系统控制参数。

（一）启用应付款管理系统

在企业应用平台中，选择工作列表中的"基础设置"—"基本信息"—"系统启用"，打开"系统启用"对话框，完成应付款管理系统的启用，如图 7 – 18 所示。

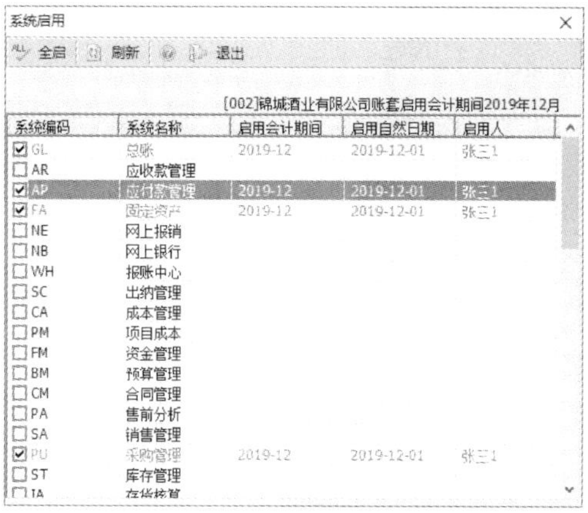

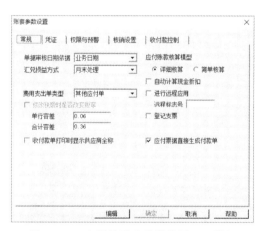

图 7 - 18　启用应付款管理系统

（二）应付款管理系统参数设置

初次使用应付款管理系统时，应设置相应的系统参数。应付款管理系统参数包括常规、凭证及权限与预警三个选项卡。其主要操作步骤为：

在企业应用平台中，选择"业务工作"—"财务会计"—"应付款管理"—"设置"—"选项"，打开"账套参数设置"对话框。选择"常规"选项卡，单击"编辑"按钮，进行参数设置。然后打开"凭证"与"权限与预警"选项卡分别进行设置。以上设置完成后，单击"确定"按钮，保存设置，如图 7 - 19 ~ 图 7 - 21 所示。

图 7 - 19　应付款账套参数设置——常规

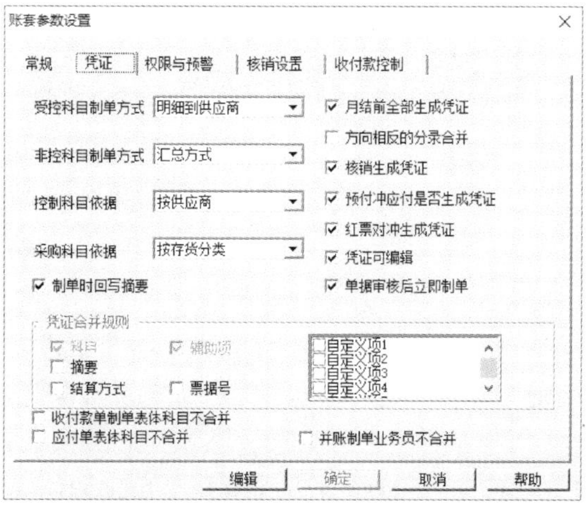

图 7 - 20　应付款账套参数设置——凭证

图 7 - 21　应付款账套参数设置——权限与预警

（三）核算规则设置

应付款管理系统的核算规则设置包括单据类型的设置、凭证科目的设置、账龄区间的设置及报警级别的设置。其作用是建立应付款管理的基础数据，确定使用哪些单据处理应付业务，确定需要进行账龄管理的账龄区间等。有了这些功能，用户可以选择使用自己定义的单据类型，使应付业务管理更符合用户的需要。

（1）基本科目设置。基本科目是在核算应付款项时经常用到的科目，系统依据制单规则在生成凭证时自动带入。其操作步骤为：

在企业应用平台中，选择"业务工作"—"财务会计"—"应付款管理"—"设置"—"初始设置"—"设置科目"—"基本科目设置"，打开"基本科目设置"窗口，如图 7 - 22 所示。

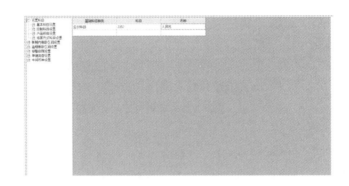

图 7 - 22　基本科目设置

★提示：

· 在进行"基本科目设置"时，输入应付科目（应付账款）后，系统弹出如下提示信息："本科目应为应付受控科目"，此时，应在"基础设置"—"基础档案"—"财务"—"会计科目"设置界面中，将"应付账款"的科目属性中辅助核算选择为"供应商往来"，并在下方受控系统中选择"应付系统"，以此类推。

（2）结算方式科目设置。用户可以为每种结算方式及每种币别分别设置不同的核算科目，系统将根据制单规则在生成凭证时自动带入。其操作步骤为：

在企业应用平台中，选择"业务工作"—"财务会计"—"应付款管理"—"设置"—"初始设置"—"设置科目"—"结算方式科目设置"，打开"结算方式科目设置"窗口，如图 7-23 所示。

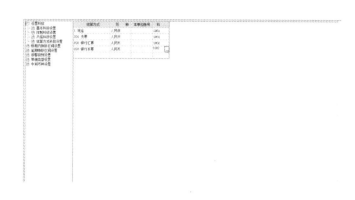

图 7-23　结算方式科目设置

控制科目设置、产品科目设置、报警级别设置、账期内账龄区间设置与单据类型设置参见基本科目设置与结算方式科目设置。

（四）录入期初余额

用户应将正式启用账套前的所有应付业务数据录入应付款管理系统中，作为期初建账的数据，以保证数据的连续性和完整性。当用户初次使用本系统时，要将上期未处理完全的单据都录入系统中，以便于以后的处理。当用户进入第二年度处理时，系统自动将上年未处理完全的单据转为下一年度的期初余额。在下一年度的第一个会计期间，用户可进行期初余额的调整。

系统通过录入期初单据的形式建立期初数据，包括未结算完的发票和应付单、预付款单据、未结算完毕的应付票据以及未结算完毕的合同金额。这些期初数据必须是账套启用会计期间前的数据。

其操作步骤为：

（1）在企业应用平台中，选择"业务工作"—"财务会计"—"应付款管理"—"设置"—"期初余额"，打开"期初余额—查询"对话框，如图 7-24 所示。

图 7-24　期初余额查询

（2）在"期初余额—查询"对话框中，按栏目输入查询条件后单击"确定"按钮，打开"期初余额明细表"窗口，如图 7-25 所示。

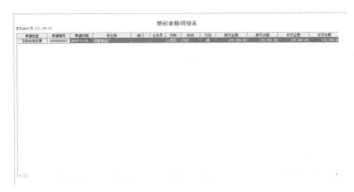

图 7 - 25　期初余额明细表

（3）在"期初余额明细表"窗口中，单击"增加"按钮，打开"单据类别"对话框，选择要增加的期初单据类型，如图 7 - 26 所示。

图 7 - 26　单据类别

（4）选择应付单据名称、单据类型和方向。单击"确定"按钮，系统将显示相应的单据新增界面，输入新增单据，如图 7 - 27 所示。

图 7 - 27　新增单据——采购专用发票

（5）期初数据输入完毕后，单击"退出"按钮，返回"期初余额明细表"窗口。在"期初余额明细表"窗口中，单击"对账"按钮，打开"期初对账"对话框，可查看应付款管理系统与总账系统的期初余额平衡情况。

五、采购管理系统日常业务处理

采购业务一般有三种类型：普通采购业务模式、受托代销业务模式及直运业务模式。普通采购业务模式支持正常的采购业务，适用于一般工商企业的采购业务，这里以普通采购业务为例介绍采购管理系统日常业务处理的操作方法。

（一）请购

采购请购是指企业内部向采购部门提出采购申请，或采购部门汇总企业内部采购需求提出采购清单。

请购是采购业务处理的起点，在此描述和生成采购的需求，如采购什么货物、采购多少、何时使用、由谁使用等内容；同时也可为采购订单提供建议内容，如建议供应商、建议订货日期等。采购请购单是可选单据，用户可以根据业务需要选用。其操作步骤为：

在企业应用平台中，选择"业务工作"—"供应链"—"采购管理"—"请购"—"请购单"，打开"采购请购单"界面，单击工具栏上的"增加"，依次输入相关信息后保存并审核即可，如图7-28所示。

图7-28 采购请购单

★提示：

·请购单只能手工增加，可以修改、删除、审核、弃审、关闭、打开，已审核未关闭的请购单可以参照生成采购订单，或比价生成采购订单。

·已审核的单据为有效单据，可被其他单据、其他系统参照使用。

（二）订单

采购订单是企业与供应商之间签订的采购合同、购销协议等，主要内容包括购什么货物、采购多少、由谁供货、什么时间到货、到货地点、运输方式、价格等。它可以是企业采购合同中关于货物的明细内容，也可以是一种订货的口头协议。采购订单可以手工录入，也可以参照请购单、销售订单及采购计划生成等。其操作步骤为：

（1）在企业应用平台中，选择"业务工作"—"供应链"—"采购管理"—"采购订货"—"请购比价生单"，系统弹出"过滤条件"窗口，点击"过滤"，弹出"请购比价生单列表"，如图7-29所示。

图7-29 请购比价生单列表

（2）在"请购比价生单列表"窗口中，选择要生成采购订单的请购单，然后单击工具栏上的"生单"，系统自动生成采购订单，要查询该订单可到"采购管理"—"采购订货"—"采购订单"中查看，所生成订单如图7-30所示。

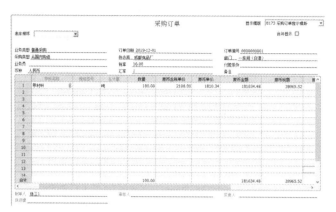

图 7 - 30　采购订单

（3）在"采购订单"窗口对该订单进行审核即可。

（三）到货

采购到货是采购订货和采购入库的中间环节，一般由采购业务员根据供方通知或送货单填写，确认对方所送货物、数量、价格等信息，以入库通知单的形式传递到仓库作为保管员收货的依据。采购到货单是可选单据，用户可以根据业务需要选用。其操作步骤为：

（1）在企业应用平台中，选择"业务工作"—"供应链"—"采购管理"—"采购到货"—"到货单"，弹出"到货单"录入界面，单击工具栏上的"增加"，单击"生单"下拉按钮，在弹出的菜单中选择"拷贝采购订单"，如图 7 - 31 所示。

图 7 - 31　拷贝到货单

（2）在弹出的"过滤条件"窗口中，单击"过滤"，弹出"生单选单"列表，选择需要生成到货单的订单后，单击工具栏中的"确定"按钮后，系统自动生成"到货单"，保存该到货单并审核即可，如图7 - 32所示。

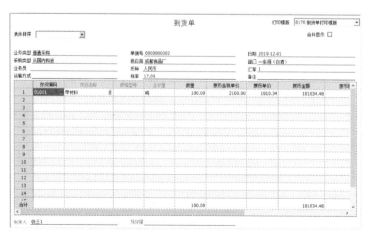

图 7 - 32　生成采购到货单

（四）入库

采购入库是指对采购到库的存货，通过验收环节，对合格到货的存货进行入库验收。对于本月存货已经到货但采购发票尚未收到的，可先对存货进行暂估入库，待发票到达后，再根据该入库单与发票进行采购结算处理。

采购入库单按进出仓库方向分为：蓝字采购入库单、红字采购入库单等。"库存管理"启用前，可在"采购管理"录入入库单据；"库存管理"启用后，则必须在"库存管理"录入入库单据；在"采购管理"可以根据入库单生成发票。采购入库单可以手工增加，也可以参照手工订单、到货单填制，还可以拷贝其他采购入库单、采购发票。其操作步骤为：

（1）在企业应用平台中，选择"业务工作"—"供应链"—"采购管理"—"采购入库"—"采购入库单"，在弹出的"采购入库单"界面中，单击工具栏上的"生成"。

（2）在弹出的"过滤条件"窗口中点击"过滤"，系统弹出"入库单批量生成发票"，选择发票类型和要生成入库单的发票，然后单击工具栏上的"生单"，系统自动生成"采购入库单"，保存并审核该入库单即可，如图7-33所示。

图7-33　入库单批量生成发票

（3）在企业应用平台中，选择"业务工作"—"供应链"—"采购管理"—"采购入库"—"采购入库单"，在弹出的"采购入库单"界面单击工具栏"增加"，单击鼠标右键，在弹出的菜单中点击"拷贝采购到货单"。

（4）在弹出的"过滤条件"窗口中单击"过滤"，系统弹出"生单选单"列表，选择要生成采购入库单的到库单后，单击工具栏上的"确定"，系统自动生成"采购入库单"后保存并审核即可，如图7-34所示。

图7-34　采购入库单

★提示：

·红字入库单是采购入库单的逆向单据。在采购业务活动中，如果发现已入库的货物因质量等因素要求退货，则对普通采购业务要进行退货单处理，即录入红字入库单；如果发现已审核的入库单数据有错误（多填数量等），可以原数冲回，即将原错误的入库单以相等的负数量填制红字入库单，冲抵原入库单数据。

·在"采购入库单"窗口的工具栏上有一个"生成"按钮，其作用在于根据"采购入库单"自动生成采购发票。

（五）开票

采购发票是供应商开出销售货物的发票，用户根据采购发票确认采购成本，进行记账和付款核销。采购发票可手工填制，也可参照采购入库单、采购订单等其他方式生成。其操作步骤为：

（1）在企业应用平台中，选择"业务工作"—"供应链"—"采购管理"—"采购发票"—"专用采购发票"，在弹出的"专用发票"界面中，单击工具栏的"增加"，单击"生单"下拉按钮，在弹出的菜单中点击"入库单"，如图7-35所示。

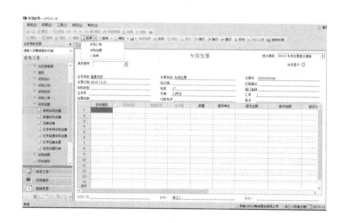

图7-35 采购专用发票

（2）在弹出的"过滤条件"窗口中单击"过滤"，系统弹出"生单选单"列表，选择要生成采购专用发票的采购入库单后，单击工具栏上的"确定"，系统自动生成"采购专用发票"，对生成的发票进行保存及审核即可，如图7-36所示。

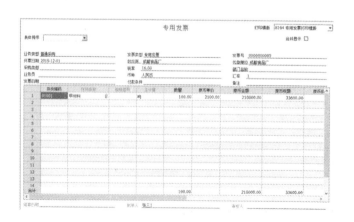

图7-36 生成采购发票

（3）依次完成根据本月其他"采购入库单"生成"采购专用发票"的操作。

★提示：

· 采购发票可以现付、弃付。现付业务是指在采购业务发生时，立即付款开发票。在采购发票保存后就可以进行现付款处理，已审核的发票不能再做现付处理。对当前单据进行现付时，单击"现付"，系统弹出现付窗口，录入结算方式、结算金额、票据号、银行账号等现付内容后，按"确认"则对当前单据进行现付，发票上角注明"已现付"红色标记。现付处理后可在应付款管理系统中进行付款核销处理。

· 当采购的存货需要办理退货时，需要填制红字销售发票。

· 在采购过程中发生的运费，需要开具运费发票，包括蓝字运费发票和红字运费发票。

（六）结算

采购结算也称采购报账，是指采购核算人员根据采购入库单、采购发票核算采购入库成本；采购结算的结果是采购结算单，它是记载采购入库单记录与采购发票记录对应关系的结算对照表。

采购结算分为自动结算、手工结算两种方式。自动结算是由系统自动将符合结算条件的采购入库单记录和采购发票记录进行结算。系统按照三种结算模式进行自动结算：（1）入库单和发票。即将供应商、存货、数量完全相同的入库单记录和发票记录进行结算，生成结算单。（2）红蓝入库单。即将供应商、存货相同，数量绝对值相等，符号相异的红蓝入库单记录进行对应结算，生成结算单。（3）红蓝发票。即将供应商、存货相同，金额绝对值相等，符号相异的采购发票记录对应结算，生成结算单。其操作步骤为：

（1）在企业应用平台中，选择"业务工作"—"供应链"—"采购管理"—"采购结算"—"手工结算"，系统弹出"手工结算"界面，点击工具栏上的"选单"，系统弹出"结算选单"窗口，如图7-37所示。

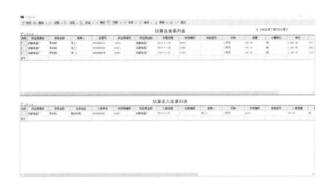

图 7 - 37　结算选单

（2）在"结算选单"窗口中，单击工具栏上的"过滤"，弹出"条件输入"对话框，输入日期范围、供应商后，单击"确定"，系统再次回到"结算选单"窗口。

（3）分别单击"结算选单"窗口上方的"刷新"，系统自动将日期范围内的采购入库单与采购发票罗列出来。

（4）在"结算选单"窗口中选择任意发票后，单击工具栏上的"按票"，系统会自动寻找符合结算条件的采购入库单并进行提示；或者选择任意采购入库单后，单击工具栏上的"按入"，系统会自动寻找符合结算条件的采购发票并进行提示。

（5）结算选单完成后，单击"结算选单"窗口下方的"确定"，系统弹出"手工结算"窗口，如图7-38所示。

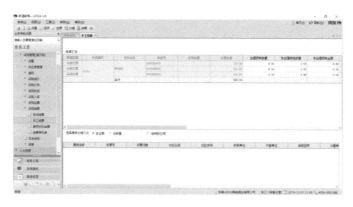

图 7 - 38　手工结算

（6）单击"手工结算"窗口工具栏上的"结算"，系统自动完成结算处理过程。结算的结果可以在结算单列表功能中查看。"采购结算表"如图 7 - 39 所示。

图 7 - 39　结算单列表

★提示：

·采购结算完成后，相应的采购入库单和采购发票左上角会被标注"已结算"标记。

·如果需要修改或删除入库单、采购发票等，必须先取消采购结算，即删除采购结算单。取消了结算的入库单、发票，其左上角的"已结算"红色标记消失。

·在采购结算时，采购发票金额与采购入库单上的金额不一定一致，如果不一致，应确定其是合理损耗还是非合理损耗引起的，并在结算过程中输入相应的损耗内容。只有结算数量＝发票数量＋合理损耗数量＋非合理损耗数量，该条入库单记录与发票记录才可进行采购结算。

·如果没有期初记账，则不能进行采购结算。

·本月已做月末结账后，不能再做本月的采购结算，只有在下月做。如果采购结算确实应核算在已结账的会计月份内，那么可以先取消该月的月末结账后再做采购结算。

（七）采购账表查询

采购管理系统中的采购账表查询主要是为满足企业查询日常账表资料的需要而设定，包括：我的账表，主要提供用户自定义报表及查询功能；采购统计表，主要包括采购明细表、到货明细表、入库明细表、结算明细表等账表信息查询；采购账簿，主要包括在途货物余额表、暂估入库余额表等账表查询；采购分析，主要包括一些采购分析账表。

（1）采购明细表。在企业应用平台中，选择"业务工作"—"供应链"—"采购管理"—"报表"—"统计表"—"采购明细表"，系统弹出"采购明细表"过滤窗口，选择日期范围，单击"过滤"，系统弹出"采购明细表"信息窗口，如图 7 - 40 所示。

图 7 - 40　采购明细表

（2）入库明细表。在企业应用平台中，选择"业务工作"—"供应链"—"采购管理"—"报表"—"统计表"—"入库明细表"，系统弹出"入库明细表"过滤窗口，单击"过滤"，系统弹出"入库明细表"信息窗口，如图 7 - 41 所示。

图 7 - 41　入库明细表

（3）结算明细表。在企业应用平台中，选择"业务工作"—"供应链"—"采购管理"—"报表"—"统计表"—"结算明细表"，系统弹出"结算明细表"过滤窗口，选择日期范围，单击"过滤"，系统弹出"结算明细表"信息窗口，如图 7 - 42 所示。

图 7 - 42　结算明细表

六、应付款管理系统日常业务处理

日常业务处理是应付款管理系统的重要组成部分，是经常性的应付业务处理工作。日常业务主要完成企业日常的应付单据录入审核、付款单据录入审核以及应付票据的管理，为查询和分析往来业务提供完整、准确的资料，加强应付款项的监督管理。

（一）应付单据处理

应付单据处理主要是对应付单据（采购发票、应付单）进行管理，包括应付单据的录入、审核。如果企业同时使用应付款管理系统和采购管理系统，则采购发票由采购系统录入，应付款管理系统具有对这些单据进行审核、弃审、查询、核销、制单等功能，此时在本系统需要录入的单据仅限于应付单；如果企业没有使用采购管理系统，则各类发票和应付单均在本系统录入。其操作步骤为：

（1）在企业应用平台中，选择"业务工作"—"财务会计"—"应付款管理"—"应付单据处理"—"应付单据审核"，系统弹出"单据过滤条件"窗口，输入相应条件后，单击"确认"，系统弹出"单据处理"窗口，如图7-43所示。

图7-43　单据过滤条件

（2）选择需要进行审核的发票后，单击工具栏上的"审核"，系统自动完成审核过程，并提示审核结果，如图7-44所示。

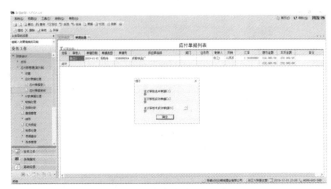

图7-44　应付单据列表

（二）付款单据处理

付款单据处理主要是对结算单据（付款单、收款单及红字付款单）进行管理，包括付款单、收款单的录入、审核。应付款管理系统的付款单用来记录企业所支付的款项；应付款管理系统的收款单（通过工具栏上的"切换"功能可将付款单切换至收款单）用来记录发生采购退货时，企业所收到的供应商退款。其操作步骤为：

（1）在企业应用平台中，选择"业务工作"—"财务会计"—"应付款管理"—"付款单据处理"—"付款单据录入"，系统弹出"付款单"录入界面，单击工具栏上的"增加"，依次输入相关内容后保存即可，如图7-45所示。

图7-45 付款单

（2）在企业应用平台中，选择"业务工作"—"财务会计"—"应付款管理"—"付款单据处理"—"付款单据审核"，系统弹出"付款单查询条件"对话框，输入相关条件后单击"确认"，系统弹出"结算单列表"窗口，选择需要进行审核的付款单后，单击工具栏上的"审核"，系统自动完成审核过程，并提示审核结果，如图7-46所示。

图7-46 应付单据列表

（三）核销处理

核销处理指用户日常进行的付款核销应付款的工作。单据核销的作用是处理付款核销应付款，建立付款与应付款的核销记录，监督应付款及时核销，加强往来款项的管理。

核销处理有两种方式：一种是手工核销，即用户手工确定系统内付款与应付款的对应关系，选择进行核销；通过本功能可以根据查询条件选择需要核销的单据，然后手工核销，加强了往来款项核销的灵活性。另一种是自动核销，即系统自动确定系统内付款与应付款的对应关系，选择进行核销；通过本功能可以根据查询条件选择需要核销的单据，然后系统自动核销，加强了往来款项核销的效率性。

其操作步骤为：

（1）在企业应用平台中，选择"业务工作"—"财务会计"—"应付款管理"—"核销处理"—"手工核销"，系统弹出"核销条件"对话框，输入供应商信息和日期范围后，点击"确认"，系统弹出"单据核销"窗口，上边列表显示该供应商可以核销的结算单记录（应付款、预付款），下边列表显示该供应商符合核销条件的对应单据，如图7－47所示。

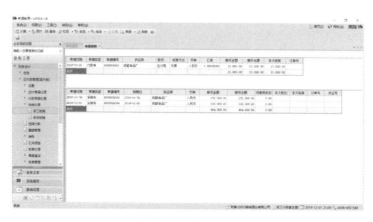

图7－47　单据核销

（2）在"单据核销"窗口中，用户手工输入本次结算金额，"本次结算"栏目的上下列表中的结算金额合计必须保持一致，点击"保存"按钮，即可完成本次核销操作。

★**提示：**

·已经进行核销的单据可以在"其他处理"中的"取消操作"中进行取消核销的操作。

（四）转账处理

转账处理提供了四种方式：应付冲应付、预付冲应付、应付冲应收及红票对冲。

（1）应付冲应付。应付冲应付是指将某一供应商的应付账款转入另一供应商账中。通过本功能将应付款业务在供应商之间进行转入、转出，实现应付业务的调整，解决应付款业务在不同供应商间入错户或合并户问题。其操作步骤为：

在企业应用平台中，选择"业务工作"—"财务会计"—"应付款管理"—"转账"—"应付冲应付"，系统弹出"应付冲应付"窗口，将该窗口中的转出户和转入户分别进行设置后，单击"过滤"；在"应付冲应付"窗口，输入"并账金额"后，单击"确认"，系统弹出"是否立即制单"，单击"否"，完成应付冲应付的操作，如图7－48所示。

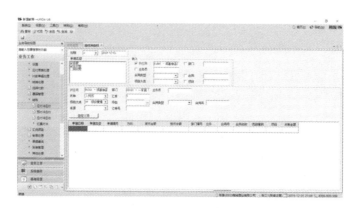

图7－48　应付冲应付

★提示：

·"应付冲应付"操作后，可在"其他处理"—"取消操作"中取消本次并账操作。

（2）预付冲应付。预付冲应付可将预付某供应商的款项和所欠该供应商的款项进行转账核销处理。

（3）应付冲应收。应付冲应收即用某客户的应收账款冲抵某供应商的应付款项。系统通过应付冲应收功能将应付款业务在客户和供应商之间进行转账，实现应付业务的调整，进行应收债权与应付债务的冲抵。

（4）红票对冲。红票对冲可实现某客户的红字应收单与其蓝字应收单、收款单与付款单之间进行冲抵的操作。红票对冲分自动对冲和手工对冲两种方式。

（五）制单处理

制单即生成凭证，并将凭证传递至总账记账。系统对不同的单据类型或不同的业务处理提供立即制单的功能（即系统弹出的提示信息"是否立即制单"）；除此之外，系统提供了一个统一制单的平台，可以在此快速、成批生成凭证，并可依据规则进行合并制单等处理。

制单类型包括发票制单和应付单制单、合同结算单制单、收付款单制单、核销制单、票据处理制单、汇兑损益制单、转账制单、并账制单、现结制单等。

（1）发票和结算单制单处理。在企业应用平台中，选择"业务工作"—"财务会计"—"应付款管理"—"制单处理"，系统弹出"制单查询"窗口，选择"发票制单"和"结算单制单"，如图7-49所示。单击"确认"，系统弹出"制单"窗口，如图7-50所示。

图7-49 制单查询

图7-50 采购发票制单

（2）并账业务制单处理。在企业应用平台中，选择"业务工作"—"财务会计"—"应付款管理"—"制单处理"，在系统弹出"制单查询"窗口中选择"应付单制单"，如图 7 – 51 所示。

图 7 – 51　制单查询—应付单制单

单击"确定"，系统弹出"制单"窗口，选择要制的单据，单击工具栏上的"制单"，将生成的记账凭证予以保存后即完成"应付单制单"的操作，生成的记账凭证如图 7 – 52 所示。

图 7 – 52　生成记账凭证

（六）单据查询

单据查询主要提供发票查询、应付单查询、结算单查询、凭证查询等内容，企业可以通过单据查询的功能随时了解企业相关信息。此处仅以发票查询为例，其操作步骤为：

在企业应用平台中，选择"业务工作"—"财务会计"—"应付款管理"—"单据查询"—"发票查询"，弹出"发票查询"对话框，将"包含余额为 0"选项前打"√"，单击"确定"，结果如图 7 – 53 所示。

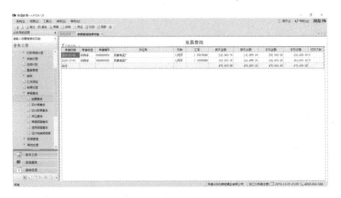

图 7 – 53　发票查询

(七) 账表管理

账表管理分为我的账表、业务账表查询、科目账查询、统计分析。"我的账表"主要提供用户自定义报表的功能;"业务账表查询"可以了解一定期间内期初应付款结存汇总情况、应付款发生、付款发生的汇总情况、累计情况及期末应付款结存汇总情况,还可以了解各个供应商期初应付款结存明细情况、应付款发生、付款发生的明细情况、累计情况及期末应付款结存明细情况,能及时发现问题,加强对往来款项的监督管理;"科目账查询"可以查询科目明细账、科目余额表;"统计分析"功能可以按用户定义的账龄区间,进行一定期间内应付账款账龄分析、付款账龄分析、往来账龄分析,了解各个供应商应付款的周转天数、周转率,了解各个账龄区间内应付款、付款及往来情况,及时发现问题,加强对往来款项的动态管理。

(1) 应付余额表。在企业应用平台中,选择"业务工作"—"财务会计"—"应付款管理"—"账表管理"—"业务账表"—"业务余额表",系统弹出"应付余额表"窗口,单击"过滤",系统显示应付余额表结果,如图 7-54 所示。

图 7-54　应付余额表

(2) 应付明细账。在企业应用平台中,选择"业务工作"—"财务会计"—"应付款管理"—"账表管理"—"业务账表"—"业务明细表",系统弹出"应付明细账"窗口,单击"过滤",系统显示应付明细账结果,如图 7-55 所示。

图 7-55　应付明细账

(3) 应付对账单。在企业应用平台中,选择"业务工作"—"财务会计"—"应付款管理"—"账表管理"—"业务账表"—"对账单",系统弹出"应付对账单"窗口,单击"过滤",系统显示应付对账单结果,如图7－56所示。

图7－56　应付对账单

(八)　取消操作

如果对原始单据进行了审核,对付款单进行了核销,进行了转账、并账等操作后,发现操作失误,可将其恢复到操作前的状态,以便进行修改。系统提供了恢复核销前状态、恢复转账前状态、恢复汇兑损益前状态、恢复票据处理前状态、恢复并账前状态五项取消操作,操作方法基本相同:即单击"其他处理"—"取消操作",在出现的界面中选择要取消的操作后单击"确认"即可完成取消操作,如图7－57所示。

图7－57　取消操作

七、采购与应付款管理系统月末处理

期末处理指用户进行的期末结账工作。如果当月业务已全部处理完毕,就需要执行月末结账功能,只有月末结账后,才可以开始下月工作。

(一)　采购管理系统月末处理

采购管理系统月末结账是逐月将每月的单据数据封存,并将当月的采购数据记入有关账表中。在手工会计处理中,都有结账的过程,在电算化会计处理中有这一过程,以符合会计制度的要求。其操作步骤为:

注册进入"采购管理"系统,单击"月末结账",系统弹出"月末记账"窗口,选择要结账的月份后,单击"结账"即完成结账操作,如图7－58所示。

图 7-58　采购管理月末结账

★提示：

· 月末结账完毕后，可进行"取消结账"的操作。

· 没有期初记账，将不允许月末结账。

· 不允许隔月记账，也不允许隔月取消月结。

· 上月未结账，本月单据可以正常操作，但本月不能结账。

· 采购管理系统月末结账后，才能进行库存管理、存货核算、应付款管理等系统的月末结账。

· 如果采购管理系统要取消月末结账，必须先取消库存管理、存货核算、应付款管理等系统的月末结账。

· 如果库存管理、存货核算、应付款管理的任何一个系统不能取消月末结账，那么采购管理系统的月末结账也不能取消。

（二）应付款管理系统月末处理

应付款管理系统月末处理的操作步骤为：

（1）在企业应用平台中，选择"业务工作"—"财务会计"—"应付款管理"—"期末处理"—"月末结账"，系统弹出"月末处理"窗口，选择要结账的月份，如图 7-59 所示。

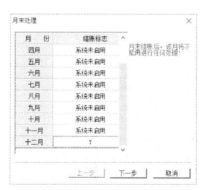

图 7-59　月末处理

（2）单击"下一步"，系统列出所有单据的处理情况，全部处理完毕后，单击"确认"，系统完成结账操作。

★提示：

· 应付款管理系统结账后，可通过"取消结账"功能取消结账。

· 应付款管理系统与采购管理系统集成使用时，应在采购管理系统结账后，才能对应付款系统进行结账处理。

· 上月未结账本月不能结账。

第八部分　销售与应收款管理

销售是企业生产经营活动的最后环节，企业通过出售产品、商品或提供劳务从而获得收入并实现利润。销售管理系统是用友 U8 的重要组成部分，它提供了报价、订货、发货、开票的完整销售流程，支持普通销售、委托代销、分期收款、直运、零售、销售调拨等多种类型的销售业务，并可对销售价格和信用进行实时监控。用户可根据实际情况对系统进行定制，构建自己的销售业务管理平台。

应收款是企业资产的重要组成部分，是企业正常生产经营活动中，由于销售产品、商品或提供劳务而应向购货单位或接受劳务单位收取的款项。应收款管理系统，通过发票、其他应收单、收款单等单据的录入，对企业的往来账款进行综合管理，及时、准确地提供客户的往来账款余额资料，提供各种分析报表，如账龄分析表，帮助用户合理地进行资金的调配，提高资金的利用效率。

销售管理系统与应收款管理系统既可以单独使用，也可以一起使用，还可以与其他系统如库存管理、存货核算等系统一起集成使用。

【实验目的】

了解销售管理与应收款管理系统的主要功能和操作流程；掌握销售管理与应收款管理系统的初始化设置；掌握销售管理与应收款管理系统的日常业务、期末处理及账表管理等。

【实验内容】

销售管理与应收款管理系统初始化设置、销售管理与应收款管理系统日常业务与期末处理及账表管理等。

【实验准备】

系统具备运行用友 U8 的软硬件环境，及总账、销售管理与应收款管理等模块。

【实验资料】

会计核算实务实验中的企业相关资料。

【实验指导】

一、销售与应收款管理系统的主要功能

（一）销售管理系统的主要功能

销售管理系统可以设置销售选项，设置价格管理、设置允销限销、设置信用审批人，可以录入期初单据；进行销售业务的日常操作，包括报价、订货、开票等业务；支持普通销售、委托代销、分期收款、直运、零售、销售调拨等多种类型的销售业务；可以进行现结业务、代垫费用、销售支出的业务处理；可以制订销售计划，对价格和信用进行实时监控；用户可定义报表，可以查询使用销售统计表、明细表、销售分析、综合分析。

（二）应收款管理系统的主要功能

应收款管理系统主要提供了设置、日常处理、单据查询、账表管理、其他处理等功能。用户可结合企业管理要求进行参数设置，系统提供单据类型设置、账龄区间设置和坏账初始设置，为各种应收款业务的

日常处理及统计分析作准备；提供期初余额的录入，保证数据的完整性与连续性；提供应收单据、收款单据的录入、处理、核销、转账、汇兑损益、制单等处理；提供查阅各类单据的功能，查询各类单据、详细核销信息、报警信息、凭证等内容；提供总账表、余额表、明细账等多种账表查询功能；提供应收账款分析、收款账龄分析、欠款分析等丰富的统计分析功能。其他处理提供用户的远程数据传递，对核销、转账等处理进行恢复，用户月末结账等处理。

二、销售与应收款管理系统的操作流程

（一）销售管理系统的操作流程（图8-1）

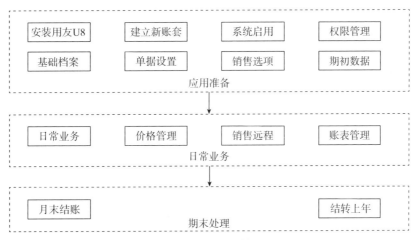

图8-1　销售管理系统操作流程

（二）应收款管理系统的操作流程（图8-2）

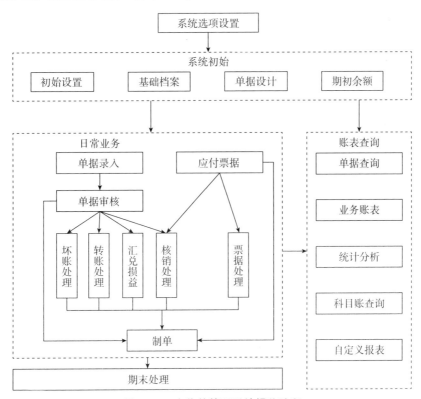

图8-2　应收款管理系统操作流程

三、销售管理系统初始化设置

企业在应用销售管理系统之前，首先需要进行初始化设置，如销售类型、发运方式、客户档案、付款条件、费用项目等，以后每月只需对有变动的地方进行修改。

（一）启用销售管理系统

在企业应用平台中，选择工作列表中的"基础设置"—"基本信息"—"系统启用"，打开"系统启用"对话框，完成销售管理系统的启用，如图8-3所示。

图8-3 启用销售管理系统

（二）销售管理系统参数设置

销售管理系统参数设置是指在企业销售业务处理过程中所使用的各种控制参数的设置，系统参数的设置将决定用户使用系统的业务流程、业务模式、数据流向。

企业在进行控制参数设置之前，一定要详细了解有关参数对业务处理流程的影响，并结合企业的实际业务需要进行设置。由于有些选项在日常业务开始后不能随意更改，用户最好在业务开始前进行全盘考虑，尤其一些对其他系统有影响的选项设置更要考虑清楚。

销售管理系统参数共有5个方面的内容，包括业务控制参数、其他控制参数、信用控制参数、可用量控制参数和价格管理参数。

其操作步骤为：在企业应用平台中，选择"业务工作"—"供应链"—"销售管理"—"设置"—"销售选项"，系统弹出"选项"窗口，进行相应设置后单击"确定"退出即可，如图8-4所示。

图8-4 销售管理系统参数设置

（三）其他相关设置

（1）销售类型设置。销售类型可以包括一般销售业务、外币销售业务、现金销售业务、委托代销业务、分期收款销售业务、售后退货业务、材料销售业务、集团内部销售业务、零售业务、先发货后开发票销售业务、直接开发票销售业务、包装物租借等。

其操作步骤为：在企业应用平台中，选择"基础设置"—"基础档案"—"业务工作"—"销售类型"，打开"销售类型"窗口，单击工具栏上的"增加"，依次输入销售类型后保存即可，如图 8 – 5 所示。

图 8 – 5　销售类型设置

（2）发运方式设置。企业在处理采购业务或销售业务中的运输方式时，应先行在本功能中设定这些运输方式，比如海运、陆运、空运等。

其操作步骤为：在企业应用平台中，选择"基础设置"—"基础档案"—"业务工作"—"发运方式"，系统弹出"发运方式"窗口，单击工具栏上的"增加"，输入相应的发运方式后保存即可，如图 8 – 6所示。

图 8 – 6　发运方式设置

（3）付款条件设置。付款条件也叫现金折扣，是指企业为了鼓励客户偿还货款而允诺在一定期限内给予的规定的折扣优待。付款条件将主要在采购订单、销售订单、采购结算、销售结算、客户目录、供应商目录中引用。

其操作步骤为：在企业应用平台中，选择"基础设置"—"基础档案"—"收付结算"—"付款条件"，系统弹出"付款条件"窗口，单击工具栏上的"增加"，输入相应的付款条件即可，如图 8 – 7 所示。

图 8 – 7　付款条件

（4）费用项目设置。费用项目功能完成对费用项目的设置和管理。企业在处理销售业务中的代垫费用、销售支出费用时，应先行在本功能中设定这些费用项目。

其操作步骤为：在企业应用平台中，选择"基础设置"—"基础档案"—"业务工作"—"费用项目"，系统弹出"费用项目"窗口，单击工具栏上的"增加"，依次输入费用项目信息后保存即可，如图 8 – 8 所示。

图 8 – 8　费用项目

（5）客户档案设置。其操作步骤为：在企业应用平台中，选择"基础设置"—"基础档案"—"客商信息"—"客户档案"，系统弹出"客户档案"窗口，单击工具栏上的"增加"，依次输入客户信息后保存即可，如图 8 – 9 所示。

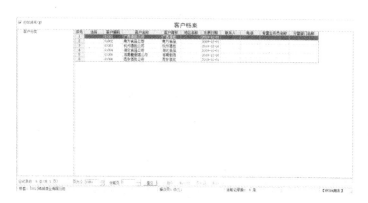

图 8 – 9　客户档案

（6）本单位开户银行设置。设置本企业开户银行供录入发票等相关单据时参考。其操作步骤为：在企业应用平台中，选择单击"基础设置"—"基础档案"—"收付结算"—"本单位开户银行"，单击工具栏上的"增加"，依次输入开户银行信息后即可，如图 8-10 所示。

图 8-10　本单位开户银行

（四）期初单据录入

账簿应有期初数据，以保证其数据的连贯性。初次使用销售管理系统时，应先输入销售管理系统的期初数据。如果系统中已有上年的数据，上年度销售数据自动结转本年。期初单据审核后有效，在月末结账时记入有关销售账中。

系统提供的期初单据有期初发货单与期初委托代销发货单两种。其中：期初发货单可处理建账日之前已经发货、出库而尚未开发票的业务，包括普通销售、分期收款发货单。期初委托代销发货单可以录入启用日之前已经发生但未完全结算的委托代销发货单。

其操作步骤为：在企业应用平台中，选择"业务工作"—"供应链"—"销售管理"—"设置"—"期初录入"—"期初发货单"，系统弹出"期初发货单"窗口，单击工具栏上的"增加"，依次输入有关信息后保存即可，如图 8-11 所示。

图 8-11　期初发货单

四、应收款管理系统初始化设置

在应收款管理系统初始化之前，应对现有的数据资料进行整理，以便能够及时、顺利、准确地运用本系统。

（一）启用应收款管理系统

在企业应用平台中，选择工作列表中的"基础设置"—"基本信息"—"系统启用"，打开"系统启用"对话框，完成应收款管理系统的启用，如图8-12所示。

图8-12　启用应收款管理系统

（二）应收款管理系统参数设置

参数设置是指对应收业务进行控制参数的设置。它是进入应收系统的首项工作，但也可进入系统后确定或修改，其主要包括应收款核销方式，控制科目依据，产品销售科目的依据，预收款核销方式，制单方式，汇兑损益方式，坏账处理方式及现金折扣显示，录入发票时是否显示发票信息等内容的设置。

其操作步骤为：在企业应用平台中，选择"业务工作"—"财务会计"—"应收款管理"—"设置"—"选项"，打开"账套参数设置"对话框，分别设置"常规"选项卡、"凭证"选项卡、"权限与预警"选项卡、"核销设置"选项卡，如图8-13所示。

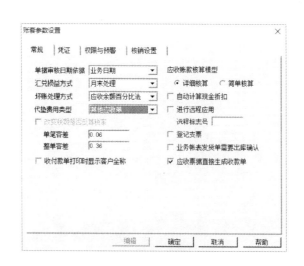

图8-13　账套参数设置

（三）核算规则设置

应收款管理系统的核算规则设置包括单据类别设置、凭证科目设置、账龄区间的设置、坏账准备及报警级别的设置。其作用是建立应收款管理的基础数据，确定使用哪些单据处理应收业务，确定需要进行账龄管理的账龄区间等。有了这些功能，用户可以选择使用自定义的单据类型，使应收业务管理更符合用户的需要。

（1）基本科目设置。基本科目是指在核算应收款项时经常使用到的科目，可以作为常用科目设置，而且科目必须是最明细科目。

其操作步骤为：在企业应用平台中，选择"业务工作"—"财务会计"—"应收款管理"—"设置"—"初始设置"，打开"设置科目"—"基本科目设置"文件夹，直接输入或参照有关的会计科目信息，如图8-14所示。

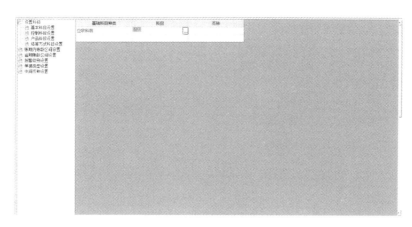

图8-14 基本科目设置

★提示：

·在进行"基本科目设置"时，输入应收科目（应收账款）后，系统弹出如下提示信息："本科目应为应收受控科目"，此时，应在"基础设置"—"基础档案"—"财务"—"会计科目"设置界面中，将"应收账款"的科目属性中辅助核算选择为"客户往来"，并在下方受控系统中选择"应收系统"，以此类推。

（2）控制科目设置。在核算客户的赊销欠款时，如果针对不同的往来单位（客户分类、地区分类）分别设置了不同的应收账款科目和预收账款科目，那么应先在账套参数中选择设置的依据（即选择是针对不同的客户设置，还是针对不同的客户分类设置，或者是按不同的地区分类设置），然后依次进行往来单位按客户分类或地区分类的编码、名称、应收科目、预收科目等内容的设置。

（3）结算方式科目设置。如果针对不同的存货（存货分类）分别设置不同的销售收入科目、应交销项税科目和销售退回科目，则也应先在账套参数中选择设置的依据（即选择是针对不同的存货设置，还是针对不同的存货分类设置），然后按存货分类的编码、名称、销售收入科目、应交销项税科目、销售退回科目进行存货销售科目设置。

其操作步骤为：在企业应用平台中，选择"业务工作"—"财务会计"—"应收款管理"—"设置"—"初始设置"，打开"设置科目"—"结算方式科目设置"文件夹进行设置，如图8-15所示。

图8-15 结算方式科目设置

（4）坏账准备设置。坏账准备设置是指对坏账准备期初余额、坏账准备科目、对方科目及提取比率进行设置。在第一年使用系统时，应直接输入期初余额；在以后年度使用系统时，坏账准备的期初余额由系统自动生成，不能进行修改。坏账提取比率可按销售收入百分比法和按应收账款余额百分比法计提，也可以直接输入计提的百分比。例如，计提比率为0.5%，按账龄百分比提取，可直接输入各账龄期间计提的百分比；例如，90天以上区间的计提比率为3%。

其操作步骤为：在企业应用平台中，选择"业务工作"—"财务会计"—"应收款管理"—"设置"—"初始设置"，打开"坏账准备设置"文件夹，在右侧文本框中输入各项设置，如图8-16所示。

图8-16 坏账准备设置

（5）账龄区间的设置。为了对应收账款进行账龄分析，需设置账龄区间。在进行账龄区间的设置时，账龄区间总天数和起始天数直接输入，系统根据输入的总天数自动生成相应的区间，其序号从01开始由系统生成。

其操作步骤为：在企业应用平台中，选择"业务工作"—"财务会计"—"应收款管理"—"设置"—"初始设置"，打开"账区内账龄区间设置"文件夹，如图8-17所示。

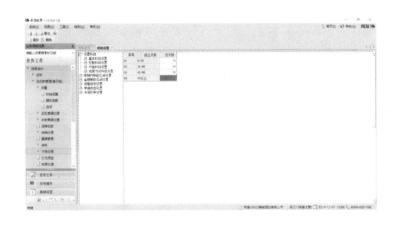

图8-17 账龄区间的设置

单击"增加"按钮，输入该区间的总天数，即可在当前区间之前插入一个区间，该区间后的各区间起止天数会自动调整。

（6）报警级别设置。可以通过对报警级别的设置，将往来单位按照欠款余额与其信用额度的比例分为不同的类型，以便于掌握各个往来单位的信用情况。当企业对应收账款的还款期限做出一定规定时，可使用超期预警功能。在运行此功能时，系统自动列出到当天为止超过规定期限的应收账款清单。这一信息可按往来单位，也可按分管人员进行分类，从而使企业可以及时催收，以避免不必要的损失。

其操作步骤为：在企业应用平台中，选择"业务工作"—"财务会计"—"应收款管理"—"设置"—"初始设置"，打开"报警级别设置"文件夹，在右侧文本科目输入框中进行设置，如图8－18所示。

图8－18 报警级别设置

（四）输入应收期初数据

期初余额，包括未结算完的发票和应收单、预收款单据、未结算完的应收票据。这些期初数据必须是账套启用会计期间前的数据。通过期初余额功能，企业可将正式启用账套前的所有应收业务数据录入系统中，作为期初建账的数据，系统即可对其进行管理，这样既保证了数据的连续性，又保证了数据的完整性。初次使用本系统时，要将上期未处理完全的单据都录入本系统，以便于以后的处理；当进入第二年度时，系统自动将上年度未处理完全的单据转成下一年度的期初余额。在下一年度的第一个会计期间里，可以对期初余额进行调整。

其操作步骤为：

（1）在企业应用平台中，选择"业务工作"—"财务会计"—"应收款管理"—"设置"—"期初余额"，打开"期初余额—查询"对话框，如图8－19所示。

图8－19 期初余额—查询

（2）在"期初余额—查询"对话框中，单击"确定"按钮，打开"期初余额明细表"窗口，如图8－20所示。

图 8-20　期初余额明细表

（3）在"期初余额明细表"窗口中，单击"增加"按钮，打开"单据类别"对话框，选择要增加的期初单据类型，如图 8-21 所示。

（4）选择单据名称、单据类型和方向，单击"确定"按钮，系统将显示相应的新增单据界面，输入相应要素，如图 8-22 所示。

（5）期初数据输入完毕后，单击"退出"按钮，返回"期初余额明细表"窗口。单击"对账"按钮，打开"期初对账"对话框，可查看应收款管理系统与总账系统的期初余额平衡情况，如图 8-23 所示。

图 8-21　单据类型

图 8-22　新增单据

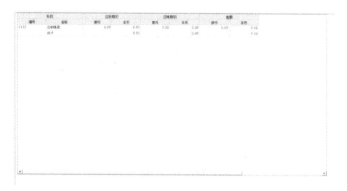

图 8-23　期初对账

五、销售管理系统日常业务处理

(一) 销售报价

销售报价是企业向客户提供货品、规格、价格、结算方式等信息，双方达成协议后，销售报价单转为有效力的销售合同或销售订单。企业可以针对不同客户、不同存货、不同批量提出不同的报价、折扣率。销售报价单是可选单据，用户可根据业务的实际需要选用。

其操作步骤为：在企业应用平台中，选择"业务工作"—"供应链"—"销售管理"—"销售报价"—"销售报价单"，系统弹出"销售报价单"录入界面，单击工具栏上的"增加"，依次输入报价单内容后保存即可，如图 8-24 所示。

图 8-24　销售报价单

(二) 销售订货

销售订货是指由购销双方确认的客户的要货需求的过程，企业根据销售订单组织货源，并对订单的执行进行管理、控制和追踪。销售订单是反映由购销双方确认的客户要货需求的单据，它可以是企业销售合同中关于货物的明细内容，也可以是一种订货的口头协议。对于必有订单的业务模式，销售订单是必用单据；否则销售订单是可选单据，企业可以根据业务的实际需要选用。销售订单对应于企业的销售合同中订货明细部分的内容，但不能完全代替销售合同，没有关于合同中付款内容的描述。

其操作步骤为：在企业应用平台中，选择"业务工作"—"供应链"—"销售管理"—"销售订货"—"销售订单"，系统弹出"销售订单"录入界面，单击工具栏上"增加"，依次输入订单内容后保存、审核即可，如图 8-25 所示。

图 8-25　销售订单

(三) 销售发货

销售发货是企业执行与客户签订的销售合同或销售订单，将货物发往客户的行为，是销售业务的执行阶段。发货单是销售方作为给客户发货的凭据，是销售发货业务的执行载体。无论是工业企业还是商业企业，发货单都是销售管理系统的核心单据。销售业务必有订单时，发货单、发票不可手工填制，必须根据销售订单生成。其操作步骤为：

（1）在企业应用平台中，选择"业务工作"—"供应链"—"销售管理"—"销售发货"—"发货单"，系统弹出"发货单"录入界面，单击工具栏上"增加"，系统弹出"过滤条件选择—参照订单"窗口，输入相应的订单信息后，单击右下方"过滤"，弹出"参照生单"窗口，选择相应的订单，如图8-26所示。

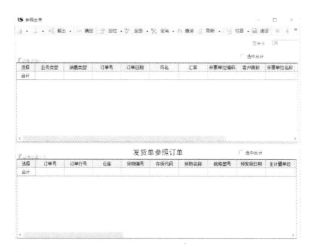

图8-26　选择订单

（2）单击"确定"，系统自动生成"发货单"保存后加已审核即可，如图8-27所示。

图8-27　发货单

★提示：

·发货单也可通过"根据订单生成发货单"功能生成。

（四）销售开票

销售开票是在销售过程中企业给客户开具销售发票及其所附清单的过程，它是销售收入确认、销售成本计算、应交销售税金确认和应收账款确认的依据，是销售业务的重要环节。销售发票是在销售开票过程中企业所开具的原始销售单据，包括增值税专用发票、普通发票及其所附清单。销售发票复核后通知财务部门的应收款管理系统核算应收账款，在应收款管理系统中审核登记应收明细账，制单生成凭证。其操作步骤为：

（1）在企业应用平台中，选择"业务工作"—"供应链"—"销售管理"—"销售开票"—"销售专用发票"，系统弹出"销售专用发票"输入界面，单击工具栏上"增加"，关闭系统弹出"过滤条件选择—参照订单"窗口，打开工具栏上"生单"的下拉菜单，选择"参照发货单"，系统弹出"过滤条件选择—发票参照发货单"窗口，单击右下方"过滤"，单击工具栏上"发货"，系统弹出"选择发货单"窗口，单击右方"显示"，系统列出发货单清单。

（2）选择某某公司发货单，"选择发货单"界面下方显示出此发货单的详细记录，选择此条记录，如图 8 – 28 所示。

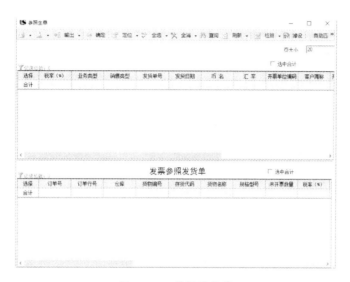

图 8 – 28　选择发货单

（3）单击"确定"，系统自动生成销售专用发票，保存并审核即可，如图 8 – 29 所示。

图 8 – 29　生成销售发票

（五）代垫费用

在销售业务中，代垫费用指随货物销售所发生的、不通过发票处理而形成的暂时代垫，将来需向客户收取的费用项目，如运杂费、保险费等。代垫费用实际上形成了用户对客户的应收款，代垫费用的收款核销由应收款管理系统进行处理。

代垫费用单可以在"代垫费用单"中直接录入，可分摊到具体的货物；也可以在录入发票的同时按工具栏上的"代垫"录入，与发票建立关联，可分摊到具体的货物。代垫费用单审核后在应收款管理系统产生其他应收单；弃审时删除生成的其他应收单。其操作步骤为：

（1）在企业应用平台中，选择"业务工作"—"供应链"—"销售管理"—"销售开票"—"销售专用发票"，查找某公司开具的销售专用发票，单击工具栏上的"代垫"，系统弹出"代垫费用单"后，输入相关信息，保存并审核即可，如图8-30所示。

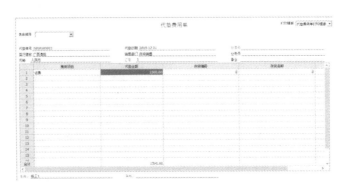

图 8 - 30   代垫费用单

（2）也可单击"业务工作"—"代垫费用"—"代垫费用单"，系统弹出"代垫费用单"，单击工具栏上"增加"，依次输入相关信息后保存并审核即可。

六、应收款管理系统日常业务处理

应收款管理系统日常业务处理是应收款管理系统的重要组成部分，是经常性的应收业务处理工作。应收款管理系统日常业务主要处理完成企业日常的应收/收款业务录入、应收/收款业务核销、应收并账、汇兑损益以及坏账的处理，及时记录应收、收款业务的发生，为查询和分析往来业务提供完整、正确的资料，加强对往来款项的监督管理，提高工作效率。

（一）应收单据处理

应收单据处理主要是对应收单据进行管理的工作，包括应收单据的录入及审核。如果企业同时使用应收款管理系统和销售管理系统，则发票和代垫费用产生的应收单据由销售系统录入，在本系统可以对这些单据进行审核、弃审、查询、核销、制单等，此时，在本系统需要录入的单据仅限于应收单；如果企业没有使用销售系统，则各类发票和应收单均在本系统录入。其操作步骤为：

（1）在企业应用平台中，选择"业务工作"—"财务会计"—"应收款管理"—"应收单据处理"—"应收单据审核"，系统弹出"单据过滤条件"对话框，输入起止日期后，单击"确认"，系统弹出"应收单据列表"窗口，如图8-31所示。

图 8 - 31   应收单据列表

（2）单击工具栏上的"全选"，选中所有的应收单据，再单击工具栏上的"审核"，系统自动完成审核过程，并弹出提示信息，如图 8-32 所示。

图 8-32 审核提示

（3）点击"确定"完成审核操作。

★提示：

·如果进入应收单据审核界面进行审核后，系统会提示"是否立即制单"，此时，可根据需要而定。

（二）收款单据处理

收款单据处理主要是对结算单据（收款单、付款单即红字收款单）进行管理，包括收款单、付款单的录入、审核。应收款系统的收款单用来记录企业所收到的客户款项；款项性质包括应收款、预收款、其他费用等，其中应收款、预收款性质的收款单将与发票、应收单、付款单进行核销勾对。应收款系统付款单（通过工具栏上的"切换"功能可将收款单切换至付款单）用来记录发生销售退货时，企业开具的退付给客户的款项，该付款单可与应收、预付性质的收款单、红字应收单、红字发票进行核销。其操作步骤为：

（1）在企业应用平台中，选择"业务工作"—"财务会计"—"应收款管理"—"收款单据处理"—"收款单据录入"，系统弹出"收款单"录入界面，单击工具栏上的"增加"，依次输入收款单信息，并予以保存，如图 8-33 所示。

图 8-33 收款单

（2）单击工具栏上的"审核"，系统自动完成审核操作并弹出"是否立即制单"对话框，如图 8-34 所示，单击"否"，完成操作。

图 8-34 是否立即制单

（三）核销处理

单据结算指企业日常进行的收款核销应收款的工作。单据核销的作用是解决收回客商款项、核销该客商应收款的处理，建立收款与应收款的核销记录，监督应收款及时核销，加强往来款项的管理。核销处理包括手工核销和自动核销。手工核销由手工确定收款单核销与它们对应的应收单的工作，通过本功能可以根据查询条件选择需要核销的单据，然后手工核销，加强了往来款项核销的灵活性；自动核销指确定系统自动确定收款单核销与它们对应的应收单的工作，通过本功能可以根据查询条件选择需要核销的单据，然后系统自动核销，加强了往来款项核销的效率性。其操作步骤为：

（1）在企业应用平台中，选择"业务工作"—"财务会计"—"应收款管理"—"核销处理"—"手工核销"，系统弹出"核销条件"对话框，输入核销条件，如图8－35所示。

图8－35　核销条件

（2）单击"确定"，系统弹出"单据核销"窗口，窗口上方的记录为收款单记录，下方的记录为应收单记录，如图8－36所示。

图8－36　单据核销

（3）单击工具栏上的"保存"，完成核销操作。

（四）转账处理

转账处理包括应收冲应收、应收冲应付、红票对冲及预收冲应收四种方式。

（1）应收冲应收。指将一家客户的应收账款转到另一家客户中，通过本功能将应收款业务在客户之间进行转入、转出，实现应收业务的调整，解决应收款业务在不同客户间入错户或合并户问题。操作方法参见应付款管理系统中的"应付冲应付"。

（2）应收冲应付。指用某客户的应收账款，冲抵某供应商的应付款项。

（3）红票对冲。指用某客户的红字发票与其蓝字发票进行冲抵。

（4）预收冲应收。指处理客户的预收款和该客户应收欠款的转账核销业务。具体操作与应付款管理系统中的"应付冲应付"类似。

（五）坏账处理

坏账处理指系统提供的计提应收坏账准备处理、坏账发生后的处理、坏账收回后的处理等功能。坏账处理的作用是系统自动计提应收款的坏账准备，当坏账发生时即可进行坏账核销，当被核销坏账又收回时，即可进行相应处理。

（1）坏账发生。坏账发生指系统提供企业确定某些应收款为坏账的工作。通过本功能企业即可选定发生坏账的应收业务单据，确定一定期间内应收款发生的坏账，便于及时用坏账准备进行冲销，避免应收款长期呆滞的现象。其操作步骤为：

在企业应用平台中，选择"业务工作"—"财务会计"—"应收款管理"—"坏账处理"—"坏账发生"，系统弹出"坏账发生"对话框，输入客户名称，点击"确认"，系统弹出"发生坏账损失"窗口，如图 8 – 37 所示。

图 8 – 37　坏账发生单据明细

在"坏账发生单据明细"表对应记录的"本次发生坏账金额"栏内输入本次发生的坏账金额；单击工具栏上的"确认"，系统弹出"是否立即制单"对话框，单击"否"完成操作。

（2）坏账收回。坏账收回指系统提供的对应收款已确定为坏账又被收回的业务处理功能。通过本功能可以对一定期间发生的应收账收回业务进行处理，反映应收账款的真实情况，便于对应收款的管理。其操作步骤为：

在企业应用平台中，选择"业务工作"—"财务会计"—"应收款管理"—"坏账处理"—"坏账收回"，系统弹出"坏账收回"对话框，输入客户名称，选择相应收款单，如图 8 – 38 所示。

图 8 – 38 坏账收回

单击"确定"按钮，系统自动完成坏账收回操作，并弹出"是否立即制单"提示信息，单击"否"，完成操作。

★提示：

·当收回一笔坏账时，首先应在"收款单据录入"功能中录入一张收款单，该收款单的金额即为收回的坏账金额，该收款单不需要审核。

·在录入一笔坏账收回的款项时，注意不要把该客户其他的收款业务与该笔收款收回业务录入同一张收款单中。

（3）计提坏账准备。其操作步骤为：

在企业应用平台中，选择"业务工作"—"财务会计"—"应收款管理"—"坏账处理"—"计提坏账准备"，系统会自动计算本月应计提的坏账准备并弹出"应收账款百分比法"界面，如图 8 – 39 所示。

图 8 – 39 应收账款百分比法

单击工具栏上的"确认"按钮，系统弹出"是否立即制单"提示信息，单击"否"，完成操作。

★提示：

·计提坏账准备的操作一般月末进行，如果当月有发生的坏账损失或者收回的坏账时，企业应先进行"坏账发生"或"坏账收回"的操作，最后才进行本月"计提坏账准备"的操作。

（六）制单处理

制单即生成凭证，并将凭证传递至总账记账。系统在各个业务处理过程中都提供了实时制单的功能，即系统弹出"是否立即制单"后单击"是"立即进行制单操作；除此之外，系统提供了一个统一制单的平台，您可以在此快速、成批生成凭证，并可依据规则进行合并制单等处理。

制单处理包括发票制单和应收单制单、结算单制单、核销制单、票据处理制单、汇兑损益制单、转账制单、并账制单、现结制单及坏账处理制单等。

★提示：

·从理论上讲，涉及货币资金及债权债务科目的业务发生后应立即进行制单，但是考虑到教材编写的整体性要求，我们在相关单据处理完毕后都没有要求立即制单（因为考虑记账凭证编制时间可能会有冲突），而是采用期末通过"制单处理"的功能一次性进行批量制单。此处仅以发票制单和坏账制单为例：

（1）发票制单。其操作步骤为：在企业应用平台中，选择"业务工作"—"财务会计"—"应收款管理"—"制单处理"，系统弹出"制单查询"窗口，在"发票制单"选项前打"√"，单击"确定"，系统弹出"制单"窗口，如图8-40所示。

图8-40　发票制单

单击工具栏上"全选"，选中所有的销售发票记录，单击工具栏上的"制单"，系统将自动生成记账凭证，依次保存后即可，如图8-41所示。

图8-41　销售发票制单

★提示：

·在核销制单中，只有在应收款管理系统参数设置时在"核销是否生成凭证"选项前打"√"，才可以进行核销制单，并且只有在应收单及收款单已经制单的情况下，才可以进行核销制单。

·在转账制单中，只有在应收款管理系统参数设置时在"预收冲应收是否生成凭证"选项前打"√"，才可以进行转账制单。

（2）坏账处理制单。其操作步骤为：在企业应用平台中，选择"业务工作"—"财务会计"—"应收款管理"—"制单处理"，系统弹出"制单查询"对话框，在"坏账处理制单"选项前打"√"，单击"确定"，系统弹出"制单"窗口，如图8-42所示。

图8-42　坏账制单

单击工具栏上"全选"，选中所有的记录，单击工具栏上的"制单"，系统自动生成记账凭证，保存后即可，如图8－43所示。

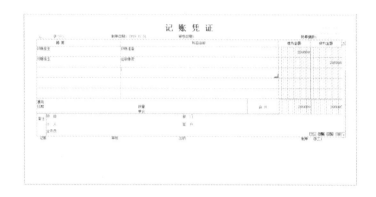

图8－43　生成记账凭证

（七）单据查询

单据查询主要提供发票查询、应收单查询、结算单查询、凭证查询等内容，企业可以通过单据查询的功能随时了解企业相关信息。此处以发票查询为例。

其操作步骤为：在企业应用平台中，选择"业务工作"—"财务会计"—"应收款管理"—"单据查询"—"发票查询"，弹出"发票查询"对话框，进行相应设置并查询，如图8－44所示。

图8－44　发票查询结果

（八）账表管理

账表管理分为我的账表、业务账表、统计分析、科目账查询。"我的账表"主要提供用户自定义报表的功能；"业务账表"可以了解一定期间内期初应收款结存汇总情况、应收款发生、收款发生的汇总情况、累计情况及期末应收款结存汇总情况，还可以了解各个供应商期初应收款结存明细情况、应收款发生、收款发生的明细情况、累计情况及期末应收款结存明细情况，能及时发现问题，加强对往来款项的监督管理；"统计分析"功能可以按用户定义的账龄区间，进行一定期间内应收账款账龄分析、收款账龄分析、往来账龄分析，了解各个供应商应收款的周转天数、周转率，了解各个账龄区间内应收款、收款及往来情况，及时发现问题，加强对往来款项的动态管理；"科目账表查询"可以查询科目明细账、科目余额表。

（1）应收余额表。其操作步骤为：在企业应用平台中，选择"业务工作"—"财务会计"—"应收款管理"—"账表管理"—"业务账表"—"业务余额表"，系统弹出"应收余额表"窗口，单击"过滤"，系统显示应收余额表结果，如图8－45所示。

图 8-45　应收余额表

（2）应收明细账。其操作步骤为：在企业应用平台中，选择"业务工作"—"财务会计"—"应收款管理"—"账表管理"—"业务账表"—"业务明细表"，系统弹出"应收明细账"窗口，单击"过滤"，系统显示应收明细账结果，如图 8-46 所示。

图 8-46　应收明细表

（3）应收对账单。其操作步骤为：在企业应用平台中，选择"业务工作"—"财务会计"—"应收款管理"—"账表管理"—"业务账表"—"对账单"，系统弹出"应收对账单"窗口，单击"过滤"，系统显示应收对账单结果，如图 8-47 所示。

图 8-47　应收对账单

（4）应收账龄分析表。其操作步骤为：在企业应用平台中，选择"业务工作"—"财务会计"—"应收款管理"—"账表管理"—"统计分析"—"应收账龄分析"，系统弹出"应收账龄分析"窗口，单击"过滤"，系统显示应收账龄分析结果，如图 8-48 所示。

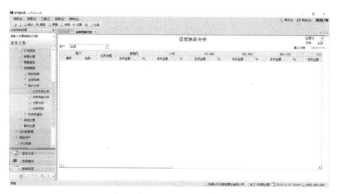

图 8 - 48　应收账龄分析

（5）"应收账款"科目余额表。其操作步骤为：在企业应用平台中，选择"业务工作"—"财务会计"—"应收款管理"—"账表管理"—"科目账查询"—"科目余额表"，系统弹出"客户往来科目余额表"窗口，选择"科目余额表"，单击"确认"，系统弹出"单位往来科目余额表"窗口，选择查询的会计科目"应收账款"，系统显示科目余额表结果，如图 8 - 49 所示。

图 8 - 49　科目余额表

（九）取消操作

如果对原始单据进行了审核，对收款单进行了核销等操作后，发现操作失误，"取消操作"功能可将其恢复到操作前的状态，以便进行修改。"取消操作"包括取消核销操作、取消坏账处理操作、取消转账操作、取消汇兑损益操作、取消票据处理操作、取消并账操作等功能。

其操作步骤为：在企业应用平台中，选择"业务工作"—"财务会计"—"应收款管理"—"其他处理"—"取消操作"，系统弹出"取消操作条件"对话框，选择需要取消的操作类型，单击"确定"，系统显示该操作类型的所有操作记录，选择要取消的记录，单击工具栏上的"确认"即完成取消操作功能，如图 8 - 50 所示。

图 8 - 50　取消操作条件

七、销售与应收款管理系统月末处理

(一) 销售管理系统月末处理

销售管理系统的月末处理主要是指月末结账和取消结账。销售管理系统的月末结账是将每月的销售单据逐月封存，并将当月的销售数据记入有关账表中。在手工会计处理中，都有结账的过程，在电算化会计处理中有这一过程，以符合会计制度的要求。其操作步骤为：

(1) 注册进入"销售管理"系统，单击"业务工作"—"月末结账"，系统弹出"月末记账"窗口，如图 8－51 所示。

图 8－51 销售月末结账

(2) 单击"月末结账"，系统自动完成月结处理。

★提示：

·在"月末结账"窗口中单击"取消结账"即可以将销售管理系统恢复到结账前状态。

(二) 应收款管理系统月末处理

应收款管理系统月末处理主要是指月末结账和取消月结处理。其操作步骤为：

(1) 注册进入"应收款管理"系统，单击"期末处理"—"月末结账"，系统弹出"月末处理"窗口，选中月份，如图 8－52 所示。

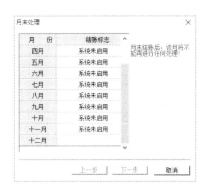

图 8－52 应收款月末结账

(2) 单击"下一步"，系统弹出"处理情况"信息，确认所有"处理类型"全部处理完毕后，单击

"确定"，完成月结操作。

　　★提示：

　　·应收款管理系统结账后，可通过"取消结账"功能取消结账。

　　·应收款管理系统与销售管理系统集成使用时，应在销售管理系统结账后，才能对应收款系统进行结账处理。

　　·上月未结账本月不能结账。

第九部分　存货核算与库存管理系统

　　存货核算是用友 U8 管理软件的主要组成部分，它从资金的角度管理存货的出入库业务，主要用于核算企业的入库成本、出库成本、结余成本。其反映和监督存货的收发、领退和保管以及存货资金的占用情况。库存管理系统能够满足采购入库、销售出库、产成品入库、材料出库、其他出入库、盘点管理等业务需要，提供仓库货位管理、批次管理、保质期管理、出库跟踪入库管理、可用量管理等全面的业务应用。

【实验目的】

　　了解存货核算与库存管理系统的基本功能和操作流程；掌握存货核算与库存管理系统的初始化设置；掌握存货核算与库存管理系统的日常业务、期末处理及账表管理等。

【实验内容】

　　存货核算与库存管理系统初始化设置、存货核算与库存管理系统日常业务、期末处理及账表管理等。

【实验准备】

　　系统具备运行用友 U8 的软硬件环境，及总账、存货核算与库存管理等模块。

【实验资料】

　　会计核算实务实验中的企业相关资料。

【实验指导】

一、存货核算与库存管理系统的主要功能

（一）存货核算系统的主要功能

　　存货核算是企业会计核算的一项重要内容，进行存货核算，应正确计算存货购入成本，促使企业努力降低存货成本；存货核算系统主要功能包括：提供按部门、按仓库、按存货核算功能，提供 6 种计价方式，满足不同存货管理的需要；可以进行出入库成本调整，处理各种异常、方便的计划价/售价调整功能、存货跌价准备提取、满足上市企业管理需要，自动形成完整的存货账簿、符合业务规则的凭证自动生成、功能强大的查询统计功能。

（二）库存管理系统的主要功能

　　库存管理系统是企业供应链的重要一环，该系统能够满足采购入库、销售出库、产成品入库、材料出库、其他出入库、盘点管理等业务需要，提供仓库货位管理、批次管理、保质期管理、出库跟踪、入库管理、可用量管理等全面的业务应用。

库存管理系统可以单独使用，也可以与采购管理系统、销售管理系统、需求计划系统、存货核算系统集成使用，发挥更加强大的应用功能。

二、存货核算与库存管理系统的操作流程

(一) 存货核算系统的操作流程 (图9-1)

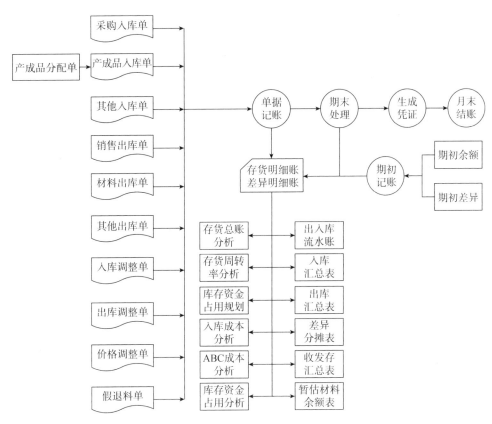

图9-1 存货核算系统操作流程

(二) 库存管理系统的操作流程 (图9-2)

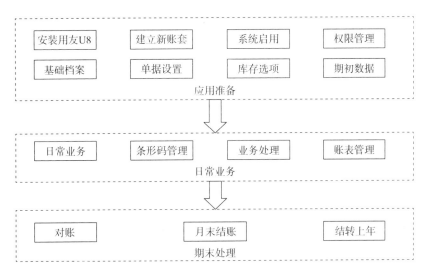

图9-2 库存管理系统操作流程

三、存货核算系统初始化设置

(一) 存货核算系统参数设置

存货核算系统参数设置包括核算方式、控制方式和最高最低控制三个选项卡，如图9-3所示。

图9-3 存货核算系统参数设置

其操作步骤为：在企业应用平台中，选择"业务工作"—"供应链"—"存货核算"—"初始设置"—"选项"—"选项录入"，单击选项卡进行相应设置，单击"确定"后即可。

(二) 期初数据录入与记账

账簿都应有期初数据，以保证其数据的连贯性，初次使用时，应先输入全部末级存货的期初余额。如果是第一次使用，必须使用此功能输入各存货的期初数据。如果系统中已有上年的数据，在使用"结转上年"后，上年各存货结存将自动结转上年。对于新用户，如果是年初使用，直接录入各存货的年初结存；如果是年中使用，比如是9月份开始使用，录入9月初各存货的结存数即可。

(1) 期初余额录入。其操作步骤为：在企业应用平台中，选择"业务工作"—"供应链"—"存货核算"—"初始设置"—"期初数据"—"期初余额"，系统弹出"期初余额"录入窗口，选择仓库和存货分类后，单击工具栏上的"增加"，依次输入期初余额数据即可，如图9-4所示。

图9-4 期初余额录入

(2) 对账。在企业应用平台中，选择"业务工作"—"供应链"—"存货核算"—"初始设置"—"期初数据"—"期初余额"，系统弹出"期初余额"窗口，单击工具栏上的"对账"，系统弹出"库存与存货期初查询条件"对话框，如图9-5所示。单击"确定"，系统弹出"期初余额"对话框，显示"对账成功!"

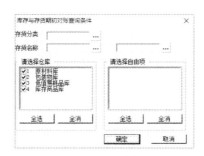

图 9-5 对账

（3）期初记账。期初数据录入后，须执行期初记账。期初记账即系统把期初差异分配到期初单据上，并把期初单据的数据记入存货总账、存货明细账、差异账、委托代销/分期收款发出商品明细账。期初记账后，用户才能进行日常业务、账簿查询、统计分析等操作。如果期初数据有错误，可以取消期初记账，修改期初数据，重新执行期初记账。期初数据录入完毕，必须执行期初记账后，才能开始日常业务核算；未记账时，允许进行单据录入、账表查询。没有期初数据的用户，可以不录入期初数据，但也必须执行期初记账操作；如果期初数据是运行"结转上年"功能得来的，为未记账，需要执行记账功能。

其操作步骤为：在企业应用平台中，选择"业务工作"—"供应链"—"存货核算"—"初始设置"—"期初数据"—"期初余额"，系统弹出"期初余额"窗口，单击工具栏上的"记账"，系统自动完成记账工作并给出提示信息，如图 9-6 所示。

图 9-6 期初记账

（三）科目设置

科目设置用于设置本系统中生成凭证所需要的各种存货科目、差异科目、分期收款发出商品科目、委托代销科目、运费科目、税金科目、结算科目、对方科目等，设置科目后，在生成凭证时，系统能够根据各个业务类型将科目自动带出，如果未设置科目，则在生成凭证后，科目就需要手工输入。

（1）存货科目。此功能用于设置本系统中生成凭证所需要的各种存货科目、差异科目、分期收款发出商品科目、委托代销科目，在制单之前应先在此模块中将存货科目设置正确、完整，否则系统生成凭证时无法自动带出科目。

其操作步骤为：在企业应用平台中，选择"业务工作"—"供应链"—"存货核算"—"初始设置"—"科目设置"—"存货科目"，系统弹出"存货科目"窗口，单击工具栏上的"增加"，依次输入相应内容后保存即可，如图 9-7 所示。

图 9-7 存货科目

（2）对方科目。此功能用于设置本系统中生成凭证所需要的存货对方科目（即收发类别）所对应的会计科目，因此在制单之前应先在此模块中将存货对方科目设置正确、完整，否则无法生成科目完整的凭证。

其操作步骤为：在企业应用平台中，选择"业务工作"—"供应链"—"存货核算"—"初始设置"—"科目设置"—"对方科目"，系统弹出"对方科目设置"录入窗口，单击工具栏上的"增加"，依次输入相应内容后即可，如图9-8所示。

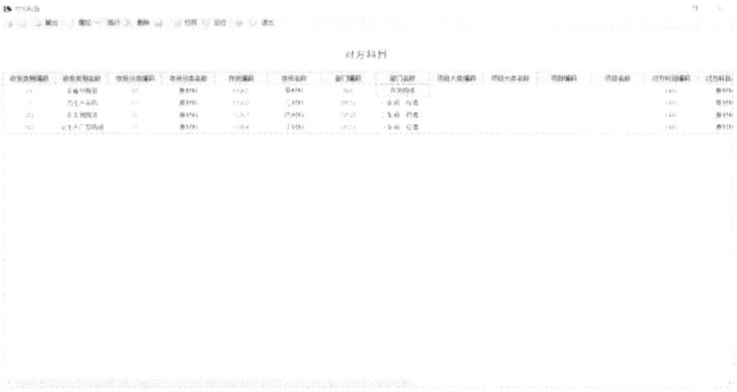

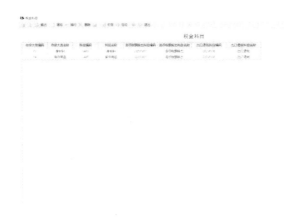

图9-8　对方科目

（3）税金科目。此功能用于设置本系统中采购结算生成凭证所需要的各种税金科目，在制单之前应先在此模块中将税金科目设置正确、完整，否则无法生成科目完整的凭证。

其操作步骤为：在企业应用平台中，选择"业务工作"—"供应链"—"存货核算"—"初始设置"—"科目设置"—"税金科目"，系统弹出"税金科目"录入窗口，单击工具栏上的"增加"，依次输入相应内容后即可，如图9-9所示。

图9-9　税金科目

（4）结算科目。此功能用于设置本系统中对采购结算制单时，生成凭证所需要的各种结算科目，在制单之前应先在此模块中将科目设置正确、完整，否则无法生成科目完整的凭证。

其操作步骤为：在企业应用平台中，选择"业务工作"—"供应链"—"存货核算"—"初始设置"—"科目设置"—"结算科目"，系统弹出"结算科目"录入窗口，单击工具栏上的"增加"，依次输入相应内容后即可，如图9-10所示。

图9-10 结算科目

（5）应付科目。此功能用于设置本系统中采购结算生成凭证所需要的各种应付科目，在制单之前应先在此模块中将科目设置正确、完整，否则无法生成科目完整的凭证。

其操作步骤为：在企业应用平台中，选择"业务工作"—"供应链"—"存货核算"—"初始设置"—"科目设置"—"应付科目"，系统弹出"应付科目"录入窗口，单击工具栏上的"增加"，依次输入相应内容后即可，如图9-11所示。

图9-11 应付科目

四、库存管理系统初始化设置

（一）库存管理系统参数设置

库存管理系统的参数设置包括通用设置、专用设置、可用量控制和可用量检查四个选项卡的内容，如图9-12所示。

图9-12 库存选项设置

其操作步骤为：注册进入"库存管理"系统，单击"初始设置"—"选项"，系统弹出"库存选项设置"窗口，在"库存生成销售出库单"选项前打"√"，单击"确定"即可。

(二) 期初数据录入

采用从存货核算系统取数方法录入库存管理系统存货的期初结存数并进行审核。

其操作步骤为：在企业应用平台中，选择"业务工作"—"供应链"—"库存管理"—"初始设置"—"期初结存"，系统弹出"库存期初数据录入"窗口，在窗口的右方选择"原材料库"，单击工具栏上的"修改"，再单击工具栏上的"保存"和"审核"即可，如图 9 – 13 所示。

图 9 – 13   库存期初数据录入

五、库存管理系统日常业务处理

(一) 收发单据处理

（1）入库。仓库收到采购或生产的货物，仓库保管员将验收货物的数量、质量、规格型号等，确认验收无误后入库，并登记库存账。入库业务单据主要包括采购入库单、产成品入库单和其他入库单。

采购入库单是根据采购到货验收的实际数量填制的单据。工业企业的采购入库单一般指采购原材料验收入库时的入库单据；商业企业的采购入库单一般指商品进货入库时所填制的入库单据。采购入库单按进出仓库方向分为蓝字采购入库单和红字采购入库单；按业务类型分为普通入库单和受托代销入库单。

库存管理系统启用前，可在采购管理系统录入入库单据；库存管理系统启用后，则必须在库存管理系统录入入库单据，在采购管理系统可以根据入库单生成发票。

其操作步骤为：在企业应用平台中，选择"业务工作"—"供应链"—"库存管理"—"入库业务"—"采购入库单"，系统弹出"采购入库单"录入窗口，单击工具栏上的"增加"，依次录入相应内容后保存即可，如图 9 – 14 所示。

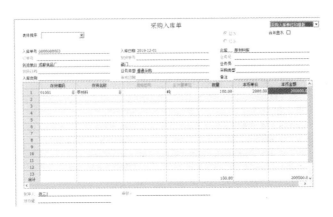

图 9 – 14   采购入库单

（2）出库。出库是指仓库进行销售出库、材料出库和其他出库的业务。销售出库单是销售出库业务的主要凭据，在库存管理系统中用于存货出库数量核算，在存货核算系统中用于存货出库成本的核算。销售出库单按进出仓库方向分为蓝字销售出库单和红字销售出库单；按业务类型分为普通销售出库单、委托代销出库单和分期收款出库单。如果销售管理未启用可直接填制销售出库单，与销售管理集成使用时，只能使用"生单"操作生单，包括发货单生成、参照销售发票生成、参照销售调拨单生成、参照零售日报生成。销售发票、销售调拨单、零售日报在销售管理系统复核时，同时生成发货单。

材料出库单是领用材料时所填制的出库单据，当从仓库中领用材料用于生产时，就需要填制材料出库单。只有产品制造企业才有材料出库单，商品流通企业没有此单据。材料出库单可以手工增加，可以配比出库，可以参照生产订单生成，或根据限额领料单生成。材料出库单可以修改、删除、审核、弃审，但根据限额领料单生成的材料出库单不可修改、删除。

首先在销售管理系统填制并审核发货单；根据销售发货单生成销售出库单，其操作步骤为：

在企业应用平台中，选择"业务工作"—"供应链"—"库存管理"—"出库业务"—"销售出库单"，系统弹出"销售出库单"录入窗口，单击工具栏上的"生单"，系统弹出"选择发货单"窗口，选择发货单，如图9－15所示。

图 9 - 15　销售出库单

单击"确定"，系统弹出"确定要生单吗"对话框，单击"是"，系统自动生成销售出库单，保存并审核即可。

（二）存货调拨

调拨单是指用于仓库之间存货的转库业务或部门之间的存货调拨业务的单据。同一张调拨单上，如果转出部门和转入部门不同，表示部门之间的调拨业务；如果转出部门和转入部门相同，但转出仓库和转入仓库不同，表示仓库之间的转库业务。调拨单如图9－16所示。

图 9 - 16　调拨单

（三）存货盘点

为了保证企业库存资产的安全和完整，做到账实相符，企业必须对存货进行定期或不定期的清查，查明存货盘盈、盘亏、损毁的数量以及造成的原因，并据以编制存货盘点报告表，按规定程序，报有关部门审批。经有关部门批准后，应进行相应的账务处理，调整存货账的实存数，使存货的账面记录与库存实物核对相符。盘点时系统提供多种盘点方式，如按仓库盘点、按批次盘点、按类别盘点、对保质期临近多少天的存货进行盘点等；还可以对各仓库或批次中的全部或部分存货进行盘点，盘盈、盘亏的结果自动生成其他出入库单。盘点单是用来进行仓库存货的实物数量和账面数量核对工作的单据，用户可使用空盘点单进行实盘，然后将实盘数量录入系统，与账面数量进行比较。

其操作步骤为：在企业应用平台中，选择"业务工作"—"供应链"—"库存管理"—"盘点业务"，系统弹出"盘点单"窗口，单击工具栏上的"增加"，选择"仓库"—"原材料库"，在表体中输入所要盘点的存货名称后，系统自动盘点出账面数量，如图9－17所示。

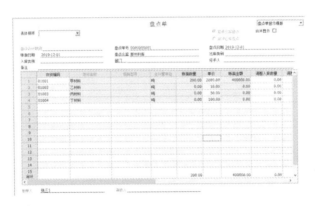

图9－17 盘点单

六、存货核算系统日常业务处理

存货核算系统的日常业务处理主要是进行日常存货核算业务数据的录入和进行成本核算。在与采购、销售、库存等系统集成使用时，本系统主要完成从系统传过来的不同业务类型下的各种存货的出入库单据、调整单据的查询及单据部分项目的修改、成本计算。在单独使用本系统时，完成各种出入库单据的增加、修改、查询及出入库单据的调整、成本计算。日常业务处理功能是进行日常存货核算业务数据的录入和处理的主要功能块，主要以单据为载体，进行成本核算。对入库单据进行入库成本核算，对出库单据进行出库成本的核算（销售业务的成本核算，用户可以通过系统选项选择是销售发票还是销售出库单进行出库成本核算），主要包括入库业务、出库业务、调整业务和假退料业务。

（一）收发单据增删改

（1）入库。入库业务包括：由企业外部采购物资形成的，生产车间加工产品形成的，及盘点、调拨单、调整单、组装、拆卸等业务形成的业务。

存货核算系统单独使用时，入库业务所涉及的采购入库单、产成品入库单、其他入库单等单据可手工录入；存货核算系统与库存管理系统、采购管理系统和销售管理系统集成使用时，入库业务所涉及的采购入库单、产成品入库单、其他入库单等单据都由其他系统录入，存货核算系统可对其进行修改操作。

（2）出库。出库业务包括：由销售出库形成的，车间领用材料形成的，以及盘点、调整调拨、组装、拆卸等业务。

存货核算系统单独使用时，出库业务所涉及的销售出库单、材料出库单、其他出库单等单据可手工录入；存货核算系统与库存管理系统、采购管理系统和销售管理系统集成使用时，出业务所涉及的销售出库单、材料出库单、其他出库单等单据都由其他系统录入，存货核算系统可对其进行修改操作。

（3）调整业务。调整业务包括：入库调整单、出库调整单、系统自动生成的调整单以及计划/售价的调整。

出入库单据记账后，发现单据金额错误，如果是录入错误，通常采用修改方式进行调整。但有时遇到由于暂估入库后发生零出库业务等原因所造成的出库成本不准确或库存数量为零而仍有库存金额的情况时，只能使用入库调整单或出库调整单进行调整。入库调整单是对存货的入库成本进行调整的单据，它只调整存货的结存金额，不调整存货的数量；它用来调整当月的入库金额，并相应调整存货的结存金额；可针对单据进行调整，也可针对存货进行调整。出库调整单是对存货的出库成本进行调整的单据，它只调整存货的金额，不调整存货的数量；它用来调整当月的出库金额，并相应调整存货的结存金额；只能针对存货进行调整，不能针对单据进行调整。

（二）收发单据记账

存货核算系统的业务核算主要是对单据进行出入库成本的计算、结算成本的处理、产成品成本的分配、期末处理。功能主要有单据记账、恢复记账、暂估业务、产成品成本分配和期末处理。

（1）对所有采购入库单和销售出库单进行记账。其操作步骤为：在企业应用平台中，选择"业务工作"—"供应链"—"存货核算"—"业务核算"—"正常单据记账"，系统弹出"正常单据记账条件"窗口，选择"仓库"—"单据类型"，如图9-18所示。

图9-18 正常单据记账条件

（2）单击"过滤"，系统弹出"正常单据记账"窗口，单击工具栏上的"全选"，如图9-19所示。

图9-19 正常单据记账列表

（3）单击工具栏上的"记账"，系统自动完成记账操作。

（三）计算存货平均单价

其操作步骤为：

（1）在企业应用平台中，选择"业务工作"—"供应链"—"存货核算"—"业务核算"—"平均单价计算"，系统弹出"平均单价计算"窗口，输入条件，如图9-20所示。

图9-20　平均单价计算

（2）单击"确定"按钮，系统弹出结果，如图9-21所示。

图9-21　平均单价计算表

（四）对采购结算单进行结算成本处理

其操作步骤为：首先注册进入"采购管理"系统，对采购管理系统的入库单生成采购发票，生成采购发票后再进行采购结算，生成的采购结算表如图9-22所示。

图9-22　计算单列表

（五）收发单据财务核算

系统在进行出入库核算后，下一步就要生成记账凭证。财务核算的功能就是完成凭证的生成、修改、查询等操作，存货核算管理系统生成的记账凭证会自动传递到总账系统，实现财务和业务的一体化操作。其操作步骤为：

（1）在企业应用平台中，选择"业务工作"—"供应链"—"存货核算"—"财务核算"—"生成凭证"，系统弹出"生成凭证"窗口，单击工具栏上的"选择"，系统弹出"查询条件"窗口，单击"全选"，如图9-23所示。

图 9 – 23　查询条件

（2）单击"确定"，系统弹出"选择单据"窗口，单击工具栏上的"全选"，如图 9 – 24 所示。

图 9 – 24　未生成凭证单据一览表

（3）单击"确定"，系统弹出"生成凭证"列表，单击工具栏上的"生成"，系统自动生成记账凭证，保存即可。

（六）账表查询

账表查询功能主要提供用户账簿查询，汇总表及分析表等内容的查询与分析功能。

（1）存货核算流水账。其操作步骤为：在企业应用平台中，选择"业务工作"—"供应链"—"存货核算"—"账表"—"账簿"—"流水账"，显示查询结果，如图 9 – 25 所示。

图 9 – 25　流水账

（2）存货的明细账。其操作步骤为：在企业应用平台中，选择"业务工作"—"供应链"—"存货核算"—"账表"—"账簿"—"明细账"，弹出"明细账查询"对话框，选择仓库，显示查询结果，如图 9 – 26 所示。

图 9 - 26　明细账

七、存货核算与库存管理系统月末处理

(一) 库存管理系统月末处理

库存管理系统月末处理主要包括月末对账及月末结账。

(1) 对账。对账即核对库存管理系统与存货核算系统的存货账是否一致。其操作步骤为:

在企业应用平台中,选择"业务工作"—"供应链"—"库存管理"—"对账"—"库存与存货对账",系统弹出"库存与存货对账"条件框,选择需对账月份,如图 9 - 27 所示。

单击"确定"按钮,系统弹出对账结果,如图 9 - 28 所示。

(2) 月末结账。其操作步骤为:在企业应用平台中,选择"业务工作"—"供应链"—"库存管理"—"月末结账",系统弹出"结账处理"窗口,单击工具栏上的"结账"即可完成月结操作,如图 9 - 29 所示。

图 9 - 27　库存存货对账

图 9 - 28　对账报告

图 9 - 29　结账

★提示：

·单击"取消结账"，即可将库存管理系统恢复到未结账状态。

·如果库存管理系统和采购管理系统、销售管理系统集成使用，只有在采购管理系统、销售管理系统结账后，库存管理系统才能进行结账。

·如果库存管理系统和存货核算系统集成使用，存货核算系统必须是当月未结账或取消结账后，库存管理才能取消结账。不允许跳月结账，只能从未结账的第一个月逐月结账；不允许跳月取消月末结账，只能从最后一个月逐月取消。

·月末结账后将不能再做已结账月的业务，只能做未结账月的日常业务。

（二）存货核算系统月末处理

存货核算系统月末处理主要包括期末处理和月末结账。

（1）期末处理。当日常业务全部完成后，可进行期末处理，计算按全月平均方式核算的存货的全月平均单价及本会计月出库成本，计算按计划价/售价方式核算的存货的差异率、差价率及其本会计月的分摊差异差价，并对已完成日常业务的仓库/部门/存货做处理标志。

其操作步骤为：在企业应用平台中，选择"业务工作"—"供应链"—"存货核算"—"业务核算"—"期末处理"，系统弹出"期末处理"窗口，选择所有的仓库，如图9-30所示。

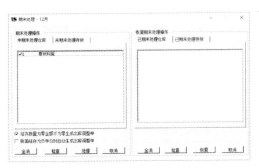

图9-30 期末处理

单击"确定"按钮，系统显示"月平均单价计算表"窗口，单击工具栏上的"显示"，系统显示期末处理的结果，如图9-31所示。单击工具栏上的"确定"，系统完成期末处理操作。

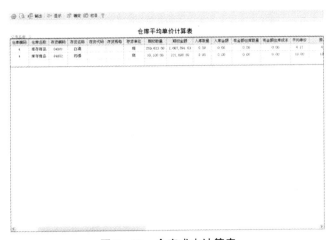

图9-31 仓库成本计算表

★提示：

·当存货核算系统与采购管理系统、销售管理系统及库存管理系统集成使用时，必须等采购管理系统、销售管理系统及库存管理系统完成月末结账后才可以进行月末处理。

·存货核算系统期初选项设置的不同，处理结果也会不同。如核算方式分别为按存货核算、按部门核算及按仓库核算，其处理结果会有所不同。再如，计价方式选择全月平均法或计划价法，其处理结果也会有所不同。

· 由于本系统可以处理压单不记账的情况，因此进行期末处理之前，用户应仔细检查是否本月业务还有未记账的单据；用户应做完本会计月的全部日常业务后，再做期末处理工作。

· 期末成本计算每月只能执行一次，如果是在结账日之前执行，则当月的出入库单将不能在本会计期间录入。

· 若要取消期末处理，可在期末处理界面选择"已期末处理存货"选项卡，选择要取消期末处理的存货，点击"确认"，系统提示："您将对所选存货恢复期末处理，确认进行吗?"点击"确认"即可恢复。

（2）月末结账。在企业应用平台中，选择"业务工作"—"供应链"—"存货核算"—"业务核算"—"月末结账"，系统弹出"月末结账"窗口，选择"月末结账"选项，单击"确定"按钮，系统自动完成月结操作并弹出提示信息，如图 9 - 32 所示。

图 9 - 32　月末结账

★提示：

· 当存货核算系统和库存管理系统、采购管理系统、销售管理系统集成使用时，只有在库存管理系统、采购管理系统和销售管理系统结账后，存货核算系统才能进行结账。

· 当月结账出错时，只能在下个会计月份取消上个月的结账操作。

第十部分　UFO 报表编制

UFO 报表系统是用友 U8 处理报表事务的工具，它与总账、固定资产、薪资、采购与应付款、销售与应收款、存货核算、库存管理等系统有完善的接口，具有方便的自定义报表功能和数据分析处理功能。利用 UFO 报表既可以编制对外报表，又可以编制各种内部报表。它的主要任务是设计报表的格式和编制公式，从相关业务系统中取得有关会计信息自动编制各种会计报表，对报表进行审核、汇总、生成各种分析图，并按预定格式输出各种会计报表。

【实验目的】

通过上机实验，使学生充分理解用友财务软件 UFO 报表编制的原理，掌握 UFO 报表编制的基本技能。

【实验内容】

完成资产负债表、利润表、现金流量表的编制。

【实验准备】

系统具备运行用友 U8 的软件、硬件环境，及总账、UFO 报表、现金流量表等模块；完成会计电算化实习第二至第九部分实验。

【实验资料】

会计核算实务实验的企业资料以及会计电算化实验第二至第九部分资料。

【实验指导】

在应用 UFO 报表系统编制报表以前，必须将启用的各子系统，包括总账、固定资产管理、薪资管理、采购管理、应付款管理、销售管理、应收款管理、存货核算、库存管理等逐一进行期末处理，之后才能进入报表编制程序。

制作报表的基本操作流程为：启动 UFO，建立空白报表—设计报表格式—定义各类公式—报表数据处理—报表图形处理—打印报表—退出 UFO。

一、启动 UFO，建立报表

(一) 启动 UFO

在企业应用平台中，选择"财务会计"—"UFO 报表"，即可进入 UFO 报表系统，如图 10 - 1、图 10 - 2 所示。

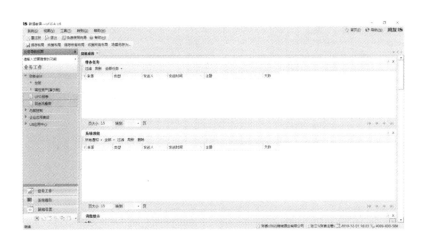

图 10 - 1　启动 UFO

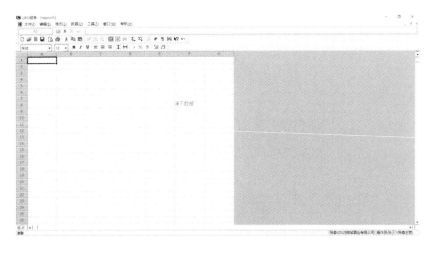

图 10 - 2　UFO 报表

（二）建立报表

单击"文件"菜单中的"新建"命令，将出现报表窗口，在报表窗口的"工具"菜单中点取"图表窗口"，将出现图表窗口，图表窗口的组成与报表窗口类似，区别在于工作区和工具栏图表。

二、定义报表格式

UFO 在格式状态下设计报表的表样，如表尺寸、行高列宽、单元属性、组合单元、关键字、可变区等；在格式状态下定义报表的公式，如单元公式、审核公式、舍位平衡公式等。

新表创建完成后，应进行报表的格式设计，报表格式设计是制作报表的基本步骤，它决定了整张报表的外观和结构。

会计报表格式设置的主要内容有：设置报表大小、画表格线、标题、表日期、表头、表尾和表体固定栏目的内容、设置单元属性等。

（一）设置报表尺寸

设置报表尺寸是指设置报表的行数和列数。设置前可事先根据所要定义的报表大小计算该表所需的行、列，然后再设置。

主要操作步骤为：

（1）单击"格式"—"表尺寸"，打开"表尺寸"对话框，如图 10 - 3 所示。

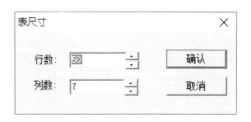

图 10 - 3   设置表尺寸

（2）在"行数"与"列数"文本框内输入行数与列数。

（3）单击"确认"按钮即可。

（二）定义行高和列宽

设置列宽应以能够放下本栏最宽数据为原则，否则在生成报表时会产生数据溢出的错误。

主要操作步骤为：

（1）选定需要调整的单元所在行，单击"格式"—"行高"，打开"行高"对话框，如图 10 - 4 所示。

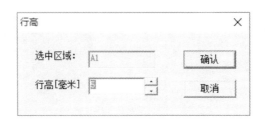

图 10 - 4   定义行高

（2）在"行高"文本框内输入需要的行高，单击"确认"按钮。

(三) 画表格线

报表的尺寸设置完成之后,在报表输出时,该报表是没有任何表格线的,为了满足查询和打印的需要,还需要在适当的位置上画表格线。

主要操作步骤为:

(1) 选中报表需要画线的区域,单击"格式"—"区域画线",打开"区域画线"对话框,如图10-5所示。

图 10-5　区域画线

(2) 在"画线类型"和"样式"中选择一种即可,单击"确认"按钮。

(四) 设置单元属性

设置单元类型及数据格式、对齐方式、字型、字体、字号及颜色、边框样式等内容。其中最重要的是单元类型的设置。

主要操作步骤为:

(1) 选取要设置单元属性的区域,单击"格式"—"单元格属性",打开"单元格属性"对话框,如图10-6所示。

图 10-6　单元格属性

(2) 依次选择"单元类型""字体图案""对齐""边框"页签设置单元格属性。设置完成单击"确定"按钮即可。

(五) 定义组合单元

把几个单元作为一个单元来使用,组合单元实际上就是一个大的单元。

主要操作步骤为：

选择需要合并的区域，单击"格式"—"组合单元"，选择"整体组合"或"按行组合"即可。

（六）输入项目内容

主要操作步骤为：选中需要输入内容的单元或单元组合，输入相关文字即可。

（七）设置关键字

定义关键字主要包括设置关键字和调整关键字在表页上的位置。关键字主要有6种：单位名称、单位编号、年、季、月、日，另外还包括一个自定义关键字。可以根据实际需要任意设置相应的关键字。

一个关键字在该表中只能定义一次，即同表中不能有重复的关键字。关键字在格式状态下设置，关键字的值只能在数据状态下录入。

关键字设置的主要操作步骤为：

（1）选中需要输入关键字的单元，单击"数据"—"关键字"—"设置"，打开"设置关键字"对话框，如图10-7所示。

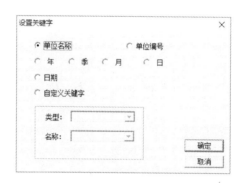

图 10-7 设置关键字

（2）选择关键字，单击"确定"按钮。

三、编辑报表公式

报表格式设计完毕，可以像手工编制报表一样，在报表的数据状态下直接录入数据，但这不能实现账表一体化。要实现账表一体化，必须将每个单元的值赋予取数公式并合成为公式组。如：

D1 = QM（"1001"，月，"借"，"001"，2019）

含义为：D1单元的数值等于001账套1001科目2019年本月的期末数

编辑报表公式的主要操作步骤为：

（1）选定需要定义公式的单元，单击"数据"—"编辑公式"—"单元公式"，打开"定义公式"对话框，如图10-8所示。

图 10-8 公式定义

（2）在"定义公式"对话框内，直接输入公式，单击"确认"按钮。

（3）如果对 UFO 函数公式不太了解的话，可以利用函数向导引导输入。单击图 10-8 中的"函数向导"，进入"函数向导"对话框，如图 10-9 所示。

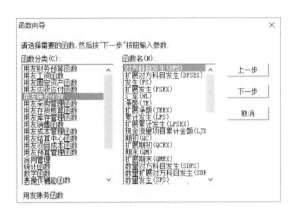

图 10-9 函数向导

（4）在"函数分类"列表框中选择"用友账务函数"，在"函数名"列表框中选择需要的函数。

（5）单击"下一步"按钮，在出现的界面上单击"参照"按钮，进入"账务函数"对话框，如图 10-10 所示。

图 10-10 账务函数定义

（6）选择相应的选项，单击"确定"按钮，公式定义完毕。

（7）审核公式。单击"数据"—"编辑公式"—"审核公式"，打开"审核公式"对话框，如图 10-11 所示。

图 10-11 审核公式对话框

（8）在"审核公式"对话框中输入审核公式。

（9）单击"确定"按钮。

四、报表数据处理

（一）关键字录入

关键字是游离于报表之外的数值，是进行报表索引、关联的重要条件，关键字的输入必须规范，否则取数出错。其主要操作步骤为：

（1）单击"数据"—"关键字"—"录入"，打开"录入关键字"对话框，如图10－12所示。

图10－12　录入关键字

（2）录入相应关键字，单击"确认"。

（3）系统出现"是否重算第1页？"对话框，根据需要选择"是"或"否"，如图10－13所示。

图10－13　是否重算第1页提示

（二）整表重算

在编制报表时，可以选择整表计算或表页计算，整表计算是将该表的所有表页全部进行计算，而表页重算仅是将该表页的数据进行计算。

主要操作步骤为：

（1）单击"数据"—"表页重算"，打开"是否确定全表重算？"对话框，如图10－14所示。

图10－14　是否确定整表重算提示

（2）单击"是"按钮，系统会自动在注册的账套和会计年度范围内根据单元公式计算，生成报表数据，如图 10 - 15 所示。

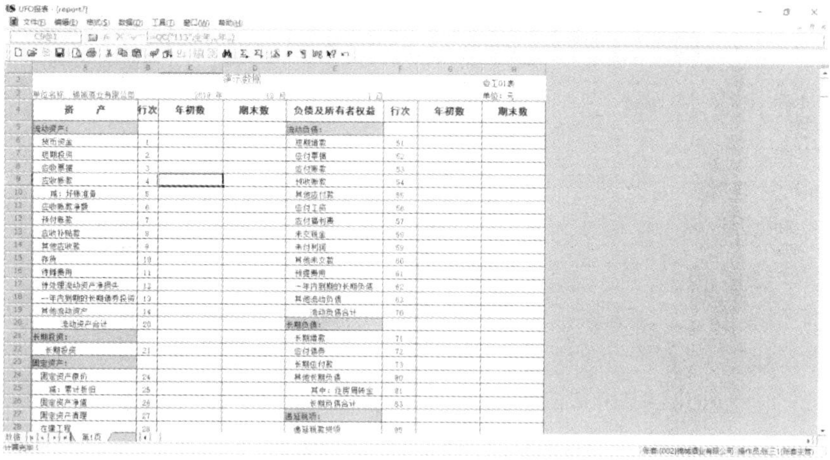

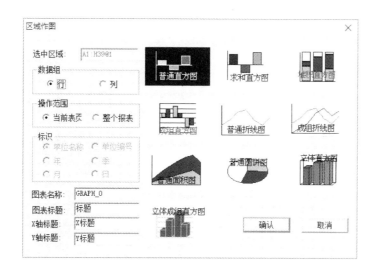

图 10 - 15　自动生成报表

五、图表功能

报表数据生成之后，为了对报表数据进行直观的分析和了解，方便对数据的对比、趋势和结构分析，可以利用图形对数据进行直观显示。UFO 图表功能提供了直方图、圆饼图、折线图、面积图 4 大类共 10 种格式的图表。

主要操作步骤为：

（1）选取报表文件的数据区域。

（2）单击"工具"—"插入图表对象"，打开"区域作图"对话框，如图 10 - 16 所示。

图 10 - 16　区域作图

（3）输入"图表名称""图表标题""X 轴标题""Y 轴标题"等项目，选择"数据组""操作范围"，并在右边选择相应图例，单击"确认"按钮，所需图表即可生成。

六、报表模板

在 UFO 报表系统中，提供了多种常用的会计报表格式及公式，用户可根据需要进行选择。

（一）生成常用报表模板

UFO 可根据用户默认账套的行业性质，自动生成资产负债表、利润表等相关报表。在单击该功能之前，要确定是否在进入系统时正确设置了本单位的账套行业性质。

生成常用报表模板的主要操作步骤为：

单击"格式"—"生成常用报表"，即可生成资产负债表、利润表、现金流量表、现金流量表附表、所有者权益（股东权益）变动表等常用报表。

（二）调用报表模板

调用系统已有的报表模板，如果该报表模板与实际需要的报表格式或公式不完全一致，可以在此基础上稍做修改即可快速得到所需要的报表格式和公式。

调用报表模板的主要操作步骤为：

（1）单击"文件"—"新建"，系统自动生成一张空白表。

（2）单击"格式"—"报表模板"，打开"报表模板"对话框，如图 10－17 所示。

图 10－17　报表模板

（3）在"您所在的行业"下拉列表中选择相应的选项，在"财务报表"下拉列表中选择相应的报表。

（4）单击"确认"按钮，系统提示"模板格式将覆盖本表格式！是否继续？"单击"确认"按钮，当前格式被自动覆盖，系统将调出所选择的报表。如资产负债表，如图 10－18 所示。

图 10－18　资产负债表模板

（三）修改报表模板

（1）单击"数据/格式"按钮，将报表处于格式状态。

（2）根据本单位实际情况（如科目编号、报表格式、账簿内容等）调整报表格式、修改报表公式。

（3）保存调整后的报表模板。

（四）生成报表数据

（1）在数据状态下，选择"数据"—"关键字"—"录入"，打开"录入关键字"对话框，录入关键字。

（2）单击"确认"，系统提示"是否要重算"，单击"是"，系统开始计算报表数据；计算完毕，单击"保存"按钮保存所编制的报表，如图10－19所示。

图 10 – 19　计算资产负债表数据

★提示：

· 在格式状态下操作，生成的报表为新建，保存或另存时选择相应路径。

· 当前报表套用报表模板后，原有内容将丢失。

七、现金流量表

（一）启用现金流量表

（1）在企业应用平台中，单击"业务工作"—"财务会计"—"现金流量表"，即可弹出"现金流量表日期设置"对话框，如图10－20所示。

图 10 – 20　现金流量表日期设置

（2）在"现金流量表日期设置"对话框中设置完成后，单击"确定"按钮，打开"现金流量表"对

话框，如图 10 – 21 所示。

图 10 – 21   现金流量表主界面

（二）现金流量表初始化

初始化工作包括基本科目定义、拆分凭证、定义填报项目、定义项目来源等具体内容。

1. 基本科目定义

根据现金流量表的特点，需要在初始化"基本科目设置"中选择现金、应收和应付类科目。

主要操作步骤为：

（1）单击"初始化"—"基本科目设置"，打开"基本科目设置"对话框，如图 10 – 22 所示。

图 10 – 22   基本科目设置

（2）分别选择"设置现金科目""设置应收科目""设置应付科目"页签设置现金科目、应收科目、应付科目。设置完成单击"确定"按钮。

2. 税率、汇率设置

（1）单击"初始化"—"税率、汇率设置"，打开"税率、汇率设置"对话框，如图 10 – 23 所示。

（2）分别选择"设置税率""设置汇率"页签进行设置。设置完成单击"确定"按钮。

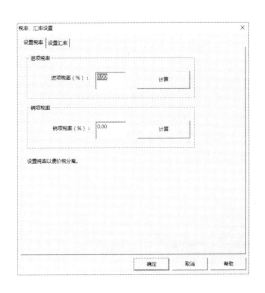

图 10 – 23　税率、汇率设置

3. 拆分凭证

（1）单击"初始化"—"拆分凭证"—"拆分多借多贷"，打开"拆分凭证"对话框，如图 10 – 24 所示。

图 10 – 24　拆分凭证

（2）可以对凭证进行手工拆分或自动拆分，将多借多贷凭证拆分成一借多贷或多借一贷凭证。单击"初始化"—"拆分凭证"—"凭证准备"，系统将一借多贷或多借一贷凭证自动拆分成一借一贷的凭证，自动进行价税分离，最终把全部凭证拆分成一借一贷的形式。

（3）系统提示"完成凭证准备"，单击"确定"按钮。

4. 定义填报项目

（1）单击"初始化"—"定义填报项目"，打开"定义填报项目"对话框，如图 10 – 25 所示。

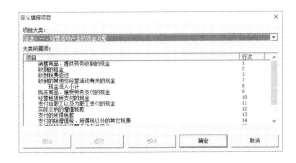

图 10 – 25　定义填报项目

（2）系统已经自动给出了一些填报项目，企业可根据自己的情况进行修改，完成后单击"确定"按钮。

5. 定义项目来源

现金流量表的数据来源有凭证分析、查账指定、取自报表、取自总账、未定义几种方式。用户需要根据各项目的特点和本公司的具体情况进行设置，我们仅以几个项目定义予以说明。

（1）启用项目来源定义。单击"初始化"—"定义计算项目来源"，打开"定义计算项目来源"对话框，如图 10 - 26 所示。根据需要进行设置。

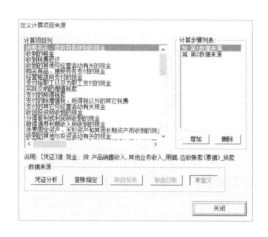

图 10 - 26　定义计算项目来源

（2）销售商品、提供劳务收到的现金项目定义。单击图 10 - 26 中的"凭证分析"按钮，打开"凭证分析"对话框，如图 10 - 27 所示。

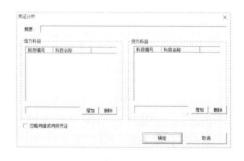

图 10 - 27　凭证分析

在"凭证分析"对话框中，单击借方科目框下的"增加"按钮，打开增加科目对话框，选择需增加的现金科目，单击"确定"按钮；单击贷方科目框下的"增加"按钮，打开"增加科目"对话框，选择需增加的应收账款货款、应收票据货款、预收账款货款、商品销售收入科目，单击"确定"按钮。在"凭证分析"对话框中单击"确定"按钮，销售商品、提供劳务项目的数据来源定义完成。

（3）净利润项目来源定义。此项目来源于利润表的净利润项目。

在"定义计算项目来源"对话框中选择"净利润"项目，单击"数据来源"框中的"取自报表"按钮，打开"取自报表"对话框，如图 10 - 28 所示。

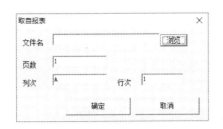

图 10 – 28 取自报表定义

单击"浏览"按钮，找到准备从中取数的报表的位置，输入页数、列次、行次，单击"确定"按钮。净利润项目的数据来源定义完成。

（三）生成现金流量表

完成现金流量表初始化设置后，单击"现金流量表"—"自动计算"，系统将自动计算现金流量表各项目的数据，并最终生成现金流量表。报表生成后，如果发现仍存在问题，打开"现金流量表"下的"手动调整"进行调整，如图 10 – 29 所示。

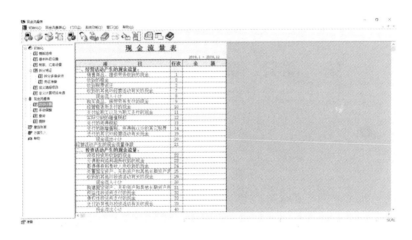

图 10 – 29 生成现金流量表

第三篇 财务管理与分析实验

本篇财务管理与分析实验，主要依据财务管理、财务报表分析原理和方法，并结合《企业财务通则》与《企业会计准则》的规定，为学生提供了比较系统全面的财务管理及财务报表分析训练。通过本实验，学生能进一步巩固财务管理及财务报表分析的基本理论，比较系统、全面地掌握财务管理及财务报表分析的基本程序和方法。

本财务管理与分析实验共分为三个部分，第一部分为财务管理单项实验，第二部分为财务管理综合实验，第三部分为财务报表分析实验。

第一部分 财务管理单项实验

实验 1 筹资方式选择

企业常用的长期筹资方式主要有发行普通股、优先股、长期债券、长期借款和留存收益等。其中，普通股、优先股和留存收益属于自有资金，一般称为权益资本；长期债券和长期借款属于借入资金，一般称为债务资本。企业在筹集资金时，需要在权益资本和债务资本之间进行合理的选择，这是筹资决策的一个重要组成部分。

一、实验目的

掌握各种筹资方式的筹资成本和优缺点，利用 EXCEL 函数 PMT、IPMT、PPMT 及电子表格软件计算相应贷款的每年偿还额、偿还的利息和本金；利用 EXCEL 函数及电子表格处理软件进行筹资方式决策分析。

二、实验原理

1. 长期借款的筹资

长期借款包括向银行等金融机构借入资金，接受非金融机构或民间组织的拆借资金等。由于长期借款金额大、期限长，企业在长期借款筹资中，不仅要考虑国家政策、经济环境等因素，还应对还款进程进行预先安排。常见的借款偿还方式有：等额利息法、等额本金法、等额偿还法、一次偿还法等。

2. 租赁筹资

我国融资租赁业务中，对租金的支付有先付和后付两种方式，两种方式各期支付的租金为：

（1）定期等额后付租金的计算公式为：

$$A = \frac{P}{(P/A, \ i, \ n)}$$

（2）定期等额先付租金的计算公式为：

$$A = \frac{P}{(P/A, \ i, \ n-1) \ +1}$$

其中：A 为每年年末等额支付的租金，即年金；i 为年利率；n 为计息期数；$(P/A, \ i, \ n)$ 为年金现值系数。

三、实验资料

锦城股份有限公司拟于 2019 年购置"精美印务高档品包装印刷线"，固定资产价款为 8000 万元，使用年限为 20 年，采用直线法折旧，报废后无残值，所得税率为 25%。拟采用抵押贷款或融资租赁的方式来筹集资金。如果采用抵押贷款方式筹集资金，贷款期限为 20 年，抵押贷款利率为 8%，以等额偿还方式偿还；如果采用融资租赁方式筹集资金，租赁公司租赁给锦城股份有限公司该生产线，需要得到 8% 的资金收益率，租赁公司维修设备，锦城股份有限公司不支付附加费用，租金在期末支付。

要求：

（1）确定两种筹资方式下，每年偿还的金额情况。

（2）通过计算，对抵押贷款和融资租赁两种筹资方式进行比较分析。

四、实验步骤

1. 利息本金的偿还

利用 Excel 函数 PMT、IPMT、PPMT 个及公式计算抵押贷款的每年偿还额、偿还的利息和本金。

（1）创建工作表格，如表 1-1 和表 1-2 所示。

表 1-1

	A	B
1	抵押借款还本付息计算表	
2	贷款金额（元）	80 000 000
3	贷款期限（年）	20
4	贷款年率（%）	8%

表 1-2

	抵押借款还本付息计算表				
	A	B	C	D	E
9	年	年偿还额	支付利息	偿还本金	剩余本金
10	0	—	—	—	
11	1				
12	2				
13	3				
14	4				

续表

	抵押借款还本付息计算表				
	A	B	C	D	E
15	5				
16	6				
17	7				
18	8				
19	9				
20	10				
21	11				
22	12				
23	13				
24	14				
25	15				
26	16				
27	17				
28	18				
29	19				
30	20				
31	合计				—

（2）在表 1 – 1 中的 B2：B4 单元格区域内和表 1 – 2 中的 E10 单元格输入原始数据。

（3）参考表 1 – 3，根据 Excel 函数 PMT、IPMT、PPMT 及利用公式在表 1 – 2 中进行计算。

表 1 – 3

单元格	公式或函数
E10	= B2
B11 – B30	= PMT（B4，B3，– B2）
C11 – C30	= IPMT（B4，A11：A30，B3，– B2）
D11 – D30	= PPMT（B4，A11：A30，B3，– B2）
E11 – E30	= E10：E29 – D11：D30
B31	= SUM（B11：B30）
C31	= SUM（C11：C30）
D31	= SUM（D11：D30）

选中单元格区域 B11：B30，输入公式 " = PMT（B4，B3，– B2）"，然后同时按 "Ctrl + Shift + En-ter" 组合键。

选中单元格区域 C11：C30，输入公式 " = IPMT（B4，A11：A30，B3，– B2）"，然后同时按 "Ctrl + Shift + Enter" 组合键。

选中单元格区域 D11：D30，输入公式 " = PPMT（B4，A11：A30，B3，– B2）"，然后同时按 "Ctrl + Shift + Enter" 组合键。

在单元格 E10 中，输入"=B2"，然后选择单元格 E11：E30，输入公式"=E10：E29 - D11：D30"，然后同时按"Ctrl + Shift + Enter"组合键。

选中单元格区域 B31：D31，单击工具栏上的"自动求和"按钮，则得到 20 年的合计数。

2. 筹资方式选择

（1）抵押贷款。

1）创建工作表格，如表 1 – 4 和表 1 – 5 所示。

表 1 – 4

	A	B	C	D	E
1		抵押借款还本付息计算表			
2	借款金额	80 000 000			
3	借款年利率（%）	8%			
4	借款年限	20			
5	每年还款期数	1			
6	总付款期数	20			
7	所得税税率（%）	25%			

表 1 – 5

	A	B	C	D	E	F	G	H
10								
11	年	还款额	偿还本金	偿还利息	折旧	税款节约额	净现金流量	现值
12	1							
13	2							
14	3							
15	4							
16	5							
17	6							
18	7							
19	8							
20	9							
21	10							
22	11							
23	12							
24	13							
25	14							
26	15							
27	16							
28	17							
29	18							
30	19							
31	20							
32	合计							

2）在表 1 - 4 中的 B2：B7 单元格区域内输入原始数据。

3）参考表 1 - 6，根据 Excel 函数 PMT、IPMT、PPMT 及利用公式在表 1 - 4、表 1 - 5 中进行计算。

选中单元格区域 B12：B31，输入公式 " = ABS（PMT（B3，B6，B2））"，然后同时按 "Ctrl + Shift + Enter" 组合键。

选中单元格区域 C12：C31，输入公式 " = ABS（PPMT（B3，A12：A31，B6，B2））"，然后同时按 "Ctrl + Shift + Enter" 组合键。

选中单元格区域 D12：D31，输入公式 " = ABS（IPMT（B3，A12：A31，B6，B2））"，然后同时按 "Ctrl + Shift + Enter" 组合键。

选中单元格区域 E12：E31，输入公式 " = SLN（B2，0，B4）"，然后同时按 "Ctrl + Shift + Enter" 组合键。

选中单元格区域 F12：F31，输入公式 " =（D12：D31 + E12：E31）＊B7"，然后同时按 "Ctrl + Shift + Enter" 组合键。

选中单元格区域 G12：G31，输入公式 " = B12：B31 - F12：F31"，然后同时按 "Ctrl + Shift + Enter" 组合键。

选中单元格区域 H12：H31，输入公式 " = G12：G31/（1 + B3＊（1 - B7））^A12：A31"，然后同时按 "Ctrl + Shift + Enter" 组合键。

选中单元格区域 B32：H32，单击工具栏上的 "自动求和" 按钮，则得到 20 年的合计数。

表 1 - 6

单元格	公式或函数	单元格	函数
B3	= C3/100	B32	= SUM（B12：B31）
B12 - B31	= ABS（PMT（B3，B6，B2））	C32	= SUM（C12：C31）
C12 - C31	= ABS（PPMT（B3，A12：A31，B6，B2））	D32	= SUM（D12：D31）
D12 - D31	= ABS（IPMT（B3，A12：A31，B6，B2））	E32	= SUM（E12：E31）
E12 - E31	= SLN（B2，0，B4）	F32	= SUM（F12：F31）
F12 - F31	=（D12：D31 + E12：E31）＊B7	G32	= SUM（G12：G31）
G12 - G31	= B12：B31 - F12：F31	H32	= SUM（H12：H31）
H12 - H31	= G12：G31/（1 + B3＊（1 - B7））^A12：A31		

（2）租赁筹资。

1）创建工作表格，如表 1 - 7 和表 1 - 8 所示。

表 1 - 7

	A	B	C	D	E
1	租赁融资分析计算表				
2	租金	80 000 000			
3	每年付款次数	1			
4	租赁年利率（%）	8%			
5	租赁年限	20			
6	总付款次数	20			
7	所得税税率（%）	25%			

表 1－8

	A	B	C	D	E
11	租赁摊销分析计算表				
12	年	租金支付	税款节约额	租赁净现金流量	现值
13	1				
14	2				
15	3				
16	4				
17	5				
18	6				
19	7				
20	8				
21	9				
22	10				
23	11				
24	12				
25	13				
26	14				
27	15				
28	16				
29	17				
30	18				
31	19				
32	20				
33	合计				

2）在表 1－7 的 B2：B7 单元格区域内输入原始数据。

3）参考表 1－9，根据 Excel 函数 PMT 及利用公式在表 1－8 中进行计算。

选中单元格区域 B13：B32，输入公式"＝ABS（PMT（B4，B6，B2））"，然后同时按"Ctrl＋Shift＋Enter"组合键。

选中单元格区域 C13：C32，输入公式"＝B13：B32＊B7"，然后同时按"Ctrl＋Shift＋Enter"组合键。

选中单元格区域 D13：D32，输入公式"＝B13：B32－C13：C32"，然后同时按"Ctrl＋Shift＋Enter"组合键。

选中单元格区域 E13：E32，输入公式"＝D13：D32/（1＋B4＊（1－B7））^A13：A32"，然后同时按"Ctrl＋Shift＋Enter"组合键。

选中单元格区域 B33：E33，单击工具栏上的"自动求和"按钮，则得到 20 年的合计数。

表 1 - 9

单元格	公式或函数	单元格	函数
B4	= C4/100	B33	= SUM（B13：B32）
B13 - B32	= ABS（PMT（B4，B6，B2））	C33	= SUM（C13：C32）
C13 - C32	= B13：B32 * B7	D33	= SUM（D13：D32）
D13 - D32	= B13：B32 - C13：C32	E33	= SUM（E13：E32）
E13 - E32	= D13：D32/（1 + B4 *（1 - B7））^A13：A32		

（3）对两种筹资方式进行比较分析。

实验 2　综合资本成本

资本成本是企业财务管理的重要概念，资本成本是选择资金来源、确定筹资方案的重要依据，企业要选择资本成本最低的筹资方式。

资本成本有多种计量方式，主要包括个别资本成本、综合资本成本和边际资本成本，它们有各自的适用范围。个别资本成本主要用于评价各种筹资方式和筹资决策；综合资本成本一般用于企业全部资本结构决策；边际资本成本一般用于追加筹资决策。

一、实验目的

熟悉各类资本成本的计算原理，利用 EXCEL 电子表格软件，熟悉并掌握综合资本成本计算方式，并进行相关资本成本的比较分析。

二、实验原理

本实验主要涉及长期债券成本、长期借款成本、普通股成本、留存收益成本和综合资本成本的计算。

1. 长期债券成本

计算公式为：

$$k_b = \frac{I_b(1 - T)}{B(1 - F_b)} \text{ 或 } k_b = \frac{R_b(1 - T)}{1 - F_b}$$

其中：k_b 为长期债券资本成本；I_b 为长期债券年利息；T 为所得税率；B 为长期债券筹资额；F_b 为长期债券筹资费率；R_b 为长期债券利率。

2. 长期借款成本

计算公式为：

$$k_l = \frac{I_l(1 - T)}{L(1 - F_l)} \text{ 或 } k_l = \frac{R_l(1 - T)}{1 - F_l}$$

其中：k_l 为长期借款资本成本；I_l 为长期借款年利息；T 为所得税率；L 为长期借款本金；F_l 为长期借款筹资费率；R_l 为长期借款利率。

3. 普通股成本

计算公式为：

$$k_{nc} = \frac{D_1}{P_0(1 - F_C)} + G \text{ 或 } k_{nc} = R_f + \beta_i(R_m - R_f)$$

其中：k_{nc} 为普通股成本；D_1 为预期年股利额；P_0 为普通股市价；F_c 为普通股筹资费率；G 为普通股利年增长率；R_f 为无风险报酬率；β_i 为股票的 β 系数；R_m 为平均风险股票必要报酬率。

4. 留存收益成本

计算公式为：

$$k_s = \frac{D_1}{P_0} + G \text{ 或 } k_s = R_f + \beta_i (R_m - R_f)$$

其中：k_s 为留存收益成本；D_1 为预期年股利额；P_0 为普通股市价；G 为普通股利年增长率；R_f 为无风险报酬率；β_i 为股票的 β 系数；R_m 为平均风险股票必要报酬率。

5. 综合资本成本

计算公式为：

$$K_w = \sum_{j=1}^{n} K_j W_j$$

式中：K_w 为加权平均资本成本；K_j 为第 j 种个别资本成本；W_j 为第 j 种个别资本成本占全部成本的比重（权重）。

三、实验资料

锦城股份有限公司 2019 年度拟筹资 40 000 万元，其中按面值发行长期债券 10 000 万元，票面利率 10%，期限 4 年，筹资费率 1%，每年末付息一次，到期一次还本；长期借款 6 000 万元，3 年期，年利率 11%；发行普通股 20 000 万元，筹资费率 4%，预计第一年股利率 12%，以后按每年 4% 的增长率递增。此外，公司保留盈余 4 000 万元，所得税税率 25%。

要求：计算锦城股份有限公司的综合资本成本。

四、实验步骤

（1）创建工作表，如表 1-10 所示。

表 1-10

	A	B	C	D	E
1	个别资本成本及综合资本成本计算				
2	筹资种类	长期债券	长期借款	普通股	留存收益
3	筹资金额（万元）	10 000	6 000	20 000	4 000
4	票面利率	10%	11%	—	—
5	期限（年）	4	3	—	—
6	股利率	—	—	12%	12%
7	年增长率	—	—	4%	4%
8	筹资费率	1%	0	4%	—
9	所得税税率	25%	25%	—	—
10	个别资本成本				
11	筹资总额（万元）		—	—	—
12	个别资本成本所占比重				
13	综合资本成本		—	—	—

（2）在表 1-10 的 B3：E9 单元格区域内输入原始数据。

（3）参考表 1-11，利用相应公式在表 1-10 中进行计算。

表 1 – 11

单元格	公式或函数
B10	= B4 * （1 – B9）/ （1 – B8）
C10	= C4 * （1 – C9）/ （1 – C8）
D10	= D6/ （1 – D8）+ D7
E10	= E6 + E7
B11	= SUM（B3：E3）
B12：E12	= B3：E3/B11
B13	= B10 * B12 + C10 * C12 + D10 * D12 + E10 * E12

实验 3　筹资决策风险分析

筹资风险是筹资活动中由于筹资的规划而引起的收益变动的风险。筹资风险受到经营风险和财务风险的影响。

在公司理财中，杠杆作用的原理是指企业通过对固定成本的运用对企业的盈亏会产生放大的作用。杠杆作用能使企业享受到一定的利益，但同时也相应地增大了风险。如何在杠杆利益和相应的风险中进行合理的权衡，是企业在资本结构决策中应考虑的重要因素。财务管理中涉及的杠杆系数包括经营杠杆系数、财务杠杆系数和联合杠杆系数。

一、实验目的

通过 EXCEL 电子表格软件功能，掌握财务杠杆系数的计算，并依据计算的财务杠杆系数结果对财务风险进行分析。

二、实验原理

1. 经营杠杆

成本结构中固定成本的高低决定了营业利润对销售变动的敏感性大小，其作用程度可用经营杠杆系数 DOL 表示，计算公式为：

$$DOL = \frac{\Delta EBIT/EBIT}{\Delta Q/Q} = \frac{Q（P - V）}{Q（P - V）- F} = \frac{S - VC}{S - VC - F}$$

其中：DOL 为经营杠杆系数；$\Delta EBIT$ 为息税前盈余变动额；$EBIT$ 为息税前盈余；Q 为销售量；P 为单价；V 为单位变动成本；F 为固定成本；S 为销售额；VC 为总变动成本。

DOL 公式表明，经营杠杆系数的大小受企业成本水平和销售水平的影响。当企业固定成本和单位变动成本一定时，其经营杠杆系数的大小受到销售水平影响。销售量越大，经营杠杆系数就越大，经营风险随之增加。

2. 财务杠杆

财务杠杆效益的程度，通常以财务杠杆系数来衡量，其反映息税前收益与普通股每股收益间的关系，衡量息税前收益变动对普通股每股收益变动的影响程度。

计算公式为：

$$DFL = \frac{\Delta EPS/EPS}{\Delta EBIT/EBIT} = \frac{EBIT}{EBIT - I}$$

式中：DFL 为财务杠杆系数；$\Delta EBIT$ 为息税前盈余变动额；$EBIT$ 为息税前盈余；ΔEPS 为每股盈余变动额；EPS 为每股盈余；I 为债务利息。

DFL 公式表明，息税前盈余增长所引起的每股盈余的增长幅度，在资本总额、息税前盈余相同的情况下，负债比率越高，财务杠杆系数越大，财务风险就越大，预期每股收益也越高。

三、实验资料

锦城股份有限公司 2019 年度的息税前利润为 200 000 万元，资本总额为 1 000 000 万元，所得税税率为 25%，现在假设其资本结构有 A、B、C 三种情况：A 为无负债；B 为 30% 的债务资本，债务利率为 8%；C 为 70% 的债务资本，债务利率为 10%。

要求：计算三种资本结构情况下的收益率及财务杠杆系数指标，并进行筹资风险分析。

四、实验步骤

（1）创建工作表格，如表 1 – 12 所示。

表 1 – 12

	A	B	C	D
1	财务杠杆系数计算与分析			
2		A 情况	B 情况	C 情况
3	普通股本（万元）	1 000 000	700 000	300 000
4	发行股数（万股）	100 000	70 000	30 000
5	债务总额（万元）	0	300 000	700 000
6	利率	0	8%	10%
7	资本总额（万元）	1 000 000	1 000 000	1 000 000
8	息税前盈余（万元）	200 000	200 000	200 000
9	计算分析			
10	债务利息			
11	税前盈余			
12	所得税（税率 25%）			
13	税后盈余			
14	财务杠杆系数			
15	普通股每股收益			
16	总资产报酬率			
17	净资产收益率			

（2）在表 1 – 12 的 B3：D8 单元格区域内输入原始数据。

（3）参考表 1 – 13，利用相应公式在表 1 – 12 中进行计算。

表 1 – 12

单元格	公式
B10：D10	= B5：D5 * B6：D6
B11：D11	= B8：D8 – B10：D10
B12：D12	= B11：D11 * 25%
B13：D13	= B11：D11 – B12：D12
B14：D14	= B8：D8/B11：D11
B15：D15	= B13：D13/B4：D4
B16：D16	= B8：D8/B7：D7
B17：D17	= B13：D13/B3：D3

（4）根据计算结果进行筹资风险分析。

实验 4　项目投资风险分析

在一般的项目投资决策分析中，都假设项目的现金流量是可以确知的，但实际真正意义上的投资项目总是有风险的，项目未来现金流量总会具有某种程度的不确定性，如何处置项目的风险非常必要，本实验主要对项目进行风险分析。

一、实验目的

主要掌握利用风险调整贴现率法、肯定当量法等方法对项目进行投资风险分析，并利用 Excel 电子表格软件来实现。

二、实验原理

对投资项目的风险有两种处置方法，即风险调整贴现率法和肯定当量法。

1. 风险调整贴现率法

风险调整贴现率是风险项目应当满足的投资人要求的报酬率，项目的风险越大，要求的报酬率就越高。其理论依据为资本资产定价模型（即 CAPM）。

风险调整贴现率法是更为实际、更为常用的风险处理方法。此方法的基本思路是，对高风险的项目应当采用较高的贴现率（包括了风险因素的贴现率）计算净现值，然后，根据净现值法的规则来选择方案。问题的关键是根据风险的大小确定风险因素的贴现率，即风险调整贴现率。

计算公式为：
$$K = I + b \times Q$$

其中：K 为风险调整贴现率；I 为无风险调整贴现率；b 为风险报酬斜率；Q 为风险程度。

经过调整后的净现值为：

调整后净现值：
$$NPV = \sum_{t=1}^{n} \frac{预期现金流量}{(1 + 风险调整贴现率)^t}$$

2. 肯定当量法

为了克服风险调整贴现率法的缺点，提出了肯定当量法。该法的基本思路为，先用一个系数把有风险的现金收支调整为无风险的现金收支，然后用无风险的贴现率去计算净现值，以便用净现值法的规则判断投资机会的可取程度。该法的主要困难是如何确定合理的当量系数。

肯定当量法的计算公式为：
$$NPV = \sum_{i=0}^{n} \frac{a_i CFAT_i}{(1 + r)^i}$$

其中：a_i 为第 i 年现金流量的肯定当量系数，它在 $0 \sim 1$ 之间取值；r 为无风险的贴现率；$CFAT$ 为税后现金流量。

三、实验资料

锦城股份有限公司公司拟投资 8 000 万元购置"精美印务高档品包装印刷线"，预计各年的现金流量和概率分布如表 1 - 14 所示。

表 1 - 14

年	现金流量（万元）	概率（%）
0	- 8 000	100%
1	0	0%

续表

年	现金流量（万元）	概率（%）
2	7 000	50%
	6 000	30%
	2 000	20%
3	6 000	20%
	5 000	60%
	3 000	20%

无风险最低报酬为 6%，假设中等风险程度的项目变化系数为 0.5，通常要求的含有风险报酬的最低报酬率为 10%。

要求：

（1）用风险调整贴现率法计算净现值并判断该项目是否可行；

（2）假设有风险的报酬率和无风险最低报酬率之间的函数关系是已知的，用肯定当量法计算方案的净现值并判断项目是否可行。

四、实验步骤

（1）创建工作表格，如表 1 – 15 所示。

表 1 – 15

	A	B	C	D	E	F	G	H
1	项目投资的风险分析计算表							
2			方案		风险调整贴现率法			肯定当量法
3	年		现金流量（CAFT）	概率（%）	现金流量期望值	标准离差	综合期望值现值	肯定当量系数
4	0		– 8 000	100%				—
5	1		0	0%		—	综合标准差现值	
6	2		7 000	50%				
7			6 000	30%			综合变化系数	
8			2 000	20%				
9	3		6 000	20%			风险斜率（%）	
10			5 000	60%				
11			3 000	20%			综合调整贴现率（%）	
12	无风险最低报酬率（%）		有风险最低报酬率（%）	项目变化系数	年	—		净现值
13	6%		10%	0.5	3	—	—	—
14	用风险调整贴现率计算的净现现值				—	—	—	结论
15	结论				—	—	—	

（2）在表 1 – 15 的相应单元格区域内输入原始数据。

（3）参考表 1 – 16，利用相应公式或函数进行计算。

表 1 – 16

单元格	公式或函数
E4	= C4 * D4
E5	= C5 * D5
E6	= C6 * D6 + C7 * D7 + C8 * D8
E9	= C9 * D9 + C10 * D10 + C11 * D11
F6	= SQRT（（C6 – E6）*（C6 – E6）* D6 +（C7 – E6）*（C7 – E6）* D7 +（C8 – E6）*（C8 – E6）* D8）
F9	= SQRT（（C9 – E9）*（C9 – E9）* D9 +（C10 – E9）*（C10 – E9）* D10 +（C11 – E9）*（C11 – E9）* D11）
G4	= NPV（A13, E5, E6, E9）
G6	= SQRT（POWER（F6, 2））/POWER（（1 + A13），4）+ POWER（F9, 2）/POWER（（1 + A13），6）
G8	= G6/G4
G10	=（C13 – A13）/D13
G12	= A13 + G8 * G10
C14	= NPV（G12, E5：E11）+ E4
C15	= IF（C14 > 0,"项目可行""项目不可行"）
H5	=（1 + A13）/（1 + G12）
H6	= POWER（（1 + A13），2）/POWER（（1 + G12），2）
H9	= POWER（（1 + A13），3）/POWER（（1 + G12），3）
H13	=（E5 * H5/（1 + A13）+ E6 * H6/POWER（（1 + A13），2）+ E9 * H9/POWER（（1 + A13），3））+ E4
H15	= IF（H13 > 0,"项目可行""项目不可行"）

（4）根据计算结果判断该项目是否可行。

实验 5 营运资本需求

营运资本是指流动资产减去流动负债后的差额，营运资本管理包括流动资产和流动负债的管理。良好的营运资金管理要求企业做出决策来解决流动资产的最佳水平以及为维持这一流动资产水平而采取的流动负债和长期负债的适当组合问题，这就必须进行获利能力与风险之间的权衡问题，即企业需要在风险和收益率之间进行权衡，将营运资金的数量控制在一定范围之内。

一、实验目的

利用 EXCEL 提供的函数指标及公式运算，掌握最佳现金持有量的确定与分析方法；应收账款信用政策的综合决策分析方法；存货的经济订货批量决策分析方法。

二、实验原理

作为一种投资，流动资金是不断投入、不断收回并不断再投入的循环过程，没有终止的日期，这就使我们难以直接评价其投资的报酬率。因此，流动资金投资评价的基本方法是以最低的成本满足生产经营周转的需要。

流动资金是指投放在流动资产上的资金，其主要项目包括现金、应收账款和存货。

1. 现金管理

现金管理应使现金控制在不足与过量之间，在盈利能力与流动性之间选择，最佳现金持有量的分析方法有成本分析与随机模型分析。

（1）成本分析模式是通过分析持有现金的成本，寻找持有成本最低的目标量。企业持有的现金，将会有三种成本：机会成本、管理成本和短缺成本。现金持有量越多，机会成本就越高，而短缺成本就越低。管理成本是一种固定成本，与现金持有量之间无明显的比例关系。通过计算比较各个现金持有量方案的总成本，选取总成本最低的方案为最优方案。

（2）随机模型包括鲍莫模型（Baumol 模型）和米勒 • 奥尔模型（Miller – Orr 模型）。

鲍莫模型是通过确定最佳现金持有量，进行现金管理的方法。其基本点是现金的相关总成本最低。通常考虑的相关成本有：持有现金成本和现金交易性成本。

$$最佳现金持有量 = \sqrt{\frac{2 \times 现金交易性成本 \times 企业在一定时期内耗用的现金量}{持有现金的机会成本}}$$

$$C^* = \sqrt{\frac{2TF}{R}}$$

其中：C^* 为最佳现金持有量；T 为企业在一定时期内耗用的现金量；F 为现金交易性成本；R 为持有现金的机会成本。

米勒 • 奥尔模式是在现金需求量难以预知的情况下进行现金持有量控制的方法。企业可根据历史经验和现实需要，测算出一个现金持有量的控制范围，即制定出现金持有量的上限和下限，将现金量控制在上、下限之内。当现金量达到控制上限时，用现金购入有价证券，使现金持有量下降；当现金量降到控制下限时，则抛售有价证券，使现金持有量回升。若现金量在控制的上、下限之内，便不必进行现金与有价证券的转换，保持它们各自的现有存量。随机模式建立在企业的现金未来需求总量和收支不可预测的前提下，因此，计算出来的现金持有量比较保守。

计算公式为：

$$R = \sqrt[3]{\frac{3b\sigma^2}{4i}} + L$$

$$H = 3R - 2L$$

其中：R 为目标现金余额；H 为上限；L 为下限；b 为每次有价证券的固定转换成本；i 为有价证券的日利息率；σ^2 为预期每日现金余额变化的标准差。

2. 应收账款的管理

应收账款的管理目标是要制定合理的信用政策，包括信用期间、信用标准和现金折扣政策。采用这种信用政策预计将增加的收益与增加的成本之间进行权衡。

（1）信用期间。信用期间是企业允许顾客从购货到付款之间的时间，或者说是企业给予顾客的付款期间。信用期过短，不足以吸引顾客，使销售额下降；信用期过长，对销售额的增长固然有利，但所得的收益有时会被增长的费用抵消，甚至使利润减少，所以要制定出恰当的信用期。信用期的确定，主要是分析改变现行信用期对收入和成本的影响。

（2）信用标准。信用标准是顾客获得企业的交易信用所应具备的条件。如果顾客达不到新用标准，便不能接受企业的信用或只能享受较低的信用优惠。

（3）现金折扣政策。现金折扣是企业对顾客在商品价格上所做的扣减，其主要目的在于吸引顾客为享受优惠而提前付款，缩短企业的平均收账期。同时也能招揽一些视折扣为减价出售的顾客前来购货，借此扩大销售量。

现金折扣与信用期间应结合使用。

计算公式如下：

信用政策变动对利润的影响：

$$利润增减量 = 新方案销售额增减量 \times 销售利润率$$

信用政策变化对应收账机会成本的影响：

$$机会成本增减量 = [（新方案平均收账期 - 原方案平均收账期）\div 360 \times 原方案销售额 +$$

新方案平均收账期 $\div 360 \times$ 新方案增减销售额]$\times$ 变动成本率 $\times$ 应收账款机会成本率

信用政策变化对坏账损失的影响：

$$坏账损失增减量 = 新方案销售额 \times 新方案坏账损失率 - 原方案销售额 \times 原方案坏账损失率$$

信用政策变化对现金折扣成本的影响：

$$现金折扣成本增减量 = 新方案销售额 \times 新方案现金折扣率 \times 新方案需付现金扣的销售额占销售额$$

的百分比 - 原方案销售额 $\times$ 原方案现金折扣率 $\times$ 原方案需付现金折扣的销售额占销售额的百分比

信用政策变动对收账成本的影响：

$$收账成本增减量 = 新方案销售额 \times 新方案收账成本率 - 原方案销售额 \times 原方案收账成本率$$

信用政策变动对净收益的影响：

$$净收益 = 利润增减量 - 机会成本增减量 - 坏账损失增减量 - 现金折扣成本增减量 - 收账成本增减量$$

3. 存货管理

存货管理的目标是使企业保持科学合理的存货水平，尽力在各种存货成本与存货效益之间做出权衡，在保证需要的前提下，使得储备存货的总成本最低。

储备存货的有关成本包括：

（1）取得成本，是指为取得某种存货而支出的成本，通常用 TC_a 表示。其下又分为订货成本和购置成本。

订货成本：取得订单的成本，如办公费、差旅费、邮资等支出。订货成本中的一部分与订货次数无关，称为订货的固定成本，用 F_1 表示；另一部分与订货次数有关，称为订货的变动成本，订货的单位变动成本用 K 表示；订货次数等于存货年需要量 D 与单位进货量 Q 之商。

计算公式为：

$$订货成本 = F_1 + \frac{D}{Q}K$$

其中：F_1 为订货的固定成本；D 为存货年需要量；Q 为单位进货量；K 为订货的单位变动成本。

购置成本：购置成本是指存货本身的价值，经常用数量与单价的乘积来确定。

计算公式为：

$$购置成本 = DU$$

其中：U 为单价。

$$TC_a = F_1 + \frac{D}{Q}K + DU$$

其中：TC_a 为取得成本。

（2）储存成本，是指为保持存货而发生的成本，包括存货占用资金所应计的利息、仓库费用、保险费用、存货破损和变质损失等。

计算公式为：

$$储存成本 = 储存固定成本 + 储存变动成本$$

$$TC_c = F_2 + K_c\frac{Q}{2}$$

其中：TC_c 为储存成本；F_2 为储存固定成本；K_c 为储存单位变动成本。

（3）缺货成本，是指由于存货供应中断而造成的损失，包括材料供应中断造成的停工损失、产成品库存缺货造成的拖欠发货损失和丧失销售机会的损失；如果生产企业以紧急采购代用材料解决库存材料中断之急，那么缺货成本表现为紧急额外购入成本，用 TC_s 表示。

储备存货的总成本为：

$$TC = TC_a + TC_c + TC_s$$

$$TC = F_1 + \frac{D}{Q}K + DU + F_2 + K_c\frac{Q}{2} + TC_s$$

其中：TC 为储备存货总成本。

企业存货的最优化，即使上式中的 TC 值最小。

三、实验资料

1. 现金管理

（1）锦城股份有限公司有如下四种现金持有方案，它们各自的机会成本、管理成本、短缺成本如表 1-17 所示。

表 1-17　现金持有方案　　　　　　　　　　单位：万元

项目	甲方案	乙方案	丙方案	丁方案
现金持有量	25 000	50 000	75 000	100 000
机会成本	3 000	6 000	9 000	12 000
管理成本	20 000	20 000	20 000	20 000
短缺成本	12 000	6 750	2 500	0

要求：计算四种方案的现金持有总成本，并进行决策分析。

（2）锦城股份有限公司预计全年需要现金 80 000 万元，现金交易性成本每次 80 万元，有价证券投资的年利率为 10%，要求：计算最佳现金持有量。

（3）锦城股份有限公司有价证券的年利率为 9%，每次固定转换成本为 50 万元，公司认为任何时候其银行活期存款及现金余额均不低于 1 000 万元，又根据以往经验测算出现金余额波动的标准差为 800 万元，那么，当该公司的现金余额达到控制上限时，它将以多少现金去投资于有价证券？

2. 应收账款管理

锦城股份有限公司当前采用 45 天按发票金额付款的信用政策；拟将信用政策放宽至 60 天，仍按发票金额付款不给折扣；但考虑到竞争对手，为了吸引顾客及早付款，提出了（2/30，N/60）的现金折扣条件，几乎有一半顾客将享受现金折扣的优惠，其他资料如表 1-18 所示。

表 1-18

项目	目前信用政策	新信用政策	
		方案 A	方案 B
销售额（万元）	100 000	110 000	120 000
销售利率（%）	20	20	20
坏账损失率（%）	2	3	4

续表

项目	目前信用政策	新信用政策	
		方案A	方案B
收账成本率（%）	0.4	0.5	0.6
享受现金折扣的顾客比例（%）	0	0	50
平均收账期	45	60	30
现金折扣率（%）	0	0	2
应收账款的机会成本率（%）	15	15	15
变动成本率（%）	60	60	60

要求：分析锦城股份有限公司将采用哪一种信用政策。

3. 存货管理

假定锦城股份有限公司对某存货的年需求量为 3 600 万件，单位存储变动成本为 2 元，单位订货成本 25 元，单价为 10 元，单位缺货成本为 4 元，交货时间为 10 天，日耗用量为 10 万件，每日送货量为 30 万件。交货期的存货需求量及概率如表 1 - 19 所示。

表 1 - 19

需求量（万件）	70	80	90	100	110	120	130
概率	1	4	20	50	20	4	1

要求：（1）存货的经济批量、成本、订货次数及再订货点。
（2）不同保险储备下的总成本并从中选优。

四、实验步骤

（一）现金管理

1. 成本分析模式

（1）创建工作表格，如表 1 - 20 和表 1 - 21 所示。

表 1 - 20　　　　　　　　　　　　　　　　　　单位：万元

	A	B	C	D	E
1	现金持有方案				
2	项目	甲方案	乙方案	丙方案	丁方案
3	现金持有量	25 000	50 000	75 000	100 000
4	机会成本	3 000	6 000	9 000	12 000
5	管理成本	20 000	20 000	20 000	20 000
6	短缺成本	12 000	6 750	2 500	0

表 1 - 21　　　　　　　　　　　　　　　　　　单位：万元

	A	B	C	D	E	F
9	现金持有总成本计算表					
10	项目	甲方案	乙方案	丙方案	丁方案	
11	机会成本	3 000	6 000	9 000	12 000	
12	管理成本	20 000	20 000	20 000	20 000	

	A	B	C	D	E	F
13	短缺成本	12 000	6 750	2 500	0	
14	总成本	35 000	32 750	31 500	32 000	

（2）在表1-20的B3：E6，表1-21的B11：E13单元格区域内输入原始数据。

（3）参考表1-22，利用相应的函数在表1-21中计算。

表1-22

单元格	函数
B14	= SUM（B11：B13）
C14	= SUM（C11：C13）
D14	= SUM（D1：D13）
E14	= SUM（E11：E13）

（4）计算结果如表1-23所示。

表1-23

单位：万元

	A	B	C	D	E
9		现金持有总成本计算结果			
10	项目	甲方案	乙方案	丙方案	丁方案
11	机会成本	3 000	6 000	9 000	12 000
12	管理成本	20 000	20 000	20 000	20 000
13	短缺成本	12 000	6 750	2 500	0
14	总成本	35 000	32 750	31 500	32 000

（5）通过表1-13的资料，利用EXCEL图表向导工具，绘制图1-1。

从表1-23和图1-1中可以分析出丙方案的总成本最低，为31 500万元，则对应的现金持有量75 000万元为最佳现金持有量。由于最佳现金持有量分析表模型中各单元格之间建立了有效的链接，并且分析表与数据之间也建立了动态链接，对于不同的方案，只要改变其基本数据，就可以立即自动得到分析表和相应的分析表，由此得到最佳现金持有量。

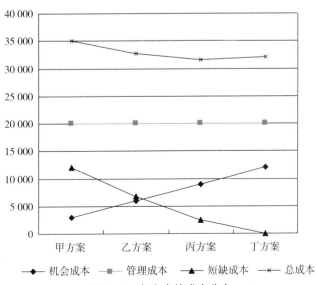

图1-1　各方案的成本分布

2. 鲍莫模型

（1）创建工作表格，如表1-24所示。

表 1 - 24

	A	B
1	最佳现金持有量计算表	
2	项目	
3	支付现金（T）（万元）	80 000
4	平均年利润率（R）（%）	10%
5	每笔交易费用（F）（万元）	80
6	最佳现金持有量（C^*）	
7	转换和持有的总成本（TC）	
8	现金转换次数（T/C^*）	
9	现金平均持有量（$C^*/2$）	

（2）在表1-24的B3：B5单元格区域内输入原始数据。

（3）参考表1-25所示，利用相应公式或函数在表1-24中进行计算。

表 1 - 25

单元格	公式
B6	= SQRT（2 * B3 * B5/B4）
B7	= SQRT（2 * B3 * B5 * B4）
B8	= B3/B6
B9	= B6/2

（4）计算结果。

3. 米勒·奥尔模式

（1）创建工作表格，如表1-26所示。

表 1 - 26

	A	B
1	最佳现金持有量计算表	
2	最低存款（万元）	1 000
3	每日现金均方差（万元）	800
4	每次固定转换成本（万元）	50
5	有价证券的日利率（%）	
6	现金返回点（R）	
7	现金返回点上限（H）	

（2）在表1-26的B2：B4单元格区域内输入原始数据。

（3）参考表1-27，利用相应公式在表1-26中进行计算。

表 1 - 27

单元格	公式
B5	= 9% / 360
B6	= POWER（3 * B3 * B3 * B4/（4 * B5），1/3）+ B2
B7	= 3 * B6 - 2 * B2

（4）计算结果。

（二）应收账款管理

（1）创建工作表格，如表 1 - 28 所示。

表 1 - 28

	A	B	C	D	E
1	应收账款信用政策的综合决策分析				
2			目前信用政策	新信用政策	
3	项目		—	方案 A	方案 B
4	销售额（万元）		100 000	110 000	120 000
5	销售利率（%）		20	20	20
6	收账成本率（%）		0.4	0.5	0.6
7	坏账损失率（%）		2	3	4
8	享受现金折扣的顾客比例（%）		0	0	50
9	平均收账期（天）		45	60	30
10	现金折扣率（%）		0	0	2
11	应收账款的机会成本率（%）		15	15	15
12	变动成本率（%）		60	60	60
13	计算与分析				
14	信用政策变动对利润的影响				
15	信用政策变化对应收账机会成本的影响				
16	信用政策变动对坏账损失的影响				
17	信用政策变动对现金折扣成本的影响				
18	信用政策变动对收账成本的影响				
19	信用政策变动带来的净收益				
20	结论				

（2）在表 1 - 28 的 C4：E12 单元格区域内输入原始数据。

（3）参考表 1 - 29 所示，利用相应公式或函数在表 1 - 28 中进行计算。

表 1 - 29

单元格	公式
D14	=（D4 - MYMCMYM4）* D5/100
D15	=（（D9 - MYMCMYM9）/360 * MYMCMYM4 + D9/360 *（D4 - MYMCMYM4））* D12/100 * D11/100
D16	= D4 * D7/100 - MYMCMYM4 * MYMCMYM7/100
D17	= D4 * D10/100 * D8/100 - MYMCMYM4 * MYMCMYM10/100 * MYMCMYM8/100
D18	= D4 * D6/100 - MYMCMYM4 * MYMCMYM6/100

续表

单元格	公式
D19	= D14 – D15 – D16 – D17 – D18
E14	= （E4 – MYMCMYM4）＊E5/100
E15	= （（E9 – MYMCMYM9）/360＊MYMCMYM4 + E9/360＊（E4 – MYMCMYM4））＊E12/100＊E11/100
E16	= E4＊E7/100 – MYMCMYM4＊MYMCMYM7/100
E17	= E4＊E10/100＊E8/100 – MYMCMYM4＊MYMCMYM10/100＊MYMCMYM8/100
E18	= E4＊E6/100 – MYMCMYM4＊MYMCMYM6/100
E19	= E14 – E15 – E16 – E17 – E18
B20	= IF（AND（D19 > 0，E19 > 0），IF（D19 > E19，"采用 A 方案"，"采用 B 方案"），IF（D19 > 0，"采用 A 方案"，IF（E19 > 0，"采用 B 方案"，"采用目前的信用政策"））

（4）计算结果。

（三）存货管理

（1）创建工作表格，如表 1 – 30 和表 1 – 31 所示。

表 1 – 30

	A	B	C	D	E	F
1	存货决策（保险储备模型）计算表					
2	原始数据区			计算区		
3	年需求量（万件）		3 600	经济订货量（件）		
4	单位储存变动成本（元）		2	订货次数（次）		
5	单位缺货成本（元）		4	再订货点（件）		
6	单位订货成本（元）		25	最佳订货周期（月）		
7	每日送货量（万件）		30	存货总成本（万元）		
8	交货时间（天）		10	经济订货量占用资金（万元）		
9	每日耗用量（万件）		10	—		
10	单价（元）		10	—		

表 1 – 31

	A	B	C	D	E	F
13	存货决策（保险储备模型）计算表					
14	交货期的存货需求量及概率			不同保险储备下的总成本		
15	需求量		概率（%）	保险储备	中间值	总成本
16	70		1			
17	80		4			
18	90		20			
19	100		50			
20	110		20			
21	120		4			
22	130		1			
23	—			最小成本		
24	—			再订货点		

（2）在表1－30中的C3：C10，表1－31中的A16：C22单元格区域内输入原始数据。

（3）参考表1－32，利用相应公式或函数在表1－30和表1－31中进行计算。

表1－32

单元格	公式或函数
F3	= SQRT（2 * C3 * C6/C4）
F4	= C3/F3
F5	= C8 * C9
F6	= 12/F4
F7	= SQRT（2 * C3 * C6 * C4）
F8	= F3/2 * C10
D16	= IF（A16 < F5，"无效"，A16 - F5）
D17	= IF（A17 < F5，"无效"，A17 - F5）
D18	= IF（A18 < F5，"无效"，A18 - F5）
D19	= IF（A19 < F5，"无效"，A19 - F5）
D20	= IF（A20 < F5，"无效"，A20 - F5）
D21	= IF（A21 < F5，"无效"，A21 - F5）
D22	= IF（A22 < F5，"无效"，A22 - F5）
E16	= IF（D16 = "无效"，"无效"）
E17	= IF（D17 = "无效"，"无效"）
E18	= IF（D18 = "无效"，"无效"）
E19	= IF（D19 = "无效"，"无效"，（A19 - F5 - D19）* C19/100 +（A20 - F5 - D19）* C20/100 +（A21 - F5 - D19）* C21/100 +（A22 - F5 - D19）* C22/100）
E20	= IF（D20 = "无效"，"无效"，（A20 - F5 - D20）* C20/100 +（A21 - F5 - D20）* C21/100 +（A22 - F5 - D20）* C22/100）
E21	= IF（D21 = "无效"，"无效"，（A21 - F5 - D21）* C21/100 +（A22 - F5 - D21）* C22/100）
E22	= IF（D22 = "无效"，"无效"，（A22 - F5 - D22）* C22）
E23	= MIN（F19：F22）
E24	= D21 + F5
F19	= C5 * E19 * F4 + D19 * C4
F20	= C5 * E20 * F4 + D20 * C4
F21	= C5 * E21 * F4 + D21 * C4
F22	= C5 * E22 * F4 + D22 * C4

实验6　收益分配政策选择

股利分配是指公司制企业向股东分派股利，是企业利润分配的一部分。股利分配涉及的方面很多，如股利支付程序中各日期的确定、股利分配政策的确定和内部筹资、股利支付形式的确定、支付现金股利所需资金的筹集方式的确定等。其中最主要的是股利分配政策的确定，特别是确定股利的支付比率，即用多少盈余发放股利，多少盈余为公司所留用（称为内部筹资），因为这可能会对公司价值产生影响。

一、实验目的

通过实验，掌握股利分配中的有关规定、股利理论和股利分配政策等问题。

二、实验原理

股利分配作为财务管理的一部分，对公司价值产生一定影响，在股利分配对公司价值影响这一问题上存在不同的观点。主要有：

（一）股利无关论

认为股利分配对公司的市场价值（或股票价格）不会产生影响。投资者并不关心公司股利的分配，股利的支付比率不影响公司的价值。

（二）股利相关论

认为股利分配对公司的市场价值并非无关而是相关的。

（三）股利分配政策的影响因素

公司的股利分配是在种种制约因素下进行的，这些影响因素主要有：

1. 法律因素

（1）资本保全。规定公司不能用资本（包括股本和资本公积）发放股利。

（2）企业积累。规定公司必须按净利润的一定比例提取法定盈余公积金。

（3）净利润。规定公司年度累计净利润必须为正数时才可发放股利，以前年度亏损必须足额弥补。

（4）超额累计利润。由于股东接受股利交纳的所得税高于其进行股票交易的资本利得税，于是许多国家规定公司不得超额累计利润，一旦公司的保留盈余超过法律认可的水平，将被加征额外税额。我国法律对公司累计利润尚未做出限制性规定。

2. 股东因素

（1）稳定的收入和避税。

（2）控制权的稀释。公司支付较高的股利，就会导致留存收益减少，意味着将来发行新股的可能性加大，而发行新股必然会稀释公司的控制权。因此，若他们拿不出更多的资金购买新股以满足公司的需要，宁肯不分配股利而反对募集新股。

3. 公司的因素

（1）盈余的稳定性。公司是否能获得长期稳定的盈余，是其股利决策的重要基础。盈余相对稳定的公司能够更好地把握自己，有可能支付比盈余不稳定的公司较高的股利；而盈余不相对稳定的公司一般采取低股利政策。低股利政策可以减少因盈余下降而造成的股利无法支付、股价急剧下降的风险，还可将更多的盈余再投资，以提高公司权益资本比重，减少财务风险。

（2）资产的流动性。较多地支付现金股利，会减少公司的现金持有量，使资产的流动性降低；而保持一定的资产流动性，是公司经营所必需的。

（3）举债能力。具有较强举债能力的公司因为能够及时地筹措到所需的资金，有可能采取较宽松的股利政策；而举债能力弱的公司则不得不多滞留盈余，因而往往采取较紧的股利政策。

（4）投资机会。有良好投资机会的公司，需要有强大的资金支持，因而往往少发放股利，将大部分盈余用于投资；缺乏良好投资机会的公司，保留大量现金会造成资金的闲置，于是倾向于支付较高的股利。因此，处于成长中的公司，多采取低股利政策；限于净应收缩的公司多采用高股利政策。

（5）资本成本。与发行新股相比，保留盈余不需花费筹资费用，是一种比较经济的筹资渠道。所以，从资本成本考虑，如果公司有扩大资金的需要，也应采取低股利政策。

（6）债务需要。具有较高债务偿还需要的公司，可以通过举借新债、发行新股筹集资金偿还债务，也可直接用经营积累偿还债务。如果公司认为后者适当的话（比如，前者资本成本高或受其他限制难以进入资本市场），将会减少股利的支付。

4. 其他因素

支付给股东的盈余与留在企业的盈余存在此消彼长的关系。所以股利分配既决定给股东分配多少红利，也决定有多少净利润留在企业。减少股利分配，会增加保留盈余，因而减少外部融资需求。

（四）股利分配政策

作为资本收益分配和新的股利分配政策主要有：

（1）剩余股利政策。主张企业的盈余首先用于可接受投资项目的资金需求。在满足了可接受投资项目的资金需要之后，若还有剩余，则企业才能将剩余部分作为股利发放给股东。

采用剩余股利政策意味着企业只有将投资需要剩余的盈余用于发放现金股利。

这样做的根本理由是保持理想的资本结构，使加权平均资本成本最低。由此可见，剩余股利政策意味着股利政策是无关的，它是可接受投资项目多寡的被动处理。

（2）固定股利支付率政策。是公司确定一个股利占盈余的比率，长期按此比率支付股利的政策。在该股利政策下，各年股利额随公司经营的好坏而上下波动，获得较多盈余的年份股利额高；反之，获得盈余少的年份股利额低。

主张实行固定股利支付率政策认为，这样做能够使股利与企业盈余紧密结合，以体现多盈多分、少盈少分、不盈不分的原则；只有维持固定的股利支付率，企业才算公平地对待了每一位股东。但股利通常被认为是企业未来前途的信息来源，这样做将对企业的股票价格产生不利影响。

（3）固定或持续增长的股利政策。是将每年发放的股利固定在某已固定的水平上并在较长的时期内不变，只有当公司认为未来盈余会显著地、不可逆转地增长时，才提高年度股利发放额。不过，在通货膨胀的情况下，大多数公司的盈余会随之提高，且大多数投资者也希望公司能提供足以抵消通货膨胀不利影响的股利。因此，在长期通货膨胀的年代里，也应提高股利发放额。

主张固定或持续增长的股利政策认为稳定的股利向市场传递着公司正常发展的信息，有利于树立公司良好形象，增强投资者对公司的信心，稳定股票的价格；稳定的股利额有利于投资者安排股利收入和支出，特别是对那些对股利有着很高依赖性的股东更是如此。而股利忽高忽低的股票，则不会受这些股东的欢迎，股票价格会因此而下降；稳定的股利政策可能会不符合剩余股利理论，但考虑到股票市场会受到多种因素的影响，其中包括股东的心理状态和其他要求。因此，为了使股利维持在稳定的水平上，即使推迟某些投资方案或者暂时偏离目标资本结构，也可能要比降低股利或降低股利增长率更为有利。其缺点在于股利的支付与盈余脱节，导致资金短缺，财务状况恶化。同时不能像剩余股利政策那样保持较低的资本成本。

（4）低正常股利加额外股利政策。这是公司一般情况下每年只支付固定的、数额较低的股利；在盈余多的年份，再根据实际情况向股东发放额外股利。但额外股利并不固定化，不意味着公司永久地提高了规定的股利率。

主张低正常股利加额外股利政策者认为，这种股利政策使公司具有较大的灵活性；可使那些依靠股利度日的股东每年至少得到虽然较低，但比较稳定的股利收入，从而吸引住这部分股东。

三、实验资料

融资需求分析

锦城股份有限公司正在研究其股利分配政策。目前该公司发行在外的普通股共 300 000 万股，净资产 900 000 万元，今年每股支付 0.50 元股利。预计未来 3 年的税后利润和需要追加的资本性支出，如表 1-33所示。

表 1-33

年份	第 1 年	第 2 年	第 3 年
税后利润（万元）	200 000	250 000	300 000
资本支出（万元）	100 000	500 000	200 000

公司目前没有借款并希望逐步增加负债的比重，但是资产负债率不能超过 30%。筹资时优先使用留存收益，其次是长期借款，必要时增发普通股。假设上表给出的"税后利润"可以涵盖增加借款的利息，并且不考虑所得税的影响。增发股份时，每股面值 1 元，预计发行价格每股 5 元，假设增发的股份当年不需要支付股利，下一年开始发放股利。

要求：

（1）假设维持目前的每股股利，计算各年需要增加的借款和股权资金。

（2）假设采用剩余股利政策，计算各年需要增加的借款和股权资金。

四、实验步骤

根据实验资料的要求做如下操作。

1. 输入值

如表 1-34 所示在区域 A4：D15 输入计算所需原始数据。

表 1-34

	A	B	C	D
2	一、输入区			
3	1. 预计未来 3 年的税后利润和需要追加的资本性支出			
4	年份	1	2	3
5	税后利润（万元）	200 000	250 000	300 000
6	资本支出（万元）	100 000	500 000	200 000
7	2. 增发股份信息			
8	每股面值（元）	1		
9	预计发行价格（元）	5		
10	3. 其他已知资料			
11	项目	数量		
12	目前流通股股数（万股）	300 000		
13	目前净资产（万元）	900 000		
14	目前每股股利（元）	0.50		
15	资产负债率限定值（%）	30		

2. 输出值

如表 1-35 所示在区域 B19：D29 和 B32：D43 输入计算所需算式。

表 1-35

	A	B	C	D
16	二、输出区			
17	（1）假设维持目前的每股股利，计算各年需要增加的借款和股权资金			

续表

	A	B	C	D
18	年份	1	2	3
19	1. 需要资本支出（万元）	= B6	= C6	= D6
20	税后利润（万元）	= B5	= C5	= D5
21	股利（万元）	= B14 * B12	= B29 * B14	= C29 * B14
22	2. 留存收益补充资金（万元）	= B20 − B21	= C20 − C21	= D20 − D21
23	需要外部筹资（万元）	= B19 − B22	= C19 − C22	= D19 − D22
24	长期资本总额（万元）	= B13 + B19	= B24 + C19	= C24 + D19
25	累计借款上限（万元）	= B23	= C24 * $ B15/100	= D24 * $ B15/100
26	3. 增加长期借款（万元）	= B25	= C25 − B26	= D25 − C26
27	4. 需要增发股权资金（万元）	= B23 − B26	= C23 − C26	= D23 − D26
28	需要增发股数（万股）	= B27	= C27/MYMB9	= D27/MYMB9
29	增发后股份总数（万股）	= B12 + B28	= B29 + C28	= C29 + D28
30	（2）假设采用剩余股利政策，计算各年需要增加的借款和股权资金			
31	年份	1	2	3
32	1. 需要资本支出（万元）	= B6	= C6	= D6
33	税后利润（万元）	= B5	= C5	= D5
34	可分配利润（或资金不足）（万元）	= B33 − B32	= C33 − C32	= D33 − D32
35	股利（万元）	= B12 * B14	0	0
36	2. 留存收益补充资金（万元）	= B33 − B34	= C33	= D33
37	需要外部筹资（万元）	= B32 − B36	= C32 − C36	= D32 − D36
38	长期资本总额（万元）	= B13 + B6	= B38 + C32	= C38 + D32
39	累计借款上限（万元）	= B37	= C38 * MYMB15/100	= D38 * MYMB15/100
40	3. 增加长期借款（万元）	= B39	= C39 − B40	= D37
41	4. 需要增发股权资金（万元）	= B37	= C37 − C40	= D37 − D40
42	需要增发股数（万股）	= B41	= C41/B9	0
43	增发后股份总数（万股）	= B12 + B42	= B43 + C42	0

第二部分　财务管理综合实验

一、模拟公司基础资料

（一）公司概况

企业名称：锦城股份有限公司；1999 年注册成立，注册地：成都市高新技术开发区。公司最初的主要业务是加工销售 XD 型系列电话机及其相关配件。

2018 年以来，为适应市场需求，公司进行产品转型，XD 型电话机系列产品目前只保留 XD−05 型电话机。2020 年公司拟引入加工新型的 PD−I 型电话机，公司注册资本 1 275.2 万元。截至 2019 年 12 月 31 日，公司登记在册的可流通普通股 300 万股。

公司设有以下职能处室及单位。

1）财务部。主要职责如下。①负责公司日常财务核算，参与公司的经营管理。②根据公司资金运作情况，合理调配资金，确保公司资金正常运转。③搜集公司经营活动情况、资金动态、营业收入和费用开支的资料，并进行分析，提出建议。④严格财务管理，加强财务监督，督促财务人员严格遵守各项财务制度和财经纪律。⑤做好原物料进出之账务及成本处理；外协加工原料之账务处理及成本计算；各产品进出之账务成本计算及损益决算；协助成本预估作业及差异分析。⑥做好有关的收入单据之审核及账务处理；各项费用支付审核及账务处理；应收账款、应付账款账务处理；总分类账、日记账等账簿处理；财务报表的编制。⑦加强企业所有税金的核算及申报、税务事务的处理、资金预算、财务盘点。⑧完成公司主管交办的其他工作。

2）管理部门（包括总经理办公室、行政办公室、人事处、工会等）。主要负责整个公司的行政管理及全面组织、管理公司的全部业务。

3）销售部门。负责产品销售业务。

4）仓管部门。设有原材料、半成品、产成品和低值易耗品4个仓库。负责存货实物的收、发、保管工作。其中仓库主管一人，记账员一人，材料、成品入库验收员一人。

5）研发部门。负责电话机软件的开发。

6）基本生产车间。本企业设置两个基本生产车间。其中，半成品加工车间生产电话机的半成品话机塑料外壳——HXD-0506（不外售），加工完毕后将半成品提供给产成品装配车间。加工车间原材料为开工时一次性投入。由于半成品数量较大，管理上要求设半成品库，半成品经仓库收发。产成品装配车间领用半成品，并将其深加工为产成品XD-05电话机，产成品对外销售（产成品车间所需材料也是开工时一次性投入）。

（二）财务管理制度与方法

1）公司采用借贷记账法，依据《企业会计准则》使用规范的会计科目名称和编号，设置总分类账、现金日记账、银行存款日记账，以及各种成本费用账、物资管理明细账和相应的数量卡片保管账、备查簿等记录归纳公司的会计信息。

2）公司依据零基预算方法编制年度预算。

3）公司销售现金回款方式为：70%在销售当季，30%在下季。

4）公司预计期末存货是下季度销量的20%，期初存货是上季度的期末存货。第4季度存货即全年预计期末存货，用于编制全年的预计资产负债表。

5）公司每季的预期期末材料存货等于下季生产消耗量的10%。

6）公司现金支出预计：采购当季为50%，下季为50%。

7）公司单位产品直接工时及每小时直接人工成本固定不变。

8）公司所有费用都在费用发生当期支付。

9）公司固定的广告、保险、管理人员薪金等都在发生当季支出。每季度有变动销售和管理费用的非现金支出。按10%提取任意盈余公积金。

10）公司利息在偿还本金时支付，公司加权平均资金成本为10%。借款时均为季初，还款时均为季末，还款采用先进先出。

11）公司法定公积金按10%提取，当法定公积金累计额达到注册资本的50%以后，不再提取。

12）公司采用计时工资制度。

13）公司采用直线法计提折旧。

14）公司单位产品制造费用和单位销售与管理费用保持不变，商品售价保持不变，期初、期末单位产品原材料消耗量、生产工时消耗量保持不变。

15）年末分析年度财务状况与经营成果，为下年度财务预算、筹资、投资和财务成果分配提供依据。

16）公司当年股利在下年度分季度等额支付。

17）每月月末组织财产清查盘点工作。

18）公司缴纳各种税款：增值税（16%）、所得税（25%），其他略。

二、模拟公司财务数据

（一）锦城股份有限公司期初财务报告数据

锦城股份有限公司 2019 年财务报告数据如表 2-1～表 2-3 所示。

表 2-1　资产负债表

会企 01 表

编制单位：锦城股份有限公司　　　　　2019 年 12 月 31 日　　　　　单位：元

资产	期末余额	年初余额	负债及所有者权益（或股东权益）	期末余额	年初余额
流动资产：			流动负债：		
货币资金	4 046 508.66	6 369 928	短期借款		500 000
交易性金融资产		60 000	交易性金融负债		
应收票据	2 963 300	46 800	应付票据	23 985	120 510
应收账款	4 815 060	687 960	应付账款	206 388	357 600
预付款项	5 000	46 000	预收款项	110 000	120 000
应收利息			应付职工薪酬	717 739	620 486.36
应收股利			应交税费	1 033 560.63	42 000
其他应收款	20 340	5 000	应付利息	9 833.77	540 000
存货	18 420	442 568	应付股利	540 000	77 536.84
一年内到期的非流动资产			其他应付款	279 435.36	1 001 000
其他流动资产			一年内到期的非流动负债		
流动资产合计	11 868 628.66	7 658 256	其他流动负债		
非流动资产：			流动负债合计	2 920 941.76	3 379 133.20
可供出售金融资产			非流动负债：		
持有至到期投资		118 000	长期借款	1 067 900	67 900
长期应收款			应付债券	1 022 450	
长期股权投资	359 000	300 000	长期应付款		
投资性房地产			专项应付款		
固定资产	9 316 940.19	9 257 709.46	预计负债		
在建工程	2 290 768.33	2 300 000	递延所得税负债		
工程物资	24 000	24 000	其他非流动负债		
固定资产清理			非流动负债合计	2 090 350	67 900
生产性生物资产			负债合计	5 011 291.76	3 447 033.20
油气资产			所有者权益（或股东权益）：		
无形资产	158 000	168 000	实收资本（或股本）	12 752 000	12 752 000
开发支出			资本公积	671 012.26	671 012.26
商誉			减：库存股		
长期待摊费用			盈余公积	1 505 920	1 505 920
递延所得税资产			未分配利润	4 077 113.16	1 450 000
其他非流动资产			所有者权益（或股东权益）合计	19 006 045.42	16 378 932.26
非流动资产合计	12 148 708.52	12 167 709.46			
资产合计	24 017 337.18	19 825 965.46	负债及所有者权益合计	24 017 337.18	19 825 965.46

表 2 - 2 利润表

会企 02 表

编制单位：锦城股份有限公司　　　　　　　　2019 年　　　　　　　　单位：元

项目	本期金额	上期金额
一、营业收入	6 800 000	18 617 040
减：营业成本	2 691 070	11 215 868
营业税金及附加	79 671.85	1 301 300
销售费用	60 905.60	1 351 350
管理费用	311 041.31	786 500
财务费用	114 329.44	11 300
加：公允价值变动收益（损失以"－"填列）		
投资收益（损失以"－"填列）	71 400	160 000
其中：对联营企业和合营企业的投资收益		100 000
二、营业利润（亏损以"－"填列）	3 614 381.80	4 110 722
加：营业外收入		
减：营业外支出	69 680	2 000
其中：非流动资产处置损失		2 000
三、利润总额（亏损总额以"－"填列）	3 544 701.80	4 108 722
减：所得税费用	917 588.64	1 303 078.26
四、净利润（净亏损以"－"填列）	2 627 113.16	2 805 643.74
五、每股收益：		
（一）基本每股收益		
（二）稀释每股收益		

表 2 - 3 现金流量表

会企 03 表

编制单位：锦城股份有限公司　　　　　　　　2019 年　　　　　　　　单位：元

项目	本期金额	上期金额
一、经营活动产生的现金流量		
销售商品、提供劳务收到的现金	3 598 101	
收到的税费返还		
收到其他与经营活动有关的现金	120 000	
经营活动现金流入小计	3 718 101	
购买商品、接受劳务支付的现金	3 037 857.50	
支付给职工以及为职工支付的现金	342 051	
支付的各项税费	77 536.84	
支付其他与经营活动有关的现金	114 975	
经营活动现金流出小计	3 572 420.34	
经营活动产生的现金流量净额	145 680.66	

项目	本期金额	上期金额
二、投资活动产生的现金流量		
收回投资收到的现金	160 000	
取得投资收益收到的现金	30 400	
处置固定资产、无形资产和其他长期资产收回的现金净额	15 500	
处置子公司及其他营业单位收到的现金净额		
收到其他与投资活动有关的现金		
投资活动现金流入小计	205 900	
购建固定资产、无形资产和其他长期资产支付的现金	536 000	
投资支付的现金		
取得子公司及其他营业单位支付的现金净额		
支付其他与投资活动有关的现金		
投资活动现金流出小计	536 000	
投资活动产生的现金流量净额	− 330 100	
三、筹资活动产生的现金流量		
吸收投资收到的现金	1 012 000	
取得借款收到的现金	912 000	
收到其他与筹资活动有关的现金		
筹资活动现金流入小计	1 924 000	
偿还债务支付的现金	4 000 000	
分配股利、利润或偿付利息支付的现金	63 000	
支付其他与筹资活动有关的现金		
筹资活动现金流出小计	4 063 000	
筹资活动产生的现金流量净额	− 2 139 000	
四、汇率变动对现金及现金等价物的影响		
五、现金及现金等价物净增加额	− 2 323 419. 34	
加：期初现金及现金等价物余额	6 369 928	
六、期末现金及现金等价物余额	4 046 508. 66	

（二）锦城股份有限公司产量等相关数据

锦城股份有限公司产量等相关数据如表 2 - 4 ~ 表 2 - 8 所示。

表 2 - 4　2020 年预计年初、年末存货数量

项目		年初	年末
原材料/kg	XD - 05	60	110
	PD - I		2 000
库存商品/件	XD - 05	1 000	50
	PD - I		2 100

表 2 - 5　2020 年预计销量及售价

项目		季度				全年
		1	2	3	4	
预计销售量/件	XD - 05	5 000	3 000	2 000	1 000	11 000
	PD - I	1 000	3 000	5 000	9 000	18 000
预计售价/元	XD - 05	30	30	30	30	30
	PD - I	418	418	418	418	418

表 2 - 6　2020 年单位产品资料及预计固定性开支

项目	XD - 05	PD - I
材料采购成本（元/kg）	2	30
单位产品材料消耗量（kg）	2	2
单位产品生产工时（小时）	1.0	1.5
单位小时人工费用（元/小时）	7.5	10
单位小时变动制造费用（元/小时）	3	42
单位变动销售及管理费用（元/件）	2.8	39
固定制造费用（元）	30 750	2 412 000
固定销售及管理费用（元）	24 000.00	900 000

＊固定费用编制预算时按季度平均计算

表 2 - 7　2020 年预计年度折旧额、预计年度税费

项目		XD - 05	PD - I	合计
预计折旧额	制造费用的非现金支出	35 200	1 520 000	1 555 200
	期间费用的非现金支出	3 200	40 000	43 200
预计所得税付现		—	—	320 000
预计其他应交税费		—	—	98 600

＊预计费用编制预算时按季度平均计算

表 2 - 8　2020 年预计投资额及预计筹资、还款额

项目	一季度	二季度	三季度	四季度	合计
预计筹资额	450 000	100 000	—	—	550 000
预计还款额	—	—	200 000	350 000	550 000
预计年度投资付现（机器设备采购）	8 500 000	—	—	—	8 500 000
政府科技投入	70 000	30 000	—	—	100 000

三、预算编制模拟实验

（一）实验目的

通过实验，学生能够从总体上掌握一般企业预算编制的程序和原理，掌握企业常用的预算编制方法，能够熟练地编制全面预算，进行预算分析，提高理财效率。

（二）实验原理

全面预算中起点是销售预算，其他预算都是以销售预算为基础编制的。只有合理预计了销售量，才能合理预计销售额，而这是以销定产的前提。其计算式为：

销售总额 = 预计销售量 × 预计单价

生产预算是依据销售预算和预计存货进行计算的一种生产量预算，这是一种不含价值量指标的预算。其计算式为：

预计生产量 = 预计销售量 + 预计期末存货 − 预计期初存货

直接材料预算是以生产预算为基础编制，在编制时要合理预计期初期末材料的存量，作为成本费用预算的一部分，直接材料预算主要是采购量的合理预计。其计算式为：

预计采购量 = 预计当期生产需要量 + 期末存量 − 期初存量

直接人工预算既是成本费用预算的组成部分，也是现金预算的组成部分，直接人工预算主要依据生产预算进行编制，在编制时要合理预计单位产品的加工时间、单位加工时间的费用等。其计算式为：

直接人工预算 = 预计生产量 × 预计单位产品生产时间 × 工资率

制造费用预算按成本习性分为固定制造费用预算和变动制造费用预算，其中固定制造费用预算要依据其涵盖的内容预计进行汇总。而变动制造费用预算则要依据生产量的合理预计进行编制，在编制时要合理预计单位产品的加工时间、单位加工时间的费用等，尤其要依据上级部门下达的成本降低目标和费用控制目标进行编制。其计算式为：

制造费用预算 = 固定制造费用预算 + 变动制造费用预算

某一季度变动制造费用预算 = 预计直接人工工时 × 变动制造费用分配率

产品生产成本预算是依据直接材料预算、直接人工预算、制造费用预算的单位预算数据汇总编制。其计算式为：

产品成本预算 = 单位直接材料预算 + 单位直接人工预算 + 单位制造费用预算

期间费用预算中的销售及管理费用预算主要依据计划期的预计业务量、管理部门的费用控制目标及前期的实际开支来调整编制。通常采用的是固定预算。

现金预算主要描述预算期的现金需求量，包括现金支出、现金收入、现金多余或短缺及融资需求量。其中，现金收入预算就是期初现金余额加当期预计现金收入。现金收入的主要来源应该是应收账款和现销的回款。现金支出包括预算期的所有现金开支，如原材料、人工、制造费用、期间费用支出，以及所得税、资产采购和股利支付等。现金多余或短缺部分是现金支出预算和现金收入预算的差额，这一部分的重要性在于它揭示了现金短缺时企业需要借入的款项。当现金多余时，企业应该将多余的现金投放出去。

预计资产负债表和预计收益表要依据以上所有预算报表编制，同时要结合预计资产负债表和预计收益表的期初数据，这类报表通常是比较报表。

（三）实验资料

本实验依据以下资料进行操作：

1）锦城股份有限公司 2019 年 12 月 31 日资产负债表，2019 年度利润表，2019 年度现金流量表。

2）锦城股份有限公司 2020 年年初、年末存货数量，2020 年预计销量及售价，2020 年单位产品费用及预计固定性开支，2020 年预计年度折旧额及预计年度税费，2020 年预计投资额及预计筹资、还款额。

（四）实验内容、步骤及要求

1. 实验内容及步骤

编制销售预算时，首先查阅企业的销售计划，找到预算年度内分季度的预计销售量和预计单价，然后依据"销售总额 = 预计销售量 × 预计单价"计算各季度预计销售额，最后汇总各季度销售预算求出全年的销售预算额。

编制预计收现计划表时，根据公司收现政策，先计算每季度销售收入的 70%，再计算上季度销售收入的 30%，然后将每季度销售收入的 70% 与上季度销售收入的 30% 相加就可以求出当季收现额。

编制生产预算时，首先要查阅企业的销售计划和 2020 年年初、年末存货数量，找到预算年度内分季度的预计销售量和预计年初、年末存货数量，依据"销量 + 期末存货 = 产量 + 期初存货"，计算预计生产量。

编制直接材料预算时，首先查阅 2020 年单位产品费用资料，取得单位产品原材料消耗量，然后结合预计产量计算生产消耗量，依据"生产消耗量 + 期末存货 = 期初存货 + 预计采购量"，计算采购材料总量，最后结合材料采购单价计算材料采购总成本。

编制现金支出计划表时，首先查阅公司的现金付款制度，计算每季度采购付款额的 50%，再加上上季度采购付款额的 50%，就可以计算出当季付现额。

编制直接人工预算时，首先查阅 2020 年单位产品费用资料，取得单位产品生产工时和单位工时人工费用，然后结合预计产量计算生产消耗总工时，最后结合单位工时人工费用计算直接人工总成本。

编制制造费用预算时，首先查阅 2020 年单位产品费用资料，取得单位小时变动制造费用和固定制造费用总额，然后结合预计产量计算生产消耗总工时和变动制造费用总额，再查阅 2020 年预计年度折旧额资料，即可计算出制造费用现支出。

编制产成品单位成本预算时，首先查阅 2020 年单位产品费用资料，取得单位产品耗时以及耗量和单位变动制造费用资料，然后依据固定制造费用总额和生产消耗总工时计算单位固定制造费用，三费用求和计算产成品单位成本。

编制销售和管理费用预算时，首先查阅 2020 年单位产品费用资料，取得单位变动销售和管理费用及预计固定销售和管理费用，然后结合预计销量计算变动销售和管理费用总额，最后依据折旧资料计算销售和管理费用现金支出合计数。

编制 2020 年度预计利润表时，首先查阅年度预计销量和单价，依据"销售总额 = 预计销售量 × 预计单价"计算各季度预计销售额，汇总各季度销售预算求出全年的销售预算额。然后依据产成品单位成本乘以预计销售量计算销售成本。结合"锦城股份有限公司现金预算表"确定利息费用，查阅 2020 年预计年度税费资料，最后计算年度净利润。

编制 2020 年度现金预算表时，首先查阅公司的现金付款制度，结合 2020 年期初报表资料，确定 2020 年第一季度期初现金余额。然后依据预计收现计划表确定一季度可收回的账款，计算一季度可以使用的现金。查阅直接材料、直接人工、制造费用、销售和管理费用预算，取得相关费用资料，查阅 2020 年预计年度税费资料取得一季度所得税付现资料，查阅期初报表和公司股利支付制度，查阅 2020 年预计投资额及预计筹资、还款额，计算一季度支出现金总额。最后计算出一季度期末现金余额，其余季度同理。

依据以上各表及 2019 年资料，编制"预计资产负债表"。

2. 实验要求

依据锦城股份有限公司 2019 年度财务报表及其他有关资料，编制锦城股份有限公司 2020 年度预算报表（见附录 A）。

四、筹资管理模拟实验

（一）实验目的

通过实验，学生能够熟悉与企业筹资业务相关的基础知识和基本理论，从总体上掌握一般企业筹资的程序和方法，能够熟练地编制借款和还款计划表及年度资金需求和筹资计划。

（二）实验原理

借款和还款计划主要依据企业借款的期初余额、当期增加额（借入）、当期偿还额、期末余额等数据来编制，其相互关系表述为：

$$期初余额 + 当期增加额 - 当期偿还额 = 期末余额$$

在一个年度内，一般分季度或月份进行编制。第一季度（月份）的期末余额就是第二季度（月份）的期初余额，第四季度（或当年 12 月份）的期末余额就是年度余额。

年度资金需求和筹资计划依据固定资产、流动资产、对外投资等的增加，以及偿还长、短期借款的数额确定资金需求总量。资金来源主要考虑商业信用构成的流动负债的增加、留用利润的使用、追加长短期借款等。其相互关系表述为：

固定资产增加 + 流动资产增加 + 对外投资 + 偿还短期借款的数额 + 偿还长期借款的数额 – 商业信用构成的流动负债的增加 – 留用利润的使用 = 需要追加的长短期借款

（三）实验资料

基础数据资料：

1）2019 年资产负债表。

2）2019 年企业利润表。

3）2020 年销售预算表。

4）2020 年销售和管理费用预算表。

5）2020 年预计资产负债表。

6）2020 年预计利润表。

7）2020 年现金预算表。

（四）实验内容、步骤及要求

1. 实验 1 编制短期借款还款计划表

（1）实验步骤。

1）通过 2020 年预算资料和期初资料确定 2020 年各季度短期借款期初（季初）余额。

2）确定当期短期借款的增加额。

3）确定各季度短期借款的偿还数。

4）计算出当期期末余额，据此计算各季度还款计划数。

（2）实验要求。

完成锦城股份有限公司 2020 年短期借款还款计划表文本一份（式样见附录 B）。

2. 实验 2 编制资金需求量和筹资计划表

（1）实验步骤。

1）确定 2020 年各季度流动资产的增加额。

2）确定 2020 年固定资产的投资及对外投资额。

3）确定 2020 年各季度短期借款和长期借款的偿还数。

4）计算 2020 年各季度资金需求总量。

5）确定 2020 年各季度流动负债的增加额。

6）计算 2020 年利润留用及各季度折旧费的金额。

7）计算公司需要的外部筹资金额。

8）编制公司 2020 年资金需求量和筹资计划表。

（2）实验要求。

完成锦城股份有限公司 2020 年资金需求量和筹资计划表文本一份（式样见附录 B）。

五、项目投资模拟实验

（一）实验目的

通过本实验，学生能够从总体上把握一般企业项目投资管理的程序，掌握企业常用的项目投资决策方法，能够熟练地运用所学原理，进行投资项目分析与评价，提高理财效率。

（二）实验原理

1. 项目投资评价程序

项目投资评价程序如图 2 – 1 所示。

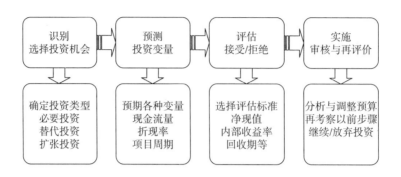

图 2 – 1　项目投资评价程序

2. 项目现金流量预测方法

（1）初始现金流量（CF_0）。

包括固定资产投资支出、垫支的营运资本、其他费用、原有固定资产的变价收入、所得税效应。其中，垫支的营运资本是指项目投产前后分次或一次投放于流动资产上的资本增加额，即：

$$年营运资本增加额 = 本年流动资本需用额 - 上年流动资本$$

$$本年流动资本需用额 = 该年流动资产需用额 - 该年流动负债需用额$$

（2）经营现金流量（$CF_1 \sim CF_{n-1}$）。

1）根据现金流量的定义计算：

$$经营现金流量 = 经营收入 - 付现成本 - 所得税$$

2）根据期末经营结果来计算：

$$经营现金流量 = 税后利润 + 折旧$$

3）根据所得税对收入和折旧的影响计算：

$$经营现金流量 = 收入 \times （1 - 税率） - 付现成本 \times （1 - 税率） + 折旧 \times 取得税率$$

式中，"付现成本"一般是指总成本减去固定资产折旧费、无形资产摊销费等不支付现金的费用后的余额；"折旧 × 所得税率"称作税负节余。

如果项目在经营期内追加流动资产和固定资产投资，其增量投资额应从当年现金流量中扣除。

（3）终结现金流量（CF_n）

包括垫支营运资本的收回、固定资产残值变价收入及出售时的税负损益。

3. 项目投资评价的基本原理

项目投资评价的基本原理是：投资项目的收益率超过资本成本时，企业的价值将增加；投资项目的收益率少于资本成本时，企业的价值将减少。这一原理涉及资本成本、项目收益与股价（股东财富）的关系。投资者要求的收益率即资本成本，是评价项目能否为股东创造价值的标准。具体项目评价标准有净现值（NPV）、内部收益率（IRR）、投资回收期（PP）、会计收益率（ARR）等。

净现值是通过计算投资项目计算期内现金流入量现值与现金流出量现值的差额，反映投资项目在其整个经济年限内的总经济效益。当 $NPV \geq 0$ 时，项目可行。

内部收益率是通过计算现金流入量现值与现金流出量现值相等（净现值为零）时的折现率，反映投资项目真实投资报酬率。内部收益率采用财务计算器或 Excel 软件或试错法求出。应用试错法时，具体采用逐步测试法。当 $IRR \geq$ 项目资本成本或投资最低收益率时，投资项目可行。

投资回收期是通过计算投资项目预期现金流量的累加值等于其原始现金流量所需的时期。反映收回原始投资所需要的时间，一般以年为单位。当回收 $PP \leqslant$ 基准回收期 PPB 时，则这个方案具有财务可行性。

会计收益率是通过计算投资项目年平均净收益与该项目平均投资额的比率，反映项目投资报酬率。当会计收益率大于基准会计收益率时，则应接受该项目。

（三）实验资料

1. 基础数据资料

锦城股份有限公司2019年报表分析显示，公司的净利润在下降，主要是产品销售收入大幅下降造成的。为此，公司董事会召集相关人员（财务部理、销售部经理、生产部经理、基建处经理、人力资源部经理等），讨论产品销售收入下降的原因及应对措施。会上大家一致认为，产品的更新换代迫在眉睫，提出具体方案，即原产品（XD-05）继续生产，换代产品（PD-I）采用购置生产线的方式进行生产。

根据市场调研，新产品的生产相关资料数据如下。

1）该生产线当年购置当年达产，一次性投入7 800 000元，生产经营期为5年，采用平均年限法计提折旧，5年后的净残值为200 000元，当年按全年计提折旧。与之配套的销售及管理用固定资产投资额为220 000元，使用期也为5年，采用平均年限法计提折旧，5年后的净残值为20 000元，当年按全年计提折旧。另需垫支营运资金480 000元。

2）产品销量各年依次为18 000部、26 000部、38 000部、28 000部、16 000部，产品销售价格各年均为418元。第一年产销量不平衡，依据预算生产量安排开支。从第二年开始，产品进入稳定生产期，产销量达到平衡，年内各季度可以按相同数量销售，前期余额的影响忽略不计。

3）产品成本资料：单位产品材料消耗量为2kg、材料单价为30元；单位产品人工耗时1.5小时、每小时人工费用为10元；单位产品变动制造费用42元、年固定制造费用2 412 000元。

4）销售及管理费用资料：年变动销售及管理费用702 000元、年非折旧固定销售及管理费用900 000元、年付现销售及管理费用1 562 000元。

（四）实验内容、步骤及要求

1. 实验内容、步骤

1）明确投资项目的类型。

2）确定投资项目的计算期，并填入事先制定好的相应表格中。

3）计算投资项目各期的现金流量。

将已知数据资料（销售量、销售单价）填入事先制定好的"投资项目产品销售现金收入估算表"中，根据公式：销售收入=销售量×销售单价、销售现金收入=销售收入×（3/4+0.7/4），计算并填列投资项目产品销售现金收入估算表。

将已知数据资料（销售量、单位产品材料消耗量、材料采购价格）填入事先制定好的"投资项目产品直接材料费用现金支出估算表"中，根据公式：产品材料消耗量=销售量×单位产品材料消耗量、直接材料费用=产品材料消耗量×材料采购价格、直接材料现金支出=直接材料费用×（3/4+0.5/4），计算并填列投资项目产品直接材料费用现金支出估算表。

将已知数据资料（销售量、单位产品消耗人工、每小时直接人工成本）填入事先制定好的"投资项目产品直接人工费用现金支出估算表"中，根据公式：产品人工消耗量=销售量×单位产品消耗人工、直接人工费用=产品人工消耗量×每小时直接人工成本，计算并填列投资项目产品直接人工费用现金支出估算表。

将已知数据资料（销售量、单位产品消耗工时、变动制造费用分配率、固定制造费用）填入事先制定好的"投资项目产品制造费用现金支出估算表"中，根据公式：产品消耗工时=销售量×单位产品消耗工时、变动制造费用=产品消耗工时×变动制造费用分配率、制造费用=变动制造费用+固定制造费用、折旧＝（原值－净残值）／使用年限、制造费用现金支出＝制造费用－折旧，计算并填列投资项目产品制造费用现金支出估算表。

将已知和已计算的数据资料（销售量、材料费用、付现材料费用、人工费用、制造费用、付现制造费用）填入事先制定好的"投资项目产品成本及付现成本估算表"中，根据公式：付现成本＝付现材料费用＋人工费用＋付现制造费用、产品成本＝材料费用＋人工费用＋制造费用，计算并填列投资项目产品成本及付现成本估算表。

将已知的数据资料（变动销售及管理费用、固定销售及管理费用、折旧固定销售及管理费用）填入事先制定好的"投资项目销售及管理费用估算表"中，根据公式：非折旧固定销售及管理费用＝固定销售及管理费用－折旧固定销售及管理费用、付现销售及管理费用＝变动销售及管理费用＋非折旧固定销售及管理费用、销售及管理费用＝变动销售及管理费用＋固定销售及管理费用，计算并填列投资项目销售及管理费用估算表。

将已计算的数据资料（销售收入、销售现金收入、产品成本、付现成本、销售及管理费用、付现销售及管理费用）填入事先制定好的"投资项目营业现金流量估算表"中，根据公式：税前利润＝销售收入－产品成本－销售及管理费用、所得税＝税前利润×所得税率、税后利润＝税前利润－所得税、营业现金流量＝销售现金收入－付现成本－付现销售及管理费用－所得税，计算并填列投资项目各期的营业现金流量估算表。

将已知及计算的数据资料（初始投资、流动资金垫支、营业现金流量、设备残值、流动资金收回）填入事先制定好的"投资项目现金流量表"中，根据公式：初始现金流量＝初始投资＋流动资金垫支、终结现金流量＝经营现金流量＋设备残值＋流动资金收回，计算并填列投资项目现金流量表。

4）根据公司加权平均资金成本（或机会成本），确定投资项目的折现率。

5）根据投资项目的折现率计算或查找各期的现值系数，汇同各期的现金流量，一并填入事先制定好的"投资项目净现值估算表"中，分别计算投资项目的净现值、内含报酬率、投资回收期。

6）根据净现值法的决策规则（当 $NPV \geq 0$ 时，则项目可以考虑接受），辅之以内含报酬率、投资回收期，分析投资项目的财务可行性。

2. 实验要求

1）提交投资项目可行性分析报告一份（见附录 C）。

2）投资项目可行性分析报告基本内容包括以下几个方面：①该项目投资的必要性；②投资项目基本资料；③投资项目经济效益分析；④投资项目不确定性分析；⑤分析结论。

附录：

A　锦城股份有限公司 2020 年度预算报表

预算报表封面式样如下。

锦城股份有限公司 2020 年度预算报表

企业名称：

企业负责人：

主管财务工作负责人：

财务机构负责人：

编报人：

单位地址：

联系电话：

编制时间：

预算报表式样如附 A1 ~ 附 A12 所示。

附 A1　锦城股份有限公司 2020 年度销售预算

单位：元

项目		季度				全年
		1	2	3	4	
预计销售量	XD－05					
	PD－I					
预计售价	XD－05					
	PD－I					
销售总额	XD－05					
	PD－I					

附 A2　锦城股份有限公司 2020 年度预计收现计划表

单位：元

项目	收现额				合计
	一季度	二季度	三季度	四季度	
应收账款					
政府科技扶持					
一季度销售					
二季度销售					
三季度销售					
四季度销售					
现金收入合计					

附 A3　锦城股份有限公司 2020 年度生产预算

单位：元

项目		季度				合计
		1	2	3	4	
预计销量	XD－05					
	PD－I					
预计期末存货	XD－05					
	PD－I					
总需求量	XD－05					
	PD－I					
产成品期初存货	XD－05					
	PD－I					
预计生产量	XD－05					
	PD－I					

附 A4　锦城股份有限公司 2020 年度直接材料预算

单位：元

项目		季度				全年
		1	2	3	4	
预计生产量（台）	XD－05					
	PD－I					
单位产品原材料消耗量（kg）						
生产消耗量（kg）	XD－05					
	PD－I					
加：预计期末材料存货量（kg）	XD－05					
	PD－I					
总需要量（kg）	XD－05					
	PD－I					
减：期初原材料存货（kg）	XD－05					
	PD－I					
预计采购的原材料（kg）	XD－05					
	PD－I					
材料采购成本	2 元/kg	XD－05					
	30 元/kg	PD－I					
材料采购成本合计						

附 A5　锦城股份有限公司 2020 年度预计现金支出计划表

单位：元

项目	季度				全年
	1	2	3	4	
一季度采购					
二季度采购					
三季度采购					
四季度采购					
现金支出合计					

附 A6　锦城股份有限公司 2020 年度直接人工预算　　　　　　　单位：元

项目		季度				全年
		1	2	3	4	
预计生产量（台）	XD－05					
	PD－I					
单位产品直接工时（小时）	XD－05					
	PD－I					
所需直接工时合计（小时）	XD－05					
	PD－I					
每小时直接人工成本	XD－05					
	PD－I					
直接人工成本	XD－05					
	PD－I					
直接人工成本合计						

附 A7　锦城股份有限公司 2020 年度制造费用预算　　　　　　　单位：元

项目		季度				全年
		1	2	3	4	
预计直接工时（小时）	XD－05					
	PD－I					
变动制造费用分配率	XD－05					
	PD－I					
预计变动制造费用	XD－05					
	PD－I					
预计固定制造费用	XD－05					
	PD－I					
预计制造费用合计						
减：折旧	XD－05					
	PD－I					
制造费用现金支出						

附 A8　锦城股份有限公司 2020 年度产成品单位成本预算　　　　　　　单位：元

项目	耗量（kg/h）		单耗成本		产成品单位成本	
	XD－05	PD－I	XD－05	PD－I	XD－05	PD－I
直接材料直接人工制造费用						
合计						

附 A9　锦城股份有限公司 2020 年度销售和管理费用预算　　　　　　　　　　单位：元

项目		季度				全年
		1	2	3	4	
预计销售量（台）	XD－05					
	PD－I					
单位变动销售和管理费用	XD－05					
	PD－I					
预计变动销售和管理费用	XD－05					
	PD－I					
预计固定销售和管理费用	XD－05					
	PD－I					
预计销售和管理费用合计						
减：折旧	XD－05					
	PD－I					
销售和管理费用现金支出	XD－05					
	PD－I					
销售和管理费用现金支出合计						

附 A10　锦城股份有限公司 2020 年度现金预算　　　　　　　　　　单位：元

项目	季度				全年
	1	2	3	4	
期初现金余额					
加：收回的账款					
可用现金合计					
减：各项支出					
直接材料					
直接人工					
制造费用					
销售和管理费用					
所得税（预计数）					
机器设备采购（预估数）					
股利支付					
支出合计					
现金多余（短缺）					
融资：					
借款					
还款					
利息					
融资合计					
期末现金余额					

附 A11　锦城股份有限公司预计资产负债表

2020 年 12 月 31 日　　　　　　　　　　　　　　　　　单位：元

资产	年初余额	期末余额	负债及所有者（或股东权益）	年初余额	期末余额
流动资产：			流动负债：		
货币资金	4 046 508.66		短期借款		
应收票据	2 963 300		应付票据	23 985	
应收账款	4 815 060		应付账款	206 388	
预付款项	5 000		预收款项	110 000	
应收利息			应付职工薪酬	717 739	
应收股利			应交税费	1 033 560.63	
其他应收款	20 340		应付利息	9 833.77	
存货	18 420		应付股利	540 000	
一年内到期的非流动资产			其他应付款	279 435.36	
其他流动资产			一年内到期的非流动负债		
流动资产合计	11 868 628.66		其他流动负债		
非流动资产：			流动负债合计	2 920 941.76	
可供出售金融资产			非流动负债：		
持有至到期投资			长期借款	1 067 900	
长期应收款			应付债券	1 022 450	
长期股权投资	359 000		长期应付款		
投资性房地产			专项应付款		
固定资产	9 316 940.19		预计负债		
在建工程	2 290 768.33		递延所得税负债		
工程物资	24 000		其他非流动负债		
固定资产清理			非流动负债合计	2 090 350	
生产性生物资产			负债合计	5 011 291.76	
油气资产			所有者权益（或股东权益）：		
无形资产	158 000		实收资本	12 752 000	
开发支出			资本公积	671 012.26	
商誉			减：库存股		
长期待摊费用			盈余公积	1 505 920	
递延所得税资产			未分配利润	4 077 113.16	
其他非流动资产			所有者权益（或股东权益）合计	19 006 045.42	
非流动资产合计	12 148 708.52				
资产合计	24 017 337.18		负债及所有者权益合计	24 017 347.18	

附 A12　锦城股份有限公司 2020 年度预计利润表　　　　　　　　　单位：元

项目	金额
销售总额	
减：销售成本	
毛利	
减：销售和管理费用	
营业利润	
减：利息费用	
所得税前利润	
减：所得税	
净利润	

B　锦城股份有限公司 2020 年度还款及筹资计划表

还款及筹资计划表式样如附 B1、附 B2 所示。

附 B1　锦城股份有限公司 2020 年度还款计划表

2019 年 12 月 31 日　　　　　　　　　单位：元

借款	项目	一季度	二季度	三季度	四季度
短期借款	年初余额				
	本年借入				
	本年偿还				
	期末余额				
长期借款	年初余额				
	本年借入				
	本年偿还				
	期末余额				
合计					

附 **B2**　锦城股份有限公司 **2020** 年度资金需求量和筹资计划表

2019 年 12 月 31 日　　　　　　　　　　　　　　　　　单位：元

项目		2020 年度
资金需求总量		
流动资产增加		
固定资产投资		
对外长期投资		
偿还短期借款		
偿还长期借款		
资金需求量合计		
商业信用	流动负债增加	
内部筹资	利润留用	
	折旧	
需要追加的对外筹资额	长期借款	
	短期借款	
资金来源合计		

C　锦城股份有限公司 2020 年度投资财务可行性分析报告

投资财务可行性分析报告封面式样如下。

锦城股份有限公司 2020 年度投资财务可行性分析报告

企业名称：
企业负责人：
主管财务工作负责人：
财务机构负责人：
编报人：
单位地址：
联系电话：
编制时间：

投资财务可行性分析报告相关报表式样如附 C1 ~ 附 C15 所示。

附 C1 换代产品（PD‑Ⅰ）销售现金收入估算表   单位：元

项目	第1年	第2年	第3年	第4年	第5年
销售量（部）					
销售单价					
销售收入					
其中：现金收入					

附 C2 换代产品（PD‑Ⅰ）直接材料费用现金支出估算表   单位：元

项目	第1年	第2年	第3年	第4年	第5年
销售量（生产量）（部）					
单位产品材料消耗量（kg）					
产品材料消耗量合计（kg）					
材料采购价格（元/kg）					
直接材料费用					
付现材料费用					

附 C3 换代产品（PD‑Ⅰ）直接人工费用现金支出估算表   单位：元

项目	第1年	第2年	第3年	第4年	第5年
销售量（生产量）（部）					
单位产品消耗人工（小时）					
产品消耗人工合计（小时）					
每小时直接人工成本					
直接人工费用					

附 C4 换代产品（PD‑Ⅰ）制造费用现金支出估算表   单位：元

项目	第1年	第2年	第3年	第4年	第5年
销售量（生产量）（部）					
单位产品消耗工时（小时）					
产品消耗工时合计（小时）					
变动制造费用分配率（元/小时）					
变动制造费用合计					
固定制造费用					
制造费用合计					
减：折旧					
制造费用现金支出					

附 C5 换代产品（PD - I）产品成本及付现成本估算表 单位：元

项目	第 1 年	第 2 年	第 3 年	第 4 年	第 5 年
销售量（生产量）（部）					
材料费用					
其中：付现材料费用					
人工费用					
制造费用					
其中：付现制造费用					
付现成本					
产品成本合计					

附 C6 换代产品（PD - I）销售及管理费用估算表 单位：元

项目	第 1 年	第 2 年	第 3 年	第 4 年	第 5 年
变动销售及管理费用					
固定销售及管理费用					
付现销售及管理费用					
折旧固定销售及管理费用					
销售及管理费用合计					

附 C7 换代产品（PD - I）各年营业现金流量估算表 单位：元

项目	第 1 年	第 2 年	第 3 年	第 4 年	第 5 年
销售收入					
其中：现金收入					
产品成本					
其中：付现成本					
销售及管理费用					
其中：付现销售及管理费用					
税前利润					
所得税（25%）					
税后利润					
营业现金流量					

附 C8 换代产品（PD - I）各年现金流量估算表 单位：元

项目	建设期	生产期				
	第 0 年	第 1 年	第 2 年	第 3 年	第 4 年	第 5 年
初始投资						
其中：生产线						
配套设施						

续表

项目	建设期	生产期				
	第0年	第1年	第2年	第3年	第4年	第5年
流动资金垫支						
营业现金流量						
设备残值						
其中：生产线						
配套设施						
流动资金收回						
现金流量合计						

附 C9　换代产品（PD－I）净现值估算表

单位：元

时间	现金流量	10%贴现系数	现值
0			
1			
2			
3			
4			
5			
净现值（NPV）			

附 C10　换代产品（PD－I）获利指数估算表

单位：元

时间	现金流量	10%贴现系数	现值
0			
1			
2			
3			
4			
5			
获利指数（PI）			

附 C11　换代产品（PD－I）内含报酬率测试表

单位：元

测试次数	设定贴现率（%）	净现值
1		
2		
3		
4		
5		
6		

附 C12　换代产品（PD-I）内含报酬率测试表　　　　　单位：元

时间	现金流量	22%贴现系数	现值
0			
1			
2			
3			
4			
5			
净现值（NIPV）			

附 C13　换代产品（PD-I）内含报酬率测试表　　　　　单位：元

时间	现金流量	23%贴现系数	现值
0			
1			
2			
3			
4			
5			
净现值（NPV）			

附 C14　换代产品（PD-I）内含报酬率估算表　　　　　单位：元

项目	贴现率	净现值（元）
贴现率（1）		
贴现率（2）		
内含报酬率（IRR）		

附 C15　换代产品（PD-I）投资回收期估算表　　　　　单位：元

项目	建设期	生产期				
	第0年	第1年	第2年	第3年	第4年	第5年
净现金流量（元）						
累计净现金流量（元）						
投资回收期						

第三部分 财务报表分析实验

实验1 公司简介及行业发展前景分析

【实验要求】上网查阅、收集上市公司财务报表资料，了解该公司所处行业的背景，并对公司概况及行业发展进行分析。

【实验内容】

一、格力电器股份有限公司概况

_____

_____

_____

_____

_____

_____

_____

_____

_____

_____

二、行业发展分析

_____

_____

_____

_____

_____

_____

_____

_____

_____

_____

_____

实验2 主要报表项目结果及趋势分析

【实验要求】根据所收集的上市公司财务报表资料，分析资产负债表、利润表以及现金流量表的项目结构，并进行趋势分析。

【实验内容】

表 3 - 1　格力电器共同比利润表

项目	2013 年度	2014 年度	2015 年度	2016 年度	2017 年度
一、营业收入					
减：营业成本					
营业税金及附加					
销售费用					
管理费用					
财务费用					
资产减值损失					
加：公允价值变动损益					
投资收益					
其中：对联营企业和合营企业的投资收益					
二、营业利润					
加：营业外收入					
减：营业外支出					
其中：非流动资产处置损失					
三、利润总额					
减：所得税费用					
四、净利润					
归属于母公司所有者的净利润					
少数股东损益					
五、每股收益					
（一）基本每股收益					
（二）稀释每股收益					

文字说明：

_____

_____

_____

_____

_____

_____

_____

_____

表 3 – 2　格力电器利润表定比趋势分析表（以 2013 年为基期年度）

项目	2013 年度	2014 年度	2015 年度	2016 年度	2017 年度
一、营业收入					
减：营业成本					
营业税金及附加					
销售费用					
管理费用					
财务费用					
资产减值损失					
加：公允价值变动损益					
投资收益					
其中：对联营企业和合营企业的投资收益					
二、营业利润					
加：营业外收入					
减：营业外支出					
其中：非流动资产处置损失					
三、利润总额					
减：所得税费用					
四、净利润					
归属于母公司所有者的净利润					
少数股东损益					
五、每股收益					
（一）基本每股收益					
（二）稀释每股收益					

文字说明：

_____

_____

_____

_____

_____

_____

_____

_____

_____

表 3 - 3　格力电器利润表环比趋势分析表（以 2013 年为基期年度）

项目	2013 年度	2014 年度	2015 年度	2016 年度	2017 年度
一、营业收入					
减：营业成本					
营业税金及附加					
销售费用					
管理费用					
财务费用					
资产减值损失					
加：公允价值变动损益					
投资收益					
其中：对联营企业和合营企业的投资收益					
二、营业利润					
加：营业外收入					
减：营业外支出					
其中：非流动资产处置损失					
三、利润总额					
减：所得税费用					
四、净利润					
归属于母公司所有者的净利润					
少数股东损益					
五、每股收益					
（一）基本每股收益					
（二）稀释每股收益					

文字说明：

_____

_____

_____

_____

_____

_____

_____

表 3 – 4　格力电器流动资产占资产总额结构百分比分析表

项目	2013.12.31	2014.12.31	2015.12.31	2016.12.31	2017.12.31
流动资产合计					
资产总计					
流动资产占资产总额比重（格力电器）					
流动资产占资产总额比重（海尔电器）					
流动资产占资产总额比重（美的电器）					
流动资产占资产总额比重（行业平均）					

文字说明：

_____

_____

_____

_____

_____

_____

_____

_____

表 3 – 5　格力电器资本结构分析表

项目	2013.12.31	2014.12.31	2015.12.31	2016.12.31	2017.12.31
负债合计					
资产总计					
资产负债率（格力电器）					
资产负债率（海尔电器）					
资产负债率（美的电器）					
资产负债率（行业平均）					

文字说明：

_____

_____

_____

_____

_____

_____

_____

表 3 – 6　格力电器资产负债表结构分析表

项目	2013. 12. 31	2014. 12. 31	2015. 12. 31	2016. 12. 31	2017. 12. 31
货币资金					
交易性金融资产					
应收票据					
应收账款					
预付款项					
其他应收款					
应收利息					
应收股利					
存货					
其中：消耗性生物资产					
一年内到期的非流动资产					
其他流动资产					
流动资产合计					
可供出售金融资产					
持有至到期投资					
长期应收款					
长期股权投资					
投资性房地产					
固定资产					
在建工程					
工程物资					
固定资产清理					
生产性生物资产					
油气资产					
无形资产					
开发支出					
商誉					
长期待摊费用					
递延所得税资产					
其他非流动资产					
非流动资产合计					
资产合计					
短期借款					
交易性金融负债					
应付票据					
应付账款					
预收款项					

续表

项目	2013. 12. 31	2014. 12. 31	2015. 12. 31	2016. 12. 31	2017. 12. 31
应付职工薪酬					
应交税费					
应付利息					
应付股利					
其他应付款					
一年内到期的非流动负债					
其他流动负债					
流动负债合计					
长期借款					
应付债券					
长期应付款					
专项应付款					
预计负债					
递延所得税负债					
其他非流动负债					
非流动负债合计					
负债合计					
实收资本（或股本）					
资本公积					
减：库存股					
其他综合收益					
盈余公积					
未分配利润					
归属于母公司所有权权益合计					
少数股东权益					
所有者权益合计					
负债和所有者权益合计					

文字说明：

_____

_____

_____

_____

_____

_____

_____

表 3 – 7　格力电器资产负债表定比趋势分析表（以 2013. 12. 31 为基期）

项目	2013. 12. 31	2014. 12. 31	2015. 12. 31	2016. 12. 31	2017. 12. 31
货币资金					
交易性金融资产					
应收票据					
应收账款					
预付款项					
其他应收款					
应收利息					
应收股利					
存货					
其中：消耗性生物资产					
一年内到期的非流动资产					
其他流动资产					
流动资产合计					
可供出售金融资产					
持有至到期投资					
长期应收款					
长期股权投资					
投资性房地产					
固定资产					
在建工程					
工程物资					
固定资产清理					
生产性生物资产					
油气资产					
无形资产					
开发支出					
商誉					
长期待摊费用					
递延所得税资产					
其他非流动资产					
非流动资产合计					
资产合计					
短期借款					
交易性金融负债					
应付票据					
应付账款					
预收款项					

续表

项目	2013. 12. 31	2014. 12. 31	2015. 12. 31	2016. 12. 31	2017. 12. 31
应付职工薪酬					
应交税费					
应付利息					
应付股利					
其他应付款					
一年内到期的非流动负债					
其他流动负债					
流动负债合计					
长期借款					
应付债券					
长期应付款					
专项应付款					
预计负债					
递延所得税负债					
其他非流动负债					
非流动负债合计					
负债合计					
实收资本（或股本）					
资本公积					
减：库存股					
其他综合收益					
盈余公积					
未分配利润					
归属于母公司所有权权益合计					
少数股东权益					
所有者权益合计					
负债和所有者权益合计					

文字说明：

_____

_____

_____

_____

_____

_____

_____

表 3-8　格力电器资产负债表环比趋势分析表

项目	2013.12.31	2014.12.31	2015.12.31	2016.12.31	2017.12.31
货币资金					
交易性金融资产					
应收票据					
应收账款					
预付款项					
其他应收款					
应收利息					
应收股利					
存货					
其中：消耗性生物资产					
一年内到期的非流动资产					
其他流动资产					
流动资产合计					
可供出售金融资产					
持有至到期投资					
长期应收款					
长期股权投资					
投资性房地产					
固定资产					
在建工程					
工程物资					
固定资产清理					
生产性生物资产					
油气资产					
无形资产					
开发支出					
商誉					
长期待摊费用					
递延所得税资产					
其他非流动资产					
非流动资产合计					
资产合计					
短期借款					
交易性金融负债					
应付票据					
应付账款					
预收款项					

续表

项目	2013. 12. 31	2014. 12. 31	2015. 12. 31	2016. 12. 31	2017. 12. 31
应付职工薪酬					
应交税费					
应付利息					
应付股利					
其他应付款					
一年内到期的非流动负债					
其他流动负债					
流动负债合计					
长期借款					
应付债券					
长期应付款					
专项应付款					
预计负债					
递延所得税负债					
其他非流动负债					
非流动负债合计					
负债合计					
实收资本（或股本）					
资本公积					
减：库存股					
其他综合收益					
盈余公积					
未分配利润					
归属于母公司所有权权益合计					
少数股东权益					
所有者权益合计					
负债和所有者权益合计					

文字说明：

_____

_____

_____

_____

_____

_____

_____

表 3-9　格力电器现金流入结构分析表

项目	2013 年度	2014 年度	2015 年度	2016 年度	2017 年度
销售商品、提供劳务收到的现金					
收到的税费返还					
收到其他与经营活动有关的现金					
经营活动现金流入小计					
收回投资收到的现金					
取得投资收益收到的现金					
处置固定资产、无形资产和其他长期资产收回的现金净额					
处置子公司及其他营业单位收到的现金净额					
收到其他与投资活动有关的现金					
投资活动现金流入小计					
吸收投资收到的现金					
取得借款收到的现金					
收到其他与筹资活动有关的现金					
筹资活动现金流入小计					
现金流入小计					

文字说明：

_____

_____

_____

_____

_____

_____

_____

表 3-10　格力电器现金流出结构分析表

项目	2013 年度	2014 年度	2015 年度	2016 年度	2017 年度
购买商品、接受劳务支付的现金					
支付给职工以及为职工支付的现金					
支付的各项税费					
支付其他与经营活动有关的现金					
经营活动现金流出小计					
购建固定资产、无形资产和其他长期资产支付的现金					
投资支付的现金					
取得子公司及其他营业单位支付的现金净额					
支付其他与投资活动有关的现金					
投资活动现金流出小计					
偿还债务支付的现金					

项目	2013 年度	2014 年度	2015 年度	2016 年度	2017 年度
分配股利、利润或偿付利息支付的现金					
支付其他与筹资活动有关的现金					
筹资活动现金流出小计					
现金流出小计					

文字说明：

_____

_____

_____

_____

_____

_____

_____

表 3－11　格力电器经营活动现金流量分析表

项目	2013 年度	2014 年度	2015 年度	2016 年度	2017 年度
经营活动现金流出小计					
经营活动现金流入小计					
经营活动现金流量比					

文字说明：

_____

_____

_____

_____

_____

_____

表 3－12　格力电器投资活动现金流量分析表

项目	2013 年度	2014 年度	2015 年度	2016 年度	2017 年度
投资活动现金流出小计					
投资活动现金流入小计					
投资活动现金流量比					

文字说明：

表 3 – 13   格力电器筹资活动现金流量分析表

项目	2013 年度	2014 年度	2015 年度	2016 年度	2017 年度
筹资活动现金流出小计					
筹资活动现金流入小计					
筹资活动现金流量比					

文字说明：

表 3 – 14   格力电器现金流出流入分析表

项目	2013 年度	2014 年度	2015 年度	2016 年度	2017 年度
现金流出小计					
现金流入小计					
现金流出流入比					

文字说明：

表 3 – 15 格力电器现金流量表定比趋势分析表（以 2013 年为基期）

项目	2013 年度	2014 年度	2015 年度	2016 年度	2017 年度
一、经营活动产生的现金流量					
销售商品、提供劳务收到的现金					
收到的税费返还					
收到其他与经营活动有关的现金					
经营活动现金流入小计					
购买商品、接受劳务支付的现金					
支付给职工以及为职工支付的现金					
支付的各项税费					
支付其他与经营活动有关的现金					
经营活动现金流出小计					
经营活动产生的现金流量净额					
二、投资活动产生的现金流量					
收回投资收到的现金					
取得投资收益收到的现金					
处置固定资产、无形资产和其他长期资产收回的现金净额					
处置子公司及其他营业单位收到的现金净额					
收到其他与投资活动有关的现金					
投资活动现金流入小计					
购建固定资产、无形资产和其他长期资产支付的现金					
投资支付的现金					
取得子公司及其他营业单位支付的现金净额					
支付其他与投资活动有关的现金					
投资活动现金流出小计					
投资活动产生的现金流量净额					
三、筹资活动产生的现金流量					
吸收投资收到的现金					
取得借款收到的现金					
收到其他与筹资活动有关的现金					
筹资活动现金流入小计					
偿还债务支付的现金					
分配股利、利润或偿付利息支付的现金					
支付其他与筹资活动有关的现金					
筹资活动现金流出小计					
筹资活动产生的现金流量净额					
四、汇率变动对现金的影响					
五、现金及现金等价物净增加额					
加：期初现金及现金等价物余额					
六、期末现金及现金等价物余额					

文字说明：

_____

_____

_____

_____

_____

_____

_____

_____

表 3 – 16　格力电器现金流量表环比趋势分析表

项目	2013 年度	2014 年度	2015 年度	2016 年度	2017 年度
一、经营活动产生的现金流量					
销售商品、提供劳务收到的现金					
收到的税费返还					
收到其他与经营活动有关的现金					
经营活动现金流入小计					
购买商品、接受劳务支付的现金					
支付给职工以及为职工支付的现金					
支付的各项税费					
支付其他与经营活动有关的现金					
经营活动现金流出小计					
经营活动产生的现金流量净额					
二、投资活动产生的现金流量					
收回投资收到的现金					
取得投资收益收到的现金					
处置固定资产、无形资产和其他长期资产收回的现金净额					
处置子公司及其他营业单位收到的现金净额					
收到其他与投资活动有关的现金					
投资活动现金流入小计					
购建固定资产、无形资产和其他长期资产支付的现金					
投资支付的现金					
取得子公司及其他营业单位支付的现金净额					
支付其他与投资活动有关的现金					
投资活动现金流出小计					
投资活动产生的现金流量净额					
三、筹资活动产生的现金流量					
吸收投资收到的现金					
取得借款收到的现金					
收到其他与筹资活动有关的现金					
筹资活动现金流入小计					

续表

项目	2013 年度	2014 年度	2015 年度	2016 年度	2017 年度
偿还债务支付的现金					
分配股利、利润或偿付利息支付的现金					
支付其他与筹资活动有关的现金					
筹资活动现金流出小计					
筹资活动产生的现金流量净额					
四、汇率变动对现金的影响					
五、现金及现金等价物净增加额					
加：期初现金及现金等价物余额					
六、期末现金及现金等价物余额					

文字说明：

_____

_____

_____

_____

_____

_____

_____

_____

表 3 – 17　格力电器现金流量净额分析表

项目	2013 年度	2014 年度	2015 年度	2016 年度	2017 年度
经营活动产生的现金流量净额					
投资活动产生的现金流量净额					
筹资活动产生的现金流量净额					
现金及现金等价物净增加额					

文字说明：

_____

_____

_____

_____

_____

_____

_____

表 3-18　格力电器盈余现金保障倍数分析表

项目	2013 年度	2014 年度	2015 年度	2016 年度	2017 年度
经营活动产生的现金流量净额					
净利润					
盈余现金保障倍数（格力电器）					
盈余现金保障倍数（海尔电器）					
盈余现金保障倍数（美的电器）					
盈余现金保障倍数（行业平均）					

文字说明：

_____

_____

_____

_____

_____

_____

_____

表 3-19　格力电器现金销售比率分析表

项目	2013 年度	2014 年度	2015 年度	2016 年度	2017 年度
销售商品、提供劳务收到的现金					
营业收入					
现金销售比率（格力电器）					
现金销售比率（海尔电器）					
现金销售比率（美的电器）					
现金销售比率（行业平均）					

文字说明：

_____

_____

_____

_____

_____

_____

表 3 – 20　格力电器现金流动负债比率分析表

项目	2013 年度	2014 年度	2015 年度	2016 年度	2017 年度
经营活动产生的现金流量净额					
流动负债					
现金流动负债比率（格力电器）					
现金流动负债比率（海尔电器）					
现金流动负债比率（美的电器）					
现金流动负债比率（行业平均）					

文字说明：

_____

_____

_____

_____

_____

_____

_____

_____

表 3 – 21　格力电器现金债务总额比率分析表

项目	2013 年度	2014 年度	2015 年度	2016 年度	2017 年度
经营活动产生的现金流量净额					
负债总额					
现金债务总额比率（格力电器）					
现金债务总额比率（海尔电器）					
现金债务总额比率（美的电器）					
现金债务总额比率（行业平均）					

文字说明：

_____

_____

_____

_____

_____

_____

_____

实验 3　财务指标体系分析

【实验要求】上网查阅、收集上市公司财务报表资料，计算并分析相应的盈利能力、营运能力、偿债能力、发展能力等指标。

【实验内容】

一、盈利能力指标分析

表 3 - 22　格力电器总资产报酬率分析表

项目	2013 年度	2014 年度	2015 年度	2016 年度	2017 年度
利润总额					
平均资产总额					
总资产报酬率（格力电器）					
总资产报酬率（海尔电器）					
总资产报酬率（美的电器）					
总资产报酬率（行业平均）					

文字说明：

_____

_____

_____

_____

_____

_____

_____

_____

表 3 - 23　格力电器净资产收益率分析表

项目	2013 年度	2014 年度	2015 年度	2016 年度	2017 年度
净利润					
平均净资产					
净资产收益率（格力电器）					
净资产收益率（海尔电器）					
净资产收益率（美的电器）					
净资产收益率（行业平均）					

文字说明：

_____

_____

_____

_____

_____

_____

表 3 – 24 格力电器销售毛利率分析表

项目	2013 年度	2014 年度	2015 年度	2016 年度	2017 年度
营业收入					
减：营业成本					
毛利					
营业收入					
销售毛利率（格力电器）					
销售毛利率（海尔电器）					
销售毛利率（美的电器）					
销售毛利率（行业平均）					

文字说明：

_____

_____

_____

_____

_____

_____

_____

_____

表 3 – 25 格力电器营业利润率分析表

项目	2013 年度	2014 年度	2015 年度	2016 年度	2017 年度
营业利润					
营业收入					
营业利润率（格力电器）					
营业利润率（海尔电器）					
营业利润率（美的电器）					
营业利润率（行业平均）					

文字说明：

_____

_____

_____

_____

_____

_____

_____

表 3 - 26　格力电器销售净利率分析表

项目	2013 年度	2014 年度	2015 年度	2016 年度	2017 年度
净利润					
营业收入					
销售净利率（格力电器）					
销售净利率（海尔电器）					
销售净利率（美的电器）					
销售净利率（行业平均）					

文字说明：

_____
_____
_____
_____
_____
_____
_____
_____

表 3 - 27　格力电器每股收益分析表

项目	2013 年度	2014 年度	2015 年度	2016 年度	2017 年度
净利润					
总股本					
每股收益（格力电器）					
每股收益（海尔电器）					
每股收益（美的电器）					
每股收益（行业平均）					

文字说明：

_____
_____
_____
_____
_____
_____
_____
_____

表 3 – 28　格力电器市盈率分析表

项目	2013 年度	2014 年度	2015 年度	2016 年度	2017 年度
每股市价					
每股收益					
市盈率（格力电器）					
市盈率（海尔电器）					
市盈率（美的电器）					
市盈率（行业平均）					

文字说明：

_____

_____

_____

_____

_____

_____

二、营运能力指标分析

表 3 – 29　格力电器应收账款周转率分析表

项目	2013 年度	2014 年度	2015 年度	2016 年度	2017 年度
营业收入					
平均应收账款					
应收账款周转率（格力电器）					
应收账款周转率（海尔电器）					
应收账款周转率（美的电器）					
应收账款周转率（行业平均）					
应收账款周转天数（格力电器）					
应收账款周转天数（海尔电器）					
应收账款周转天数（美的电器）					
应收账款周转天数（行业平均）					

文字说明：

_____

_____

_____

_____

_____

表 3 – 30 格力电器存货周转率分析表

项目	2013 年度	2014 年度	2015 年度	2016 年度	2017 年度
营业成本					
平均存货					
存货周转率（格力电器）					
存货周转率（海尔电器）					
存货周转率（美的电器）					
存货周转率（行业平均）					
存货周转天数（格力电器）					
存货周转天数（海尔电器）					
存货周转天数（美的电器）					
存货周转天数（行业平均）					

文字说明：

_____

_____

_____

_____

_____

_____

_____

_____

表 3 – 31 格力电器流动资产周转率分析表

项目	2013 年度	2014 年度	2015 年度	2016 年度	2017 年度
营业收入					
平均流动资产					
流动资产周转率（格力电器）					
流动资产周转率（海尔电器）					
流动资产周转率（美的电器）					
流动资产周转率（行业平均）					

文字说明：

_____

_____

_____

_____

_____

_____

_____

表 3 - 32　格力电器固定资产周转率分析表

项目	2013 年度	2014 年度	2015 年度	2016 年度	2017 年度
营业收入					
平均固定资产					
固定资产周转率（格力电器）					
固定资产周转率（海尔电器）					
固定资产周转率（美的电器）					
固定资产周转率（行业平均）					

文字说明：

_____

_____

_____

_____

_____

_____

_____

_____

表 3 - 33　格力电器总资产周转率分析表

项目	2013 年度	2014 年度	2015 年度	2016 年度	2017 年度
营业收入					
平均资产总额					
总资产周转率（格力电器）					
总资产周转率（海尔电器）					
总资产周转率（美的电器）					
总资产周转率（行业平均）					

文字说明：

_____

_____

_____

_____

_____

_____

_____

_____

三、偿债能力指标分析

表 3 – 34　格力电器流动比率分析表

项目	2013 年度	2014 年度	2015 年度	2016 年度	2017 年度
流动资产					
流动负债					
流动比率（格力电器）					
流动比率（海尔电器）					
流动比率（美的电器）					
流动比率（行业平均）					

文字说明：

_____
_____
_____
_____
_____
_____
_____
_____

表 3 – 35　格力电器速动比率分析表

项目	2013 年度	2014 年度	2015 年度	2016 年度	2017 年度
速动资产					
流动负债					
速动比率（格力电器）					
速动比率（海尔电器）					
速动比率（美的电器）					
速动比率（行业平均）					

文字说明：

_____
_____
_____
_____
_____
_____

表 3 - 36　格力电器资产负债率分析表

项目	2013 年度	2014 年度	2015 年度	2016 年度	2017 年度
负债总额					
资产总额					
资产负债率（格力电器）					
资产负债率（海尔电器）					
资产负债率（美的电器）					
资产负债率（行业平均）					

文字说明：

_____
_____
_____
_____
_____
_____
_____
_____

表 3 - 37　格力电器已获利息倍数分析表

项目	2013 年度	2014 年度	2015 年度	2016 年度	2017 年度
息税前利润					
实际利息支出					
已获利息倍数（格力电器）					
已获利息倍数（海尔电器）					
已获利息倍数（美的电器）					
已获利息倍数（行业平均）					

文字说明：

_____
_____
_____
_____
_____
_____
_____

四、发展能力指标分析

表 3 – 38　格力电器总资产增长率分析表

项目	2013 年度	2014 年度	2015 年度	2016 年度	2017 年度
资产总额					
资产增长率（格力电器）					
资产增长率（海尔电器）					
资产增长率（美的电器）					
资产增长率（行业平均）					

文字说明：

_____

_____

_____

_____

_____

_____

_____

_____

表 3 – 39　格力电器资本积累率分析表

项目	2013 年度	2014 年度	2015 年度	2016 年度	2017 年度
股东权益总额					
资本积累率（格力电器）					
资本积累率（海尔电器）					
资本积累率（美的电器）					
资本积累率（行业平均）					

文字说明：

_____

_____

_____

_____

_____

_____

_____

表 3 – 40　格力电器股东权益项目增长率分析表

项目	2013 年度	2014 年度	2015 年度	2016 年度	2017 年度
股本					
股本增长率					
资本公积					
资本公积增长率					
盈余公积					
盈余公积增长率					
未分配利润					
未分配利润增长率					

文字说明：

_____

_____

_____

_____

_____

_____

_____

表 3 – 41　格力电器营业收入增长率分析表

项目	2013 年度	2014 年度	2015 年度	2016 年度	2017 年度
营业收入					
营业收入增长率（格力电器）					
营业收入增长率（海尔电器）					
营业收入增长率（美的电器）					
营业收入增长率（行业平均）					

文字说明：

_____

_____

_____

_____

_____

_____

表 3 - 42　格力电器营业收益增长率分析表

项目	2013 年度	2014 年度	2015 年度	2016 年度	2017 年度
营业利润增长率（格力电器）					
营业利润增长率（海尔电器）					
营业利润增长率（美的电器）					
营业利润增长率（行业平均）					
利润总额增长率（格力电器）					
利润总额增长率（海尔电器）					
利润总额增长率（美的电器）					
利润总额增长率（行业平均）					
净利润增长率（格力电器）					
净利润增长率（海尔电器）					
净利润增长率（美的电器）					
净利润增长率（行业平均）					

文字说明：

_____

_____

_____

_____

_____

_____

_____

_____

_____

实验 4　综合分析

【实验要求】上网查阅、收集上市公司财务报表资料，运用杜邦财务分析体系进行综合分析。

【实验内容】

表 3 - 43　格力电器杜邦财务分析表

项目	2013 年度	2014 年度	2015 年度	2016 年度	2017 年度
销售净利率（格力电器）					
总资产周转率（格力电器）					
权益乘数（格力电器）					
股东权益报酬率（格力电器）					
销售净利率（海尔电器）					
总资产周转率（海尔电器）					
权益乘数（海尔电器）					
股东权益报酬率（海尔电器）					
销售净利率（美的电器）					

项目	2013 年度	2014 年度	2015 年度	2016 年度	2017 年度
总资产周转率（美的电器）					
权益乘数（美的电器）					
股东权益报酬率（美的电器）					

文字说明：

_____

_____

_____

_____

_____

_____

_____

_____

实验 5 财务报表分析报告

【实验要求】根据前述计算及分析，撰写财务报表分析报告。

【实验内容】

格力电器财务报表分析报告

_____

_____

_____

_____

_____

_____

_____

第四篇　审计综合实习

第一部分　实习目的、程序、假设及实习组织

一、实习目的

通过本书的模拟实习操作，学生能比较系统、全面地掌握会计报表审计的基本程序和具体方法，有利于加强对基本理论的理解、基本方法的运用和基本技能的训练，将专业理论和审计实务紧密结合。本书的模拟实习操作也是对学生所学专业知识掌握程度及运用能力的一次综合考查和检验，为他们即将从事的会计、审计工作打下扎实的基础。

二、实习程序与要求

（1）熟悉报表审计程序。

（2）运用审阅法，了解被审计单位的概况。

（3）熟悉与了解被审计单位的会计政策与内部会计核算制度。

（4）掌握与了解对被审计单位的控制测试情况，以及部分实质性测试的工作情况。

（5）运用实质性测试程序对被审计单位相关会计资料进行审计，并编制审计工作底稿。

（6）撰写审计报告。

（7）整理所有审计实习资料，装订成册。

三、实习假设

（1）审计方式的假设：假设为注册会计师对企业的初次年报审计。

（2）实习重点放在怎样审计，即如何查出问题，而不将关注点放在查出问题后如何与被审计单位沟通，要不要调整与披露方面。

（3）审计实习重点放在实质性测试程序上，限于书面实习之碍，即将诸多控制测试，以预查的方式和以底稿形式告知实习学生。

（4）审计查证被审计单位的情况有查证书面资料与证实客观实物之分。实习假设工作重心放在前者，后者尽量以已知条件告知实习者。审计方法中更强调检查、计算、分析性程序的运用。

（5）本次实习中，适当弱化审计重要性水平的把握，即假定查证错误无论金额大小，一般都应调整。

（6）假设通过书面查证出的错误，皆可通过实际确认。

（7）为避免模拟实习资料过于冗长，只给出了部分会计资料，假定均未经审核；未给出的部分，假

定已经审核无误。

（8）假设对于查证出的所有应予调整和披露的事项，被审计单位均同意调整或披露。

四、实习方式、组织

1. 实习方式

书面实习。

2. 实习组织

可根据具体情况选择分组共同完成实习或一人单独完成实习。

分组共同完成实习，有利于相互讨论和加强复核。每组人数以 6 ~ 10 人为宜，完成实习后，应填写各人分工及工作量明细表，以便明确责任和考核评分。

说明：本次实习重在让学生对整个审计过程有较全面的掌握，尤其是编制审计调整分录、填制整套审计工作底稿，为了在有限的实习时间内（1.5 ~ 2 周）完成实习并达成上述目标，给出全面的原始会计资料既不现实也过于冗长，本书第一部分会计资料是完全正确的会计资料，对于本部分不适用，本部分审计实习资料单独给出了部分会计资料，主要是存在会计错弊的会计资料，以供审计实习过程中进行分析、编制调整分录等。

第二部分　审计目标、程序、底稿

一、审计目标

1. 审计总目标

独立审计的总目标是对被审计单位会计报表的合法性和公允性表示意见。

2. 审计具体目标

表 2 - 1

会计认定		具体审计目标（以存货为例）
资产负债表公允地反映了企业的财务状况	存在或发生	资产负债表上记载的存货在物理上存在
		库存存货反映正常的营业周期内用于销售的存货
	完整性	存货数量中包含所有库存存货
		存货数量中包含所有在途、外部保管存货
		存货盘点表编制正确，其合计数与存货账户余额一致
	权利和义务	公司对所有存货均拥有所有权
		已销售的存货和代保管的存货已扣除
	估价和分摊	存货按成本计价
		存货中包含的滞销存货、过剩存货、残次品、老化存货已恰当地识别、评价
		存货的可实现净值减少时，按照重置成本或可变现价值冲减存货价值
		存货成本已按照恰当的成本分配方法分配
		存货的评估减值、损耗已合理计量
	表达与披露	存货的主要种类和评价标准已在财务报表上充分披露
		重要的抵押和转让已恰当地披露
		存货作为流动资产恰当地分类

二、审计程序

确定审计目标后，注册会计师就可以开始收集审计证据，以实现审计总目标和各项具体审计目标。而审计证据的收集是在审计过程中实现的，因此，审计目标的实现与审计过程密切相关。所谓审计过程，是指审计工作从开始到结束的整个过程，一般包括三个主要的阶段，即计划阶段、实施审计阶段和审计完成阶段。

1. 计划阶段

计划阶段是整个审计过程的起点。对于任何一项审计工作，为了如期实现审计目标，注册会计师都必须在具体执行审计程序之前，制订科学、合理的计划。科学、合理的计划可以帮助注册会计师有的放矢地去审查、取证，形成正确的审计结论，从而实现审计目标；可以使审计成本保持在一种合理的水平上，提高审计工作的效率。一般地讲，计划阶段的主要工作包括：调查了解被审计单位的基本情况；与被审计单位签订业务约定书；初步评价被审计单位的内部控制；确定重要性；分析审计风险；编制审计计划等。

2. 实施审计阶段

实施审计阶段是根据计划阶段确定的范围、要点、步骤、方法，进行取证、评价，借以形成审计结论，实现审计目标的中间过程。它是审计全过程的中心环节，其主要工作包括：对被审计单位内部控制的建立及遵守情况进行控制测试，根据测试结果修订审计计划；对会计报表项目的数据进行实质性测试，根据测试结果进行评价和鉴定。上述两项工作之间有着密切的关系。如果注册会计师认为被审计单位内部控制的可信赖程度较高，则实质性测试工作就可以大大减少；反之，实质性测试工作则大大增加。但不管何时，实质性测试工作必不可少。

3. 审计完成阶段

审计完成阶段是实质性的项目审计工作的结束，其主要工作有：整理、评价执行审计业务中收集到的审计证据；复核审计工作底稿，审计期后事项；汇总审计差异，并提请被审计单位调整或做适当披露；形成审计意见，编制审计报告。为了实现审计目标，注册会计师必须正确运用专业判断，综合所收集到的各种证据，根据独立审计准则，形成适当的审计意见，出具审计报告。

三、审计底稿的基本内容和编制要求

1. 审计工作底稿的基本内容

审计工作底稿有许许多多，各张审计工作底稿的内容也各不相同，但一般来说，每张底稿必须同时包括以下基本内容。

（1）被审计单位名称。每一张审计工作底稿都应写上被审计单位名称，以防混淆。如果被审计单位下面有子（分）公司，或内部的车间、部门，则应同时注明子（分）公司或车间部门名称，如：××公司——××子公司，××公司——××车间。

（2）审计项目名称。每张审计工作底稿都应写明审计的内容，如审查的是某一会计报表项目，比如销售收入；或某一业务循环，比如销售及收款循环控制测试。

（3）审计项目时点或期间。在审计工作底稿上应写明审计内容的时点（指资产负债类项目）或期间（指损益类项目）。

（4）审计过程及其结果的记录。注册会计师应将其实施审计程序而达到审计目标的过程记录在审计工作底稿上。每张审计工作底稿都要有经过注册会计师审计的轨迹，或专业判断的记录。这种专业判断，就控制测试而言，是指注册会计师对被审计单位某项内部控制的满意程度以及是否可以信赖；就实质性测试而言，是指注册会计师对某一审计事项的余额或发生额是否可以确认。这一点很重要。有的审计工作底稿只是抄录了被审计单位账簿上的一些记录，没有审计过程记录，也没有注册会计师的专业判断或审计结论，这样不说明问题的审计工作底稿实际上是无用的底稿。

（5）审计标识及其说明。在审计工作底稿上可以用审计标识。如果在整套审计底稿前有一张审计标识表，在每张工作底稿上运用这些标识时，一般不必注明所用标识的含义。如果在每张底稿上把用到的标识在附注中对其含义作出说明则更好。当然，审计标识应前后一致以及整个会计师事务所一致。在统一的审计标识表中已有的标识，注册会计师不能自作主张另定一套应用。但如果某张工作底稿上应用某些特殊的标识，即统一的审计标识表中没有的标识，则必须在附注中对其含义作出说明。

（6）索引号及页次。为了便于整理和查阅，在每张审计工作底稿上都要注明索引号及页次。索引号在审计工作底稿目录表中能查到，页次是指在同一索引号下不同的审计工作底稿的顺序编号。

（7）编制者姓名及编制日期。审计工作底稿的编制者必须在其编制的审计工作底稿上签名和注明编制日期。签名如用简签，则应在审计计划中参加审计人员名单后附有签名样式。

（8）复核者姓名及复核日期。审计工作底稿的复核者必须在复核过的审计工作底稿上签名和注明复核日期。如果有多级复核，每级复核者均应签名和注明复核日期。签名如用简签，则应在审计计划中参加审计人员名单后附有签名样式。

由被审计单位、其他第三者提供的资料或代为编制的审计工作底稿，注册会计师应在上面注明其来源，实施必要的审计程序，并按照上述基本内容的要求记录在工作底稿上。

此外，注册会计师根据其专业判断，认为需要在审计工作底稿上注明的其他相关事项也可予以记录。

2. 审计工作底稿的编制要求

如前所述，由于审计工作底稿不仅是形成审计结论的依据，而且是评价注册会计师业绩、控制和监督审计质量的基础，因此，对于审计工作底稿的编制不能认为只是工作底稿，就可以马马虎虎、草率从事，而必须认真对待，在内容上做到资料翔实、重点突出、繁简得当、结论明确；在形式上做到要素齐全、格式规范、标识一致、记录清晰。

（1）资料翔实。由于审计工作底稿上所记录的就是审计证据，它将作为发表审计意见的依据，因此，记录的内容必须真实完整，必须注明资料的来源，可以核实，否则会导致错误的审计结论。

（2）重点突出。一张审计工作底稿，往往只是说明某一个或几个问题，因此，每张工作底稿中所反映的内容必须重点突出，对需要说明的与审计结论有重大影响的内容进行记录。

（3）繁简得当。审计工作底稿应当根据记录内容的不同，按照重要性原则，对重要的、与形成审计结论密切有关的内容要详细记录，对一般内容可酌情简单记录。

（4）结论明确。审计工作底稿是审计证据的载体，必须要有明确的结论。因此，注册会计师按审计程序对审计项目实施审计后，应对该项目明确表达其最终的专业判断意见。如某一业务循环的内部控制是否齐全，是否可以信赖；某一审计事项的发生额或余额是否可确认等。

（5）要素齐全。每张审计工作底稿都必须按照前述审计工作底稿的基本内容完整填列。

（6）格式规范。审计工作底稿分为编制的和取得的。如果是注册会计师自己编制的工作底稿，一般都应用会计师事务所统一规定的格式，以达到格式规范的要求；如果是被审计单位或第三者提供的资料，格式不一定规范，只能在实施审计程序时，尽可能做到规范。

（7）标识一致。每张审计工作底稿上用的同一审计标识，应该做到含义一致。一般都是按照各会计师事务所自己制定的审计标识表统一使用标识符号。

（8）记录清晰。审计工作底稿上的记录要完整，文字要端正，层次要清楚，计算要正确，便于他人阅读。

3. 审计工作底稿的勾稽关系

审计工作底稿的勾稽关系主要包括三方面内容：

（1）各会计报表项目审计工作底稿之间的勾稽关系。由于被审计单位的经济业务与财务状况是一个有机的整体，对某一会计报表项目进行审计必然会涉及另一些会计报表项目，因此，每一张审计工作底稿反映的内容，必然与其他审计工作底稿之间存在密切关系。注册会计师必须通过交叉索引及备注说明等形式反映相关审计工作底稿之间的勾稽关系。交叉索引是指注册会计师在某一审计工作底稿中引用其他审计工作底稿上的资料或数据时，在两张工作底稿上同时注明对方工作底稿索引号的一种方法。即在引用其他工作底稿数据的工作底稿上引用的数据前，注明被引用工作底稿的索引号（表示数据来源）；被引用工作底稿上被引用数据后，注明引用工作底稿的索引号（表示去向）。交叉索引可以帮助注册会计师清晰地反映某些审计资料或数据的来源和去向，以方便对审计工作底稿的检查和复核，并且有利于简化审计工作底稿和节省审计工时，增强审计工作底稿的严谨性和可理解性。

（2）各会计报表项目审计工作底稿与试算平衡表之间的勾稽关系。当注册会计师按照审计计划完成审计业务约定书中约定的全部审计事项后，应将具体审计项目工作底稿中的相关数据和内容进行归类汇总，编制试算平衡表和审计差异调整表。上述审计工作底稿经复核无误后，才能编制审计报告。试算平衡表应控制审计差异调整表和各会计报表项目审计工作底稿，并通过交叉索引得以明确反映。

（3）各会计报表项目审计工作底稿与被审计单位未审计会计报表之间的勾稽关系。按照有关会计报表项目、会计科目或具体审计项目编制的审计工作底稿所记载的内容和数据（未审数），应与被审计单位未审计会计报表、账簿、凭证等直接对应，并通过交叉索引或备注说明予以反映。

4. 索引表及审计标识（供参考）

（1）索引表。

表 2 - 2

工作底稿名称	索引号
审计业务约定书	A
了解被审计单位内部控制	
1. 采购与付款循环	CGL
2. 工薪与人事循环	GXL
3. 生产与仓储循环	SCL
4. 销售与收款循环	XSL
5. 筹资与投资循环	CZL
6. 固定资产循环	GZL
7. 货币资金循环	HBL
内控测试工作底稿	
1. 采购与付款循环	CGC
2. 工薪与人事循环	GXC
3. 生产与仓储循环	SCC
4. 销售与收款循环	XSC
5. 筹资与投资循环	CZC
6. 固定资产循环	GZC
7. 货币资金循环	HBC
实质性程序工作底稿	
（一）资产类	
1. 货币资金	ZA
2. 交易性金融资产	ZB
3. 应收票据	ZC
4. 应收账款	ZD
5. 预付款项	ZE
6. 应收利息	ZF
7. 应收股利	ZG

工作底稿名称	索引号
8. 其他应收款	ZH
9. 存货	ZI
10. 可供出售金融资产	ZJ
11. 持有至到期投资	ZK
12. 长期应收款	ZL
13. 长期股权投资	ZM
14. 投资性房地产	ZN
15. 固定资产	ZO
16. 在建工程	ZP
17. 工程物资	ZQ
18. 固定资产清理	ZR
19. 无形资产	ZU
20. 开发支出	ZV
21. 商誉	ZW
22. 长期待摊费用	ZX
23. 递延所得税资产	ZY
（二）负债类	
1. 短期借款	FA
2. 交易性金融负债	FB
3. 应付票据	FC
4. 应付账款	FD
5. 预收款项	FE
6. 应付职工薪酬	FF
7. 应交税费	FG
8. 应付利息	FH
9. 应付股利	FI
10. 其他应付款	FJ
11. 长期借款	FK
12. 应付债券	FL
13. 长期应付款	FM
14. 专项应付款	FN
15. 预计负债	FO
16. 递延所得税负债	FP
（三）所有者权益类	
1. 实收资本（股本）	QA
2. 资本公积	QB
3. 盈余公积	QC
4. 未分配利润	QD
（四）损益类	
1. 营业收入	SA
2. 营业成本	SB
3. 营业税金及附加	SC

续表

工作底稿名称	索引号
4. 销售费用	SD
5. 管理费用	SE
6. 财务费用	SF
7. 资产减值损失	SG
8. 公允价值变动损益	SH
9. 投资收益	SI
10. 营业外收入	SJ
11. 营业外支出	SK
12. 所得税费用	SL
业务完成阶段工作底稿	
1. 账项调整分录汇总表	EA
2. 重分类调整分录汇总表	EB
3. 未更正错报汇总表	EC
4. 资产负债表试算平衡表	ED－1
5. 利润表试算平衡表	ED－2
6. 管理层声明书	EE
7. 审计工作完成情况核对表	EF
8. 审计报告范例	EG

（2）审计标识。

在编制审计工作底稿时，为了节约时间、提高效率、方便阅读，可采用审计标识代表某种审计含义。但需对审计标识所表示的含义予以明确说明。为提高审计效率，每一审计项目在形成一整套审计工作底稿前，应附有一张可使用的审计标识表，列出每种审计标识，并说明其含义，也可以在每张审计工作底稿中单独列示，每张审计工作底稿中采用的审计标识应当含义清楚，并保持一致。

下列审计标识表列示的审计标识，供编制审计工作底稿时参考，也可根据实际需要增加有关审计标识，并说明其含义。

表 2－3

标识符号	含义
B	期初余额与上年审计后报表期末数核对相符
G	与总账核对相符
S	与明细账核对相符
T/B	与试算平衡表核对相符
F/S	与已审会计报表核对相符
α	与原始凭证核对相符
γ	与文件依据核对相符
C	已发函询证
¢	已收回询证函
∧	直栏数字加计，复核无误
<	横栏数字加计，复核无误
＊1	备注1
＊2	备注2……

续表

标识符号	含义
√	正确、是、有
×	错误、否、无
N/A	不适用，无此情况
?	疑问，待查
△	重点
!	关注
△!	重点关注
Σ	合计
Dr	记账符号——"借"
Cr	记账符号——"贷"
AJE：	调整分录
RJE：	重分类分录

第三部分　审计计划

一、协商签订审计业务约定书

致用会计师事务所接受委托对清江有限责任公司 2018 年度会计报表进行审计。双方经了解情况，充分协商，达成以下一致意见：

（1）委托目的：年度会计报表审计。

（2）审计范围：2018 年 12 月 31 日资产负债表；2018 年度利润及利润分配表。

（3）时间要求：

1）委托方将于 2019 年 2 月 3 日前提供所需全部资料。

2）受托方将于委托方提供所需的全部资料后 25 天之内出具审计报告，即 2019 年 2 月 28 日之前出具审计报告。

（4）业务费金额及支付方式：

1）本项审计业务费为人民币 56 000 元。（注：该收费金额并非按照相关服务收费管理办法和标准计算）

2）审计费在业务约定书经双方签署后，先支付 50%，审计报告完成时，再支付其余的 50%。

其他事项按审计业务约定书的规范要求，经双方协商于 2019 年 2 月 1 日签订审计业务约定书。

根据提供的审计业务约定书格式，结合协商内容，完成审计业务约定书。

二、审计人员工作安排与时间预算

根据审计业务需要，致用会计师事务所成立以注册会计师××为项目负责人的×人审计小组，请各小组考虑审计项目小组的人员构成（项目负责人即项目经理、一般注册会计师、助理审计人员）及其各自的责任和工作内容。

关于审计计划中的时间预算：按照每人每天工作 8 小时来编制时间预算。

关于审计资源（审计人员和审计时间）的分配原则：充分考虑审计程序（系统的过程，在实施进一步审计程序时采用综合性方案），体现审计效率和效果，按照业务循环分配审计资源，考虑会计报表项目之间的勾稽关系。

第四部分　审计实施

一、被审计单位基本资料

致用会计师事务所有限公司（以下简称致用所）接受聘请对清江有限责任公司的 2018 年度会计报表进行审计，该公司 2017 年度会计报表由其他会计师事务所进行审计并签发了无保留意见审计报告。

清江有限责任公司提供的未经审计的 2018 年 12 月 31 日的资产负债表、2018 年度利润及利润分配表如表 4 - 1、表 4 - 2 所示。

表 4 - 1　资产负债表

编制单位：清江有限责任公司　　　　　　2018 年 12 月 31 日　　　　　　单位：元

资产	期末余额	年初余额	负债和所有者权益（或股东权益）	期末余额	年初余额
流动资产：			流动负债：		
货币资金	960 813.41	1 097 860.00	短期借款	3 385 000.00	3 130 000.00
交易性金融资产	80 000.00	25 000.00	交易性金融负债		
应收票据	453 000.00	5 800.00	应付票据	458 502.00	343 670.00
应收账款	1 800 960.00	2 055 210.00	应付账款	1 064 000.00	852 700.00
预付款项			预收款项		
应收利息			应付职工薪酬	131 183.36	176 400.80
应收股利	12 000.00		应交税费	701 825.35	628 000.00
其他应收款	396 803.80	53 800.00	应付利息		
存货	4 120 585.96	4 190 550.00	应付股利	800 000.00	263 000.00
一年内到期的非流动资产			其他应付款	217 216.81	173 017.50
其他流动资产			一年内到期的非流动负债	230 000.00	432 000.00
流动资产合计	7 824 163.17	7 428 220.00	其他流动负债		
非流动资产：			流动负债合计	6 987 727.52	6 473 088.30
可供出售金融资产			非流动负债：		
持有至到期投资	575 000.00		长期借款	1 336 000.00	1 268 000.00
长期应收款			应付债券		
长期股权投资	1 229 710.00	585 000.00	长期应付款	255 000.00	280 000.00
投资性房地产			专项应付款		
固定资产	3 475 922.70	3 350 000.00	预计负债		
在建工程	699 200.00	549 200.00	递延所得税负债		

资产	期末余额	年初余额	负债和所有者权益（或股东权益）	期末余额	年初余额
工程物资			其他非流动负债		
固定资产清理			非流动负债合计	1 591 000.00	1 548 000.00
生产性生物资产			负债合计	8 578 727.52	8 021 088.30
无形资产	500 000.00	560 000.00	所有者权益（或股东权益）：		
开发支出			实收资本（或股本）	4 000 000.00	4 000 000.00
商誉			资本公积	192 500.00	210 000.00
长期待摊费用	522 989.60	300 168.30	减：库存股		
递延所得税资产			盈余公积	667 638.70	320 500.00
其他非流动资产			未分配利润	1 388 119.25	221 000.00
非流动资产合计	7 002 822.30	5 344 368.30	所有者权益（或股东权益）合计	6 248 257.95	4 751 500.00
资产总计	14 826 985.47	12 772 588.30	负债和所有者权益（或股东权益）总计	14 826 985.47	12 772 588.30

表 4 – 2　利润及利润分配表

编制单位：清江有限责任公司　　　　　　　　2018 年度　　　　　　　　　　　　单位：元

项目	本期金额	上期金额
一、营业收入	27 840 751.62	
减：营业成本	21 535 070.72	
营业税金及附加	228 578.38	
销售费用	927 960.00	
管理费用	1 517 841.59	
财务费用	189 321.60	
资产减值损失	62 385.00	
加：公允价值变动收益（损失以"－"填列）	－ 105 315.00	
投资收益（损失以"－"填列）	167 700.00	
二、营业利润（亏损以"－"填列）	3 441 979.33	
加：营业外收入	392 314.95	
减：营业外支出	321 969.00	
三、利润总额（亏损以"－"填列）	3 512 325.28	
减：所得税费用	1 159 067.34	
四、净利润（净亏损以"－"填列）	2 353 257.94	
加：年初未分配利润	221 000.00	
五、可供分配的利润	2 574 257.94	
减：提取法定盈余公积	257 425.79	
提取法定公益金	128 712.90	
六、可供投资者分配的利润	2 188 119.25	
减：应付普通股股利	800 000.00	
七、未分配利润	1 388 119.25	

二、内部控制调查问卷与控制测试

表 4-3 销售与收款循环内控问卷   索引号：

调查问题	是	否	不适用	评述
1. 所有的销货行为是否都有合同并经主管核准？			√	零星销售无合同
2. 签订合同前是否核准客户信用？	√			
3. 产品单价及销货折扣的制定、调整是否经授权核准？	√			
4. 销售发票是否以审核后的销售合同为依据？			√	零星销售无合同
5. 发票是否按顺序号填列签发？	√			
6. 是否所有的销售发票都开出提货单并交给客户？	√			
7. 提货单是否经顾客签字确认？	√			
8. 发货前是否核对客户已付款？			√	
9. 产品发货时是否核对发票的装箱单？	√			
10. 销售日记账是否根据提货单及发票的入账联登记？	√			
11. 销货退回是否经审核批准？	√			
12. 销货退回是否开出红字发票及产品入库单？	√			
13. 退货是否经检验入库后退款？	√			
14. 应收账款是否有核对、催收制度？	√			
15. 坏账损失的处理是否经授权批准？	√			

简要说明及结论：

1. 经内控问卷和简易测试后，认为销售与收款循环内部控制的可信赖度为：

高（√）　　　中（　）　　　低（　）

2. 该循环是否需进一步做控制测试：

是（√）　　　否（　）

3. 本循环内部控制设计虽然存在个别缺陷，但不会对会计报表的相关认定产生重大影响。

调查人员：　　　　　日期：　　　　　复核人员：　　　　　日期：

表 4-4 销售与收款循环内部控制执行测试程序表   索引号：

测试重点	常规测试程序	执行情况说明	索引号
按常规测试程序	1. 抽取销售发票，作如下检查： （1）核对销售发票、销售合同、销售订单所载明的品名、规格、数量、价格是否一致； （2）检查销售合同、赊销是否经核准； （3）核对相应的送货单副本，检查销售发票日期与送货日期是否一致； （4）检查销售发票中所列存货的单价并与存货价目表核对； （5）复核销售发票中列示的数量、单价和金额； （6）从销售发票追查至销售记账凭证或销售记账凭证汇总表； （7）从销售记账凭证或销售记账凭证汇总表追查至总分类账及明细分类账。		
	2. 抽取一定时期内的销售发票，检查其是否连续编号，有否缺号，作废发票的处理是否正确。		
	3. 抽取送货单，并与相关的销售发票核对，检查已发出的存货是否均已向顾客开出发票。		
	4. 检查销售退回、折让、折扣的核准： （1）检查销售退回是否具有对方税务局开具的有关证明； （2）检查销售退回和折让是否附有按顺序编号并经主管人员核准的贷项通知单； （3）检查退回的存货是否具有仓库签发的退货验收报告； （4）退货商品冲销会计记录是否正确； （5）销售退回与折让的批准与贷项通知单的签发职责是否分离； （6）现金折扣是否经过适当授权，授权人与收款人的职责是否分离。		
	5. 抽取收款凭证，作如下检查： （1）是否将记录收款与保管现金的职责分离； （2）收到货款是否开具收款收据； （3）是否定期核对记账、过账和送存银行的金额； （4）是否定期编制银行存款余额调节表，其编制人是否与出纳保持职责分离； （5）是否定期与顾客对账。		

测试人员：　　　　　日期：　　　　　复核人员：　　　　　日期：

表 4 – 5　销售与收款循环内部控制执行测试工作底稿　　　　　　索引号：

程序号	查验过程记录	执行情况说明	索引号
1	随机抽取 2018 年 1~12 月开出的销售发票 50 份，做（1）~（7）项测试，测试相符率 100%。		
2	抽取 6 月开出的所有销售发票，发现编号连续、无缺号，只有 3 张作废发票均盖有"作废"印章。		
3	将送货单和销售发票核对，未发现货发出不开具发票现象。		
4	经查，1~12 月被审计单位未发生销售折扣、折让行为，有两笔销售退回：销售退回附有按顺序编号并经主管人员核准的贷项通知单，有仓库签发的退货验收报告，有对方税务部门开具的有关证明，会计处理正确。		
5	收款凭证的检查在现金和银行存款控制测试时进行。		

测试结论：

该循环测试相符率高，可适当简化实质性测试审计程序。

测试人员：　　　　　日期：　　　　　　复核人员：　　　　　日期：

索引号：

表4-6　销售与收款循环内部控制执行测试记录

序号	发票号	购货单位名称	发票内容						销售合同		核对		送货单		核对	会计凭证		核对			商品价目表 核对	备注
			日期	品名	规格	数量	单价	金额	日期	编号	1	2	日期	编号	3	日期	编号	4	5	6	7	
1	11089	Xssk-1	2018.1.20	商品	A	1215	75.91	91 501.65	2018.1.2		√	√	2018.1.16	00012	√			√	√	√	√	
2	11909	Xssk-2	2018.2.15	商品	B	6000	50.62	303 720.00	2018.1.20		√	√	2018.2.10	00021	√			√	√	√	√	
...																						
49	17726	Xssk-49	2018.10.20	商品	F	2400	5.20	12 480.00	2018.8.16		√	√	2018.10.20	00187	√			√	√	√	√	
50	19964	Xssk-50	2018.11.28	商品	G	3600	18.50	66 600.00	2018.10.9		√	√	2018.11.18	00205	√			√	√	√	√	
		合计						6 116 135.78														

核对说明：
1. 与销售合同或销售订单所载明的品名、数量核准。
2. 销售合同及账务经主管核准。
3. 销售发票与送货单品名、数量、日期一致。
4. 发票内容、金额与记账凭证一致。
5. 发票销售额已正确计入销售明细账、应收账款明细账、银行存款明细账和现金日记账。
6. 应交增值税计算正确。
7. 发票中商品单价与商品价目表持平。

有关测试说明及结论：
随机抽取2018年1~12月销售业务50笔，共计销售金额6 116 135.78元，约占2018年1~12月已实现销售收入的22%，测试相符率100%。

测试人员：　　　　　　日期：　　　　　　复核人员：　　　　　　日期：

表 4 - 7　送货单与发票的核对记录　　　　　　　　　　　　索引号：

送货单编号	送货单内容					发票						备注
	日期	品名	规格	数量	金额	日期	编号	1	2	3	4	
00012	2018. 1. 16	商品	A	1 215	91 501. 65	2018. 1. 20	11 089	√	√	√	√	
00187	2018. 10. 20	商品	F	2 400	12 480. 00	2018. 10. 20	17 726	√	√	√	√	
…												
00205	2018. 11. 18	商品	G	3 600	66 600. 00	2018. 11. 28	19 964	√	√	√	√	

核对说明：

1. 品名与送货单所列一致。

2. 规格与送货单所列一致。

3. 数量与送货单所列一致。

4. 所列发票业经核准。

有关测试说明及结论：

送货单与销售发票为四联单中不同联次的单据，编号相同。随机抽取 10 份送货单，日期、品名、规格、数量均一致，未发现发出存货不开发票现象。

测试人员：　　　　　　　日期：　　　　　复核人员：　　　　　　　日期：

表 4 - 8　购货与付款循环内控问卷　　　　　　　　索引号：

调查问题	是	否	不适用	评述
1. 原料的单价、数量是否与合同一致？			√	
2. 原料的入库是否经验收合格，并同发票核对后才填写入库单？	√			
3. 原料的进项税、运费及运输中的损耗是否已合理计算？	√			
4. 固定资产和在建工程有无预算，并经授权批准？	√			
5. 已完工在建工程项目转入固定资产是否办理竣工验收及移交手续？	√			
6. 固定资产折旧方法的确定与变更是否经过董事会批准？	√			
7. 固定资产入厂、内部调拨是否履行一定手续？	√			
8. 固定资产的取得、处置和出售是否有书面授权批准？	√			
9. 固定资产毁损、报废、清理是否经过技术鉴定和授权批准？	√			
10. 有无固定资产定期盘点制度并执行？	√			
11. 付款是否实行费用预算控制，并明确款项支付权限？		√		未明确付款权限
12. 货款支付与记账的职责是否分离？	√			

简要说明及结论：

1. 经内控问卷和简易测试后，认为购货与付款循环内部控制的可信赖度为：

高（√）　　中（　　）　　低（　　）

2. 该循环是否需进一步做控制测试：

是（√）　　否（　　）

3. 本循环内部控制设计虽然存在个别缺陷，但不会对会计报表的相关认定产生重大影响。

调查人员：　　　　　日期：　　　　　复核人员：　　　　　日期：

表4-9　**购货与付款循环内部控制执行测试程序表**　　　　　索引号：

测试重点	常规测试程序	执行情况说明	索引号
按常规测试程序	1. 抽取购货合同（或其他凭证），对购货合同及请购单的下列内容进行核对： （1）货物名称、规格、型号、请购量； （2）授权批准、批准采购量、采购限价； （3）单价、合计金额等。		
	2. 审核与所抽取购货合同有关的供应商发票、验收报告、入库单、付款结算凭证、记账凭证，并追查至相关的明细账与总账。		
	3. 固定资产和在建工程内部控制的控制测试： （1）抽查新增固定资产和在建工程项目有无预算，是否经过授权批准； （2）抽查在建工程中付款是否均具有相应发票或其他原始凭证； （3）抽查已完工在建工程转入的固定资产是否办理竣工验收和移交使用手续； （4）抽查固定资产的折旧方法和折旧率是否符合规定，前后期是否一致； （5）抽查固定资产的毁损、报废、清理是否经过技术鉴定和授权批准； （6）抽查固定资产定期盘点制度是否得到遵循。		
	4. 付款业务内部控制的控制测试。抽取付款凭证，作如下检查： （1）检查是否实行费用预算控制，是否明确款项支付权限； （2）编制付款凭证时，是否与订购合同、预（决）算计划、验收单和发票相核对； （3）检查支付货款的付款凭证和银行存款日记账及有关明细账及总分类账的记录是否正确； （4）核对检查计入有关明细账户的原始凭证，如订货单、验收单、购买发票的正确性、合法性及其金额是否与相关明细账一致，有关凭证是否经过批准； （5）款项支付凭证是否及时入账，货款支出与记账的职责是否分离。		

测试人员：　　　　　日期：　　　　　复核人员：　　　　　日期：

表4－10　购货与付款循环内部控制执行测试工作底稿

索引号：

程序号	查验过程记录	执行情况说明	索引号
1、2	随机抽取 2018 年 1～12 月的购货合同 50 份，同请购单、供应商发票、验收报告、入库单、付款凭证、记账凭证相核对并追查至明细账和总账，相符率 100%。		
3	固定资产和在建工程内部控制的控制测试： （1）抽查年内新增 10 项固定资产和 2 项在建工程项目，均有预算，经过董事会授权批准； （2）在建工程中付款均具有发票或其他原始凭证； （3）在建工程转入固定资产办理竣工验收和移交使用手续； （4）固定资产折旧方法为直线法，折旧率符合规定，前后期一致； （5）固定资产的毁损、报废、清理经过技术鉴定和授权批准； （6）固定资产每年盘点一次。		
4	付款业务内控制测试在现金、银行存款控制测试时进行。		

测试结论：

该循环测试相符率高，可适当简化实质性测试审计程序。

测试人员：　　　　　日期：　　　　　复核人员：　　　　　日期：

表4－11 购货与付款循环内部控制执行测试记录

索引号：

序号	购货合同购单编号	供货单位名称	购货单位、请购单内容						购货发票							入库单				会计凭证						备注
			日期	货物名称	规格	数量	单价	金额	核对1	核对2	日期	编号	核对3	核对4	核对5	日期	编号	核对6	核对7	日期	编号	核对8	核对9	核对10	核对11	
1	0018	Cgfk－1	2018.1.25	材料	甲	8000	45.25	362 000.00	✓	✓	2018.1.30	24563	✓	✓	✓	2018.2.6	2012	✓	✓	2018.2.6	23012	✓	✓	✓	✓	
2	0085	Cgfk－2	2018.2.28	材料	乙	2900	76.45	221 705.00	✓	✓	2018.3.2	47609	✓	✓	✓	2018.3.10	3021	✓	✓	2018.3.11	32088	✓	✓	✓	✓	
3	00105	Cgfk－3	2018.3.4	材料	丙	2870	115.66	331 944.20	✓	✓	2018.3.15	65231	✓	✓	✓	2018.3.20	3078	✓	✓	2018.3.21	34068	✓	✓	✓	✓	
…																										
50	00685	Cgfk－50	2018.12.10	材料	庚	1900	94.88	180 272.00	✓	✓	2018.12.15	23098	✓	✓	✓	2018.12.19	12023	✓	✓	2018.12.20	122170	✓	✓	✓	✓	
合计								5 863 954.76																		

核对说明：
1. 采购合同经过授权批准。
2. 采购金额未超过采购限量、限价。
3. 购货发票的单价与购货合同一致。
4. 购货发票的品名、数量与购货合同一致。
5. 购货发票的金额与发票内容一致。
6. 入库单的品名与发票内容一致。
7. 入库单有保管员和经手人签名。
8. 发票购货额与付款结算凭证一致。
9. 付款凭证有经手人和主管签名。
10. 发票购货额已正确计入材料采购（原材料）账户和应付账款（银行存款、现金）账户。
11. 进项税金账务处理正确。

有关测试说明及结论：
随机抽取2018年1～12月购货业务50笔，共计购货金额5 863 954.76元，约占2018年1～12月购货总额的25%，测试相符率100%。

测试人员：　　　　　日期：　　　　　复核人员：　　　　　日期：

表 4 – 12 固定资产、在建工程内部控制执行测试工作底稿   索引号：

程序号	查验过程记录	执行情况说明	索引号
1	抽查年内新增 5 项固定资产项目，均有预算，经过董事会授权批准。		
2	抽查 4 月份在建工程付款业务 8 笔，均有发票或其他原始凭证。		
3	完工工程转入固定资产办理竣工验收和移交使用手续。		
4	固定资产折旧方法为直线法，折旧率符合规定，前后期一致。		
5	固定资产的毁损、报废、清理经过授权批准，但没有技术鉴定。		
6	固定资产每年盘点一次。		

测试结论：

本循环测试相符率高，可适当简化实质性测试审计程序。

测试人员：　　　　日期：　　　　复核人员：　　　　日期：

表 4 – 13 生产循环及工薪与人事循环内控问卷   索引号：

调查问题	是	否	不适用	评述
1. 是否建立成本核算与管理制度？	√			
2. 成本开支范围是否符合有关规定？	√			
3. 成本核算制度是否适合生产特点，并严格执行？	√			
4. 各成本项目的核算、制造费用的归集与分配、产品成本的结转是否严格按规定办理，前后期是否一致？	√			
5. 工资标准的制定及变动是否经授权批准？	√			

简要说明及结论：

1. 经内控问卷和简易测试后，认为生产循环及工薪与人事循环内部控制的可信赖度为：

高（√）   中（ ）   低（ ）

2. 该循环是否需进一步做控制测试：

是（√）   否（ ）

3. 本循环内部控制设计虽然存在个别缺陷，但不会对会计报表的相关认定产生重大影响。

调查人员：   日期：   复核人员：   日期：

表 4 – 14　仓储与存货循环内控问卷　　　　　　　　索引号：

调查问题	是	否	不适用	评述
1. 大宗货物的采购是否都订有合同并经主管批准？	√			
2. 原料的领用是否经核准后开出领料单？	√			
3. 存货和固定资产是否有出门验证制度？	√			
4. 是否所有存货均设有永续盘存记录？	√			
5. 仓库存货（材料、半成品、成品）是否按种类、性质集中堆放并有醒目标记？	√			在建工程材料管理不严
6. 存货（材料、半成品、成品）是否定期盘点（盘点期间）？	√			年终
7. 存货的盘盈、盘亏是否经报批后入账？	√			
8. 仓库是否对呆滞、废损存货进行了清理？	√			
9. 存货的收发人与记账人是否分开？	√			
10. 委托外单位加工的材料，其发出、收回、结存情况是否有专人负责登记？是否定期与受托单位核对？	√			
11. 原料、成品的收发存月报表是否根据当月的入库单、领料单分别汇总编制？	√			
12. 产品是否有材料定额并以限额领料单控制领料？	√			
13. 半成品和成品完工是否及时办理交库手续？存货计价方法的确定与变更是否经董事会批准？	√			
14. 成本计算和费用分配方法的确定与变更是否经授权批准？	√			

简要说明及结论：

1. 经内控问卷和简易测试后，认为仓储与存货循环内部控制的可信赖度为：

高（√）　　　中（　　）　　　低（　　）

2. 该循环是否需进一步做控制测试：

是（√）　　　否（　　）

3. 本循环内部控制设计虽然存在个别缺陷，但不会对会计报表的相关认定产生重大影响。

调查人员：　　　　　日期：　　　　　复核人员：　　　　　日期：

表 4 – 15　生产、仓储与存货循环内部控制执行测试程序表　　索引号：

测试重点	常规测试程序	执行情况说明	索引号
按常规测试程序	1. 生产及定额管理内部控制的执行测试： （1）是否定期编制生产计划，计划是否经过批准并根据该计划组织； （2）是否编制了生产消耗定额，并定期对其进行调整。		
	2. 生产及成本管理内部控制的执行测试： （1）是否采用限额领料单，超限额领料是否经过特批； （2）每月末是否对在产品进行了盘点。		
	3. 仓储与存货业务循环相关的内部控制的测试： （1）大额的存货采购是否签订购货合同，有无审批制度； （2）存货的入库是否严格履行验收手续，对名称、规格、型号、数量、质量和价格等是否逐项核对，并及时入账； （3）存货的发出手续是否按规定办理，是否及时登记仓库账并与会计记录核对； （4）存货的采购、验收、保管、运输、付款等职责是否严格分离； （5）存货的分拣、堆放、仓储条件等是否良好； （6）代保管、暂存物资的仓库记录是否单列，清晰可分； （7）是否建立定期盘点制度，发生的盘盈、盘亏、毁损、报废是否及时按规定审批处理。		
	4. 产品销售成本计价方法是否符合财务会计制度的规定，是否发生重大变更；如果采用计划成本、定额成本、标准成本，计算产品销售成本时所分配的各项成本差异和会计处理是否正确。		

测试人员：　　　　日期：　　　　复核人员：　　　　日期：

表 4 - 16　生产、仓储与存货循环内部控制执行测试工作底稿　　　　索引号：

程序号	查验过程记录	执行情况说明	索引号
1	（1）经抽查 4、6、10 月份，均编制生产计划。计划经过批准并根据该计划组织生产。 （2）编制了原料、主要材料、动力与燃料、工时定额等消耗定额，并定期对其进行调整。最近一次调整是在本年初。		
2	（1）各种原材料的领用均采用限额领料单，超限额领料经过特批。 （2）由各车间在每月末对在产品进行了盘点。经抽查，主要生产车间各月均有盘点记录。		
3	（1）收入的物资均由质量检验部门检验，并有相关入库手续。 （2）物资入库时均经过计量（清点数量或过磅重量）并签发入库单。 （3）发出材料均根据制度规定的手续处理并及时记录仓库保管账。 （4）仓库每月末编制收、发、存报表并报财务部、供应部、销售部等相关部门。 （5）所有物资均设有永续盘存记录。 （6）物资保管，包括分拣、堆放、卫生、仓储条件等良好。 （7）财务部门至少每年末会同物资管理部门共同进行盘点。 （8）物资盘盈、盘亏、毁损、报废等是否及时调整账面记录并均按规定审批处理，但存在不及时的问题。		
4	（1）会计部门在每月末根据物资出库单编制物资耗用报表，经过审核并据以入账。 （2）除原材料采用计划成本核算外，其余发出物资的计价方法均采用加权平均法，前后各期保持一致。 （3）制造费用的支出和归集均经过审核并正确入账。 （4）各车间制造费用以加工时间作为分配标准，相关计算均经过审核。 （5）月末在产品的计价方法按约当产量法确定、完工产品成本计算方法采用品种法，均保持了前后一致。		

测试结论：

本循环测试相符率高，可适当简化实质性测试审计程序。

测试人员：　　　　日期：　　　　复核人员：　　　　日期：

表4-17　筹资与投资循环内控问卷　　　　　　索引号:

调查问题	是	否	不适用	评述
1. 购买证券、期货和远期外汇是否经董事会、高层管理机构和财务部门核准?	√			
2. 全部公司债券、股票、期货和外汇交易是否均经董事会授权的人员处理?	√			
3. 对巨额的上述交易是否对被授权者规定一定的限额,超过限额须获得董事会的批准?	√			
4. 是否由财务总监执行交易,但总监不负责会计记录?		√		无财务总监
5. 上述交易所得是否如数及时存入银行?	√			
6. 所有投资凭证是否放入保险箱内?	√			
7. 保险箱是否由两人以上同时开启?		√		由出纳一人负责
8. 是否定期盘点投资凭证并与会计记录核对?	√			
9. 证券保管人员是否不处理会计记录?	√			
10. 有价证券是否以被审单位的名义登记?	√			
11. 是否对每一种证券设立明细分类账并逐笔登记交易情况,记录盈亏?	√			
12. 重大借款和筹资行为是否经董事会批准?	√			
13. 融资借款是否均签订借款合同?	√			
14. 抵押担保是否获得授权批准?			√	尚无抵押担保
15. 利息支出是否按期入账,并划清资本性支出和收益性支出?	√			
16. 实收资本是否经中国注册会计师验证并作会计处理?	√			
17. 投资项目是否均经授权批准,投资金额是否及时记账?	√			
18. 与被投资单位签订投资合同、协议,是否获得被投资单位出具的投资证明?	√			
19. 长期投资的核算是否符合有关财会制度,相关的投资收益会计处理是否正确?	√			
20. 是否按年编制资本预算并经董事会批准?	√			
21. 对投资收益按收益法计算的附属企业是否进行过审计?	√			

简要说明及结论:

1. 经内控问卷和简易测试后,认为筹资与投资循环内部控制的可信赖度为:

高(√)　　　中(　)　　　低(　)

2. 该循环是否需进一步做控制测试:

是(√)　　否(　)

3. 本循环内部控制设计虽然存在个别缺陷,但不会对会计报表的相关认定产生重大影响。

调查人员:　　　　日期:　　　　复核人员:　　　　日期:

表 4 – 18　货币资金内控问卷　　　　　　　　　　索引号：

调查问题	是	否	不适用	评述
1. 现金收支与记账的岗位是否分离？	√			
2. 现金支票及现金收付款凭证是否由专人管理？	√			
3. 现金支票和银行预留印鉴是否做到分管及签盖分工负责制？	√			
4. 现金收付款凭证是否符合制单、复核、主管终审的三审纵横检控原则？	√			
5. 当日现金是否及时送存银行？是否有现金坐支现象？	√			
6. 现金收入、支出是否有合理、合法的凭据？	√			
7. 现金收入是否及时准确地入账？	√			
8. 现金支出是否实行费用预算控制？是否有核准手续并明确款项支付权限？			√	未明确付款权限
9. 现金是否做到日清月结并建立和实行定期核对制度？	√			
10. 有无现金收支业务的内部审计制度？			√	
11. 企业是否根据不同的银行账号分别开设银行存款日记账？	√			
12. 出纳和会计职责是否分离？	√			
13. 银行存款日记账是否逐笔序时登记？	√			
14. 企业除零星支付外的支出是否通过银行结算？	√			
15. 对于重大的开支项目是否经过核准审批？	√			
16. 是否严格控制和保管空白支票？签发支票的印章是否妥善保管？	√			
17. 支票是否由出纳和有关主管人员共同签发？	√			
18. 支票是否按序签发？开出支票是否使用支票登记簿？	√			
19. 作废支票是否加盖"作废"戳记，并与存根一并保存？	√			
20. 银行存款日记账与总账是否每月末核对相符？	√			
21. 银行存款日记账是否定期与银行对账单核对？	√			
22. 是否按月与银行对账，编制银行存款余额调节表做到账实相符？	√			

简要说明及结论：

1. 经内控问卷和简易测试后，认为货币资金循环内部控制的可信赖度为：

高（√）　　　中（　）　　　低（　）

2. 该循环是否需进一步做控制测试：

是（√）　　　否（　）

3. 本循环内部控制设计虽然存在个别缺陷，但不会对会计报表的相关认定产生重大影响。

调查人员：　　　　　日期：　　　　　复核人员：　　　　　日期：

表4-19　货币资金内部控制执行测试程序表　　　　　　　　　索引号：

测试重点	常规测试程序	执行情况说明	索引号
按常规测试程序	1. 检查货币资金内部控制是否建立并严格执行： （1）款项的收支是否按规定的程度和权限办理； （2）是否存在与本单位经营无关的款项收支情况； （3）是否存在出租、出借银行账户的情况； （4）出纳与会计的职责是否严格分离； （5）货币资金和有价证券是否妥善保管，是否定期盘点、核对。		
	2. 抽取收款凭证： （1）核对收款凭证与存入银行账户借款单的日期和金额是否相符； （2）核对现金、银行存款日记账的收入金额是否正确； （3）核对收款凭证与银行对账单是否相符； （4）核对收款凭证与应收账款明细账的有关记录是否相符； （5）核对实收金额与销售发票是否一致。		
	3. 抽取付款凭证： （1）检查付款的授权批准手续是否符合规定； （2）核对现金、银行存款日记账的付出金额是否正确； （3）核对付款凭证与银行对账单是否相符； （4）核对付款凭证与应收账款明细账的记录是否一致； （5）核对实付金额与购货发票是否相符。		
	4. 抽取一定期间的现金日记账、银行存款日记账与总账核对是否一致。		
	5. 抽取一定期间的银行存款日记账与银行对账单核对是否一致。		
	6. 抽取一定期间的银行存款余额调节表，查验其是否按月正确编制并经复核。		
	7. 长期未达账款是否追查原因并及时处理。		
	8. 检查外币资金的折算方法是否符合有关规定，是否与上年度一致。		

测试人员：　　　　　日期：　　　　　复核人员：　　　　　日期：

表 4 - 20　货币资金内部控制执行测试工作底稿　　　　　索引号：

程序号	查验过程记录	执行情况说明	索引号
1	检查货币资金内控是否建立并严格执行： （1）款项收支按规定程序和权限办理； （2）未发现与被审计单位经营无关的款项收支情况； （3）未发现出租、出借银行账户情况； （4）出纳与会计职责严格分离； （5）货币资金和有价证券妥善保管，现金每日盘点，银行存款每月同银行对账。		
2	随机抽取 1～12 月间发生的收款业务 50 笔，做控制测试，测试相符率 100%。		
3	随机抽取 1～12 月间发生的付款业务 50 笔，做控制测试，测试相符率 100%。		
4	抽取 6 月份的现金日记账、银行存款日记账，其发生额和余额同总账核对相符。		
5	银行存款日记账余额同银行对账单核对相符或调节相符。		
6	银行存款调节表编制正确，未发现长期未达账项。		
7	外币资金的折算方法符合有关规定，同上年度一致。		

测试结论：

该循环测试相符率高，可适当简化实质性测试审计程序。

测试人员：　　　　　日期：　　　　　复核人员：　　　　　日期：

三、实质性程序

在审计实施过程中，除发现以下情况（部分资料在底稿中提供）需要进行调整外，其他账务处理符合企业会计准则和企业会计制度规定。请根据下述情况指出其会计处理中存在的问题并提出审计调整建议，所得税的调整最后汇总处理。

（1）审查"货币资金"项目时，发现如下情况：

盘点库存现金时，发现一个单独包封的信封内，装有现金5 400元。经询问出纳是上年一笔定期存款的利息收入，一直没有入账。

（2）审查"交易性金融资产"项目时，发现如下情况：

清江公司所持有的用于交易性金融资产的股票由于股价持续下跌，期末时市价已低于成本24 041.75元，但未见其计提"公允价值变动损益"。

（3）审查"应收账款"项目时，发现如下情况：

通过审阅与应收账款和坏账准备相关的重点明细账以及抽查会计凭证，发现一笔预收 Xssk‒21 公司货款585 000元抵减了应收账款。该公司坏账准备的提取采用账龄分析法：账龄在1年以内按5%提取；1~2年按10%提取；2~3年按30%提取；超过3年按50%提取。

（4）审查"生产成本"账户时，通过对主要产品生产成本和直接材料、制造费用的分析性复核，发现11、12月主要产品单位生产成本、主要材料领用数量存在异常波动；通过审阅、复核11、12月份发出材料汇总表及相关领料凭证，分析生产车间记录，盘点生产车间已领未用材料，发现如下情况：

①证实存在虚假领料以虚增生产成本的情况，查明各主要产品共虚增材料成本798 589.6元，其中计划成本739 284.3元，材料成本差异59 305.3元。

②根据所发现的上述问题，重新编制了11、12月主要产品成本计算单，查明共虚增完工产品成本722 608元。

（5）审查"存货"项目时，发现如下情况：

清江公司11、12月份存在虚假领料以虚增生产成本、虚增完工产品成本的情况，重新计算11、12月份产品销售成本，确认销售成本被虚增505 825.6元，12月31日库存产品成本被虚增216 782.4元。

（6）审查"发出商品"账户时，发现公司12月1日分期收款销售商品一批给红星公司，该商品总收入为400 000元，总成本为320 000元，增值税率为17%。合同约定，分两次交款，第一次为发货一个月后结算其价款的一半，其余部分于次年3月底结算。到12月31日时，红星公司尚未付来该笔款项，清江公司认为，既然未收到款项，就不作会计处理，当期就没有认定收入实现。

（7）在审阅清江公司的"长期股权投资"账户时，发现公司对A公司长期股权投资的账面余额为红字余额，即贷方余额30万元，这极不正常。经仔细审核发现该账户年内发生了两笔业务：

①3月5日对A公司投资150万元，会计处理如下：

借：长期股权投资　　　　　　　　　　　　　　　　　　　　　　　　　　1 500 000
　　贷：银行存款　　　　　　　　　　　　　　　　　　　　　　　　　　　　1 500 000

查阅投资合同，确认该投资占被投资单位股权30%；经了解，公司对此业务采用权益法核算。

②由于2018年度A公司亏损600万元，故年末公司作如下处理：

借：投资收益　　　　　　　　　　　　　　　　　　　　　　　　　　　　1 800 000
　　贷：长期股权投资　　　　　　　　　　　　　　　　　　　　　　　　　　1 800 000

经审查2018年度A公司的会计报表，当期亏损数确为600万元。

（8）在审计公司的"长期股权投资"项目时，从账簿记录中发现其6月30日收购G公司25%的股权，账册上反映初始投资成本为85万元，会计处理如下：

借：长期股权投资　　　　　　　　　　　　　　　　　　　　　　　　　　　850 000

贷：银行存款	850 000

　　查阅其投资协议书及董事会相关决议，确认该投资占 G 公司股权比例为 25%，按 25% 股权比例计算公司应享有可辨认净资产公允价值为 100 万元。

　　本期 G 公司实现税后净利润 200 万元，清江公司仅按权益法进行处理：

借：长期股权投资	650 000
贷：投资收益	650 000

　　经审查 G 公司 2018 年度会计报表，已证实其税后利润为 200 万元。

　　（9）审计中发现清江公司投资丰华公司，所占股份比例为 20%，清江公司对丰华公司投资采用权益法核算，2018 年 6 月 1 日，当清江公司得知丰华公司接受一项新设备捐赠（设备发票价为 10 万元，丰华公司的所得税率为 25%）时，作如下分录：

借：长期股权投资——丰华公司	13 400
贷：营业外收入	13 400

　　（10）审查"持有至到期投资"项目时，发现如下情况：1 月 5 日购入 S 债券 55 万元。经进一步询问得知，S 债券期限为 10 年，年利率为 5%，到期一次还本付息，购买日距发行日已有两年。债券面值 50 万元，共支付价款 55 万元，其中支付手续费、税金等 4 000 元。调阅购买债券和计提利息时的会计凭证，会计处理如下：（注：利息不以复利计算）

借：持有至到期投资	550 000
贷：银行存款	550 000
借：持有至到期投资	25 000
贷：投资收益	25 000

　　（11）审查"固定资产"项目时，发现如下情况：在审阅固定资产明细账时，发现公司 5 月 20 日购入设备一台，价值 80 000 元，当月投入使用，预计净残值 3 200 元，预计使用年限 10 年。调其凭证，账务处理为：

借：固定资产	80 000
贷：银行存款	80 000

　　为查实该设备是否按规定计提了折旧，又重点审阅了 6 月份以后的制造费用明细账和"固定资产折旧计算表"，根据表中所列的各项固定资产计提折旧的具体情况，与"固定资产卡片"逐一核对，发现公司对该设备 6 月、7 月、8 月三个月均未计提折旧，从 9 月份才开始计提。经了解，公司计提折旧的方法是平均年限法。

　　（12）在审计"固定资产"项目过程中，盘点结果显示盘盈设备两台，经询问该两台设备的保管员得知，设备是于 9 月 9 日向某金融租赁公司融资租入的。查阅租赁协议，协议约定，租赁性质为融资租入，设备的最低租赁付款额为 235 000 元，付款期限为 10 年。经查实，企业并未将该设备纳入固定资产管理，仅在备查账中进行了登记；在"累计折旧"中也未见其计提折旧的记录，而是将当期支付的租赁费 23 500 元及安装调试费 5 000 元直接记入"制造费用"。

　　（13）审查"累计折旧"账户时，发现该企业将经营租赁租入的固定资产按企业自有固定资产计提折旧费共计 20 000 元计入了管理费用。

　　（14）审查"固定资产清理"账户时，发现该公司报废厂房一栋，固定资产清理的会计处理如下：

　　将固定资产转入清理时：

借：固定资产清理	420 000
累计折旧	2 980 000
贷：固定资产	3 400 000

　　发生清理费时：

借：固定资产清理　　　　　　　　　　　　　　　　　　　　　　　　45 000
　　贷：银行存款　　　　　　　　　　　　　　　　　　　　　　　　　　　　45 000
取得残值收入时：
借：银行存款　　　　　　　　　　　　　　　　　　　　　　　　　230 000
　　贷：固定资产清理　　　　　　　　　　　　　　　　　　　　　　　　　230 000
结转清理净损益时：
借：营业外支出——外置固定资产净损失　　　　　　　　　　　　　235 000
　　贷：固定资产清理　　　　　　　　　　　　　　　　　　　　　　　　　235 000
　　在检查该项固定资产清理的相关资料时，注意到该办公楼的原值中包括了土地使用权100万元转入，按当时支付土地出让金购买土地使用权的协议规定使用年限50年计算，该土地使用权还剩有10年的使用年限。

　　（15）审计"在建工程"项目时，通过现场核查发现，该公司一车间某项目已于6月份投入使用，但未办理工程竣工验收手续，未做会计处理。经与相关人员核实，根据工程预算，该项目可估价为300 000元，预计使用10年，预计净残值为零。

　　（16）审查"在建工程"账户时，发现该企业三车间在建工程领用甲种原材料10吨，每吨成本5 000元，其账务处理为：

借：在建工程——车间工程　　　　　　　　　　　　　　　　　　　50 000
　　贷：原材料——甲材料　　　　　　　　　　　　　　　　　　　　　　　50 000

　　（17）审查"在建工程"账户时，还发现该企业二车间在建工程领用了本企业生产的B产品4台，每台生产成本3 600元，每台售价为5 000元，该企业只按其生产成本14 400元转入车间在建工程成本。

　　（18）审查"无形资产"账户时，发现该公司6月份有一笔无形资产减少记录，会计处理如下：

借：银行存款　　　　　　　　　　　　　　　　　　　　　　　　　30 000
　　贷：其他业务收入　　　　　　　　　　　　　　　　　　　　　　　　　30 000
借：其他业务支出　　　　　　　　　　　　　　　　　　　　　　　60 000
　　贷：无形资产——商标权　　　　　　　　　　　　　　　　　　　　　　60 000

　　在检查该项无形资产减少的相关资料时，发现是转让商标使用权，该商标的账面摊余价值为60 000元，双方协商作价为30 000元。

　　（19）审查"长期待摊费用"账户时，发现该公司行政办公大楼装修费于2016年5月发生，共计540 000元，分5年摊销，每月应摊9 000元，全年共应摊108 000元，而该公司本年度实际摊销72 000元，少摊36 000元。

　　（20）审查"应付票据"明细账时，发现2018年12月20日有一笔应付新星公司的应付票据逾期未支付，转为应付账款。该票据开具日期为2018年5月10日，到期日为2018年11月10日，票据利率为5%，票据金额为800 000元。进一步了解得知，由于双方对货物的质量存在争议，尚未协商解决，其会计处理为：

借：应付票据　　　　　　　　　　　　　　　　　　　　　　　　　800 000
　　贷：应付账款——新星公司　　　　　　　　　　　　　　　　　　　　　800 000

　　（21）审查"应付职工薪酬"及其12月份"工资费用分配表"时，发现该公司将食堂炊事人员工资2 500元计入"应付职工薪酬——职工福利"，经进一步审查1月至11月的工资费用分配表，1月至11月炊事人员工资24 500元均计入"应付职工薪酬—职工福利"。

　　（22）审查"其他应付款"明细账时，发现该公司按合同没收阳光公司因违约而交付的订金16 000元，其账务处理为：

借：其他应付款——阳光公司　　　　　　　　　　　　　　　　　　16 000

  贷：财务费用   16 000

  （23）审查"其他应付款"账户时，发现该公司一债权单位——山泉公司明细账余额 20 000 元长期未偿付，经查证该债权单位已于上年度破产。

  （24）审查"其他应付款"明细账户时，发现该企业有一明细账户长期没有变动。经进一步查阅相关凭证及询问会计人员，证实收到保险公司赔偿火灾损失款 5 000 元，该公司未冲减损失而将其挂在"其他应付款"账户。

  （25）审查"其他应付款"账户，发现该公司 12 月份未计提办公楼的大修理费用 8 000 元，经查证，该公司一直按固定资产折旧费的一半计提固定资产大修理费用。

  （26）审查"长期应付款"项目时，发现该公司该年度 1 月初以融资租赁方式租入管理设备一台，当即投入使用，经协商议定租金为 200 000 元，租期 5 年，使用年限为 10 年，折旧方法采用直线法。租赁期满后，该设备即归清江公司所有。根据租约规定，租金从第二年起支付，4 年内付清。该公司财务经理认为，第一年未付租金，所以也不应计提折旧。

  （27）审查"资本公积"账户时，发现该公司将一笔保险理赔款 50 000 元记入了"资本公积"账户，经查证该公司因发生水灾，将其全部损失 105 000 元计入"营业外支出——非常损失"，而没有扣除保险公司的赔偿款，将收到的赔偿款计入了"资本公积"账户。

  （28）审查"主营业务收入"项目时，发现 2019 年 2 月 5 日星光公司将清江公司 2018 年 10 月份销给它的一批商品全部退回，星光公司提货时签发期限 3 个月的商业承兑汇票，该批商品价款 30 万元，成本为 20 万元，增值税率为 17%，清江公司作为当期销售退回处理，作了如下会计分录：

  借：主营业务收入   300 000
    应交税金——应交增值税（销项税额）   51 000
    贷：应收票据   351 000
  借：库存商品   200 000
    贷：主营业务成本   200 000

  （29）审查"销售费用"项目时，发现该公司 12 月份销售费用中的广告费太高，经进一步审查发现，该公司将 12 月 10 日预付市电台下年度广告费 24 000 元全部计入了当月的"销售费用"所致。

  （30）审查"管理费用"账户时，发现该公司 11 月份为职工购买的商业保险费用 24 000 元列入了管理费用。经进一步检查公司经理（厂长）办公会议决议及相关凭证，了解该公司作为职工福利为职工购买商业保险，同时了解到该公司还计提应付福利费。

  （31）审查"其他业务收入"项目时，发现清江公司 2018 年 6 月 15 日接受一笔 10 000 元的现金捐赠。调阅记账凭证及其所附原始凭证，确有捐赠协议、银行存款回执，其账务处理为：

  借：银行存款   10 000
    贷：其他业务收入   10 000

  注：已对期初余额、会计政策、会计估计变更与会计差错更正、债务重组、非货币性交易、或有事项、关联方关系及其交易披露、期后事项、持续经营能力等项目进行审计，可以确认。（底稿略）

  附：部分账户余额。

表 4 – 21

项目	年初余额	期末余额
现金	3 385.47	1 787.25
银行存款	930 095.15	809 018.18
其他货币资金	164 379.38	150 007.98
生产成本	698 705.68	675 998.18
原材料	775 551.71	755 932.50
材料成本差异	53 265.50	– 16 259.32
库存商品	2 296 915.50	2 233 266.46
自制半成品	247 164.90	225 946.45
发出商品	258 000.00	360 000.00
周转材料	11 212.21	12 113.00
坏账准备（均为应收账款计提）	500 000.00	450 000.00
存货跌价准备	150 265.50	126 411.31
累计折旧	2 485 820.00	2 739 657.30
固定资产减值准备	0	15 000.00

表4-22 库存现金盘点表

盘点日期 年 月 日　　　　　　　　　　　　　　　　索引号：

被审计单位：　　　　　　　　　　　　　　　　　　　　　　　　　　　　页次：

检查核对记录			实有现金盘点记录		
项目	行次	人民币	面额	人民币	
				数量	金额
上一日账面库存余额	1		100	32	3 200.00
盘点日已收款未入账的凭证金额	2		50	7	350.00
盘点日已付款未入账的凭证金额	3		10	34	340.00
盘点日账面应有金额	4 = 1 + 2 - 3		5	6	30.00
盘点实有现金数额	5	9 329.51	1	2	2.00
盘点日应有与实际金额差异	6 = 4 - 5		0.5	4	2.00
差异原因分析：找补款形成差异			0.1	3	0.30
			0.02	3	0.06
追溯至报表账面结存	报表日至盘点日现金付出总额（+）	88 606.80	合计		
	报表日至盘点日现金收入总额（-）	情况说明及审计意见：			
	报表日库存现金应有余额				
	报表日账面余额				
	报表日库存现金应有余额与账面余额的差异				

盘点人（出纳）：　　　　　主管会计：　　　　监盘人：　　　　　复核员：

表 4 - 23 大额货币资金抽查表

被审计单位：_____　　　编制人：_____　　日期：_____　　索引号：_____
审计期间/时点：_____　　　复核人：_____　　日期：_____　　页次：_____

日期	凭证号	业务内容	对方科目		金额	核对内容					备注
			方向	科目		1	2	3	4	5	
1.6	现收 12#	提现	贷	银行存款	20 000.00	√	√	√	√	√	
1.28	现付 23#	赵某报销费用	借	管理费用	3 000.00	√	√	√	√	√	
2.16	银收 24#	收到 A 客户货款	贷	应收账款	35 100.00	√	√	√	√	√	
3.10	×××	×××				√	√	√	√	√	
3.12	×××	×××				√	√	√	√	√	
5.2	×××	×××				√	√	√	√	√	
…	×××	×××				√	√	√	√	√	
11.15	银付 64#	付购置汽车保险费	借	销售费用	35 015.90	√	√	√	×	√	
12.26	银付 113#	还交行贷款	借	短期借款	60 000.00	√	√	√	√	√	
12.28	现付 81#	李某借支差旅费	借	其他应收款	5 000.00	√	√	√	√	√	
12.31	银付 135#	付办公室装修费	借	其他应收款	212 506.30	√	√	√	×	√	

核对内容说明：

1. 原始凭证齐全，内容合理合法；
2. 经授权批准，手续完备；
3. 原始凭证记录与记账凭证、日记账记录相符；
4. 账务处理正确；
5. 与生产经营业务有关。

审计说明：
抽查大额货币资金收支业务 30 笔，发现 2 笔账务处理错误，对货币资金期末余额无影响。

表 4 – 24　应收账款余额明细表

被审计单位：＿＿＿＿＿＿＿　　编制人：＿＿＿＿＿　　日期：＿＿＿＿＿　　索引号：＿＿＿＿＿＿
审计期间/时点：＿＿＿＿＿　　复核人：＿＿＿＿＿　　日期：＿＿＿＿＿　　页次：＿＿＿＿＿

单位	业务内容摘要	年初余额	年末余额	账龄				备注
				一年以下	1~2 年	2~3 年	3 年以上	
Xssk – 3	货款	468 000.00	175 500.00	√				C
Xssk – 7	货款	105 300.00	105 300.00		√			C
Xssk – 21	货款		– 585 000.00	√				
…								
Xssk – 76	货款	58 943.00						
Xssk – 26	货款	350 000.00	350 000.00				√	C
Xssk – 43	货款	50 200.00	45 000.00	√				
合计		2 555 210.00 （B）	2 250 960.00 （G）					

审计标识：

C——已发询证函；

B——与上年已审定数相符；

G——与总账核对相符。

第五部分　完成审计工作

一、审计差异的总结与评价

完成审计工作阶段，填制《调整分录汇总表》（包括账项调整和重分类调整）、《资产负债表试算平衡表》《利润表试算平衡表》，取得管理层申明，填写审计工作完成情况核对表并出具审计报告。

索引号：＿＿＿＿＿＿＿＿

管理层声明书

致用会计师事务所并＿＿＿＿＿＿注册会计师：

本公司已委托贵事务所对本公司20＿＿＿年＿＿＿月＿＿＿日的资产负债表，20＿＿＿年度的利润表、现金流量表和股东权益变动表以及财务报表附注进行审计，并出具审计报告。

为配合贵事务所的审计工作，本公司就已知的全部事项作出如下声明：

1. 本公司承诺，按照企业会计准则和《××会计制度》的规定编制财务报表是我们的责任。

2. 本公司已按照企业会计准则和《××会计制度》的规定编制20××年度财务报表，财务报表的编制基础与上年度保持一致，本公司管理层对上述财务报表的真实性、合法性和完整性承担责任。

3. 设计、实施和维护内部控制，保证本公司资产安全和完整，防止或发现并纠正错报，是本公司管理层的责任。

4. 本公司承诺财务报表符合适用的会计准则和相关会计制度的规定，公允反映本公司的财务状况、经营成果和现金流量情况，不存在重大错报，包括漏报。贵事务所在审计过程中发现的未更正错报，无论是单独还是汇总起来，对财务报表整体均不具有重大影响。未更正错报汇总表附后。

5. 本公司已向贵事务所提供了：

（1）全部财务信息和其他数据；

（2）全部重要的决议、合同、章程、纳税申报表等相关资料；

（3）全部股东会和董事会的会议记录。

6. 本公司所有经济业务均已按规定入账，不存在账外资产或未计负债。

7. 本公司认为所有与公允价值计量相关的重大假设是合理的，恰当地反映了本公司的意图和采取特定措施的能力；用于确定公允价值的计量方法符合企业会计准则的规定，并在使用上保持了一贯性；本公司已在财务报表中对上述事项作出恰当披露。

8. 本公司不存在导致重述比较数据的任何事项。

9. 本公司已提供所有与关联方和关联方交易相关的资料，并已根据企业会计准则和《××会计制度》的规定识别和披露了所有重大关联方交易。

10. 本公司已提供全部或有事项的相关资料。除财务报表附注中披露的或有事项外，本公司不存在其他应披露而未披露的诉讼、赔偿、承兑、担保等或有事项。

11. 除财务报表附注披露的承诺事项外，本公司不存在其他应披露而未披露的承诺事项。

12. 本公司不存在未披露的影响财务报表公允性的重大不确定事项。

13. 本公司已采取必要措施防止或发现舞弊及其他违反法规行为，未发现：

（1）涉及管理层的任何舞弊行为或舞弊嫌疑的信息；

（2）涉及对内部控制产生重大影响的员工的任何舞弊行为或舞弊嫌疑的信息；

（3）涉及对财务报表的编制具有重大影响的其他人员的任何舞弊行为或舞弊嫌疑的信息。

14. 本公司严格遵守了合同规定的条款，不存在因未履行合同而对财务报表产生重大影响的事项。

15. 本公司对资产负债表上列示的所有资产均拥有合法权利，除已披露事项外，无其他被抵押、质押资产。

16. 本公司编制财务报表所依据的持续经营假设是合理的，没有计划终止经营或破产清算。

17. 本公司已提供全部资产负债表日后事项的相关资料，除财务报表附注中披露的资产负债表日后事项外，本公司不存在其他应披露而未披露的重大资产负债表日后事项。

18. 本公司管理层确信：

（1）未收到监管机构有关调整或修改财务报表的通知；

（2）无税务纠纷。

19. 其他事项

公司（盖章）

法定代表人：（签名）

财务负责人：（签名）

二〇　　年　　月　　日

表5-1　审计工作完成情况核对表

索引号：_____

被审计单位：_____　　　　编制：_____　　　日期：_____

财务报表截止日/期间：_____　　复核：_____　　　日期：_____

审计工作	是/否/不适用	备注	索引号
1. 是否执行业务承接或保持的相关程序？			
2. 是否签订审计业务约定书？			
3. 是否制定总体审计策略？			
4. 审计计划制订过程中，是否了解被审计单位及其环境并评估重大错报风险，包括舞弊风险？			
5. 是否召开项目组会议？			
6. 审计计划是否经适当人员批准？			
7. 是否与被审计单位就审计计划进行沟通？			
8. 计划的审计程序是否得到较好执行，对计划的修改是否得到记录？			
9. 是否已获取所有必要的来自银行、律师、债权人、债务人、持有存货的第三方等外部机构的询证函回函或确认函？			
10. 所有重要实物资产是否均已实施监盘？			
11. 当涉及利用其他注册会计师的工作时，对其他注册会计师的工作结果是否满意？			
12. 计划执行的各项审计程序是否全部执行完毕，未能执行的审计程序是否实施了替代审计程序？			
13. 审计范围是否受到限制？			
14. 计划确定的重大错报风险，包括舞弊导致的重大错报风险是否仍旧恰当，是否需要追加审计程序？			
15. 是否恰当应对在审计过程中识别的舞弊导致的重大错报风险？			
16. 是否审查期后事项，并考虑对财务报表的影响？			
17. 是否审查或有事项，并考虑对财务报表的影响？			

审计工作	是/否/不适用	备注	索引号
18. 是否审查关联方及关联方交易,并考虑对财务报表的影响?			
19. 是否审查对被审计单位持续经营能力具有重大影响的事项?			
20. 是否及时查阅了与已审财务报表相关的其他信息,并充分考虑了其他信息对已审计财务报表的影响?			
21. 是否已就审计中发现的重大错报及其他对财务报表产生重大影响的重大事项与适当层次的管理层沟通?			
22. 是否在审计结束时或临近结束时对财务报表进行总体复核?			
23. 是否召开项目组会议,并确定建议调整事项和试算平衡表草表?			
24. 是否编制重大事项概要,是否所有重大事项均已得到满意解决?			
25. 是否与被审计单位召开总结会,就建议调整事项进行沟通,形成总结会会议纪要,并经被审计单位确认?			
26. 是否获取被审计单位对所有调整事项的确认?			
27. 是否累计所有未更正错报,包括错误和推断差异,并评估未更正错报对财务报表的影响?			
28. 未更正错报汇总表是否经被审计单位确认?			
29. 董事会或管理层是否接受已审计财务报表?			
30. 项目负责经理是否已复核工作底稿?			
31. 项目负责合伙人是否已复核工作底稿?			
32. 是否已取得经签署的管理层声明书原件,并确定其签署日期与审计报告日期一致?			
33. 是否完成审计总结?			

二、审计报告

表 5−2 审计报告的基本内容

标题	统一规范为"审计报告",以突出业务性质,并与其他业务报告相区别
收件人	注册会计师按照业务约定书的要求致送审计报告的对象,一般是指审计业务的委托人; 审计报告应当载明收件人的全称
审计意见	财务报表是否在所有重大方面按照适用的财务报告编制基础编制,是否公允反映了被审计单位的财务状况、经营成果和现金流量
形成审计意见的基础	(1) 说明注册会计师按照审计准则的规定执行了审计工作; (2) 提及审计报告中用于描述审计准则规定的注册会计师责任的部分; (3) 声明注册会计师按照与审计相关的职业道德要求独立于被审计单位,并按照这些要求履行了职业道德方面的其他责任,声明中应当指明适用的职业道德要求,如中国注册会计师职业道德守则; (4) 说明注册会计师是否相信获取的审计证据是充分、适当的,为发表审计意见提供了基础
管理层对财务报表的责任	(1) 按照适用的财务报告编制基础编制财务报表,使其实现公允反映,并设计、执行和维护必要的内部控制,以使财务报表不存在由于舞弊或错误导致的重大错报; (2) 评估被审计单位的持续经营能力和使用持续经营假设是否适当,并披露与持续经营相关的事项(如适用)
注册会计师对财务报表审计的责任	(1) 说明注册会计师的目标是对财务报表整体是否不存在由于舞弊或错误导致的重大错报获取合理保证,并出具包含审计意见的审计报告; (2) 说明合理保证是高水平的保证,但并不能保证按照审计准则执行审计在某一重大错报存在时总能发现; (3) 说明错报可能由于舞弊或错误导致

续表

按照相关要求，履行其他报告责任（如适用）	除审计准则规定的注册会计师责任外，如果注册会计师在对财务报表出具的审计报告中履行其他报告责任，应当在审计报告中将其单独作为一部分，并以"对其他法律和监管要求的报告"为标题，或使用适合于该部分内容的其他标题，除非其他报告责任与审计准则所要求的报告责任涉及相同的主题
注册会计师的签名及盖章	审计报告应当由项目合伙人和另一名负责该项目的注册会计师签名和盖章
会计师事务所的名称、地址及公章	会计师事务所的名称和地址（一般只写明其注册地城市名），并加盖会计师事务所公章
报告日期	注册会计师完成审计工作的日期。审计报告的日期不应早于注册会计师获取充分、适当的审计证据，并在此基础上对财务报表形成审计意见的日期

三、审计报告签发条件及范例

1. 无保留意见审计报告签发条件

注册会计师经过审计后，认为被审计单位财务报表符合下列所有条件，注册会计师应当出具无保留意见的审计报告：

（1）财务报表已经在所有重大方面按照适用的财务报告编制基础编制，公允反映了被审计单位的财务状况、经营成果和现金流量。

（2）注册会计师已经按照中国注册会计师审计准则的规定计划和实施审计工作，在审计过程中未受到限制。

综合起来，注册会计师出具无保留意见审计报告的条件：

（1）财务报表按财务报告编制基础编制。

（2）注册会计师的审计范围没有受到重大限制。

2. 非无保留意见审计报告

非无保留意见审计报告，包括保留意见、否定意见和无法表示意见的审计报告。

3. 无保留意见审计报告范例

索引号：

审计报告

清江有限责任公司全体股东：

一、审计意见

我们审计了 ABC 股份有限公司（以下简称公司）财务报表，包括 2018 年 12 月 31 日的资产负债表，2018 年度的利润表、现金流量表、股东权益变动表以及财务报表附注（包括重大会计政策和会计估计）。

我们认为，后附的财务报表在所有重大方面按照企业会计准则的规定编制，公允反映了公司 2018 年 12 月 31 日的财务状况以及 2018 年度的经营成果和现金流量。

二、形成审计意见的基础

我们按照中国注册会计师审计准则的规定执行了审计工作。审计报告的"注册会计师对财务报表审计的责任"部分进一步阐述了我们在这些准则下的责任。按照中国注册会计师职业道德守则，我们独立于公司，并履行了职业道德方面的其他责任。我们相信，我们获取的审计证据是充分、适当的，为发表审计意见提供了基础。

三、关键审计事项

关键审计事项是我们根据职业判断，认为对本期财务报表审计最为重要的事项。这些事项是在对财务报表整体进行审计并形成意见的背景下进行处理的，我们不对这些事项提供单独的意见。

（一）商誉

企业会计准则要求每年要对商誉进行减值测试。由于每年的商誉减值测试评估过程复杂，涉及大量的职业判断，并且对未来市场与经济状况的预期会影响到评估所依据的假设，因而该项测试对我们的审计工作十分重要。为此，我们的审计程序包含利用评估专家的工作以帮助我们评价集团所使用的假设和方法，尤其是那些和（某经营范围）未来收入增长及边际利润相关的假设和方法。我们同时关注集团对于那些严重影响减值测试结果的假设进行披露的恰当性，即那些对确定商誉可恢复金额影响重大的假设。集团对商誉的披露包含在附注 3 中，其中特别说明了关键假设的微小变化会导致未来商誉金额发生减值。

（二）金融工具的计量

集团关于结构化金融工具的披露包含在附注 5 中。

在集团投资的金融工具中，结构化金融工具占总额的 ×%。由于集团对金融工具的估价不是依据活跃市场中的价格作出的，所以在估价过程中度量方面存在重大不确定性。因而，这些工具的估价对我们的审计工作十分重要。集团认为，这些工具因其特有的结构和条款需要利用自建模型进行估价。我们质疑管理层使用这一模型的基本原理，并与治理层进行了沟通。最后，我们的结论是，集团使用这一模型是适当的。为此，我们的审计程序还包括了测试管理层针对该模型开发与校正的控制，并且确认管理层认为无需对模型的结果作出任何调整以反映该模型所依据的假设。这一假设也是市场参与者将在相似情况下使用的假设。

四、管理层和治理层对财务报表的责任

管理层负责按照企业会计准则的规定编制财务报表，使其实现公允反映，并设计、执行和维护必要的内部控制，以使财务报表不存在由于舞弊或错误导致的重大错报。

在编制财务报表时，管理层负责评估公司的持续经营能力，披露与持续经营相关的事项（如适用），并运用持续经营假设，除非管理层计划清算公司、停止营运或别无其他现实的选择。

治理层负责监督公司的财务报告过程。

五、注册会计师对财务报表审计的责任

我们的目标是对财务报表整体是否不存在由于舞弊或错误导致的重大错报获取合理的保证，并出具包含审计意见的审计报告。合理保证是高水平的保证，但并不能保证按照审计准则执行的审计在某一重大错报存在时总能被发现。错报可能由舞弊或错误所导致，如果合理预期错报单独或汇总起来可能影响财务报表使用者依据财务报表作出的经济决策，则错报是重大的。

在按照审计准则执行审计的过程中，我们运用了职业判断，保持了职业怀疑。我们同时：

（1）识别和评估由于舞弊或错误导致的财务报表重大错报风险；对这些风险有针对性地设计和实施审计程序；获取充分、适当的审计证据，作为发表审计意见的基础。由于舞弊可能涉及串通、伪造、故意遗漏、虚假陈述或凌驾于内部控制之上，未能发现由于舞弊导致的重大错报的风险高于未能发现由于错误导致的重大错报的风险。

（2）了解与审计相关的内部控制，以设计恰当的审计程序，但目的并非对内部控制的有效性发表意见。

（3）评价管理层选用会计政策的恰当性和作出会计估计及相关披露的合理性。

（4）对管理层使用持续经营假设的恰当性得出结论。同时，基于所获取的审计证据，对是否存在与事项或情况相关的重大不确定性，从而可能导致对公司的持续经营能力产生重大疑虑得出结论。如果我们得出结论认为存在重大不确定性，审计准则要求我们在审计报告中提请报告使用者注意财务报表中的相关披露；如果披露不充分，我们应当发表非无保留意见。我们的结论基于审计报告日可获得的信息。然而，未来的事项或情况可能导致公司不能持续经营。

（5）评价财务报表的总体列报、结构和内容（包括披露），并评价财务报表是否公允反映交易和事项。

除其他事项外，我们与治理层就计划的审计范围、时间安排和重大审计发现（包括我们在审计中识别的值得关注的内部控制缺陷）进行沟通。

我们还就遵守关于独立性的相关职业道德要求向治理层提供声明，并就可能被合理认为影响我们独立性的所有关系和其他事项，以及相关的防范措施（如适用）与治理层进行沟通。

从与治理层沟通的事项中，我们确定哪些事项对当期财务报表最为重要，因而构成关键审计事项。我们在审计报告中描述这些事项，除非法律法规不允许公开披露这些事项，或在极其罕见的情形下，如果合理预期在审计报告中沟通某事项造成的负面后果超过产生的公众利益方面的益处，我们确定不应在审计报告中沟通该事项。

××会计师事务所　　　　　　　　　　　　　　中国注册会计师：×××

　（盖章）　　　　　　　　　　　　　　　　　　　（签名并盖章）

　　　　　　　　　　　　　　　　　　　　　　中国注册会计师：×××

　　　　　　　　　　　　　　　　　　　　　　　　（签名并盖章）

中国××市　　　　　　　　　　　　　　　　　二〇××年×月×日

第五篇 会计创新实习

一、实习目的

根据所学会计专业知识，按照约束条件，自主设计经济业务，并完成会计凭证编制、会计账簿登记、财务报表编制、财务分析等任务，强化学生动手能力、实践能力和创新能力的培养。

二、实习内容

（一）学生自行设计企业所属行业和企业类型。

（二）依据给定的 2018 年 12 月 31 日资产负债表，根据六大会计要素（资产、负债、所有者权益、收入、费用、利润）设计 2019 年 1 月的不同类型经济业务 50 笔以上，描述业务内容及会计分录。

（三）经济业务类型必须包括下列业务种类中的 40 种以上。

（1）货币资金

（2）应收账款

（3）应收票据及贴现

（4）坏账准备计提

（5）存货计算（计划成本法）

（6）存货减值准备的计提

（7）存货委托加工业务

（8）长期股权投资成本法

（9）长期股权投资权益法

（10）成本计价的房地产投资

（11）公允价值计价的房地产投资

（12）固定资产增加

（13）固定资产折旧

（14）固定资产处置

（15）无形资产增减

（16）金融资产

（17）非货币性交易的多种交换

（18）资产减值损失

（19）应付账款

（20）应付职工薪酬

（21）应交税费（增值税、消费税、营业税）

（22）应交城市维护建设税及教育费附加

（23）　应付债券

（24）　长期借款

（25）　实收资本

（26）　资本公积

（27）　盈余公积

（28）　未分配利润

（29）　以前年度损益调整

（30）　正常销售

（31）　特殊销售

（32）　销售折扣

（33）　销售退回

（34）　委托代销

（35）　建造合同

（36）　政府补助

（37）　期间费用

（38）　生产成本

（39）　利润形成

（40）　营业外收支

（41）　利润分配

（42）　借款费用

（43）　或有负债

（44）　所得税

（45）　租赁业务

（46）　债务重组

（47）　会计政策变更

（48）　差错更正

（49）　资产负债表日后事项

（50）　企业合并

（四）分别对所设计的经济业务编制会计凭证、填写科目汇总表、登记账簿，并编制资产负债表、利润表和现金流量表。

表 1-1　资产负债表

会企 01 表

编制单位：　　　　　　　　　　　2018 年 12 月 31 日　　　　　　　　　　　单位：元

资产	期末余额	年初余额	负债和股东权益	期末余额	年初余额
流动资产：			流动负债：		
货币资金	4 218 900		短期借款	900 000	
交易性金融资产	45 000		交易性金融负债	0	
应收票据	738 000		应付票据	600 000	
应收账款	1 197 300		应付账款	2 864 400	
预付款项	300 000		预收款项	0	

资产	期末余额	年初余额	负债和股东权益	期末余额	年初余额
应收利息	0		应付职工薪酬	330 000	
应收股利	0		应交税费	109 800	
其他应收款	915 000		应付利息	0	
存货	7 740 000		应付股利	0	
一年内到期的非流动资产	0		其他应付款	150 000	
其他流动资产	0		一年内到期的非流动负债	3 000 000	
流动资产合计	15 154 200		其他流动负债	0	
非流动资产：			流动负债合计	7 954 200	
可供出售金融资产	0		非流动负债：		
持有至到期投资	0		长期借款	1 800 000	
长期应收款	0		应付债券	0	
长期股权投资	750 000		长期应付款	0	
投资性房地产	0		专项应付款	0	
固定资产	2 400 000		预计负债	0	
在建工程	4 500 000		递延所得税负债	0	
工程物资	0		其他非流动负债	0	
固定资产清理	0		非流动负债合计	1 800 000	
生产性生物资产	0		负债合计	9 754 200	
油气资产	0		股东权益		
无形资产	1 800 000		股本	15 000 000	
开发支出	0		资本公积	0	
商誉	0		减：库存股	0	
长摊待摊费用	0		盈余公积	300 000	
递延所得税资产	0		未分配利润	150 000	
其他非流动资产	600 000		股东权益合计	15 450 000	
非流动资产合计	10 050 000				
资产总计	25 204 200		负债和股东权益合计	25 204 200	

（五）依据自己设计的经济业务与所编制的资产负债表、利润表与现金流量表报表，计算并分析如下各项财务指标，同时说明各项指标的含义。要求必须达到所给出的相关财务指标要求，误差不超过10%。

（1）流动比率＝2

（2）速动比率＝1

（3）存货周转率＝600%

（4）资产负债率＝50%

（5）总资产收益率＝10%

（6）总资产周转率＝200%

（7）净资产收益率＝15%

（8）资本积累率＝20%

（9）现金偿还比率＝50%

（10）资产增长率＝20%

（11）销售毛利率＝40%

（12）销售净利率＝20%

三、实习要求

所设计的企业基本情况、业务内容、凭证、账簿（总账、明细账、日记账）、报表以及财务分析内容装订成册提交，作为实习成绩评定的依据。

四、资料格式

企业基本情况和业务内容等，可参考本教材会计核算实习部分的内容进行设计。凭证、账簿等参考格式如下，也可按照核算实习所用的相关资料自行调整格式，但内容需符合《会计基本工作规范》及《企业财务会计报告条例》的要求。

记账凭证参考格式：

表1-2　记账凭证

2019 年 1 月 2 日　　　　　　　　　　　　　记字　　　　001 号

摘要	总账科目	明细科目	借方金额	贷方金额
从银行提现	库存现金		1 000.00	
从银行提现	银行存款			1 000.00
合计			4 000.00	4 000.00

会计主管：　　　　记账：　　　　审核：　　　　出纳：　　　　制单人：

科目汇总表参考格式：

表1-3　科目汇总表

凭证号：1~60 共 81 张凭证，原始单据共 126 张　　　　　　　　　　　月份：2019.1

科目名称	金额合计借方	金额合计贷方
库存现金	4 000.00	5 000.00
银行存款	4 477 800.00	3 163 250.00
……	……	……

账簿参考格式：

表1-4　总分类账

科目：应收账款　　　　　　　　　　　　　　　　　　　　　　　　　　第 1 页

2019 年		凭证字号	摘要	借方金额	贷方金额	方向	余额
月	日						
1	1		期初余额	3 950 000.00		借	3 950 000.00
	31	科汇1	1~31 日累计发生额	277 800.00	1 277 800.00	借	2 950 000.00
			本月累计	277 800.00	1 277 800.00		
			本年合计	4 227 800.00	1 277 800.00		

表 1－5　明细分类账

总账科目：固定资产　明细科目：机械设备　　　　　　　　　　　　　　　　　　　　　　　第 1 页

2019 年		凭证字号	摘要	借方金额	贷方金额	方向	余额
月	日						
11	1		期初余额	900 000.00		借	900 000.00
	8	记 11	购买机器设备	80 500.00		借	980 500.00
	10	记 13	机器设备报废		45 000.00	借	935 500.00
			本月累计	80 500.00	45 000.00		
			本年合计	980 500.00	45 000.00		

表 1－6　银行存款日记账

2019 年		凭证字号	摘要	借方金额	贷方金额	方向	余额
月	日						
1	1		期初余额	3 100 000.00		借	3 100 000.00
	1	记 1	提取现金		4 000.00	借	3 096 000.00
			……	……	……		……